王后雄学案

教材完全解读

总策划：熊 辉

高中化学 必修1

RJHX

丛书主编：王后雄
本册主编：陈卫良
副 主 编：熊 祎
编　　委：朱 政 陈 虹

小熊图书

中国青年出版社

教材完全解读

特点展示

基础教育新课标改革已如火如荼地展开，新课程教材助学助考的开发问题已成为人们关注的焦点。应广大读者的要求，我们特邀来自国家新课程改革试验区和国家级培训班的专家编写课标版《教材完全解读》丛书。该系列丛书能帮助学生掌握新的课程标准，让学生能够按照新课程理念和教材学习目标要求科学、高效地学习。该书以"透析全解、双栏对照、服务学生"为宗旨，助你走向成功。

这套丛书在整体设计上有两个突出的特点：一个是双栏对照，对教材全解全析，在学科层次上力求讲深、讲透、讲出特色；另一个就是注重典型案例学习，突出鲜活、典型和示范的特点。

为了让你更充分地理解本书的特点，挑战学习的极限，请你在选购和使用本书时，先阅读本书的使用方法图示。

明确每课学习要求

以课标为依据，通过"三维目标"全面解读教材学习要求，提供总体的学习策略，提出具体的学习要诀，体现目标控制的学习规则。

三层完全解读

从知识、方法、思维三个方面诠释教材知识点和方法点，帮你形成答题要点、解题思维，理清解题思路，揭示考点实质和内涵。

整体训练方法

　　针对本节重点、难点、考点及考试能力达标设计题目。题目难度适中,是形成能力、考试取得高分的必经阶梯。

解题错因导引

　　导引每一道试题的"测试要点"。当你解题出错时,建议你通过"测试要点"的指向,弄清致错原因,形成正确答案。

教材课后习题解答

　　帮助你弥补课堂上听课的疏漏。答案准确,讲解繁简适度、到位、透彻。

最新5年高考名题诠释

　　汇集高考名题,讲解细致入微。教纲、考纲,双向例释;练习、考试,讲解透彻;多学、精练,效果显著。

教辅大师、特级教师王后雄教授科学、超前的体例设置，帮你赢在学习起点，成就人生夙愿。

单元知识整合

通过把单元知识与方法进行网络化整合，帮助你将本单元所学教材内容系统化，形成对考点知识的二次提炼与升华，全面提高学习效率。

考试高分保障

精心选编涵盖本章节或阶段性知识和能力要求的检测试题，梯度合理、层次分明，与同步考试接轨，利于你同步自我测评，查缺补漏。

点拨解题思路

试题皆提供详细的解题步骤和思路点拨，鼓励一题多解。让你不但知其然，且知其所以然，帮助你养成良好、规范的答题习惯。

目录

目录

全书知识结构图解·名师学法指津

一　全书知识结构图解

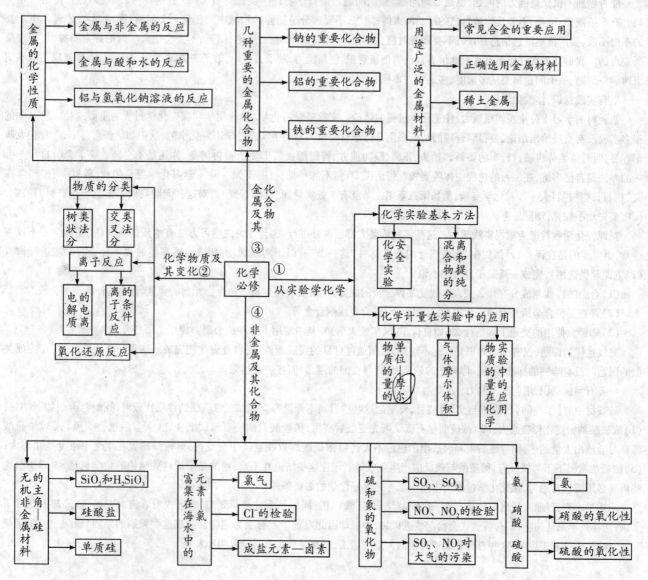

二　名师学法指津

1.认识化学学科,激发学习兴趣

　　化学是一门充满神奇色彩的学科,它通过探索那些肉眼看不见的粒子——原子、分子的特征和行为,引导人们来认识世界。从简单的氢气、氮气到复杂的蛋白质、DNA 和病毒;从我们的日常用的金属陶瓷和塑料到运用于宇宙飞船、隐形飞机等高科技的航天材料。一块普通的石墨(碳)怎样变成璀璨的金刚石? 海滩上的沙子怎样神话般成为计算机芯片? 如果你想走进这形形色色的物质和奇妙的变化,你就必须学习化学。

　　化学是一门实用性很强的科学。你穿的衣服要经过化学加工;你享用的佳肴含有丰富的化学物质;你的家居离不开化学材料;你出行的交通工具少不了化学能源;你的衣食住行与化学密切相关。很多新药物就是化学合成的结果,开发与合成大量自然界不存在的新材料、新物质就是现代化学的重要任务之一。没有化学家对新材料的探索,就不可能有磁悬浮列车,就不可能有"神舟"号的升空。化学不仅支持了高新技术的快速发展,而且能为解决困扰现代社会的环境问题、能源问题提供更多的有效途径。例如太阳能的利用,将为人类提供充足的能源,从而使能源危机和环境问题同时得到缓解。化学对人类生存和发展的价值是显而易见的。

2. 要有创新意识,丰富想象能力

新教材的精髓在于培养我们的创新能力,因此我们在学习的时候始终要激发自己的创新意识和想象力,没有创新的人必将是个平庸的人。其实人从小就有创新的潜意识,如果这种创新意识不被抑制,会有许多的科学家、工程师和艺术大师出现。由此可见,在学习化学的时候,激发自己的创新意识和想象力有多么的重要。

能否创新不仅仅是能力的问题,也是心理问题、意识问题。诺贝尔物理学奖获得者 Esaki 有这样一段话:你想获得诺贝尔奖吗？ 有 5 条规律:第一,不要让你被自己的经验所束缚;第二,不要过分追随你的领域中的任何一个权威;第三,不要抱着你不需要的东西不放,要严格地筛选信息;第四,不要回避对抗,如果有合理的观点,就去辩论;第五,不要忘记童年时的好奇精神,它是想象所表现的。我们从现在开始要有意识地培养自己的创新意识、创新能力,敢于去怀疑,敢于去尝试,敢于去超越,不要被现在的答案束缚。一道题、一个问题都要从多角度、多层面去审视。

3. 有实践意识,体验化学过程

新教材的学习十分重视实践能力,注重化学过程的体验。实验是学习化学、体验化学和探究化学过程的重要途径。教材中的很多实验没有直接给出结论,要得到合理的结论必须自己亲自去做。不动手实验是学不好化学的,这正如学骑自行车,你看别人骑车容易,听教练给你讲骑自行车的要领,“抬头、正坐、眼向前方、脚蹬踏板”,即便听得再清楚,你还是不会骑。要学会骑自行车唯一的办法是自己多练,在练习的过程中体验要领。俗话说“百闻不如一见,百看不如一验”,学习化学更是如此,教材中有“科学探究”栏目,这些栏目大多涉及化学实验,例如第三章第二节就有 8 处实验和“科学探究”。对这些问题我们不要急于查资料对答案,而应要先动手探究,动脑思考。

新课程化学教材极为重视实践活动。这些实践活动大都在课外进行,这与传统的学习方法有本质的区别(我们的学习不仅在课堂,更重要的是在课外)。例如在“用途广泛的金属材料”这一节,有以下实践活动:任选你感兴趣的关于合金的课题进行调查(以下课题供选用),完成一篇关于合金的小论文。

(1)合金的性能与成分有什么关系？ 改变某种合金的成分,如增加或减少某一种合金元素的含量,合金的性能会不会改变？

(2)调查某种合金所具有的广泛用途,如铝合金、铁合金或铜合金等。

(3)你经常使用的交通工具是什么(如自行车、汽车或火车)？ 其中使用了哪些纯金属？ 使用了哪些合金？

完成这样的课题,仅有书本知识是远远不够的,必须通过自身的实践调查、资料查询才能完成。这里还要说明的是,在完成类似的课题时没有唯一的标准答案。你调查的越全面,资料查阅的越多,回答的就越完善。

4. 要有问题意识,培养思考能力

新教材中有【学与问】、【思考与交流】栏目,要学会这些栏目离不开思考。例如在浓硫酸的性质比较时,我们会得到如下结论:(1)浓硫酸的密度比稀硫酸大;(2)浓硫酸使石蕊试纸先变红后变黑,稀硫酸只能使石蕊试纸变红(久置后也会变黑);(3)浓硫酸稀释时会放出大量的热,而稀硫酸稀释时放出的热量不大;(4)浓硫酸露置在空气中会变稀,稀硫酸露置在空气中浓度变化不大;(5)浓硫酸常温下不与铁反应,稀硫酸与铁反应产生氢气等。记住这些结论并不难,难的是形成这些结论的化学机理,要弄明白这些机理必须要认真思考,探究化学过程的本质。思考是学好化学的必备条件。

同样是水壶,普通人烧出来的是开水,瓦特却“烧出了”蒸汽机;同样是手被茅草划破,普通人看着流血叫痛,鲁班却因此发明了锯;同样苹果从树上摔下,普通人会拾起放进口袋,牛顿却因此发现了万有引力定律。造成这些差别的原因只有一个,那就是瓦特、鲁班、牛顿善于思考,这些自然现象通过他们大脑的加工,就有了重大的科学发明和发现。

第1章 从实验学化学
第1节 化学实验基本方法

► **课标三维目标**

1.知识与技能
(1)了解实验安全的重要性,了解化学实验的安全常识;
(2)掌握过滤、蒸发、蒸馏、萃取等实验原理和操作方法;
(3)掌握 SO_4^{2-} 的检验方法。
2.过程与方法
(1)阅读实验室安全知识,归纳实验安全操作及实验突发事件的处理方法;
(2)通过过滤、蒸发、蒸馏、萃取等实验过程,掌握实验基本技能。
3.情感态度与价值观
(1)认识化学实验在学习和化学研究中的价值;
(2)体验化学实验,形成良好的实验习惯,树立安全意识,激发学习化学的兴趣和热情。

► **三层完全解读**

>>>解题依据

1 知识·能力聚焦

1.初中化学实验基本操作要点回顾

同学:祝贺你进入高中阶段学习,当你拿到课本的时候,迫切想把新知识学好,这是每一位新生的愿望。老师提醒你:高中学习要以初中知识为基础。为此,老师为你精心梳理了初、高中衔接的必备知识,以便你顺利进入高中的学习,并为今后的高效学习提供保证。

1-1 药品取用的原则
(1)安全性原则
①不允许用手直接接触化学试剂。
②不允许用鼻子凑近闻化学试剂的气味。
③不允许用口尝化学试剂的味道。
(2)节约性原则
严格按照实验规定的用量取用试剂。如果没有说明用量,一般应按最少量取用,液体1mL~2mL,固体只需盖过试管底部。
【特别提醒】有些试剂控制用量,不仅仅是考虑到节约,同时还考虑到安全问题,用量过多不仅造成浪费,同时会带来安全隐患。例如金属钠、钾与水反应用量过多会引起爆炸。
(3)保纯性原则
实验用剩的试剂一般不能放回原试剂瓶,以防瓶中试剂被污染。
【特别提醒】①对一些特殊的试剂,用剩的试剂可放回原试剂瓶。例如金属钠。
②对一些纯度要求不高又不易变质的试剂,用剩的试剂可放回原试剂瓶。例如镁条、锌粒、碳酸钙等。
1-2 药品的取用方法
(1)固体药品的取用
①粉末状或细小颗粒药品用**药匙或纸槽**,操作要领:"一斜、二送、三直立"。
②块状固体用镊子,操作要领:"一横、二放、三慢竖"。
【特别提醒】用后的药匙或镊子应立即擦洗干净,以便再用。若不擦洗会导致试剂交叉污染。
(2)液体药品的取用
①取用较多量时,可直接倾倒。操作要领:先取下瓶塞倒放在桌上,一手握瓶,标签向手心,一手斜握容器,使瓶口与容器口紧靠,缓缓倒入。

>>>名题诠释

例题1 容易题——2011·南昌市高一入学测试题

下图所示的实验操作不正确的是( )。

A.闻气体气味 B.倾倒液体 C.取用药品 D.加入固体

【解析】在实验室,不论气体是否有毒都不能直接用鼻子凑近闻,避免吸入较多有毒气体。正确方法如A图:鼻子距离瓶口约30厘米,用手在瓶口轻轻扇动,使极少量的气体飘近鼻孔。A正确;倾倒液体时,试剂瓶盖倒放在桌上,标签向手心,试剂瓶口与试管口紧靠。B正确;取固体粉末状药品可用钥匙直接取用。C正确;向试管加块状(或粒状)药品的方法:"一横、二放、三慢竖",D错误。
【答案】D
【点拨】化学离不开实验,同学们要养成良好的实验习惯必须从细节着手。

例题2 容易题——2011·南昌市重点中学测试题

要做好化学实验,必须具备化学实验基本操作技能,下列有关操作正确的是( )。

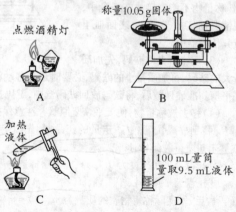

②取用少量时,可用胶头滴管或玻璃棒。操作要领:从滴瓶中取用试剂时,要先提起滴管,使管口离开液面,用手指紧捏上部的橡胶头,以赶出管中的空气。然后,把滴管伸入试剂,放开手指吸入试剂。再提起滴管,用无名指和中指夹着滴管,将它悬空在接受器口的上方,用大拇指和食指紧捏橡胶头,使试剂滴入接受器中。

液体的倾倒

【特别提醒】不能将滴管伸入接受器内,否则易碰到接受器壁,黏附其他物质,使试剂污染。取液后的滴管,应保持橡胶头在上,防止试液倒流而腐蚀橡胶头;不要把滴管放在实验台上或其他地方,以免沾污滴管;严禁用未经洗涤的滴管再吸取别的试剂(滴瓶上的滴管为专瓶专用,不可用此滴管吸取其他瓶中的试剂)。取用少量液体,有时还用玻璃棒蘸取。

③定量取用液体,用量筒。

【注意】a. 量筒是一种不精确的液体体积计量器。

b. 量筒分多种规格,标有温度、容量,刻度值由下而上逐渐增大,但无零刻度。

c. 选用量筒要注意所量体积尽可能与量筒的容量匹配。

1-3 物质的加热

可直接加热的仪器:试管、坩埚、蒸发皿、燃烧匙

隔石棉网可加热的仪器:烧杯、烧瓶、锥形瓶

加热时应注意的安全事项:

(1)严禁向燃着的酒精灯里添加酒精。

(2)严禁用燃着的酒精灯去点燃另一盏酒精灯。

(3)严禁用嘴去吹灭酒精灯,以免"回火"引起灯内酒精燃烧。

(4)被加热的玻璃仪器外壁在加热前要擦干,以免加热时仪器炸裂。

(5)试管加热要先预热,否则容易因局部受热使试管炸裂。

(6)液体加热时,体积不能超过试管容积的1/3,45°角倾斜,试管口不能对人,以免液体外溅伤人,固体加热时,试管口略向下倾斜,以免试管内有水倒流使试管炸裂。

【特别提醒】固体药品加热时,即使反应过程中不会生成水,试管口也须略向下倾斜,因为固体会从环境中吸收水分。避免加热时水汽化后在试管口液化后倒流,使试管因冷热骤变而炸裂。

【注意】酒精灯使用时注意:①酒精量≤酒精灯容积的2/3;②用火柴点燃;③用灯帽盖灭。

1-4 托盘天平的使用

操作要领:

(1)调零:称量前把游码拨回零刻度,调节螺母,使天平平衡。

托盘天平

(2)右盘放砝码,左盘放称量物(称量物不能直接放在托盘中,视情况而定放于纸上、表面皿上或其他容器中)。

(3)用镊子夹取砝码,先加质量大的砝码,再加质量小的砝码,必要时最后移动游码(用镊子),直至天平平衡。准确计数后,将砝码放回砝码盒中,游码拨到标尺的零刻度处。

(4)移去被称量物,使天平恢复原状并注意保持整洁。

【特别提醒】①称量一定量的药品时,先加定量的砝码后加称量物;称量未知质量的药品时,先放称量物后加砝码。

②托盘天平精准度为0.1g,只能粗略称量物质的质量。

③托盘天平遵循杠杆原理,$m(物) = m(砝码) + m(游码)$。若"物""码"放反,则实际称得物质的质量为 $m(物) = m(砝码) - m(游码)$。

【解析】用酒精灯去点酒精灯极易失火;托盘天平的精准度为0.1 g,不能称取10.05 g固体;量取9.5 mL液体应选用10.0 mL的量筒。

【答案】C

例题3 中难题——2011·禅城区

实验装置及实验操作是化学实验的基本内容。

(1)请将体现下列实验操作目的的正确选项,填在对应的横线上(填序号,下同)。

A. 防止药品污染 B. 防止试管破裂

C. 防止实验误差

加热试管时,先均匀加热后集中加热_____,滴管使用后,及时清洗并放在试管架上_____,量取液体时,视线与凹液面最低处保持水平_____。

(2)实验室量取70 mL液体,应选用的量筒规格是_____。

A.10 mL B. 5 mL C.50 mL D. 100 mL

(3)下图是实验室常用的托盘天平。

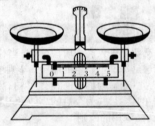

①该天平能精准到_____g。

②某同学要称取11.1 g某固体物质,在称量时将物质和砝码位置颠倒,其他操作正确,则称量物质的实际质量_____11.1 g(填"大于""小于"或"等于")。

【解析】本题考查实验基本操作及仪器的选用。量取液体应注意所量体积尽可能与量筒的容量相近。天平精准度为0.1 g。

【答案】(1)B A C (2)D (3)①0.1 ②小于

例题4 基础题——2011·宁夏

下图是实验室制备 Cl_2 的装置,Cl_2 是一种黄绿色有毒气体。如果装置气密性不好不仅会影响实验效果,还会严重污染环境。请你描述检查装置气密性的方法。

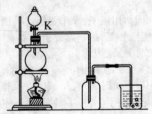

1-5 气密性的检验

装置气密性的检验是中学化学的重要基本操作,气密性检验通常有温差法和压差法。

(1)温差法:将导管的末端插入水中,然后用手或酒精灯微热,如果导管末端有气泡产生,松开手或移走酒精灯后,导管末端形成一段稳定的水柱,证明装置不漏气。反之漏气。如装置Ⅰ可用此方法。

装置Ⅰ   装置Ⅱ   装置Ⅲ

(2)压差法:启普发生器及类似启普发生器原理的装置应采用此方法。首先关闭导管上的活塞,向长颈漏斗或球形漏斗中加水,使漏斗中的液面高于容器中的液面,静置片刻后液面差不变,证明装置气密性良好。如装置Ⅱ、Ⅲ可用此方法。

2.化学实验安全

2-1 药品的安全存放

(1)易吸水、易潮解、易被氧化的物质应密封存放。

(2)受热或见光易分解的物质应选用棕色瓶存放在冷暗处。

(3)易燃的试剂应密封保存,并放置在冷暗、远离电源和火源的地方。

(4)金属钾、钠易与O_2、H_2O反应,所以封存在煤油中。

(5)氧化剂和还原剂不能一起存放。

(6)剧毒药品要单独存放,并有严格的取用程序。

(7)化学试剂要按性质、类别有规律存放。

【特别提醒】①应根据药品状态选择容器口径的大小。固体药品保存在广口瓶中,液体药品保存在细口瓶中。②瓶塞的选择取决于药品的酸碱性。酸性试剂选用玻璃塞或软木塞,碱性试剂选用橡胶塞。③某些试剂有其特殊性质,应根据其特点,采取相应的保存方法。

【注意】几种特殊试剂的安全存放:

①白磷着火点低(40℃),在空气中能缓慢氧化而自燃,通常保存在冷水中。

②液溴有毒且易挥发,须盛放在磨口的细口瓶里,并加些水(水覆盖在液溴上面)起水封作用。

③碘易升华且具有强烈刺激性气味,盛放在磨口的广口瓶里。

④浓硝酸、硝酸银见光易分解,应保存在棕色瓶中,存放在黑暗而且温度低的地方。

⑤氢氧化钠固体易潮解,应盛放在易于密封的干燥广口瓶中;其溶液盛放在无色细口瓶里,瓶口用橡皮塞塞紧,不能用玻璃塞。

2-2 实验意外事故处理

(1)被玻璃或其他锐物划伤,先用双氧水清洗伤口,再涂上红药水或碘酒,再用创可贴外敷。

(2)烫伤或烧伤,用药棉浸75%～95%的酒精轻涂伤处,也可用3%～5%的$KMnO_4$溶液。

(3)如不慎将酸沾到皮肤或衣物上,立即用水冲洗,再用3%～5%的$NaHCO_3$溶液清洗。如果是碱液沾到皮肤上,用水冲洗,再涂上硼酸溶液。

(4)如果酸(或碱)流到实验桌上,立即用$NaHCO_3$溶液(或稀醋酸)中和,然后用水冲洗。如果是少量的酸或碱,立即用湿抹布擦净。

(5)眼睛的化学灼伤,立即用大量水冲洗,边洗边眨眼睛。若为碱灼伤,再用20%的硼酸溶液淋洗;若为酸灼伤,再用3%的$NaHCO_3$溶液淋洗。

2-3 实验室火灾处理

(1)移走可燃物,切断电源,停止通风。

(2)与水发生剧烈反应的化学药品不能用水扑救,如钾、钠等。

(3)比水密度小的有机溶剂,不能用水扑救,如乙醇,可用沙子或石棉布盖灭。

(4)酒精及有机物小面积着火用湿布或沙子扑盖。

【解析】该装置选用温差法来检验气密性。

【答案】关闭分液漏斗活塞,将导气管插入烧杯水面以下,用酒精灯微热圆底烧瓶,若导管末端产生气泡,停止微热,导管中有稳定水柱形成,说明气密性良好。

例题5 **基础题——2011·广西**

下列试剂保存方法中正确的是( )。

A.浓硫酸难挥发,可以敞口放置

B.浓硝酸见光易分解,可以放在棕色广口瓶中

C.酒精应密封存放,并远离火源

D.白磷不易挥发,不需密闭存放

【解析】浓硫酸易吸水,应密封存放;浓硝酸见光易分解,应放在棕色细口瓶中;白磷易氧化且着火点低(40℃),应封存在冷水中。

【答案】C

例题6 **基础题——2011·永丰中学**

进行化学实验必须注意安全,下列说法中不正确的是( )。

A.不慎将酸液溅到眼中,应立即用大量水冲洗,边洗边眨眼睛

B.不慎将碱液沾到皮肤上,要立即用大量水冲洗,然后再涂上硼酸溶液

C.洒在桌面上的酒精燃烧,立即用湿抹布盖灭

D.配制硫酸溶液时,可先在量筒中加入一定体积的水,再慢慢倒入浓硫酸,并不断搅拌

【解析】A、B、C是正确的,D错误,因为量筒是粗略量取液体体积的仪器,不能用来配制或稀释溶液,若需配制或稀释溶液,可选用烧杯或其他专用仪器。

【答案】D

【点拨】B选项的硼酸也可以用稀醋酸代替。

例题7 **容易题**

危险化学品应张贴明显的标志,并按危险等级分类保管存放。

对下列危险化学品进行分类,并选贴合理的标志。

(1)浓硫酸:第_____类,标志名称_____。

(2)白磷:第_____类,标志名称_____。

(3)硫粉:第_____类,标志名称_____。

(4)酒精:第_____类,标志名称_____。

(5)液化气:第_____类,标志名称_____。

(6)高锰酸钾:第_____类,标志名称_____。

【答案】(1)8 腐蚀品 (2)4 自燃物品 (3)4 易燃固体 (4)3 易燃液体 (5)2 易燃气体 (6)5 氧化剂

【点拨】化学与生活联系紧密,这是一道化学习题,也是生活中的常识,危险化学品的标志不仅

（5）反应器内的燃烧,如果是敞口器皿可用石棉布盖灭。

【特别提醒】①实验一开始就要注意安全,易燃、易爆物的使用要严格按要求进行。

②知道实验室中所有安全器材的存放位置和使用方法。如灭火器、灭火毯、灭火沙。

③任何实验室事故,都应立刻报告老师。

2-4 常用危险化学品的分类及标志

第1类	爆炸品	
第2类	压缩气体和液化气体	
第3类	易燃液体	
第4类	易燃固体、自燃物品和遇湿易燃物品	
第5类	氧化剂和有机过氧化物	
第6类	有毒品	
第7类	放射性物品	
第8类	腐蚀品	

3. 混合物的分离和提纯

3-1 概念

（1）物质的分离:把混合物中各物质通过物理或化学方法彼此分开的过程。

（2）物质的提纯:把混合物中的杂质除去,以得到纯净物质的过程。

【辨析】物质的提纯是目的,物质的分离是一种手段,通过分离可达到提纯的目的。

【思考1】你知道沙里淘金吗? 淘金者是利用什么性质和方法将金子从沙里分出来的? 如果有铁屑和沙的混合物,你能用哪些方法将铁屑分离出来?

【答案】金是一种很不活泼的金属,在自然界中通常以游离态存在。金的密度又很大,所以从沙里淘金,可用水冲洗的方法从沙里提取密度很大的金。在用水冲洗沙时,密度小的泥土、细沙等物质被水冲去,可提取含量极少的金。这也是最简单的一种利用物质物理性质不同进行分离的方法。

在实验室的试剂瓶上可以看到,在车站、机场等公共场所常有标示,请同学们留意观察。

例题8 基础题

我们在工、农业生产以及生活中都常用到物质分离的方法,请写出下列分离现象是根据物质的哪些性质。

①含有泥沙的浑水,静置一会儿水沙分离,可取得上层的清水。

②给饱和食盐水加热,水慢慢转化为蒸汽得到固体食盐。

③农村"扬谷"分离饱满的谷粒和干瘪的谷壳。

④建筑工地上用铁筛把大小不同的沙粒分开。

⑤淘米除去米中混有的小沙粒。

【答案】①③⑤是根据密度大小的不同,②是根据沸点的不同,④是根据颗粒大小的不同。

例题9 基础题

某学生发现滴瓶中的溶液有悬浮物,拟用如右图所示操作进行过滤,操作上错误的地方有(　　)。

A.4 处　　　　　B.3 处

C.2 处　　　　　D.1 处

【解析】操作上错误的地方有3处:(1)没使用玻璃棒转移;(2)漏斗颈的末端未与烧杯内壁相接触;(3)手握滴瓶的标签没有向手心。

【答案】B

【点拨】过滤的操作要点可记为:一贴、二低、三靠。这六个字不仅要记住,还要了解其真正的含义。

例题10 中难题

实验室蒸发 NaCl 溶液时,一般有以下操作过程:

①固定铁圈位置

②加热蒸发,并不断搅拌

③放置酒精灯

④将蒸发皿放置在铁圈上

⑤停止加热,利用余热蒸干

其正确的操作顺序为(　　)。

A.①②③④⑤　　　B.②③④⑤①

C.⑤③②④①　　　D.③①④②⑤

【解析】该实验包括蒸发装置的安装和蒸发过程的操作。安装的原则"由下往上"。依酒精灯的高度确定铁圈的位置。加热时要不断搅拌,最后用余热蒸干。

【答案】D

如果铁屑和沙混合,根据铁能被磁铁吸引的性质,可以用磁铁将混合物中的铁屑分离出来。

【思考2】化学上所指的杂质都是有害和无价值的吗?你怎样看待这个问题?请举例说明。

【答案】化学上所指的杂质不一定都是有害和无价值的。例如海水用作工业用水时,其中的 NaCl 等杂质对设备有腐蚀作用,这时杂质是有害的;我们可以从海水中提取 NaCl 用作工业原料,这时杂质是有价值的。

3-2 过滤

(1)过滤的目的:分离固体和液体的混合物。

(2)操作要领:

过滤操作时要做到"一贴"、"二低"和"三靠"。"一贴"是指滤纸紧贴漏斗的内壁,中间不留气泡(操作时要用手压住,用水润湿)。"二低"是指滤纸的边缘要低于漏斗的边缘;液面要低于滤纸的边缘。"三靠"是指倾倒液体时,烧杯要靠在玻璃棒上;玻璃棒要靠在三层滤纸处;漏斗下端管口要靠在烧杯内壁上。(如右图所示)

【特别提醒】过滤完成后,漏斗中的沉淀物表面往往会残留可溶性物质,所以沉淀物要洗涤,洗涤方法为向漏斗中加入蒸馏水至浸没沉淀物(切不可用玻璃棒搅拌),待水滤出后,重复操作2~3次。

3-3 蒸发

(1)蒸发的目的:使稀溶液浓缩或从溶液中得到溶质的晶体。

(2)蒸发操作的要领

①浓缩溶液:将稀溶液倒入蒸发皿中,把蒸发皿放置在三脚架上或铁架台上的铁圈上,用酒精灯直接加热,使水蒸发至浓度达到要求。

②蒸发结晶:将溶液倒入蒸发皿中,把蒸发皿放置在三脚架上或铁架台上的铁圈上,用酒精灯直接加热,使水蒸发直至溶液中出现大量晶体并在剩余少量水时,停止加热,利用余热蒸干。

【特别提醒】①浓缩溶液时,溶液的体积不要超过蒸发皿容积的 $\frac{2}{3}$;②蒸发加热液体时,一定要用玻璃棒不断搅拌,防止局部温度过高,使液体飞溅;③蒸发结晶时,即使出现了大量晶体,停止加热利用余热蒸干时,也要继续搅拌,防止固态晶体物质传热不好而发生迸溅;④蒸发皿都应该用经过预热的坩埚钳夹住以后再取放,不能用凉的坩埚钳夹温度很高的蒸发皿,防止温差过大,引起蒸发皿炸裂;⑤不要把加热后的蒸发皿直接放在实验台上,以免烫坏实验台。

3-4 粗盐的提纯

(1)粗盐的成分:不溶性泥沙,可溶性 $CaCl_2$、$MgCl_2$ 与一些硫酸盐。

(2)粗盐的提纯过程:

操作步骤	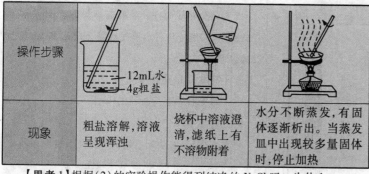		
现象	粗盐溶解,溶液呈现浑浊	烧杯中溶液澄清,滤纸上有不溶物附着	水分不断蒸发,有固体逐渐析出,当蒸发皿中出现较多量固体时,停止加热

(图中标注:12mL水、4g粗盐)

【思考1】根据(2)的实验操作能得到纯净的 NaCl 吗?为什么?

【答案】不能,用上述方法只能除去不溶性的泥沙,可溶性的 $CaCl_2$、$MgCl_2$ 及硫酸盐仍混在 NaCl 中。

【思考2】粗盐的提纯实验中在溶解、过滤、蒸发各步骤中均使用了玻璃棒,其作用分别是什么?

【答案】溶解:搅拌,加速溶解;过滤:引流;蒸发:搅拌,防止液滴飞溅。

(3)检验 NaCl 中的 SO_4^{2-}。

实验步骤:取从粗盐中提取的盐约 0.5 g 放入试管中,向试管中加入约

例题11 基础题

在"粗盐提纯"的实验中,蒸发时正确的操作是(　　)。

A.把浑浊的液体倒入蒸发皿内加热

B.开始析出晶体后才用玻璃棒搅拌

C.待水分完全蒸干后停止加热

D.蒸发皿中出现大量固体时即停止加热

【解析】蒸发是用加热的方法使溶剂不断挥发的过程。蒸发可用于浓缩溶液或从溶液中分离出固体溶质。A 项没有过滤即蒸发,不能除去泥沙;加热过程中应该用玻璃棒不断搅拌,防止由于局部过热,造成液滴飞溅,所以 B 项错误;当蒸发皿中出现较多固体时即停止加热,利用余热将剩余液体蒸干,所以 C 项错误;D 项正确。

【答案】D

例题12 难题——2011·湖南长沙

实验室里需要纯净的氯化钠晶体,但现在只有混有硫酸钠、碳酸氢铵的氯化钠。某学生设计了如下方案:

请回答下列问题:

(1)操作①加热的目的是____,发生反应的化学方程式为____。

(2)操作②除用 $BaCl_2$ 溶液外,还可以用____。

(3)操作②,判断 SO_4^{2-} 已除尽的方法是____。

(4)操作③的目的是____,为什么不先过滤再加 Na_2CO_3 溶液的理由是____。

(5)操作④的名称是____,应在____(填仪器名称)中进行。

【解析】根据所含杂质的性质应先用加热的方法使 NH_4HCO_3 分解除去,然后利用 $BaCl_2$ 溶液将 SO_4^{2-} 沉淀除去,再加入 Na_2CO_3 溶液与过量的 Ba^{2+} 反应产生 $BaCO_3$ 沉淀而除去 Ba^{2+},过量的 Na_2CO_3 用盐酸除去,而盐酸易挥发,通过操作

2 mL 水配成溶液。先滴入几滴稀盐酸使溶液酸化，然后向试管中滴入几滴 $BaCl_2$（氯化钡）溶液，观察现象。

实验现象：向试管内的溶液里滴入稀盐酸后，无明显现象发生，再滴入 $BaCl_2$ 溶液后，产生了白色沉淀。

解释及结论：在溶液中电离时能产生 SO_4^{2-} 的化合物与 $BaCl_2$ 溶液反应，生成不溶于稀盐酸的 $BaSO_4$（硫酸钡）白色沉淀，利用这一反应可以检验硫酸和可溶性硫酸盐。例如，Na_2SO_4 溶液与 $BaCl_2$ 溶液反应的化学方程式为 $Na_2SO_4 + BaCl_2 === BaSO_4\downarrow + 2NaCl$。

【思考】检验 NaCl 溶液中的 SO_4^{2-} 时，为什么要用稀盐酸将溶液酸化？

【答案】$BaSO_4$、$BaCO_3$ 等多种钡盐都难溶于水，在水中呈白色沉淀状态。$BaSO_4$ 不溶于盐酸，而其他难溶于水的钡盐易溶于盐酸。为了排除 CO_3^{2-}、SO_3^{2-} 等对 SO_4^{2-} 检验的干扰作用，要加稀盐酸将被检验的溶液酸化。

（4）粗盐的进一步提纯。

除去 NaCl 中混有的 $CaCl_2$、$MgCl_2$ 及硫酸盐可采用下列方法：

杂质	加入的试剂（过量）	化学方程式
Na_2SO_4	$BaCl_2$	$Na_2SO_4 + BaCl_2 === BaSO_4\downarrow + 2NaCl$
$MgCl_2$	NaOH	$MgCl_2 + 2NaOH === Mg(OH)_2\downarrow + 2NaCl$
$CaCl_2$	Na_2CO_3、HCl	$CaCl_2 + Na_2CO_3 === CaCO_3\downarrow + 2NaCl$ $BaCl_2 + Na_2CO_3 === BaCO_3\downarrow + 2NaCl$ $Na_2CO_3 + 2HCl === 2NaCl + CO_2\uparrow + H_2O$ $NaOH + HCl === NaCl + H_2O$

【思考1】加入的试剂为什么要过量？

【答案】加入试剂过量是为了使杂质离子反应完全。其过量部分由后续加入的试剂除去。

【思考2】加入的试剂顺序是否是唯一的。

【答案】除去上述杂质所用试剂还可按以下顺序加入：

$NaOH \longrightarrow BaCl_2 \longrightarrow Na_2CO_3 \longrightarrow HCl$

Na_2CO_3 必须在 $BaCl_2$ 之后，稀盐酸最后加入。

【特别提醒】同学们要牢记化学中常见物质的溶解性。

常见物质的溶解性

	OH^-	Cl^-	SO_4^{2-}	CO_3^{2-}
H^+		溶、挥	溶	溶、挥
Na^+	溶	溶	溶	溶
Ca^{2+}	微	溶	微	不
Ba^{2+}	溶	溶	不	不
Mg^{2+}	不	溶	溶	微

3-5 蒸馏

（1）蒸馏的原理

利用液态混合物中各成分的沸点不同，通过加热到一定温度使沸点低的成分先汽化，再冷凝，从而与沸点高的物质分离开来。

（2）装置（如右图）

（3）注意事项

①在蒸馏烧瓶中放少量碎瓷片或沸石，防止液体暴沸。

②温度计水银球的位置应与支管口下沿位于同一水平线上，用于测馏分的沸点。

③蒸馏烧瓶中所盛放液体体积不能超过其容积的 2/3，也不能少于 1/3。

④冷凝管中冷却水从下口进，从上口出。

⑤加热温度不能超过混合物中沸点最高物质的沸点。

⑥给蒸馏烧瓶加热时，要垫石棉网。

（4）蒸馏的应用举例——实验室制取蒸馏水。

④即可除去。因此 $BaCl_2$ 可用 $Ba(OH)_2$ 代替，过量的 OH^- 可用盐酸除去。操作②加 $BaCl_2$ 溶液产生 $BaSO_4$ 沉淀，可与操作③中的沉淀一起过滤，这样可以减少操作。由滤液得到晶体可在蒸发皿中用加热蒸发、浓缩结晶的方法。

【答案】（1）加热分解除去 NH_4HCO_3

$NH_4HCO_3 \overset{\triangle}{===\!=} NH_3\uparrow + H_2O + CO_2\uparrow$

（2）$Ba(OH)_2$ 溶液 （3）取上层清液加入 $BaCl_2$ 溶液，若无沉淀生成，说明 SO_4^{2-} 已除尽 （4）除去过量的 Ba^{2+} 减少一次过滤操作 （5）加热蒸发、浓缩结晶 蒸发皿

例题13 基础题

下图所示是用自来水制取少量蒸馏水的简易装置（加热及固定仪器略），其原理与教材中的实验完全相同。回答下列问题：

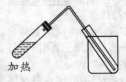

加热

（1）左边大试管中需加入几片碎瓷片，其作用是_____。

（2）该装置中使用的玻璃导管较长，其作用是_____。

（3）烧杯中还需盛有的物质是_____。

【解析】（1）碎瓷片表面有微孔，内有空气，可起到防止暴沸的作用。

（2）由于该装置为制取蒸馏水的简易装置，无冷凝器，故长导管除导出水蒸气外，还兼起冷凝的作用。

（3）长导管的冷凝效果不如冷凝器，故烧杯中应放冰水，进一步将水蒸气冷凝为蒸馏水，收集于试管中。

【答案】（1）防止暴沸

（2）导气兼起冷凝器的作用

（3）冰水

【点拨】简易法制蒸馏水装置与教材中的蒸馏装置形式上差异较大，但从原理上分析是一样的。在解题时要善于学会知识迁移。

例题14 中难题

某化学课外小组以海带为原料制取了少量碘水，现用四氯化碳从碘水中萃取碘并用分液漏斗分离两种溶液。其实验操作可分为如下几步：

实验目的	实验操作	现象	结论
自来水中离子的检验	AgNO₃溶液　自来水(HNO₃酸化)	出现不溶于稀HNO₃的白色沉淀	自来水中含有Cl⁻
水的提纯	冷凝器　水蒸气　自来水　冷凝管　冷却水　蒸馏水	蒸馏烧瓶中水沸腾,冷凝管中有无色液体凝结,并通过牛角管流入锥形瓶中	锥形瓶中收集到无色透明的水
蒸馏水中杂质离子的检验	AgNO₃溶液　蒸出液体(HNO₃酸化)	无明显现象	蒸馏水中不含Cl⁻

【提醒】实验室制取蒸馏水的装置没用温度计。因为制蒸馏水是除去溶在水中的难挥发性杂质,蒸馏出水,其沸点恒定为100℃,故不需要温度计。

3-6 萃取和分液

(1)萃取的原理:

利用物质在互不相溶的溶剂里溶解度的不同,用一种溶剂把物质从它与另一种溶剂所组成的溶液里提取出来,这种方法叫做萃取。将萃取后两种互不相溶的液体分开的操作,叫做分液。

倒转分液漏斗

(2)操作要领:

①检验是否漏液:在分液漏斗中注入少量的水,塞上瓶塞,倒置看是否漏水,若不漏水,把瓶塞旋转180°,再倒看是否漏水。

②混合振荡:用左手握住分液漏斗活塞,右手压住分液漏斗口部,把分液漏斗倒转过来振荡,使两种液体充分接触,振荡后打开活塞,使漏斗内气体放出。

③静置:利用密度差且互不相溶的原理使液体分层,以便分液。

④分液:分液漏斗上口玻璃塞上的凹槽(或小孔)对准漏斗上的小孔(保持压力不变),打开下口活塞放出下层液体,从上口倒出上层液体。

(3)萃取剂的选择

萃取剂选择的三个必备条件:

①萃取剂与原溶液中的溶剂互不相溶。

②萃取剂与原溶液中的溶质互不反应。

③溶质在萃取剂中的溶解度远大于在原溶剂中的溶解度。

【特别提醒】①常见的萃取剂:a.苯、汽油(或煤油):难溶于水,密度比水小。b.CCl₄:难溶于水,密度比水大。

②由于酒精与水互溶,故酒精一般不作萃取剂。

③用CCl₄萃取碘水中的碘:

a.加萃取剂(CCl₄)(如图Ⅰ)

用量筒取10 mL碘的饱和水溶液,倒入分液漏斗,然后再注入4 mL CCl₄,盖好玻璃塞,发现溶液分层,CCl₄在下层。

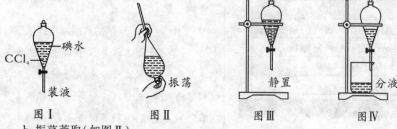

图Ⅰ　　图Ⅱ　　图Ⅲ　　图Ⅳ

b.振荡萃取(如图Ⅱ)

用右手压住分液漏斗口部,左手握住活塞部分,把分液漏斗倒转过来振荡,使两种液体充分接触。

A.把盛有溶液的分液漏斗放在铁架台的铁圈中;

B.把50 mL碘水和15 mL四氯化碳加入分液漏斗中,并盖好玻璃塞;

C.检查分液漏斗活塞和上口玻璃塞是否漏液;

D.塞紧上口玻璃塞及活塞,倒转漏斗用力振荡,并不时旋开活塞放气,最后关闭活塞,把分液漏斗放正;

E.旋开活塞,用烧杯盛接溶液;

F.从分液漏斗上口倒出上层水溶液;

G.将分液漏斗上口的玻璃塞打开或使塞上凹槽(或小孔)对准漏斗上的小孔;

H.静置、分层。

回答下列问题:

(1)正确操作步骤的顺序是_____→_____→_____→A→_____→G→E→F (用字母表示)。

(2)上述步骤E的操作中应注意_____。

(3)选用四氯化碳为萃取剂从碘水中萃取碘的理由是_____。

【解析】四氯化碳与水不互溶,碘在四氯化碳中的溶解度远大于在水中的溶解度,且四氯化碳与碘和水都不反应,有利于碘与四氯化碳的分离,故可用四氯化碳作为萃取剂。分液漏斗使用之前首先应该检查分液漏斗活塞和上口玻璃塞是否漏液,然后分别加入溶液和萃取剂,塞紧上口玻璃塞后用力振荡,静置分层后,打开上口玻璃塞,使内外大气相通,便于分液漏斗中液体分层及由活塞放出下层液体,要注意漏斗下端管口紧靠烧杯内壁;及时关闭活塞,不让上层液体流出;最后由上口倒出上层液体。

【答案】(1)C　B　D　H

(2)漏斗下端管口紧靠烧杯内壁;及时关闭活塞,不让上层液体流出

(3)四氯化碳与水不互溶,碘在四氯化碳中的溶解度远大于在水中的溶解度,且四氯化碳与碘和水都不反应

【点拨】溶质在两种互不相溶的溶剂里的溶解度差别较大时,可用萃取分液的方法使之分离。与水互溶的溶剂如乙醇

c.静置分层(如图Ⅲ)

将分液漏斗放在铁架台上静置,液体分层{上层:水层,无色;下层:碘的CCl₄溶液,紫色。

d.分液(如图Ⅳ),待液体分层后,将分液漏斗上面的玻璃塞打开,再将分液漏斗下面的活塞拧开,使下层液体沿烧杯壁流下,上层液体从分液漏斗上口倒出。

【特别提醒】①振荡时,要不时旋开活塞放气,以防止分液漏斗内压强过大引起危险。

②分液时,分液漏斗下端要紧靠烧杯内壁,以防液体飞溅。

③旋开活塞,用烧杯接收下层液体时,要注意待下层液体恰好流出时及时关闭分液漏斗的活塞,注意不能让上层液体流出,上层液体应从上口倒出。

②方法·技巧平台

4.物质分离和提纯方法的比较

方法	适用范围	主要仪器和用品	举例	注意事项
过滤	固体和液体分离	烧杯、漏斗、玻璃棒、铁架台(带铁圈)、滤纸	粗盐的提纯	①"一贴、二低、三靠";②必要时要洗涤沉淀物
蒸发	分离溶于溶剂中的溶质	蒸发皿、玻璃棒、酒精灯、三脚架	从NaCl溶液中提取NaCl晶体	①溶质须稳定;②蒸发过程应不断搅拌;③近干时停止加热,余热蒸干
蒸馏	分离互溶且沸点不同的液体混合物	蒸馏烧瓶、冷凝管、酒精灯、温度计、牛角管、锥形瓶等	石油分馏出汽油、煤油等	①温度计的水银球与蒸馏烧瓶支管口下沿平齐;②加沸石(或碎瓷片);③冷凝水"低进高出";④不可蒸干
萃取	溶质在萃取剂中的溶解度远大于在原溶剂中的溶解度	分液漏斗、烧杯、铁架台(带铁圈)	提取溴水中的溴	①萃取后要进行分液;②合理选择萃取剂;③分液后得到的仍然是混合液,一般可通过蒸馏等方法进一步分离
分液	分离两种互不相溶的液体	分液漏斗	CCl₄、水的分离	下层液体先从下口放出,上层液体再从上口倒出

【巧记】分离提纯方法口诀:

(1)过滤操作口诀

漏斗烧杯玻璃棒,三样仪器不能少。

一贴二低三要靠,滤渣记得要洗涤。

(2)蒸发操作口诀

皿架玻棒酒精灯,加热搅拌不放松。

液体少时停加热,熄灯之后余热干。

(3)蒸馏操作口诀

隔网加热冷管倾,上缘下缘两相平。

碎瓷用来防暴沸,热气冷水逆向行。

(4)萃取操作口诀

萃剂溶剂互不溶,溶解程度大不同。

充分振荡再静置,下放上倒要分清。

【特别提醒】提纯是一种实验目的,分离是一种实验手段(方法)。两者联系如下:

	分离	提纯
含义	把混合物的各成分分开	把混合物中所含的杂质除去
区别	分开后的各物质要恢复原来的状态	杂质不必恢复原状态
物理方法	过滤、结晶、升华、蒸馏、萃取、分液、溶解等	
化学方法	沉淀、置换、加热、分解等	

5.物质的分离和提纯的基本思路

(1)物质分离和提纯的"两种方法"

物质分离时,一般先考虑物理方法,后考虑化学方法,通常需要物理、化学综合法。

等,不论溶质在其中的溶解度多大,都不能作萃取剂,因为乙醇与水溶液无法分层。故乙醇不能作溴水、碘水的萃取剂;另外,萃取剂不能与溶质反应,如裂化汽油不能作溴水、碘水的萃取剂,因为裂化汽油与溴、碘能发生化学反应(在以后的学习中会学到)。

例题15 基础题——高考题改编

现有一瓶甲和乙的混合物,已知甲和乙的某些性质如下表:

物质	化学式	熔点/℃	沸点/℃	密度/(g·cm⁻³)	在水中溶解性
甲	C₃H₆O₂	-98	57.5	0.93	可溶
乙	C₄H₈O₂	-84	77	0.90	可溶

据此,将甲和乙互相分离的最佳方法是( )。

A.萃取法　　　　B.升华法

C.蒸馏法　　　　D.分液法

【解析】甲、乙密度相似,溶解性相似,只能根据沸点不同来分离。

【答案】C

例题16 基础题——2010·临沂高一检测

选取下列实验方法分离物质,将分离方法的序号填在横线上。

A.萃取分液法　B.结晶法　C.分液法　D.蒸馏法　E.过滤法　F.升华法

①_____分离饱和食盐水与沙子的混合物。

②_____分离水和汽油的混合物。

③_____分离四氯化碳(沸点为76.75 ℃)和甲苯(沸点为110.6 ℃)的混合物。

④_____从碘的水溶液里提取碘。

【解析】食盐水与沙子属于固体和液体混合物,用过滤法分离;水和汽油为互不相溶的液体,用分液法分离;四氯化碳和甲苯沸点差异较大,用蒸馏法分离;从碘水中提取碘用萃取分液法。

【答案】①E　②C　③D　④A

【注意】常用的物理方法有:过滤法、蒸发法、蒸馏法、萃取法、水洗法、分液法。

(2)化学方法提纯和分离的"三个必须":

①加试剂必须过量。

②过量试剂必须除去。

③实验方案必须最佳。

(3)化学方法提纯和分离的"四个原则":

①不增,即提纯后不能增加新杂质。

②不减,即不减少被提纯物的量。

③易分,即被提纯物与杂质易分离。

④复原,即被提纯物要复原。

【巧记】两种方法,三个必须,四个原则。

6.物质检验的方法

(1)物质检验的两种方法

①物理方法

利用物质的颜色、气味、溶解性加以区别,如区分 $CuSO_4$ 溶液和 Na_2SO_4 溶液可根据其颜色,区分 Na_2CO_3 和 $CaCO_3$ 可根据其溶解性。

②化学方法

常用指示剂、点燃、加热、加试剂等方法,如区分盐酸、NaOH 溶液和 NaCl 溶液,可用石蕊试液。

(2)物质检验的"三个原则"

即一看(颜色、状态)、二嗅(气味)、三实(加试剂),根据实验现象的不同,检验离子的方法可归纳为三类:

①生成气体,如 NH_4^+、CO_3^{2-} 的检验。

②生成沉淀,如 Cl^-、SO_4^{2-} 的检验。

③显现特殊颜色,如 Cu^{2+}、Fe^{3+} 等的检验。

7.常见离子的检验方法

离子	操作
H^+	向待测液中加入紫色石蕊试液,溶液变红,证明有 H^+
OH^-	向待测液中加入酚酞试液,溶液变红,证明有 OH^-
CO_3^{2-}	向待测液中加入盐酸,产生的无色无味气体通入澄清的石灰水产生白色沉淀,证明有 CO_3^{2-}
SO_4^{2-}	向待测液中加入稀盐酸,然后加入几滴 $BaCl_2$ 溶液,有白色沉淀产生,证明有 SO_4^{2-}
Cl^-	向待测液中加入几滴稀硝酸,然后加入几滴 $AgNO_3$ 溶液,有白色沉淀产生,证明有 Cl^-
NH_4^+	向待测液中加入 NaOH 溶液,加热,有能使湿润的红色石蕊试纸变蓝的气体产生,证明有 NH_4^+

【特别提醒】在进行物质检验时,要注意排除杂质的干扰,如含 Cl^- 的溶液中若有 SO_4^{2-} 时,在检验 Cl^- 的存在时,需加入过量 $Ba(NO_3)_2$ 溶液,除去 SO_4^{2-} 后,再取上层清液加入 HNO_3 酸化的 $AgNO_3$ 溶液。

3 创新·思维拓展

8.实验室常见废液的处理方法

废液	处理方法	注意事项
酸或碱	中和法	分别收集,混合无危险时将废酸、废碱混合
氧化剂、还原剂	氧化还原法	分别收集,查明废液化学性质,将一种废液分次少量加入到另一种废液中
含重金属离子的废液	氢氧化物沉淀法,硫化物沉淀法	用过滤法将沉淀分离,滤液不含重金属离子后再排放
含 Ba^{2+}	沉淀法	加入 Na_2SO_4 溶液,过滤,除去沉淀即可排放
有机物	焚烧法,有机溶剂萃取回收利用	生成水、CO_2 等,不污染环境。用溶剂萃取,分液后回收利用

例题 17 中难题——2010·温州

为了除去粗盐中的 Ca^{2+}、Mg^{2+}、SO_4^{2-} 及泥沙,得到纯净的 NaCl,可将粗盐溶于水,然后在下列操作中选取必要的步骤和正确的操作顺序进行提纯,正确的步骤及顺序是(　　)。

①过滤;②加过量 NaOH 溶液;③加适量盐酸;④加过量 Na_2CO_3 溶液;⑤加过量 $BaCl_2$ 溶液。

A.④②⑤　　　　　B.④①②⑤③

C.②⑤④①③　　　D.①②⑤④③

【解析】解题关键是 Na_2CO_3 溶液要在 $BaCl_2$ 溶液的后面加入。除去 Mg^{2+} 用氢氧化钠溶液,除去 SO_4^{2-} 用氯化钡溶液,除去 Ca^{2+} 用碳酸钠溶液,过滤后再加足量的盐酸,故选C。

【答案】C

【点拨】在解题过程中往往只重视试剂的加入顺序,忘记过滤,致使加入盐酸后沉淀溶解,杂质离子重新混入。

例题 18 中难题——2009·河北高一

下列离子检验的方法正确的是(　　)。

A.某溶液中加硝酸银溶液生成白色沉淀,说明原溶液中有 Cl^-

B.某溶液中加 $BaCl_2$ 溶液生成白色沉淀,说明原溶液中有 SO_4^{2-}

C.某溶液中加 NaOH 溶液生成蓝色沉淀,说明原溶液中有 Cu^{2+}

D.某溶液中加稀硫酸生成白色沉淀,说明原溶液中有 CO_3^{2-}

【解析】与硝酸银溶液反应生成白色沉淀的离子有 Cl^-、SO_4^{2-} 等,与 $BaCl_2$ 溶液反应生成白色沉淀的离子有 SO_4^{2-}、Ag^+ 等;与 NaOH 溶液反应生成蓝色沉淀的离子只有 Cu^{2+}。

【答案】C

【点拨】用沉淀法检验离子要注意排除其他离子的干扰,SO_4^{2-} 的正确检验方法为:先向溶液中加入稀盐酸,如果产生沉淀,应先过滤,再向滤液中加入 $BaCl_2$ 溶液。

例题 19 基础题——2009·海南

下列说法正确的是(　　)。

9.实验安全防护

(1)防爆炸

①点燃可燃性气体(如 H_2、CO、CH_4 等)之前,要检验气体的纯度。

②用 H_2、CO 还原 Fe_2O_3、CuO 时,先通入 H_2 或 CO,待检验尾部气体纯净,保证空气已排尽后,再加热。

(2)防暴沸

①加热液体混合物时要要加沸石。

②稀释浓 H_2SO_4 时,将浓 H_2SO_4 沿器壁缓缓加入水中,边加边搅拌,冷却。

(3)防失火

可燃性物质一定要远离火源以防失火。

(4)防中毒

①制取有毒气体,要用通风设备,要有尾气处理装置。

②误食重金属盐,应喝豆浆、牛奶或鸡蛋清解毒。

(5)防倒吸

①加热法制取气体且用排水法收集时,实验结束时的操作为:先将导气管从水中取出,再熄灭酒精灯。

②吸收溶解度较大的气体时,要加装安全瓶或防倒吸装置。

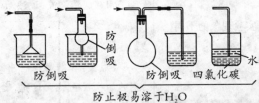

防止极易溶于H_2O的气体在被吸收时产生倒吸(如吸收NH_3和HCl气体)

(6)防污染

实验中产生对环境有污染的气体,必须进行处理。下图所示为常见的三种处理方法:

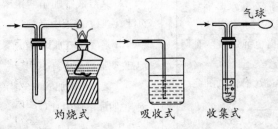

灼烧式　　吸收式　　收集式

【特别提醒】对环境有污染的气体主要有 CO、SO_2、H_2S、氮氧化物等。

【巧记】

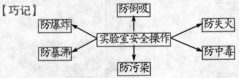

▶ 整体训练方法

4 能力·题型设计

速效基础演练

➡ 1.下列错误的实验操作中,可能引发安全事故的是( )。

A.称量药品　　B.点燃酒精灯　　C.取用固体　　D.过滤

A.化学实验产生的废液应及时倒入下水道

B.实验室的废酸或废碱可用中和法来处理

C.实验用剩的钾、钠等金属要及时扔进废液缸

D.如果酸流到实验桌上,立即用氢氧化钠溶液中和

【解析】化学实验产生的废液大多是有害物质,不能直接倒入下水道。钾、钠等活泼金属是易燃物,要妥善回收。氢氧化钠的腐蚀性很强,不能用来中和实验桌上的酸液,应用$NaHCO_3$溶液。

【答案】B

例题20　中难题——2007·江苏

用下列实验装置完成对应的实验(部分仪器已省略),能达到实验目的的是( )。

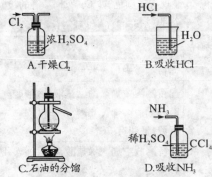

A.干燥Cl_2　　　　B.吸收HCl

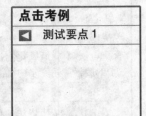

C.石油的分馏　　D.吸收NH_3

【解析】干燥Cl_2应使Cl_2通过干燥剂,所以应"长进短出";HCl易溶于水应防止发生倒吸;在进行分馏实验操作时,温度计的水银球应与支管口齐平;NH_3不溶于CCl_4,可防止倒吸现象发生,同时上升的NH_3遇到上层的稀H_2SO_4后被吸收。

【答案】D

2. 在装有浓硫酸的容器上应贴的标志是(   )。

A   B   C   D

3. 下列分离和提纯的实验中,所选用的方法或仪器不正确的是(   )。

序号	A	B	C	D
实验目的	制取蒸馏水	分离水和植物油	分离食盐水与泥沙	从浓食盐水中得到氯化钠晶体
分离方法	蒸馏	分液	萃取	蒸发
选用仪器				

4. 在 $CuCl_2$ 和 $MgCl_2$ 混合溶液中,加入过量的锌粉,充分反应后过滤,留在滤纸上的物质是(   )。
 A.Zn   B.Cu   C.Zn 和 Cu   D.Cu 和 Mg

5. 下列对实验事故或药品的处理方法正确的是(   )。
 A.少量浓硫酸沾在皮肤上,立即用氢氧化钠溶液冲洗
 B.实验室用剩的金属钠,应及时丢弃到废液缸里
 C.实验台上的酒精灯被碰翻着火,立即用湿抹布扑灭
 D.将含硫酸的废液直接倒入水槽,用水冲入下水道

6. 现有三组溶液:①汽油和氯化钠溶液 ②39% 的乙醇溶液 ③氯化钠和单质溴的水溶液,分离以上各混合液的正确方法依次是(   )。
 A.分液、萃取、蒸馏   B.萃取、蒸馏、分液
 C.分液、蒸馏、萃取   D.蒸馏、萃取、分液

7. 下列实验操作中正确的是(   )。
 A.分液操作时,分液漏斗中下层液体从下端放出,上层液体从上口倒出
 B.蒸馏操作时,应使温度计水银球插入蒸馏烧瓶中液体的液面下,但不能接触瓶底
 C.用蒸发方法使 NaCl 从溶液中析出时,应将蒸发皿中 NaCl 溶液全部加热蒸干
 D.萃取操作时,应选择有机萃取剂,且萃取剂的密度必须比水大

8. 在溴水里加适量四氯化碳,振荡静置后,可观察到的现象是(   )。
 A.无明显现象   B.分层,上层液体呈橙红色
 C.分层,下层液体呈橙红色   D.分层,下层是呈紫红色固体

9. 下图为实验室用自来水制取蒸馏水的装置示意图,根据图示回答下列问题:

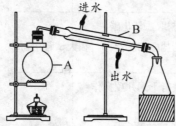

 (1)图中明显的一处错误是 _____
 (2)A、B 仪器的名称分别是 _____、_____。
 (3)实验时 A 中除加入少量自来水外,还需加入少量_____,其作用是_____
_____。
 (4)有同学认为该装置还须配温度计,你认为有必要吗?

10. 可用于分离或提纯物质的方法有:①过滤 ②结晶 ③蒸馏 ④萃取 ⑤分液 ⑥加热分解等。将分离或提纯的编号填入下列各混合物后面的横线上。
 (1)除去碳酸钙中的碳酸氢钙:_____
 (2)除去石灰水中悬浮的 $CaCO_3$ 颗粒:_____
 (3)从碘水中提取碘单质:_____

点击考例
◄ 测试要点 2 - 4
2011·江西调研题

◄ 测试要点 3
2012·北京测试题

◄ 测试要点 5

◄ 测试要点 8
2012·南昌测试

◄ 测试要点 4
2011·海南测试题

◄ 测试要点 4
2012·江苏兴化市
期中考试

◄ 测试要点 3 - 6
2010·青岛市高一
检测题

◄ 测试要点 3 - 5
2011·贵阳测试题

◄ 测试要点 3

(4)分离石油中各不同沸点范围的有机物：_____。

(5)从 KNO_3 和 NaCl 的混合物中提纯 KNO_3：_____。

知能提升突破

➡ 1.下列说法正确的是(　　)。

A. 从 I_2 的四氯化碳溶液中得到四氯化碳可用蒸发的方法

B. 从 Na_2CO_3 溶液中得到 Na_2CO_3 晶体可用过滤法

C. 分离水和酒精的混合物可用蒸馏法

D. 分离 NaCl 和 AgCl 的混合物用萃取法

点击考例

◀ 测试要点3、5、6
2012·中山一中期
中考试

➡ 2.下列除杂或分离方法不正确的是(　　)。

A.用稀硫酸洗掉钢铁表面的铁锈

B.在混有少量 Fe 粉的 Cu 粉中加入足量稀盐酸,充分反应后过滤

C.在 KCl 和 MnO_2(不溶于水)的混合物中,加入足量水溶解后过滤

D.在混有少量 $CuCl_2$ 的 $FeCl_2$ 晶体中,加入足量水溶解后过滤

◀ 测试要点3-2
2011·江西测试题

➡ 3.设计学生实验要注意安全、无污染、现象明显,根据启普发生器原理,可用底部有小孔的试管简易的气体发生器(如右图)。若关闭 K,不能使反应停止,可将试管从烧杯中取出(会有部分气体逸散)。下列气体的制取宜使用该装置的是(　　)。

A. 用二氧化锰(粉末)与双氧水制氧气

B.用锌粒与稀硫酸制氢气

C.用硫化亚铁(块状)与盐酸制硫化氢

D.用碳酸钙(块状)与稀硫酸制二氧化碳

◀ 测试要点9
2008·上海高考

➡ 4.某学生设计如下实验方案来分离 NaCl 和 $CaCl_2$ 两种固体的混合物。

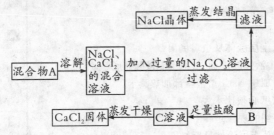

◀ 测试要点3-4
2011·长沙

(1)B 的化学式为_____。

(2)此实验方法分离得到的 NaCl 经分析含有杂质,是上述某一步设计的错误所致,请写出改进后的设计步骤：_____。

➡ 5.实验室用含有少量碳酸镁杂质的块状碳酸钙与盐酸反应制取二氧化碳。

(1)通过长颈漏斗向放有块状碳酸钙的大试管中加入足量的盐酸,充分反应,在大试管中可以观察到的现象是_____。

◀ 测试要点3

(2)反应完毕,欲从反应液中制取少量纯净的氯化钙晶体,进行下列几项操作：

①蒸发 ②过滤 ③加入适量的 X 溶液 ④加入足量的氯化钙

X 的化学式是_____;从上述操作中选出必要的操作,其正确的顺序是_____(填编号)。

(3)下图所示的仪器中,在进行蒸发操作时要用到的有_____(填仪器编号)。

① ② ③ ④ ⑤ ⑥ ⑦ ⑧ ⑨

(4)过滤时,某同学向漏斗中倾倒液体,不小心使液面超过了滤纸的边缘。这时,该同学应进行的操作是_____。

6.草木灰中富含钾盐,主要成分是碳酸钾,还含有少量氯化钾和硫酸钾。现从草木灰中提取钾盐,并检验其中的 CO_3^{2-}、SO_4^{2-} 和 Cl^-。

点击考例
◀ 测试要点6、7

(1)从草木灰中提取钾盐的实验操作顺序如下:
①称量样品,②溶解沉降,③_____,④_____,⑤冷却结晶。

(2)用托盘天平称量样品时,若指针偏向右边,则表示_____(填选项的标号)。
A.左盘重,样品轻　　B.左盘轻,砝码重　　C.右盘重,砝码轻　　D.右盘轻,样品重

(3)在进行②③④操作时,都要用到玻璃棒,其作用分别是:
②_____;
③_____;
④_____。

(4)将制得的少量晶体放入试管中,加蒸馏水溶解并把溶液分成3份,分装在3支试管里。
①在第一支试管里加入稀盐酸,可观察到有_____产生,证明溶液中有_____。
②在第二支试管里加入足量稀盐酸后,再加入 $BaCl_2$ 溶液,可观察到有_____生成,证明溶液中有_____。
③在第三支试管里加入足量稀硝酸后,再加入 $AgNO_3$ 溶液,可观察到有_____生成,证明溶液中有_____。

▶ **教材课后习题解答**

习题

1.C　点拨:水与四氯化碳互不相溶,可用分液法进行分离。
2.B　点拨:汽油是易燃品,用易燃液体标志。
3.C、D　点拨:加热时应用酒精灯外焰。
4.例如,农村把稻谷加工成大米时,常用筛子分离大米与糠;农村做豆腐常用纱布袋将豆腐花与豆浆水分离;在淘米时,常用倾倒法将洗米水与大米分离;当水中混有较多油而分层时,用吸管可逐渐吸出上层的油等。
5.不慎将油汤洒在衣服上可用酒精、洗涤剂等除去,它们能将油污从汤液中萃取出来而除去。
6.略　点拨:纯碱的主要成分是 Na_2CO_3,大理石的主要成分

是 $CaCO_3$,它们与盐酸反应生成 CO_2。陶瓷是由黏土烧制而成,不含有 CO_3^{2-};玻璃是用石灰石、纯碱和二氧化硅等原料熔炼而成,在熔炼过程中发生了化学变化,因此,玻璃中不存在碳酸盐。
7.不可靠。在可能含有可溶性硫酸盐、碳酸盐和硝酸盐的溶液中,加入 $BaCl_2$ 溶液时,生成的沉淀不一定是 $BaSO_4$,也可能是 $BaCO_3$ 或两者均有。可向有沉淀的液体中加入盐酸(或稀硝酸),振荡。若沉淀消失,说明该沉淀是 $BaCO_3$;若沉淀不消失,说明该沉淀是 $BaSO_4$;若沉淀减少,但不完全消失,则说明两种沉淀都有。

▶ **最新5年高考名题诠释**

考题1　2011·广东

某同学通过系列实验探究 Mg 及其化合物的性质,操作正确且能达到目的的是(　　)。
A. 将水加入浓硫酸中得到稀硫酸,置镁片于其中探究 Mg 的活泼性
B. 将 NaOH 溶液缓慢滴入 $MgSO_4$ 溶液中,观察 $Mg(OH)_2$ 沉淀的生成
C. 将 $Mg(OH)_2$ 浊液直接倒入已装好滤纸的漏斗中过滤,洗涤并收集沉淀
D. 将 $Mg(OH)_2$ 沉淀转入表面皿中,加足量稀盐酸,加热蒸干得到无水 $MgCl_2$ 固体
【解析】本题考察镁及其化合物的性质、常见的基本实验操作。稀释浓硫酸时,应将浓硫酸沿着器壁慢慢加入水中,并及时搅拌,A 是错误的;过滤时需要用玻璃棒引流,因此 C 不正确;蒸发溶液时应该用蒸发皿而不是表面皿,由 $MgCl_2$ 水解,所以加热时必须在 HCl 的气氛中加热才能得到 $MgCl_2$ 固体,所以 D 不正确。因此只有选项 B 是正确的。

【答案】B

考题2　2011·天津

向四支试管中分别加入少量不同的无色溶液进行如下操作,结论正确的是(　　)。

	操作	现象	结论
A	滴加 $BaCl_2$ 溶液	生成白色沉淀	原溶液中有 SO_4^{2-}
B	滴加 $BaCl_2$ 溶液,再滴加 $AgNO_3$ 溶液	先没沉淀,后有不溶于稀硝酸的白色沉淀生成	原溶液中有 Cl^-
C	滴加盐酸	有能使澄清石灰水变浑浊气体	原溶液含有 CO_3^{2-}
D	滴加稀 NaOH 溶液,将湿润红色石蕊试纸置于试管口	试纸不变蓝	原溶液中无 NH_4^+

【解析】能与 $BaCl_2$ 溶液反应生成白色沉淀的除了 SO_4^{2-} 以外,还可以是 SO_3^{2-}、CO_3^{2-}、以及 Ag^+ 等,因此选项 A 不正确;加氯化钡不产生沉淀,说明溶液中没有 SO_4^{2-}、SO_3^{2-}、CO_3^{2-}、PO_4^{3-}、Ag^+ 等,加入硝酸银产生白色沉淀,一定含有氯离子,即选项 B 正确;也可能是含碳酸氢根离子所致,故判断含有 CO_3^{2-} 是片面的,选项 C 不正确;由于氨气极易溶于水,因此如果铵盐和强碱在稀溶液中反应且不加热时,产生的氨气不会挥发出来,红色石蕊试纸就不会变蓝色,所以选项 D 也不正确。

【答案】B

考题3 2009·海南

将等体积的苯、汽油和水在试管中充分混合后静置,下列图示现象正确的是(　　)。

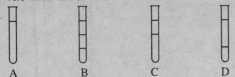

A　　B　　C　　D

【解析】苯和汽油均不溶于水,密度均比水小,且能互溶,所以液体分两层,上、下层体积比为 2:1。

【答案】D

考题4 2009·安徽

下列选用的相关仪器符合实验要求的是(　　)。

A	B	C	D
存放浓硝酸	分离水和乙酸乙酯	准确量取 9.50 mL水	实验室制取乙烯
橡胶塞·棕色瓶		量程10 mL	0～100 ℃

[提示:实验室制取乙烯的反应原理是:$C_2H_5OH \xrightarrow[170℃]{\text{浓}H_2SO_4} CH_2=CH_2\uparrow(乙烯) + H_2O$。]

【解析】浓硝酸腐蚀橡胶,存放浓硝酸不能用橡胶塞,A项错;水和乙酸乙酯互不相溶,可用分液漏斗分离,B项正确;量筒不能精确到 0.01 mL,C项错;制取乙烯时温度要达到 170 ℃,D中温度计量程不符合实验要求。

【答案】B

考题5 2009·天津

下列实验设计和结论相符的是(　　)。

A.将碘水倒入分液漏斗,加适量乙醇,振荡后静置,可将碘萃取到乙醇中

B.某气体能使湿润的红色石蕊试纸变蓝,该气体水溶液一定显碱性

C.某无色溶液中加 $Ba(NO_3)_2$ 溶液,有白色沉淀生成,再加入稀盐酸,沉淀不溶解,则原溶液中一定有 SO_4^{2-}

D.向某无色溶液中滴加 $AgNO_3$ 溶液,有白色沉淀生成,则原溶液中一定有 Cl^-

【解析】A项:乙醇与水互溶,不可作为萃取剂,错误;B项:使湿润的红色石蕊试纸变蓝的气体是 NH_3,其水溶液呈碱性,正确;C项:若原溶液中含有 SO_3^{2-},生成 $BaSO_3$,再加入稀盐酸,则 H^+ 与溶液中的 NO_3^- 结合,相当于有 HNO_3 存在,则可将 $BaSO_3$ 氧化为 $BaSO_4$,此时也相当于沉淀不溶解,错误;D项,检验 Cl^- 要用稀 HNO_3 排除 CO_3^{2-} 的干扰。

【答案】B

考题6 2006·四川

海带中含有丰富的碘。为了从海带中提取碘,某研究性学习小组设计并进行了以下实验:

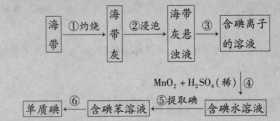

请填写下列空白:

(1)步骤①灼烧海带时,除了需要三脚架外,还需要用到的实验仪器是_____(从下列仪器中选出所需的仪器,将其标号字母填写在空白处)。

A.烧杯　B.坩埚　C.表面皿　D.泥三角　E.酒精灯　F.干燥器

(2)步骤③的实验操作名称是_____;步骤⑥的目的是从含碘苯溶液中分离出单质碘和回收苯,该步骤的实验操作名称是_____。

(3)步骤⑤中某学生选择用苯来提取碘的理由是_____

(4)请设计一种检验提取碘后的水溶液中是否含有单质碘的简单方法。

【解析】(1)海带灼烧在坩埚中进行,支撑坩埚的是泥三角。

(2)悬浊液转化为溶液要通过过滤,分离碘苯混合物可用蒸馏的方法,苯的沸点低先分馏出苯。

(3)苯与水互不相溶,且碘在苯中的溶解度较大。

(4)检验碘的特效试剂是淀粉。

【答案】(1)B、D、E　(2)过滤　蒸馏

(3)苯与水互不相溶,碘在苯中的溶解度比在水中大

(4)取少量提取碘后的水溶液于试管中,加入几滴淀粉试液,观察是否出现蓝色。若变蓝,说明含有单质碘;若不变色,说明已无单质碘。

第2节　化学计量在实验中的应用

▶ 课标·三维目标

1.知识与技能

(1)了解物质的量的概念及与微观粒子之间的关系;

(2)了解阿伏加德罗常数的含义;

(3)了解气体摩尔体积的概念,掌握简单的计算;

(4)理解"物质的量浓度"的含义,掌握一定"物质的量"浓度溶液的配制;

(5)运用量方程,使学生建立概念之间的联系。

2.过程与方法

(1)描述、类比的方法了解"物质的量"的概念;

(2)实验法、模型分析建立气体摩尔体积的概念;

(3)实验法掌握一定物质的量浓度溶液的配制;

(4)数学方法建立量之间的关系。

3.情感态度与价值观

(1)体验科学方法如实验法、模型法在化学中的应用;

(2)通过宏观物质与微观粒子之间的关系,体验物质之间是普遍联系的;

(3)通过分析气体摩尔体积,体会内因是决定事物性质的主要因素这一哲学观点。

▶ 三层完全解读

>>>解题依据　　　　　　　　　　>>>名题诠释

1 知识·能力聚焦

1.物质的量的单位——摩尔

1-1 物质的量及其单位

(1)物质的量的概念

物质的量是一个物理量,表示含有一定数目粒子的集合体,符号为n。

(2)摩尔

物质的量的单位,作为计量原子、分子、离子、电子等微观粒子的物质的量的单位,可简称为摩,用 mol 表示。

(3)正确理解物质的量及其单位

①"物质的量"是一个基本物理量,四个字是一个整体,不能拆开理解,也不能写成"物质量"或"物质的质量",否则就改变了原有的意义。

②概念中的粒子指的是原子、离子、分子、电子等微观粒子,不指宏观粒子。

③物质的量是构建微观粒子和宏观物质联系的桥梁。

④摩尔(或摩)不是物理量,仅是物理量——物质的量的单位,如同"米"是长度的单位一样。

⑤使用摩尔时必须指明微粒的名称或符号或化学式等具体组合,如 2 mol H、1 mol H_2、1.5 mol H_2O 等,而不能这样表示:1 mol 氢(指代不明)。

1-2 阿伏加德罗常数

概念:国际上规定,1 mol 粒子集体所含有的粒子数与 0.012kg ^{12}C 中所含的碳原子数相同,约为 6.02×10^{23},把 6.02×10^{23} mol^{-1}叫做阿伏加德罗常数,符号为 N_A。

【注意】(1)我们把含有 6.02×10^{23} 个粒子的任何粒子集合体都称为 1 mol。

(2)1mol 任何粒子所含粒子的数目就是阿伏加德罗常数值。

(3)我们在计算的时候,$N_A = 6.02 \times 10^{23} mol^{-1}$。

(4)物质的量(n)、阿伏加德罗常数与粒子数(N)之间的关系为:$n = \dfrac{N}{N_A}$。

【思考】1.5 mol H_2O 含有多少个 H_2O 分子?

【答案】$N = n \cdot N_A$,故 1.5 mol H_2O 含有的 H_2O 分子数目 $N(H_2O) = $ 1.5 mol $\times 6.02 \times 10^{23} mol^{-1} = 9.03 \times 10^{23}$。

1-3 摩尔质量

(1)概念:单位物质的量的物质所具有的质量叫做摩尔质量,符号为 M,单位为 $g \cdot mol^{-1}$。

例题 1 基础题——高考题改编

下列说法正确吗? 正确的打"√",错误的打"×"。

(1)摩尔是国际单位制中 7 个基本物理量之一。(　　)

(2)摩尔是物质的量的单位,每摩尔粒子含有阿伏加德罗常数个粒子。(　　)

(3)物质的量是能把物质的质量和微观粒子数联系起来的一个物理量。(　　)

(4)1 mol 氢。(　　)

【解析】"物质的量"是基本物理量,其单位为"摩尔"。"物质的量"是微观粒子和宏观物质联系的桥梁。使用摩尔时须指明微粒的具体化学式。

【答案】(1)×　(2)√　(3)√　(4)×

例题 2 中难题——高考题改编

下列关于阿伏加德罗常数的说法中正确的是(　　)。

A.6.02×10^{23} 叫做阿伏加德罗常数

B.12 g ^{12}C 含有的碳原子数就是阿伏加德罗常数值

C.含有阿伏加德罗常数值个微粒的物质是 1 摩尔

D.1 摩尔氯含有 6.02×10^{23} 个氯分子

【解析】国际上规定,1 mol 粒子集体所含有的粒子数与 0.012 kg ^{12}C 中所含的碳原子数相同,为阿伏加德罗常数值个。阿伏加德罗常数为 $6.02 \times 10^{23} mol^{-1}$,而不

(2)定义式:摩尔质量(M) = $\dfrac{物质的质量(m)}{物质的量(n)}$,即 $M = \dfrac{m}{n}$。

(3)摩尔质量与物质式量的关系:

化学式	式量		摩尔质量		化学式	式量		摩尔质量	
	数值	单位	数值	单位		数值	单位	数值	单位
H	1	1	1	g/mol	Cl^-	35.5	1	35.5	g/mol
O	16	1	16	g/mol	H_2O	18	1	18	g/mol
Na	23	1	23	g/mol	SO_4^{2-}	96	1	96	g/mol
Na^+	23	1	23	g/mol	NaCl	58.5	1	58.5	g/mol

结论:任何粒子的摩尔质量,以 g/mol 为单位,数值上等于其化学式的式量。

【特别提醒】对具体的物质来说,摩尔质量都是常数,不随物质的量的多少而变,也不随物质聚集状态的改变而改变。

2.气体摩尔体积

2-1 电解水的实验探究

(1)实验现象:$V(H_2):V(O_2) = 2:1$。

(2)计算推理:(假设电解 1.8 g H_2O)

$$2H_2O \xrightarrow{电解} 2H_2\uparrow + O_2\uparrow$$

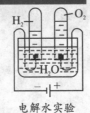

电解水实验

	质量	物质的量	$n(H_2):n(O_2)$
H_2	0.2 g	0.1 mol	2:1
O_2	1.6 g	0.05 mol	

(3)计算论证:

已知 0 ℃、101 kPa(标准状况)时 O_2 和 H_2 的密度,计算出 1 mol O_2 和 1 mol H_2 的体积。$\left(V = \dfrac{m}{\rho}\right)$

	密度/g·L^{-1}	1 mol 物质的体积
O_2	1.429	22.4 L
H_2	0.089 9	22.4 L

(4)实验结论:相同条件下,1 mol 不同的气体所占的体积相同。

2-2 1 mol 不同物质的体积比较

(1)根据 $V = \dfrac{m}{\rho}$ 计算出 1 mol 不同物质的体积

状态	物质	密度	1 mol 该物质的质量	1 mol 该物质的体积	结论
气态	O_2	1.429 g·L^{-1}[0 ℃、101 kPa(标准状况)]	32 g	22.4 L	相同条件下,1 mol 气体的体积相同,在标准状况下约为 22.4 L
	H_2	0.089 9 g·L^{-1}[0 ℃、101 kPa(标准状况)]	2.016 g	22.4 L	
固态	Fe	7.86 g·cm^{-3}(20 ℃)	56 g	7.1 cm^3	相同条件下,1 mol 固体的体积不同
	Al	2.70 g·cm^{-3}(20 ℃)	27 g	10.0 cm^3	
液态	H_2O	0.998 g·cm^{-3}(20 ℃)	18 g	18.0 cm^3	相同条件下,1 mol 液体的体积不同
	H_2SO_4	1.83 g·cm^{-3}(20 ℃)	98 g	53.6 cm^3	

(2)1 mol 不同物质的体积的微观解释

①物质体积的大小取决于构成这种物质的粒子数目、粒子大小和粒子之间的距离三个因素。

1 mol 任何物质中的粒子数目都是相同的,即为 $6.02×10^{23}$。因此,1 mol 物质的体积大小主要取决于构成物质的粒子的大小和粒子之间的距离。

②固态或液态物质,粒子之间的距离是非常小的,故 1 mol 固态或液态物质的体积主要取决于粒子的大小,不同的固态或液态物质,粒子的大小是不相同的,因此,1 mol 不同的固态或液态物质的体积是不相同的。

③对于气体来说,粒子之间的距离远大于粒子本身的直径,所以 1 mol 气体的体积主要取决于气体粒子之间的距离。而在同温同压下,任何气体粒子之间的距离可以看成是相等的,1 mol 任何气体都具有相同的体积。

2-3 气体摩尔体积

是 $6.02×10^{23}$。用摩尔来表示粒子时应指明具体微粒,如:1 mol Fe、1 mol H^+、1 mol e^- 等,而 1 摩尔氯指代不明。

【答案】B、C

【点拨】阿伏加德罗常数是高考的常考点,一定要注意其定义及应用。

例题3　容易题

下列说法中正确的是(　　)。

A. 1 mol O 的质量是 16 g/mol

B. Na^+ 的摩尔质量是 23 g/mol

C. CO_2 的摩尔质量是 44 g/mol

D. 氢的摩尔质量是 2 g/mol

【解析】A 项中 1 mol O 的质量所使用的物理量是质量,质量的常用单位之一是 g 而不是 g/mol。B 项中在粒子的结构上 Na^+ 比 Na 少了 1 个电子,由于与原子核的质量相比电子的质量可忽略不计,所以 Na 与 Na^+ 相对质量相同,摩尔质量也相同。D 项中“氢”所表达的微粒对象不够明确,因此“2 g/mol”与“氢的摩尔质量”是不相称的,应改述为“H_2 的摩尔质量是 2 g/mol”或“H 的摩尔质量是 1 g/mol”等。

【答案】B、C

例题4　基础题

已知 $2H_2O \xrightarrow{电解} 2H_2\uparrow + O_2\uparrow$。下列说法中不正确的是(　　)。

A. H_2O 的电解产物 H_2 和 O_2 的物质的量之比为 2:1

B. H_2O 的电解产物 H_2 和 O_2 的质量之比为 2:1

C. 相同条件下,1 mol H_2 和 1 mol O_2 的体积相同

D. 不同条件下,1 mol H_2 和 1 mol O_2 的体积不相同

【解析】根据左栏“电解水的实验探究”所得的结论:相同条件下,1 mol 不同气体所占的体积相同,可正确解题。

【答案】B

例题5　中难题

下表给出了 1mol 各物质在 0 ℃、101 kPa 的一些数据,分析研究以下数据,你能得出什么结论?

物质	粒子数	质量	密度(0 ℃)	体积
Fe	$6.02×10^{23}$	55.8 g	7.88 g·cm^{-3}	7.08 cm^3
Al	$6.02×10^{23}$	26.98 g	2.7 g·cm^{-3}	10 cm^3
Pb	$6.02×10^{23}$	207.2 g	11.3 g·cm^{-3}	18.3 cm^3
H_2O	$6.02×10^{23}$	18.0 g	1.0 g·mL^{-1}(4 ℃)	18 cm^3
H_2SO_4	$6.02×10^{23}$	98.0 g	1.83 g·mL^{-1}	53.6 cm^3
H_2	$6.02×10^{23}$	2.016 g	0.089 9 g·L^{-1}	22.4 L
O_2	$6.02×10^{23}$	32.00 g	1.43 g·L^{-1}	22.4 L
CO_2	$6.02×10^{23}$	44.01 g	1.977 g·L^{-1}	22.3 L

(1)定义:单位物质的量的气体所占的体积叫做气体摩尔体积,符号为 V_m,单位为 L/mol(或 L·mol^{-1})。

(2)定义式: $V_m = \dfrac{V}{n}$。

【特别提醒】①掌握气体摩尔体积这个概念时,一定要注意以下几点:

a.气体在不同状况下,气体摩尔体积不同,气体摩尔体积与温度和压强有关。

b.气体摩尔体积针对气体而言,可以是单一气体,也可以是混合气体。

c.气体的体积,与同温同压下气体的微粒数目有关,而与气体分子的种类无关,所以,讨论气体的摩尔体积时必须在一定条件下讨论才有意义。

②在利用气体摩尔体积概念进行化学计算时,必须注意下列几个问题:

a.22.4 L 是 1 mol 任何气体在标准状况下的体积,因此在非标准状况时不能使用 22.4L/mol。

b.只适用于气态物质,对于固态物质和液态物质来讲是不适用的。

3.物质的量在化学实验中的应用

3−1 物质的量浓度的概念

用物质的量浓度这个物理量来表示单位体积溶液里所含溶质 B 的物质的量,也称为 B 的物质的量浓度,符号为 c_B。物质的量浓度可表示为:

$$c_B = \frac{n_B}{V},$$

单位为 mol/L(或 mol·L^{-1})。

在实验运用时,要注意以下问题:

(1)V 表示溶液的体积,单位用升。

(2)同一溶液,无论取出多大的体积,其浓度是不变的。

(3)带有结晶水的物质作为溶质时,其"物质的量"的计算,用带有结晶水的物质的质量除以带有结晶水的物质的摩尔质量即可。

例如: a g 硫酸铜晶体($CuSO_4 \cdot 5H_2O$)作为溶质,其"物质的量"求法。

$$n(CuSO_4) = \frac{a \text{ g}}{250 \text{ g} \cdot \text{mol}^{-1}} = \frac{a}{250} \text{ mol}。$$

(4)某些物质溶于水后与水发生反应生成了另一种物质,此时溶质为反应后的生成物,例:CaO、Na_2O 溶于水后溶质分别是 $Ca(OH)_2$ 和 $NaOH$。

3−2 关于物质的量浓度的简单计算

物质的量浓度的数学表示式 $c_B = \dfrac{n_B}{V}$ 中有 3 个量,已知任意 2 个量就可以求出第 3 个量。

【思考】配制 500 mL 0.1 mol·L^{-1} NaCl 溶液,需要 NaCl 的质量是多少?

【答案】$n(NaCl) = c(NaCl) \cdot V[NaCl(aq)] = 0.1$ mol·L^{-1} × 0.5 L = 0.05 mol,$m(NaCl) = n(NaCl) \cdot M(NaCl) = 0.05$ mol × 58.5 g·mol^{-1} = 2.925 g。

3−3 一定物质的量浓度的溶液的配制

(1)容量瓶使用的注意事项

①容量瓶上标有温度、容积、刻度线。表示在所指温度下,液体的凹液面与容量瓶颈部的刻度线相切时,溶液体积恰好与瓶上标注的体积相等,所以只有在指定温度下,容量瓶的容积才是标准的。常用规格有 100 mL、250 mL、500 mL 及 1 000 mL。

②容量瓶瓶口配有磨口玻璃塞或塑料塞,使用前,除洗涤外,还应检查容量瓶是否完好、是否漏液。

【方法】往瓶内加入一定量水,塞好瓶塞。用食指摁住瓶塞,另一只手托住瓶底,把瓶倒立过来,观察瓶塞周围是否有水漏出。如果不漏水,将瓶正立并将瓶塞旋转 180° 后塞紧,仍把瓶倒立过来,再检查是否漏水。

③只用于配制溶液,不能将固体或浓溶液直接在容量瓶中溶解或稀释,容量瓶也不能作为反应容器,且不能长期贮存溶液。

④向容量瓶中注入液体时,应沿细玻璃棒注入,以防注入操作时液体流出,造成溶质损失。

⑤溶液注入容量瓶前需恢复到常温,因为溶质在烧杯内稀释或溶解时会吸热

【解析】用对比分析法分析表中的数据。先把物质分成三类:固体(Fe、Al、Pb)、液体(H_2O、H_2SO_4)和气体(H_2、O_2、CO_2),再比较其体积大小,从而找出规律。

【答案】(1)在相同条件下,相同物质的量的不同物质所占的体积:固体 < 液体 < 气体。

(2)在相同条件下,气体的体积近似相等而固体、液体却不相等。

例题 6 中难题——2011·西城区

下列有关气体摩尔体积的说法中正确的是(　　)。

A.在标准状况下,0.5 mol 任何气体的体积都必定是 11.2 L

B.在标准状况下,1 mol 任何物质的体积都约是 22.4 L

C.常温常压下,1 mol 任何气体的体积都约是 22.4 L

D.在标准状况下,0.5 mol CO_2 所占的体积约是 11.2 L

【解析】对于气体来讲,其体积与温度、压强有关,标准状况下,1 mol 任何气体的体积都约是 22.4 L,故 A、C 不正确。而固体与液体的体积主要决定于微粒体积的大小,故 B 不正确。

【答案】D

【点拨】气体摩尔体积仅适用于气体,受温度和压强等外界条件影响,在使用时一定要注意。

例题 7 中难题——2011·黄冈

使用胆矾配制 1 L 0.1 mol·L^{-1} 的 $CuSO_4$ 溶液,正确的做法是(　　)。

A.将胆矾加热除去结晶水后,称取 16 g 溶于 1 L 水中

B.称取胆矾 25 g 溶于 1 L 水中

C.将 25 g 胆矾溶于少量水,然后将溶液稀释到 1 L

D.将 16 g 胆矾溶于少量水,然后将此溶液稀释至 1 L

【解析】物质的量浓度指的是单位体积内所含溶质的物质的量,在该题中用 $CuSO_4 \cdot 5H_2O$ 来配制 $CuSO_4$ 溶液要注意两点:(1)找到 $CuSO_4 \cdot 5H_2O$ 和 $CuSO_4$ 之间的质量关系。

或放热,而容量瓶必须在常温下使用。

⑥用容量瓶不能配制任意体积的一定物质的量浓度的溶液,这是因为容量瓶的规格是固定的,配制溶液时要根据所需溶液的体积选择合适的容量瓶。

⑦读数时,要使视线与瓶内凹液面的最低处相切。

【特别提醒】配制溶液选择容量瓶时必须指明规格,容量瓶只有一个刻度,使用容量瓶时其规格应与所配溶液的体积相等。如果不等,应该选择略大于且有这种规格的容量瓶,如配制480mL某浓度的溶液应选取500mL的容量瓶,配制相应浓度的500mL的溶液,计算所需溶质的量时应按配制500mL溶液计算。

(2)操作步骤

以配制100mL 1.00mol/L的NaCl溶液为例。

①计算:$m(NaCl)=5.85g$。

②称量:用托盘天平称取NaCl 5.9g(因为托盘天平精确到0.1g)。

③溶解:把称得的5.9g NaCl固体放入烧杯中,加入适量的蒸馏水溶解,溶解时用玻璃棒搅拌。

④移液:待溶液恢复至室温,将溶液沿玻璃棒注入100mL的容量瓶中。

⑤洗涤:用蒸馏水洗涤烧杯和玻璃棒2次~3次,将洗涤液一并注入容量瓶中。

⑥摇匀:轻轻晃动容量瓶,使溶液混合均匀。

⑦定容:操作时加水要用玻璃棒引流,当加水离刻度线1cm~2cm时,改用胶头滴管逐滴加入,视线与瓶内凹液面最低处相切。

⑧振荡:塞好容量瓶瓶塞,反复上下颠倒,摇匀。

⑨装瓶:容量瓶不能长时间盛装溶液。

【巧记】下列图示可帮助我们对溶液配制的过程及所用仪器的记忆。

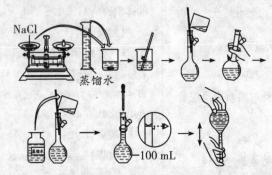

(3)配制一定物质的量浓度的10个为什么

①在检验容量瓶是否漏水的操作中,为何第一次检查后还要将瓶塞旋转180°后再检查一次?

为了防止因容量瓶的瓶塞、瓶口内部不规则而可能造成的判断错误。如果瓶塞、瓶口不规则,在某处能相互吻合,容量瓶不漏水,但若将瓶塞旋转180°,则瓶塞、瓶口仍吻合的可能性很小,因此,须如此检查两次。

②配制一定物质的量浓度的溶液时,量筒内壁的残液为什么不需要冲洗?

因常用的量筒与移液管、滴定管一样均属于“流出量式”的量具。如果量筒量取20mL硫酸,倒出的液体(不包括内壁残留液)就是20mL。所以不必,也不应该再用水冲洗残留液并倒入烧杯。

③配制一定物质的量浓度的溶液,在溶液注入容量瓶前为什么要冷却?

溶质在烧杯中稀释或溶解过程总有热效应。因容量瓶的使用有一定的温度指数,只标明在一定温度下的正确体积(如20℃、250mL),其含义是,只有当液体的温度与容量瓶上标出的温度相同时,量出的体积才是准确的。这是因为,不管是固体(容量瓶的材料)还是液体(溶液)都存在热胀冷缩现象。

④将烧杯中的液体沿玻璃棒转移到容量瓶中时,玻璃棒能否靠在瓶口上?

不能,液体之所以要沿玻璃棒注入容量瓶是为了防止溶液溅出容量瓶,所以玻璃棒的下端应靠在容量瓶瓶壁上,因此玻璃棒不能靠在瓶口上。否则会使溶液沿玻璃棒流出容量瓶之外。

⑤为什么在容量瓶中的溶液体积尚未达到标线时,就必须将溶液反复振荡摇匀?

(2)溶液的体积最终为1 L。1 L 0.1 mol·L⁻¹的$CuSO_4$溶液中溶质的物质的量$n(CuSO_4)=1 L×0.1 mol/L=0.1 mol$,其质量为16 g,若要称取$CuSO_4·5H_2O$,应称取25 g。

所以有2种方案:称取16 g $CuSO_4$溶于水配成1 L溶液或称取25 g胆矾溶于水配成1 L溶液,故选C。

【答案】C

【点拨】在理解物质的量浓度时要注意以下几点:

(1)溶液的体积不是指溶剂的体积,也不是溶质和溶剂的体积和。

(2)“物质的量”是指溶液中溶质的物质的量,尤其是配制溶液时所选药品是否与溶液中最终的溶质一致,如用$Na_2CO_3·10H_2O$配制Na_2CO_3溶液。

(3)物质的量浓度的大小与溶液的体积无关。

(4)溶液取出后其物质的量浓度不变,但因溶液的体积不同而导致溶质的物质的量不同。

(5)讨论离子浓度时还应注意物质的化学组成。如1 mol/L的$AlCl_3$中$c(Cl^-)=3 mol/L$。

例题8 中难题——2010·江西宜春

实验室欲用NaOH固体配制1.0 mol/L的NaOH溶液240 mL:

(1)配制溶液时,一般可以分为以下几个步骤:

①称量 ②计算 ③溶解 ④摇匀 ⑤转移 ⑥洗涤 ⑦定容 ⑧冷却 ⑨摇动

其正确的操作顺序为_____。本实验必须用到的仪器有天平、药匙、玻璃棒、烧杯、_____。

(2)某同学欲称量NaOH的质量,他先用托盘天平称量烧杯的质量,天平平衡后的状态如下图所示。烧杯的实际质量为_____g,要完成本实验该同学应称出_____g NaOH。

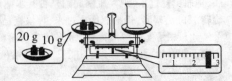

(3)使用容量瓶前必须进行的一步操作是_____。

因为当两种性质不同的溶液混合时,混合物的体积有可能小于两种液体体积之和,也有可能大于两种液体体积之和,若等溶液达到标线时再振荡摇匀,则振荡摇匀后液体的体积就有可能超过标线,这样配制的溶液是不符合要求的。

⑥用胶头滴管滴入蒸馏水定容后,再盖上容量瓶瓶塞颠倒几次后出现液面低于刻度线,为什么?能否再加蒸馏水?

因容量瓶属"容纳式"的玻璃量器。用胶头滴管滴入蒸馏水定容到液面正好与刻度线相切时,溶液体积恰好为容量瓶的标定容量。如果再振荡容量瓶(一般用手指压紧容量瓶的磨口玻璃塞颠倒几次后),会出现瓶内液面低于刻度线,这是因为极少量溶液在润湿磨口处损耗了(沾在瓶塞或磨口处)。容量瓶的刻度是以"容纳量"为依据,所以颠倒后不需再加蒸馏水至刻度,若再加,则所配溶液浓度会偏低。

⑦为什么要用蒸馏水洗涤烧杯,并将洗涤液也注入容量瓶?

因为移液后的烧杯内沾有少量的溶质,必须用蒸馏水洗涤,使溶质全部转入容量瓶,否则所配溶液的物质的量浓度会偏低。

⑧如果将烧杯中的溶液转移到容量瓶时不慎洒到容量瓶外,最后配成的溶液中溶质的实际浓度比所要求的大了还是小了?该如何处理?

因为溶液洒到容量瓶外,溶质减少,实际浓度比所要求的偏小了。要得到所要求的浓度,应重新配制。

⑨配制NaCl溶液时,需称取5.85 g固体NaCl,用托盘天平称合理吗?为什么?

不合理,因为托盘天平的精确度为0.1 g。

⑩容量瓶是有规格的,如果我要配制80 mL某浓度的溶液应该怎么办?

容量瓶常有100 mL、250 mL、500 mL、1 000 mL等规格,容量瓶只有一个刻度,因此只能配与其体积相等的溶液。如果所需用量与容量瓶容量不等,应选容量稍大于所需用量的容量瓶。需要80 mL溶液可选用100 mL的容量瓶。

4.溶液的稀释或混合的计算

溶液稀释或混合前后,溶液的体积发生了变化,但溶液中溶质的质量相等,物质的量相等,可表示为:

(1)$c(浓) \cdot V(浓) = c(稀) \cdot V(稀)$;$m(浓) \cdot w(浓) = m(稀) \cdot w(稀)$。

(2)$c_1 V_1 + c_2 V_2 = c(混) \cdot V(混)$;$m_1 w_1 + m_2 w_2 = m(混) \cdot w(混)$。

【特别提醒】混合后溶液的体积:①若题目中指出不考虑溶液体积的改变,可认为是原两溶液的体积之和;②若题目中给出混合后溶液的密度,应根据 $V(混) = \dfrac{m(混)}{\rho(混)} = \dfrac{\rho_1 V_1 + \rho_2 V_2}{\rho(混)}$ 来计算。

②方法·技巧平台

5.几个易错概念的辨析

(1)区别物质的量与摩尔。错例:"摩尔是基本物理量之一";改正:"物质的量是基本物理量之一"。

(2)区别摩尔质量与1 mol物质的质量。错例:"硫酸的摩尔质量是98 g";改正:"1 mol硫酸的质量是98 g或硫酸的摩尔质量是98 g/mol"。

(3)区别摩尔质量与相对分子质量。错例:"硫酸的相对分子质量是98 g/mol";改正:"硫酸的摩尔质量是98 g/mol或硫酸的相对分子质量是98"。

(4)区别元素微粒的名称与元素的名称。错例:"2 g氢含有2 mol氢原子";改正:"2 g氢气含有1 mol H_2 或2 g氢气中含2 mol H"。

(5)区别 6.02×10^{23} mol^{-1} 与阿伏加德罗常数。错例:"1 mol物质含有指定的微粒数恰好是 6.02×10^{23} 个";改正:"1 mol物质含有指定的微粒数是阿伏加德罗常数个"。

(6)区别物质的量与摩尔数(不存在"摩尔数"这一概念)。错例:"49 g硫酸的摩尔数是0.5 mol";改正:"49 g硫酸的物质的量是0.5 mol"。

(7)区别物质的量与量。错例:"4.9 g硫酸的量是0.05 mol";改正:"4.9 g硫酸的物质的量是0.05 mol"。

(8)对于具体的物质,在使用"摩尔"这个单位时要指明微粒的种类。错例:"1 mol硫酸含有阿伏加德罗常数个微粒";改正:"1 mol硫酸含有阿伏加德罗常数个 H_2SO_4"。

6.配制一定物质的量浓度溶液的误差分析

任何化学实验都有误差,客观而科学地分析误差产生的原因,是化学工作者必备的科学素养。

(4)在配制过程中,其他操作都是正确的,下列操作会引起误差偏高的是_____。

A.转移溶液时不慎有少量洒到容量瓶外面

B.定容时俯视刻度线

C.未冷却到室温就将溶液转移到容量瓶并定容

D.定容后塞上瓶塞反复摇匀,静置后,液面低于刻度线,再加水至刻度线

【解析】(1)选择容量瓶要与所配溶液的体积数尽可能相近,配240 mL的NaOH溶液,应选250 mL的容量瓶。

(2)用天平称量试剂,要根据"左物右码"的放置原则。若反放,则 $m_{物} = m_{码} - m_{游码}$,因此,烧杯的质量为:30 g − 2.6 g = 27.4 g。

$m(\text{NaOH}) = 1 \text{ mol/L} \times 0.25 \text{ L} \times 40 \text{ g/mol} = 10.0 \text{ g}$。

(3)容量瓶在使用前要检验是否漏液。

(4)误差分析要根据溶质和溶液体积相对量进行分析。

【答案】(1)②①①③⑧⑤⑥④⑦⑨ 250 mL容量瓶、胶头滴管 (2)27.4 10.0 (3)检查容量瓶是否漏液 (4)B、C

【点拨】①配制一定物质的量浓度溶液在定容前要摇匀(理由见10个为什么⑤)。

②选用容量瓶一定要根据所配溶液量而定。

③误差分析要根据 $c = \dfrac{n}{V}$ 公式进行。

例题9 难题

某工厂采用硫酸和氢氟酸(HF)的溶液作为矿物中稀有元素的萃取液,生产要求该萃取液中硫酸的浓度为3 mol/L,氢氟酸的浓度为8 mol/L。现有一批回收的酸液共400 L,经测定其中氢氟酸浓度为12 mol/L,硫酸的浓度为1 mol/L。要用此回收酸液配制上述萃取液,400 L回收酸液经稀释可以得到_____ L 8 mol/L的氢氟酸,在400 L回收酸液中加入_____ L密度为1.84 g/cm³、浓度为98%的浓硫酸,然后_____,即可得到符合要求的萃取液。

【解析】设稀释后的溶液体积为V',根据稀释定律 $cV = c'V'$,可求得 $V' = \dfrac{cV}{c'} =$

$400 \text{ L} \times \dfrac{12 \text{ mol/L}}{8 \text{ mol/L}} = 600 \text{ L}$。又设需加浓硫酸的体积为$V_1$,根据 H_2SO_4 的物质的量守恒,

误差分析应从配制原理 $c_B = \dfrac{n_B}{V}$ 着手。以配制 NaOH 溶液为例：

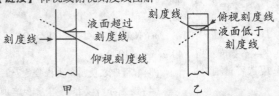

能引起误差的一些操作（以配制 0.1mol·L⁻¹ 的 NaOH 溶液为例）	变量		
	m	V	c
称量前小烧杯内有水	—	—	不变
称量时间过长	减小	—	偏低
用滤纸称 NaOH	减小	—	偏低
向容量瓶注液时有少量流出	减小	—	偏低
未洗烧杯和玻璃棒	减小	—	偏低
未冷至室温就注入定容	—	减小	偏高
定容时加水过多用滴管吸出	减小	—	偏低
定容摇匀、静置，液面下降再加水	—	增大	偏低
定容后经振荡、摇匀、静置，液面下降	—	—	不变
定容时俯视读数	—	减小	偏高
定容时仰视读数	—	增大	偏低

【链接】仰视或俯视刻度线图解

（1）仰视刻度线（图甲）。由于操作时是以刻度线为基准加水，从下向上看，最先看见的是刻度线，刻度线低于液面的实际刻度，故加水量偏多，导致溶液体积偏大，结果偏低。

（2）俯视刻度线（图乙）。恰好相反，刻度线高于液面的实际读数，使得加水量偏小，结果偏高。

3 创新·思维拓展

7.阿伏加德罗定律及推论

（1）阿伏加德罗定律

同温同压下，相同体积的任何气体都含有相同数目的分子。

【特别提醒】①阿伏加德罗定律仅适用于气体，可以是单一气体，也可以是混合气体。

②阿伏加德罗定律的条件是三个"同"，只有在同温、同压、同体积的条件下，才有分子数相等这一结论。

（2）阿伏加德罗定律推论

推论	公式
同温同压下，气体的体积之比等于其物质的量之比	$\dfrac{V_1}{V_2} = \dfrac{n_1}{n_2}$
同温同体积下，气体的压强之比等于其物质的量之比	$\dfrac{p_1}{p_2} = \dfrac{n_1}{n_2}$
同温同压下，相同体积的任何气体的质量之比，等于其摩尔质量之比	$\dfrac{m_1}{m_2} = \dfrac{M_1}{M_2}$
同温同压下，任何气体的密度之比等于其摩尔质量之比	$\dfrac{\rho_1}{\rho_2} = \dfrac{M_1}{M_2}$
同温同物质的量下，压强之比等于体积的反比	$\dfrac{p_1}{p_2} = \dfrac{V_2}{V_1}$

【特别提醒】阿伏加德罗定律及其推论也可以通过理想气体状态方程 $pV = nRT$ 来理解、记忆和推导。例如，同温同压下，两种气体的密度之比等于其摩尔质量（或相对分子质量）之比，可以推导如下：

则有 $\dfrac{1\,000\ mL/L \times V_1 \times 1.84\ g/cm^3 \times 98\%}{98\ g/mol}$ + 400 L ×

1 mol/L = 600 L × 3 mol/L，解得 V_1 = 76.1 L。

【答案】600　76.1　加蒸馏水稀释至 600 L

例题10 中难题

在用固体碳酸钠配制 500 mL 0.1 mol·L⁻¹ Na_2CO_3 溶液时，下列因素使配成的溶液浓度与指定配制的浓度相比会 ①偏高　②偏低　③无影响，请回答下列问题：

（1）称量时当砝码总和为 5 g，游码读数为 0.3 g 时，天平达到平衡，配制完成后发现砝码和药品放颠倒了，则结果_____（填序号，下同）。

（2）转移溶液时，未洗涤溶解 Na_2CO_3 的烧杯，则结果_____。

（3）容量瓶用蒸馏水洗净后未经干燥马上用来配制溶液，则结果_____。

（4）定容时俯视观察刻度，则结果_____。

【解析】（1）实际称取的碳酸钠的质量为 4.7 g，故所配溶液的浓度偏低。

（2）溶解 Na_2CO_3 的烧杯一定要用蒸馏水洗涤 2～3 次，并将洗涤液转入容量瓶中，否则会因损失部分溶质而使结果偏低。

（3）因为配制中还需加水，结果无影响。

（4）定容时视线对实验结果的影响：

①仰视刻度线，加水量增加，导致溶液体积偏大，结果偏低。

②俯视刻度线，加水量偏少，结果偏高。

【答案】（1）②　（2）②　（3）③　（4）①

例题11 中难题——2011·武汉测试题

标准状况下，两个容积相等的贮气瓶，一个装有 O_2，另一个装有 CH_4，两瓶气体具有相同的（　）。

A.质量　B.原子总数　C.密度　D.分子数

【解析】两瓶内的气体具有同温、同压、同体积的关系，由阿伏加德罗定律可知，两瓶内气体的分子数相同，即物质的量相等。又由于 O_2 的摩尔质量与 CH_4 的摩尔质量不同，故两者的质量和密度不相等。O_2 与 CH_4 分子内原子数目不等，故等物质的量的 O_2 和 CH_4 所含原子数不同。应选 D。

【答案】D

【点拨】四同共存、相互影响，三同定一同，应注意四同是指压强、温度、物质的量（个数）、体积这 4 个物理量。

① $pV_1 = n_1RT = \dfrac{m_1}{M_1}RT$

② $pV_2 = n_2RT = \dfrac{m_2}{M_2}RT$

由式①和②可得：$\dfrac{V_1}{V_2} = \dfrac{m_1M_2}{m_2M_1}$

所以$\dfrac{M_1}{M_2} = \dfrac{m_1/V_1}{m_2/V_2} = \dfrac{\rho_1}{\rho_2}$

8.影响物质体积大小的因素

(1)物质的体积决定于三个因素:粒子的数目、大小及粒子间的距离。

①对于固体和液体来说,微粒间距离很小,在微粒数目相同的条件下,固、液态物质的体积主要决定于原子、分子或离子本身的大小。由于构成不同物质的原子、分子或离子的大小不同,所以它们 1 mol 的体积也就有所不同。

②对于气体来说,其体积大小主要取决于气体分子与分子之间的距离(气体分子本身大小忽略不计)和分子数目的多少,而分子与分子之间的距离取决于外界条件(如温度、压强)的变化。

(2)外界条件如温度 T、压强 p 对物质体积的影响:对固、液态物质来说,体积 V 受 T、p 的影响较小。对一定量气体来说,T 和 p 对气体分子间的平均距离有较大的影响。

①T 一定,增大 p,气体分子间平均距离减小,所以体积 V 减小。反之,压强 p 减小,体积 V 增大。

②p 一定,升高温度 T,气体分子间的平均距离增大,气体的体积 V 增大。反之,温度 T 降低,气体的体积 V 减小。

③T、p 都一定,气体分子间的平均距离都相同,只要气体含有的分子数相同(气体分子的物质的量相同)时,气体的体积也相同。

9.物质的量浓度和溶质的质量分数的换算

在实验室经常要把物质的量浓度和溶质的质量分数进行换算。换算方法如下:

设溶液体积为 1 L,溶液的密度为 ρ g/mL,溶液的质量分数为 w。

(1)溶质的质量 $m = 1\ \text{L} \times 1\ 000\ \text{mL} \cdot \text{L}^{-1} \times \rho\ \text{g/mL} \times w = 1\ 000\rho w$ g;

(2)溶质的物质的量:$n = \dfrac{m}{M} = \dfrac{1\ 000\rho w}{M}$ mol;

(3)溶质的物质的量浓度:$c = \dfrac{n}{V} = \dfrac{\dfrac{1\ 000\rho w}{M}\ \text{mol}}{1\ \text{L}} = \dfrac{1\ 000\rho w}{M}$ mol·L^{-1},得关系式 $c = \dfrac{1\ 000\rho w}{M}$ mol/L。

【特别提醒】物质的量浓度与溶质的质量分数的换算关系,应从概念出发进行推导,无须死记关系式。

10.标准状况下气体摩尔体积的计算

(1)摩尔质量与气体摩尔体积的关系:$M = V_m \cdot \rho\text{g} \cdot \text{L}^{-1} = 22.4\rho$ g/mol;

(2)物质的量与气体摩尔体积的关系:$n = \dfrac{V\ \text{L}}{22.4\ \text{L} \cdot \text{mol}^{-1}} = \dfrac{V}{22.4}$ mol;

(3)气体质量与气体摩尔体积的关系:$m = n \cdot M = \dfrac{V}{V_m} \cdot M$;

(4)气体分子数与气体摩尔体积的关系:$N = n \cdot N_A = \dfrac{V}{V_m} \cdot N_A$。

【特别提醒】①忽视物质在标准状况下的状态及气体所处的状态是否是标准状况是常犯的错误,如 1 mol 水在标准状况下的体积不是22.4 L,常温常压下 H_2 的体积换算时也不能使用 22.4 L/mol。

②标准状况下的气体摩尔体积是阿伏加德罗定律的一个特例。

在同温同压下,A 容器中盛有 H_2,B 容器中盛有 NH_3,若使它们所含的原子总数相等,则两个容器的体积之比是( )。

A.2:1　　B.1:2　　C.2:3　　D.1:3

【解析】同温同压下,气体的体积比等于其物质的量之比,而物质的量之比又等于分子个数之比,此题已知二者原子总数相等,因此分子个数之比为 2:1,体积之比也为 2:1。故选 A。

【答案】A

下列示意图中,白球代表氢原子,黑球代表氦原子,方框代表容器,容器中间有一个可以上下滑动的隔板(其质量可忽略不计)。其中能表示等质量的氢气与氦气的是( )。

　A　　　　B　　　　C　　　　D

【解析】氦气为单原子分子,$M(\text{He}) = 4\ \text{g} \cdot \text{mol}^{-1} = 2M(\text{H}_2)$,要使两种气体质量相等,则氦分子个数为 H_2 的 $\dfrac{1}{2}$。

【答案】A

在标准状况下,用一定量的水吸收 NH_3 后制得浓度为 12 mol/L、密度为 0.915 g/cm^3 的氨水。试计算 1 体积水吸收多少体积 NH_3 可制得上述氨水。[$M(\text{NH}_3) = 17$ g/mol,$\rho(\text{H}_2\text{O}) = 1.00\ \text{g/cm}^3$]

【解析】设 H_2O 为 1 L。$c = \dfrac{n}{V} \rightarrow$

$$\begin{cases} n = \dfrac{V_1}{22.4\ \text{L/mol}} \\ V = \dfrac{m}{\rho} = \dfrac{m(\text{NH}_3) + m(\text{H}_2\text{O})}{\rho} \\ \quad = \dfrac{\dfrac{V_1}{22.4\ \text{L/mol}} \times 17\ \text{g/mol} + 1\ 000\ \text{mL} \times 1.00\ \text{g/cm}^3}{0.915\ \text{g/cm}^3 \times 1\ 000\ \text{mL/L}} \end{cases}$$

$$12\ \text{mol/L} = \dfrac{\dfrac{V_1}{22.4\ \text{L/mol}}}{\dfrac{\dfrac{V_1}{22.4\ \text{L/mol}} \times 17\ \text{g/mol} + 1\ 000\ \text{mL} \times 1.00\ \text{g/cm}^3}{0.915\ \text{g/cm}^3 \times 1\ 000\ \text{mL/L}}}$$

$V_1 = 378$ L。

1 体积水可以吸收 378 体积的氨气制成浓度为 12 mol/L的溶液。

【答案】378 体积

【点拨】气体溶于 H_2O 后,溶液的体积计算:$V = \dfrac{m(\text{溶质}) + m(\text{H}_2\text{O})}{\rho}$,注意单位的统一。

▶整体训练方法

4 能力·题型设计

速效基础演练

☞ 1."物质的量"实际上是表示( )。

A. 物质的质量 　　　　　　　　B. 摩尔(mol)

C. 粒子的相对质量 　　　　　　D. 含有一定数目微观粒子的集体

☞ 2.下列说法中正确的是( )。

A. 1 mol H_2SO_4 的质量为98 g·mol^{-1}

B. SO_2 的摩尔质量为64 g·mol^{-1}

C. SO_2 的摩尔质量与 SO_2 的相对分子质量相等

D. 1 mol 氧的质量为32 g

☞ 3.在相同条件下,两种物质的量相同的气体必然( )。

A. 具有相同的体积 　　　　　　B.体积均为22.4L

C.具有相同的原子数目 　　　　D.具有相同的质量

☞ 4.下列有关气体体积的叙述中正确的是( )。

A.一定温度和压强下,各种气态物质体积的大小,由构成该气体的分子大小决定

B.一定温度和压强下,各种气态物质体积的大小,由构成该气体的分子数决定

C.不同的气体,若体积不同,则它们所含的分子数也一定不同

D.气体摩尔体积是指 1 mol 任何气体所占的体积都约为22.4 L

☞ 5.设 N_A 代表阿伏加德罗常数的数值,下列说法中正确的是( )。

A.常温常压下,16g甲烷所含的质子数为 $10N_A$

B.常温常压下,22.4L 氮气的分子数大于 N_A

C.标准状况下,22.4L 四氯化碳所含的分子数为 N_A

D.常温常压下,1mol 氦气分子含有的核外电子数为 $4N_A$

☞ 6.关于容量瓶的四种叙述:①是配制准确浓度的仪器;②不宜贮藏溶液;③不能用来加热;④使用之前要检查是否漏水。这些叙述中正确的是( )。

A.①②③④ 　　B.②③ 　　C.①②④ 　　D.②③④

☞ 7.将 10 g 10% 的 NaOH 溶液稀释成 50 mL,所得稀溶液中 NaOH 的物质的量浓度为( )。

A.0.02 mol·L^{-1} 　　B.0.05 mol·L^{-1} 　　C.0.25 mol·L^{-1} 　　D.0.5 mol·L^{-1}

☞ 8.下图两瓶体积相等的气体,在同温同压下瓶内气体的关系一定正确的是( )。

 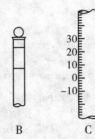

A.原子数相等 　　B.密度相等 　　C.质量相等 　　D.摩尔质量相等

☞ 9.下列溶液中溶质的物质的量浓度为1mol/L的是( )。

A.将 40 g NaOH 固体溶于 1L 水中

B.将 22.4 L 氯化氢气体溶于水配成 1L 溶液

C.将 1L 10 mol/L 的浓盐酸与9L 水混合

D.10 g NaOH 固体溶解在水中配成 250mL 溶液

☞ 10.右图所示为常见仪器的部分结构。

(1)请写出下列仪器的名称:

A_____,B_____,C_____。

(2)仪器 B 上标记有_____(填序号)。

①质量 ②温度 ③刻度线 ④浓度 ⑤容积

(3)检验仪器 B 是否漏水的方法是_____

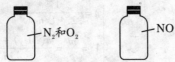

A　　B　　C

点击考例

◀ 测试要点1-1
2012 广东广雅中学

◀ 测试要点1-1
2011·广州市

◀ 测试要点2-3
2012·银川一中

◀ 测试要点8
2011·嘉峪关市

◀ 测试要点1-2
2012·杭州二中考题

◀ 测试要点3-3
2012·福建翔安测试

◀ 测试要点4

◀ 测试要点7
西城测试题

◀ 测试要点3
2012·河南测试题

◀ 测试要点3-3
海宁市测试题

11. 标准状况下,有以下几种气体:
①6.72 L CH_4　②$3.01 \times 10^{23}$ 个 HCl 分子　③13.6 g H_2S　④0.2 mol NH_3
请回答下列问题:
(1)体积由大到小的顺序为 ＿＿＿＿＿＿＿＿＿＿＿＿＿＿＿(填序号,下同)。
(2)密度由大到小的顺序为 ＿＿＿＿＿＿＿＿＿＿＿＿＿＿＿。
(3)质量由大到小的顺序为 ＿＿＿＿＿＿＿＿＿＿＿＿＿＿＿。
(4)氢原子个数由大到小的顺序为 ＿＿＿＿＿＿＿。

知能提升突破

1. 将标准状况下的 a L HCl(g)溶于 1 000 g 水中,得到的盐酸密度为 b g·cm^{-3},则该盐酸的物质的量浓度是(　　)。
A. $\dfrac{a}{22.4}$ mol·L^{-1}
B. $\dfrac{ab}{22\ 400}$ mol·L^{-1}
C. $\dfrac{ab}{22\ 400 + 36.5a}$ mol·L^{-1}
D. $\dfrac{1\ 000ab}{22\ 400 + 36.5a}$mol·$L^{-1}$

2. V mL $Al_2(SO_4)_3$ 溶液中含 Al^{3+} a g,取 $\dfrac{V}{4}$ mL 溶液稀释到 $4V$ mL,则稀释后溶液中 SO_4^{2-} 的物质的量浓度是(　　)。
A. $\dfrac{125a}{9V}$ mol·L^{-1}
B. $\dfrac{125a}{18V}$ mol·L^{-1}
C. $\dfrac{125a}{36V}$ mol·L^{-1}
D. $\dfrac{125a}{54V}$ mol·L^{-1}

3. 只给出下列甲和乙中对应的物理量,不能求出物质的量的是(　　)。
A. 甲:物质中的粒子数;乙:阿伏加德罗常数
B. 甲:标准状况时的气体摩尔体积;乙:标准状况时的气体体积
C. 甲:固体的体积;乙:固体的密度
D. 甲:溶液中溶质的物质的量浓度;乙:溶液体积

4. 在花瓶中加入"鲜花保鲜剂",能延长鲜花的寿命。下表是 500 mL"鲜花保鲜剂"中含有的成分,阅读后回 答下列问题:

成分	质量(g)	摩尔质量(g·mol^{-1})
蔗糖	25.00	342
硫酸钾	0.87	174
阿司匹林	0.17	180
高锰酸钾	0.316	158
硝酸银	0.02	170

(1)下列"鲜花保鲜剂"的成分中,属于非电解质的是＿＿＿＿＿＿＿。
A. 蔗糖　　　B. 硫酸钾　　　C. 高锰酸钾　　　D. 硝酸银
(2)配制上述"鲜花保鲜剂"所需的仪器有:天平、烧杯、药匙、＿＿＿＿＿＿、＿＿＿＿＿＿。
(在横线上填写所缺仪器的名称)
(3)在溶液配制过程中,下列操作对配制结果没有影响的是＿＿＿＿＿＿＿。
A. 定容时俯视容量瓶刻度线
B. 容量瓶在使用前未干燥,里面有少量蒸馏水
C. 容量瓶在使用前刚刚配制完一定物质的量浓度的 NaCl 溶液而未洗净
D. 定容摇匀后发现液面低于容量瓶的刻度线,但未做任何处理
(4)"鲜花保鲜剂"中 K^+(阿司匹林中不含 K^+)的物质的量浓度为＿＿＿＿＿＿ mol/L。

5. 某化学课外活动小组从实验室取出硫酸试剂,试剂瓶上标签的部分内容如下图所示。该小组欲用此硫酸试剂配制 450 mL 0.2 mol·L^{-1} 的稀 H_2SO_4 溶液:

> 硫酸:
> 化学纯(CP)(500 mL)
> 品名:硫酸
> 化学式:H_2SO_4
> 相对分子质量:98
> 密度:1.84 g/cm^3
> 质量分数:98%

点击考例

◀ 测试要点 3 - 2
2011·南昌市测试题

◀ 测试要点 10
2011·黄冈测试题

◀ 测试要点 3 - 2
2011·哈尔滨

◀ 测试要点 2
2012·宁波高一期末

◀ 测试要点 3 - 2
2012·南昌二中
期中考试

◀ 测试要点 6
洛阳市测试题

(1)所需试剂瓶内硫酸溶液的体积为_____mL。

(2)所用量筒和容量瓶的规格为_____和_____。

(3)浓硫酸稀释时的操作是_____。

(4)下列为该小组的操作,可能导致配制溶液浓度偏高的是_____。

A. 移液前未冷却至室温

B. 定容时加水多了,用滴管吸出

C. 定容时俯视刻度线

(5)下图是该小组转移溶液的示意图,图中的错误是_____。

◀ 测试要点3-3

☞ 6.(1)某药品的质量约为32 g,用托盘天平准确称其质量,用"↓"表示向右盘放上砝码,用"↑"表示将砝码取下,在下表空格内,用"↓"和"↑"表示相应砝码的放上或取下。

50 g	20 g	20 g	10 g	5 g
↓↑				

(2)配制500 mL 0.1 mol·L^{-1} Na_2CO_3溶液,所需Na_2CO_3固体的质量为_____,实验时下图所示操作的先后顺序为_____(填编号)。

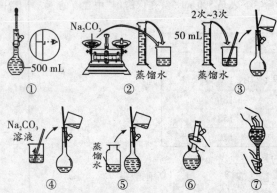

(3)在配制一定物质的量浓度的溶液时,若将量取液态溶质的量筒用水洗涤,洗涤液倒入容量瓶,则所配溶液的浓度_____(填"偏高""偏低"或"无影响")。

▶ 教材课后习题解答

习题

1. D 点拨:从表中总胆红素参数的单位是 mol/L,可知表示其的物理量为"物质的量浓度"。

2. B 点拨:∵$n(Na_2SO_4)=0.5$ mol,∴$N(Na^+)=0.5$ mol × $2 \times 6.02 \times 10^{23}$ $mol^{-1}=6.02 \times 10^{23}$。

3. B 点拨:根据阿伏加德罗定律的推论可知 $\dfrac{V_1}{V_2}=\dfrac{n_1}{n_2}=\dfrac{\dfrac{m_1}{M_1}}{\dfrac{m_2}{M_2}}$

$\dfrac{m_1 M_2}{m_2 M_1}$。

4. B 点拨:根据 $c_1V_1=c_2V_2$,则 $c(NaOH)=\dfrac{30 \times 10^{-3}\ L \times 0.5\ mol/L}{0.5 L}=0.03$ mol/L。

5. 1 mmol = 10^{-3} mol,1g = 10^3 mg,1 L = 10 dL,1 L 中3.61 mmol血糖的质量为:3.61×10^{-3} mol × 180 × 10^3 mg/mol = 649.80 mg,用 mg/dL 表示血糖浓度为:$\dfrac{649.80\ mg}{10\ dL}=64.98$ mg/dL。

6. 11 mmol 血糖的质量为:6.11×10^{-3} mol × 180 × 10^3 mg/mol = 1 099.80 mg,用 mg/dL 表示血糖的浓度为:$\dfrac{1\ 099.80\ mg}{10\ dL}=109.98$ mg/dL,

血糖正常取值范围是:64.98 mg/dL～109.98 mg/dL,因为 64.98 mg/dL<92 mg/dL<109.98 mg/dL,故此人血糖正常。点拨:此题考查了单位间的换算。

6.导致所配溶液浓度偏低。因为在"倒出一些"过程中,溶质随之倒出一部分。

7.解:设需要 18 mol/L H_2SO_4 溶液的体积为 x。

由 c(浓溶液)·V(浓溶液) = c(稀溶液)·V(稀溶液),

得:18 mol/L × x = 1.0 mol/L × 0.25L,

$x = 0.0139$ L = 13.9 mL。

点拨:命题目的是要求掌握有关溶液稀释(混合)的计算。

8.解:n(Ca):n(Mg):n(Cu):n(Fe)

$$= \frac{0.8 \text{ g}}{40 \text{ g/mol}} : \frac{0.3 \text{ g}}{24 \text{ g/mol}} : \frac{0.2 \text{ g}}{64 \text{ g/mol}} : \frac{0.01 \text{ g}}{56 \text{ g/mol}}$$

$$= 224 : 140 : 35 : 2。$$

点拨:命题目的是要求掌握质量、摩尔质量、物质的量之间的计算。

9.(1) m($CuCl_2$) = 0.270 × 1 000g × 10% = 27 g,

$$n(\text{CuCl}_2) = \frac{m}{M} = \frac{27 \text{ g}}{135 \text{ g/mol}} = 0.2 \text{ mol};$$

(2)由于 1 mol $CuCl_2$ 中含有 1 mol Cu^{2+} 和 2 mol Cl^-,故含有 0.2 mol $CuCl_2$ 的溶液中含 Cu^{2+} 0.2 mol, Cl^- 0.4 mol。

点拨:命题目的要求掌握通过质量分数、摩尔质量进行质量与物质的量之间的换算。

10.该气体在标准状况下的密度为 $\rho = \frac{0.179 \text{ g}}{0.1 \text{ L}} = 1.79 \text{ g/L}$,

则该气体的摩尔质量为 $M = 22.4$ L/mol × 1.79 g/L = 40 g/mol,

所以相对分子质量 $M_r = 40$。

复习题

1.C 点拨:量筒不能用于加热。

2.B 点拨:煤矿井常含有"煤层气",即"瓦斯",遇明火易爆炸,故 A 错误;燃着的火柴检验液化气是否漏气易发生火灾,故 C 错误;浓硫酸稀释时,应将浓硫酸倒入水中,且边倒边搅拌,如果把水往浓硫酸中倒,因浓硫酸稀释时放热使水局部沸腾外溅,故 D 错误。

3.A 点拨:铜不与稀盐酸反应,而镁和铝与稀盐酸反应。

4.B、C 点拨:物质的量相同,则分子数相同。A 选项中,显然 $n(\text{H}_2) \neq n(\text{O}_2)$;B 选项中, $n(\text{N}_2) = \frac{5.6 \text{ L}}{22.4 \text{ L}\cdot\text{mol}^{-1}} = 0.25 \text{ mol}$, $n(\text{CO}_2) = \frac{11 \text{ g}}{44 \text{ g}\cdot\text{mol}^{-1}} = 0.25 \text{ mol}$;C 选项中, $n(\text{H}_2\text{O}) = \frac{9 \text{ g}}{18 \text{ g}\cdot\text{mol}^{-1}} = 0.5 \text{ mol}$;D 选项中, $n(\text{H}_2) = 0.01 \text{ mol}$。

5.C 点拨:$n(\text{NH}_4\text{Cl}) = \frac{428 \text{ g}}{53.5 \text{ g}\cdot\text{mol}^{-1}} = 8 \text{ mol}$,

则 $n(\text{KCl}) = 1 \text{ mol}$, $n(\text{K}_2\text{SO}_4) = 4 \text{ mol}$, $m(\text{KCl}) = 74.5 \text{ g}$, $m(\text{K}_2\text{SO}_4) = 696 \text{ g}$。

6.(1)不正确;没有明确 O_2 的状态。

(2)不正确;NaOH 溶液加水后,形成溶液的体积不能确定。

(3)不正确;水在常温下为液体。

(4)正确;同条件下,气体的体积之比等于物质的量之比,等于分子数之比。

7.(1)5% (2)0.28 mol·L^{-1}

点拨:(1)标签上直接可读出质量分数为 5%;

(2) $c(\text{C}_6\text{H}_{12}\text{O}_6) = \frac{\frac{25 \text{ g}}{180 \text{ g}\cdot\text{mol}^{-1}}}{0.5 \text{ L}} = 0.28 \text{ mol/L}$。

8.

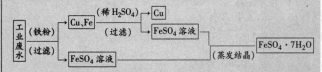

9.步骤:(1)计算所需 Na_2SO_4 的质量, $m(\text{Na}_2\text{SO}_4) = 0.2$ mol/L × 0.05 L × 142 g/mol = 1.42 g;

(2)称量;

(3)溶解并冷却至室温;

(4)转移至 50 mL 容量瓶,并洗涤小烧杯 2 次～3 次,将洗涤液转移到容量瓶中,轻轻摇动容量瓶,使溶液混合均匀;

(5)定容,加水至刻度线下 1 cm～2 cm 时,改用胶头滴管滴加,至液体凹液面与刻度线相切;

(6)反复上下颠倒,摇匀。

▶ 最新5年高考名题诠释

考题1 2011·新课标全国高考改编

下列叙述正确的是(　　)。

A. 1.00mol NaCl 中含有 6.02 × 10^{23} 个 NaCl 分子

B. 1.00mol NaCl 中,所有 Na^+ 的最外层电子总数为 8 × 6.02 × 10^{23}

C. 欲配置 1.00L,1.00mol·L^{-1} 的 NaCl 溶液,可将 58.5g NaCl 溶于 1.00L 水中

D. NaCl 的摩尔质量为 58.5

【解析】NaCl 属于离子化合物,不存在 NaCl 分子,A 不正确;Na^+ 的最外层已经达到 8 电子稳定结构,所以 B 正确;1.00L,1.00mol·L^{-1} 的 NaCl 溶液是指 1.00mol NaCl 即 58.5g NaCl 溶于水配成 1L 溶液,而不是指溶剂为 1L,C 不正确;NaCl 的摩尔质量为 58.5g/mol,D 不正确。

【答案】B

考题2 2011·全国Ⅱ卷改编

N_A为阿伏加德罗常数,下列叙述错误的是( )。

A.18g H_2O 中含的质子数为 $10N_A$

B.标准状况下,2.24L CCl_4 含有分子的数目为 $0.1N_A$

C.46g NO_2 和 N_2O_4 混合气体中含有原子总数为 $3N_A$

D.1mol Al^{3+} 离子含有的核外电子数为 $10N_A$

【解析】B选项标准状况下 CCl_4 为液态,不适用于气体摩尔体积,无法计算,故B项错误。

【答案】B

考题3 2009·全国Ⅰ卷

将 15 mL 2 mol·L^{-1} Na_2CO_3 溶液逐滴加入到 40 mL 0.5 mol·L^{-1} MCl_n 盐溶液中,恰好将溶液中的 M^{n+} 完全沉淀为碳酸盐,则 MCl_n 中 n 值是( )。

A.4　　　B.3　　　C.2　　　D.1

【解析】M的化合价为 $+n$,Na_2CO_3 与 MCl_n 反应对应的关系式为:

$$2M^{n+} \sim nCO_3^{2-}$$
$$2 \qquad n$$
$$40 \times 10^{-3}L \times 0.5\ mol·L^{-1} \qquad 15 \times 10^{-3}L \times 2\ mol·L^{-1}$$

$\dfrac{2}{40 \times 10^{-3}L \times 0.5\ mol·L^{-1}} = \dfrac{n}{15 \times 10^{-3}L \times 2\ mol·L^{-1}}$,

可得 $n=3$,故B正确。

【答案】B

考题4 2008·海南

设 N_A 为阿伏加德罗常数,下列说法正确的是( )。

A.标准状况下,5.6 L 四氯化碳含有的分子数为 $0.25N_A$

B.标准状况下,14 g 氮气含有的核外电子数为 $5N_A$

C.标准状况下,22.4 L 任意比的氢气和氯气的混合气体中含有的分子总数均为 N_A

D.标准状况下,铝跟氢氧化钠溶液反应生成 1 mol 氢气时,转移的电子数为 N_A

【解析】A项中 CCl_4 为液态物质;B项 $n(N_2) = \dfrac{14\ g}{28\ g·mol^{-1}} = 0.5$ mol,核外电子数为 0.5 mol $\times 14 = 7$ mol,数目为 $7N_A$;D项中生成 1 mol H_2 时,转移电子数应为 1 mol $\times 2 = 2$ mol,数目为 $2N_A$。

【答案】C

考题5 2008·广东

能表示阿伏加德罗常数值的是( )。

A.1 mol 金属钠所含的电子数

B.标准状况下,22.4 L 苯所含的分子数

C.0.012 kg ^{12}C 所含的原子数

D.1 L 1 mol·L^{-1} 硫酸溶液中所含 H^+ 数

(注:苯在标准状况下为液体)

【解析】每个钠原子有 11 个电子,因此 1 mol Na 所含电子数目为 $11N_A$,故 A 项错误;苯在标准状况下为液体,无法求出苯的物质的量,B项错误;D项中所含 H^+ 数约为 $2N_A$。

【答案】C

考题6 2008·海南

在两个密闭容器中,分别充有质量相同的甲、乙两种气体,若两容器的温度和压强均相同,且甲的密度大于乙的密度,则下列说法中正确的是( )。

A.甲的分子数比乙的分子数多

B.甲的物质的量比乙的物质的量少

C.甲的摩尔体积比乙的摩尔体积小

D.甲的相对分子质量比乙的相对分子质量小

【解析】同温同压下甲的密度大于乙的密度,说明甲分子的相对分子质量大,故在等质量的前提下,甲的物质的量少。

【答案】B

单元知识梳理与能力整合

▶ 高考命题趋向

化学实验的基本方法和化学计量在实验中的应用常涉及的考点有:(1)实验安全措施、常用危险化学品的标志、实验事故处理;(2)过滤、蒸发、蒸馏、萃取等分离和提纯混合物的方法;(3)SO_4^{2-}的检验;(4)物质的量、摩尔质量、阿伏加德罗常数、气体摩尔体积是高考热点,尤其是阿伏加德罗常数的命题几率很高,几乎每年都会出现;(5)阿伏加德罗定律及其推论也是高考热点;(6)一定物质的量浓度溶液的配制及物质的量的相关计算。

▶ 归纳·总结·专题

一、化学实验基本方法

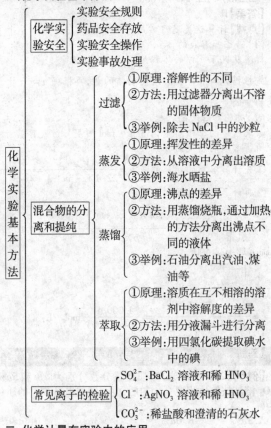

```
                    ┌ 实验安全规则
            化学实   │ 药品安全存放
            验安全   │ 实验安全操作
                    └ 实验事故处理
                              ┌ ①原理:溶解性的不同
                        过滤 ┤ ②方法:用过滤器分离出不溶
                              │   的固体物质
                              └ ③举例:除去NaCl中的沙粒
化                            ┌ ①原理:挥发性的差异
学                      蒸发 ┤ ②方法:从溶液中分离出溶质
实          混合物的       └ ③举例:海水晒盐
验          分离和提纯      ┌ ①原理:沸点的差异
基                      蒸馏 ┤ ②方法:用蒸馏烧瓶,通过加热
本                            │   的方法分离出沸点不
方                            │   同的液体
法                            └ ③举例:石油分离出汽油、煤
                                        油等
                              ┌ ①原理:溶质在互不相溶的溶
                        萃取 ┤   剂中溶解度的差异
                              │ ②方法:用分液漏斗进行分离
                              └ ③举例:用四氯化碳提取碘水
                                        中的碘
                        ┌ SO_4^{2-}:BaCl_2溶液和稀HNO_3
            常见离子的检验┤ Cl^-:AgNO_3溶液和稀HNO_3
                        └ CO_3^{2-}:稀盐酸和澄清的石灰水
```

二、化学计量在实验中的应用

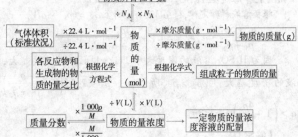

▶ 新典型题分类剖析

类型一 常用化学危险品的标志

【例1】(2011·海南省)下列是一些常用的危险品标志,装运酒精的包装箱上应贴的标志是( )。

腐蚀品 8	爆炸品 1	剧毒品 6	易燃液体 3
A	B	C	D

【解析】选项中的四种标志是常用危险化学品的标志。酒精(乙醇)是一种易燃的液体,只有D选项符合题意。

【答案】D

【点拨】常用危险化学品的标志,不仅是化学基础知识,也是生活中的常识,高考对该知识点非常关注,2008年宁夏高考试卷中就出现了该知识点。

类型二 混合物的分离和提纯

【例2】(2011·江西检测题)如果不小心在食用油中混入部分水,请你选用下列最简便的方法对油水混合物进行分离。

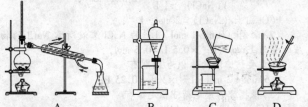

【解析】食用油为不溶于水的液体,油、水混合物可以用分液的方法进行分离。

【答案】B

【点拨】不同的分离方法适用于不同混合物的类型,常见分离方法与混合物的类型如下图所示:

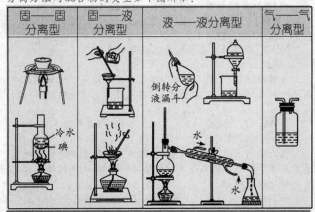

固——固分离型	固——液分离型	液——液分离型	气——气分离型

类型三 有关气体摩尔体积的理解

【例3】(2011·江苏)下列说法正确的是( )(N_A表示阿伏加德罗常数)( )。

A. 在常温常压下,$11.2 L N_2$含有的分子数是$0.5N_A$

B. 标准状况下,18 g水所占有的体积约是22.4 L

C. 32 g O_2在标准状况下的体积约是22.4 L

D. 在同温同压下,相同体积的任何气体所含的原子数相等

【解析】A项中条件不是标准状况;B项中在标准状况下,水是液态;同温同压下,相同体积的任何气体所含分子数相同,但原子数不一定相同。

【答案】C

【点拨】使用气体摩尔体积的两个要素:

(1)物质状态:气体摩尔体积只适用于气态物质,而不适用于固态物质或液态物质。这里的气体可以是单一组分,也可以是混合气体。

(2)温度和压强:温度或压强的改变会导致气体粒子间的距离发生改变,故一定量气体的体积会随着温度和压强等外界条件的改变而改变,因此气体摩尔体积的数值也受温度和压强的影响。

(3)运用气体摩尔体积时必须指明气体所处的状况,不要把气体摩尔体积与22.4 L·mol^{-1}等同。

类型四 溶液中不同粒子物质的量浓度计算

【例4】(2011·南城测试题)将117 g NaCl溶于水配制成1 L溶液,

(1)该溶液中NaCl的物质的量浓度为_____,溶液中Cl$^-$的物质的量浓度为_____。

(2)配制1 mol·L^{-1}的NaCl溶液500 mL,需该溶液的体积为_____。

(3)向该溶液中再通入一定量的HCl气体后,溶液中Cl$^-$的物质的量浓度为3 mol·L^{-1}(假设溶液体积不变),则溶液中H$^+$的物质的量浓度为_____,通入HCl气体的体积(标准状况下)为_____。

【解析】(1)$n(NaCl) = \dfrac{117\ g}{58.5\ g·mol^{-1}} = 2\ mol$,

$c(NaCl) = \dfrac{n(NaCl)}{V(NaCl)} = \dfrac{2\ mol}{1\ L} = 2\ mol·L^{-1}$,

$c(Cl^-) = c(NaCl) = 2\ mol·L^{-1}$。

(2)配制500 mL 1 mol·L^{-1}的NaCl溶液所需NaCl的物质的量为1 mol·L^{-1}×0.5 L=0.5 mol,

设需要该溶液的体积为V,则有

0.5 mol = 2 mol·L^{-1} × V,V = 0.25 L;

(3)根据溶液中电荷守恒定律有

$c(H^+) + c(Na^+) = c(Cl^-)$,

$c(H^+) = c(Cl^-) - c(Na^+) = c(Cl^-) - c(NaCl) =$ 3 mol·L^{-1} - 2 mol·L^{-1} = 1 mol·L^{-1},

溶液中$n(H^+)$ = 1 mol·L^{-1} × 1 L = 1 mol,

$n(HCl) = n(H^+)$ = 1 mol,

$V(HCl)$ = 22.4 L·mol^{-1} × 1 mol = 22.4 L。

【答案】(1)2 mol·L^{-1} 2 mol·L^{-1} (2)0.25 L

(3)1 mol·L^{-1} 22.4 L

【点拨】解答此类题目时要依据两个规律:

(1)定组成规律

电解质溶液中,阴离子与阳离子浓度之比等于化学组成离子个数之比,据此可求已知一种离子浓度的溶液中的另一种离子浓度。

如Na$_2$SO$_4$溶液中$c(Na^+) = 2c(SO_4^{2-}) = 2c(Na_2SO_4)$。

(2)电荷守恒定律

因为任何溶液都显电中性,故溶液中阳离子所带的正电荷总数应等于溶液中阴离子所带的负电荷总数,这个规律就称之为电荷守恒定律。

如Na$_2$SO$_4$溶液中:Na$_2$SO$_4$==2Na$^+$+SO$_4^{2-}$,

则$c(Na^+) = 2c(SO_4^{2-})$;

再如Na$_2$SO$_4$和NaCl混合液中有Na$^+$、SO$_4^{2-}$、Cl$^-$,

则:$c(Na^+) = 2c(SO_4^{2-}) + c(Cl^-)$。

类型五 标准状况下气体溶于水形成溶液的物质的量浓度求算

【例5】(2008·山西)在标准状况下,将V L气体(摩尔质量是M g/mol)溶于0.1 L水中,所得溶液的密度为d g/mL,则

此溶液的物质的量浓度为( )。

A. $\dfrac{V·d}{MV+2\ 240}$ mol/L

B. $\dfrac{1\ 000V·d}{MV+2\ 240}$ mol/L

C. $\dfrac{1\ 000V·d·M}{MV+2\ 240}$ mol/L

D. $\dfrac{M·V}{2\ 240(V+0.1)d}$ mol/L

【解析】由题意知气体的物质的量为$\dfrac{V}{22.4}$ mol,溶剂是0.1 L(100g H$_2$O),溶液的质量是$\left(100 + \dfrac{V}{22.4}·M\right)$ g,已知溶液密度为d g/mL,溶液的体积应是$\dfrac{100 + \dfrac{V}{22.4}·M}{d}$ mL,整理后得到体积为$\left(\dfrac{MV+2\ 240}{22.4\ d}\right)$ mL。因此溶液的物质的量浓度为$\dfrac{V/22.4}{(MV+2\ 240) \div 22.4 \div 1\ 000}$ mol/L = $\dfrac{1\ 000V·d}{MV+2\ 240}$ mol/L。

【答案】B

【点拨】计算这类题目时常用以下方法:

(1)若已知溶液的体积

标准状况下气体的体积为V。

先根据$n = \dfrac{V}{V_m}$计算溶质的物质的量,再根据$c = \dfrac{n}{V}$计算溶质的物质的量浓度。

(2)若已知溶液的密度

如果气体的摩尔质量为M g·mol^{-1},V L该气体溶于1 L水中所得溶液的密度为ρ g·cm^{-3}。

①先计算溶质的物质的量$n = \dfrac{V\ L}{22.4\ L·mol^{-1}} = \dfrac{V}{22.4}$ mol;

②再计算溶液的体积

$V = \dfrac{m(溶液)}{\rho(溶液)} = \dfrac{\dfrac{V}{22.4}\ mol×M\ g·mol^{-1}+1\ 000\ g}{\rho\ g·cm^{-3}} × 10^{-3}\ L·mL^{-1} = \dfrac{MV+22\ 400}{22\ 400\rho}$ L;

③计算物质的量浓度

$c = \dfrac{n}{V} = \dfrac{\dfrac{V}{22.4}\ mol}{\dfrac{MV+22\ 400}{22\ 400\rho}\ L} = \dfrac{1\ 000\rho V}{22\ 400+MV}$ mol·L^{-1}。

类型六 溶液混合时溶质的质量分数求算(选讲)

【例6】(2007·海淀)溶质质量分数分别为$a\%$和$5a$的H$_2$SO$_4$溶液按等体积混合均匀后,混合溶液中H$_2$SO$_4$的质量分数为( )。

A. $3a\%$ B. $6a\%$ C. $> 3a\%$ D. $< 3a\%$

【解析】设$a\%$、$5a\%$的溶液的密度分别为ρ_1、ρ_2,各取体积V mL,混合溶液里H$_2$SO$_4$的质量分数为$x\%$。

根据溶液稀释定律,得:$\rho_1 Va\% + \rho_2 V \cdot 5a\% = (\rho_1 V + \rho_2 V) \cdot x\%$,

$x = \dfrac{\rho_1 + 5\rho_2}{\rho_1 + \rho_2} · a$,即 $x = \left(1 + \dfrac{4\rho_2}{\rho_1 + \rho_2}\right) · a$。

因为H$_2$SO$_4$溶液的密度大于1 g/mL,H$_2$SO$_4$浓度越大,溶液的密度越大,即$\rho_2 > \rho_1$,所以$\rho_1 + \rho_2 < 2\rho_2$,$\left(1 + \dfrac{4\rho_2}{\rho_1 + \rho_2}\right) · a > \left(1 + \dfrac{4\rho_2}{2\rho_2}\right) · a = 3a$。

【答案】C

【点拨】(1)两种不同质量分数的溶液等体积混合,若溶液的密度大于1 g·cm^{-3}(如H$_2$SO$_4$、NaOH、NaCl等溶液),则混合溶液质量分数大于它们和的一半;若溶液的密度小于1 g·cm^{-3}(如氨水、酒精),则混合溶液质量分数小于它们和的一半。

(2)无论溶液的密度大于1 g·cm^{-3},还是小于1 g·cm^{-3},等质量混合时,溶液的质量分数都等于它们和的一半。

知识与能力同步测控题

测试时限:90分钟　本卷满分:100分

可能用到的相对原子质量:H:1　C:12　Na:23　Fe:56　O:16　N:14　S:32　Al:27　Ca:40

第Ⅰ卷(选择题,共48分)

一、选择题(本大题共16小题,每小题3分,共48分。每小题只有一个选项符合题意)

1. 下图中是汽车加油站必须贴的标志是(　　)。

　A　　　B　　　C　　　D

2. 下列说法中,错误的是(　　)。

A. 有了化学科学,人类能够更好利用能源和资源

B. 化学科学将为环境问题的解决提供有力的保障

C. 化学研究会造成严重的环境污染,最终人类将会毁灭在化学物质中

D. 化学家可以制造出自然界中不存在的物质

3. 除去下列物质中的杂质,所用试剂和方法不正确的是(　　)。

	物质	杂质	除杂所用试剂和方法
A	KCl 溶液	I_2	酒精,萃取
B	KNO_3	K_2SO_4	$Ba(NO_3)_2$ 溶液,过滤
C	Cu	CuO	盐酸,过滤
D	$CaCO_3$	CaO	H_2O,过滤

4. (2012·广东广雅中学)下列各组物质:①$NaNO_3$ 和 NaCl; ②$CaCl_2$ 和 $CaCO_3$;③MnO_2 和 KCl;④$BaSO_4$ 和 AgCl。可按照溶解、过滤、蒸发的实验操作顺序,将它们相互分离的是(　　)。

A. 只有①　　B. ③④　　C. ②③　　D. ②④

5. 下列实验中所选用的仪器合理的是(　　)。

A. 用 100 mL 量筒量取 5.2 mL 的稀硫酸

B. 用 500 mL 容量瓶配制 500 mL 0.2mol /L 的 NaOH 溶液

C. 用托盘天平称量 11.75 g NaCl 晶体

D. 用分液漏斗进行固体和液体的分离

6. 如下图所示,下列实验操作与方法正确的是(　　)。

　检查容量瓶是　　给溶液加热　　滴加液体　　过滤
　否漏水的方法
　　A　　　　B　　　　C　　　　D

7. 只给出下列甲中和乙中对应的量,不能组成一个求物质的量的公式的是(　　)。

	甲	乙
①	物质微粒数	阿伏加德罗常数
②	标准状况下气体摩尔体积	标准状况下气体体积
③	固体体积	固体密度
④	溶液中溶质的质量分数	溶液的体积
⑤	非标准状况下物质的质量	物质的摩尔质量

A. ③　　B. ③④　　C. ②③④　　D. ③④⑤

8. 过滤后的食盐水仍含有可溶性的 $CaCl_2$、$MgCl_2$、Na_2SO_4 等杂质,通过如下几个实验步骤,可制得纯净的食盐水:①加入稍过量的 Na_2CO_3 溶液;②加入稍过量的 NaOH 溶液;③加入稍过量的 $BaCl_2$ 溶液;④滴入稀盐酸至无气泡产生;⑤过滤。正确的操作顺序是(　　)。

A. ③②①⑤④　　B. ①②③⑤④

C. ②③①④⑤　　D. ③⑤②①④

9. 下列有关阿伏加德罗常数(N_A)的说法错误的是(　　)。

A. 32 g O_2 所含的原子数目为 N_A

B. 0.5 mol H_2O 含有的原子数目为 $1.5N_A$

C. 1 mol H_2O 含有的 H_2O 分子数目为 N_A

D. $0.5N_A$ 个氯气分子的物质的量是 0.5 mol

10. 下列仪器:①容量瓶,②蒸馏烧瓶,③漏斗,④燃烧匙,⑤天平,⑥分液漏斗,⑦胶头滴管。常用于物质分离的是(　　)。

A. ①③⑤　　B. ②④⑦　　C. ①②⑥　　D. ②③⑥

11. 加热是一种基本实验操作,下列加热操作正确的是(　　)。

A. 将烧杯放置在铁架台的铁圈上直接用酒精灯火焰加热

B. 将试管直接用酒精灯火焰加热

C. 将蒸发皿放置在铁架台的铁圈上,并垫石棉网加热

D. 将烧瓶放置在铁架台的铁圈上直接用酒精灯火焰加热

12. 下列关于实验操作的叙述中正确的是(　　)。

①从试剂瓶中取出的任何药品,若有剩余不能再放回原试剂瓶;

②可燃性气体点燃之前必须验纯;

③用胶头滴管向试管中滴加液体,一定要将胶头滴管伸入试管中;

④用托盘天平称量固体药品时,应左物右码;

⑤配制浓硫酸与蒸馏水的混合液时,应将浓硫酸慢慢加到蒸馏水中并及时搅拌和冷却;

⑥选用 100 mL 量筒量取 4.53 mL 稀硫酸

A. ①③④⑤　　B. ①③④⑥

C. ②④⑤　　D. 以上答案均不正确

13. 为了检验 SO_4^{2-},甲、乙、丙、丁四位同学设计了如下四种方案,其中方案最优的是(　　)。

A. 方案甲:试液 $\xrightarrow{BaCl_2 \text{溶液}}$ 白色沉淀 $\xrightarrow{\text{足量稀盐酸}}$ 沉淀不溶解

B. 方案乙: 试液 $\xrightarrow{\text{足量稀盐酸}}$ 无沉淀（也无气泡）$\xrightarrow{\text{BaCl}_2\text{溶液}}$ 白色沉淀

C. 方案丙: 试液 $\xrightarrow{\text{足量稀硝酸}}$ 无沉淀 $\xrightarrow{\text{Ba(NO}_3)_2\text{溶液}}$ 白色沉淀

D. 方案丁: 试液 $\xrightarrow{\text{Ba(NO}_3)_2\text{溶液}}$ 白色沉淀（过滤）

向沉淀中加入足量稀盐酸 $\to$ 沉淀不溶解

14. 在体积相同的两个密闭容器中分别充满 O_2、O_3 气体, 当这两个容器内温度和气体密度相等时, 下列说法正确的是(　　)。
   A. 两种气体的压强相等
   B. O_2 比 O_3 的质量小
   C. 两种气体的分子数目相等
   D. 两种气体的氧原子数目相等

15. 在 100 g 浓度为 18 $mol \cdot L^{-1}$, 密度为 ρ $g \cdot cm^{-3}$ 的浓硫酸中加入一定量的水稀释成 9 $mol \cdot L^{-1}$ 的硫酸, 则加入水的体积为(　　)。
   A. 小于 100 mL　　　　B. 等于 100 mL
   C. 大于 100 mL　　　　D. 等于 $\dfrac{100}{\rho}$ mL

16. T ℃, 硝酸钾的溶解度为 a g, 取该温度下的硝酸钾溶液 b g, 蒸发 c g 水后溶液达到饱和。测得饱和溶液的密度为 d $g \cdot cm^{-3}$, 体积为 V mL, 则关于饱和溶液下列表达式中正确的是(　　)。
   A. 该饱和溶液的溶质质量分数为 $\dfrac{a}{100+a} \times 100\%$
   B. 该饱和溶液的溶质物质的量浓度为 $\dfrac{1\,000ad}{101b(100+a)}$ $mol \cdot L^{-1}$
   C. 该饱和溶液的溶质物质的量浓度为 $\dfrac{b-c}{101V}$ $mol \cdot L^{-1}$
   D. 该饱和溶液中硝酸钾的质量为 $\dfrac{a(b-c)}{100}$ g

第Ⅱ卷（非选择题, 共 52 分）

二、非选择题（本大题共 6 小题, 共 52 分）

17. (8 分) 假如要你做以下实验, 你将用什么仪器呢? 从下列各选项中选择相关仪器, 将其编号填写在相应的空格处。
   a. 胶头滴管　b. 试管　c. 普通漏斗　d. 量筒　e. 酒精灯　f. 细口玻璃瓶　g. 药匙　h. 坩埚钳　i. 容量瓶　j. 分液漏斗　k. 冷凝管　l. 蒸馏烧瓶
   (1) 制作过滤器用到的是_____。
   (2) 液体药品通常盛放在_____。
   (3) 镁条燃烧时, 夹持镁条用_____。
   (4) 量取 10.0 mL 的液体药品用_____。
   (5) 检验氢气纯度使用的仪器是_____。
   (6) 实验室用自来水制取蒸馏水_____。

18. (5 分) 相同条件下, 有 CO 和 CO_2 两种气体, 回答下列问题:
   (1) 同质量的 CO 和 CO_2 的体积比为_____, 分子个数比为_____, 密度比为_____;
   (2) 两种气体体积相同, 则 CO 和 CO_2 的质量比为_____, 物质的量比为_____。

19. (8 分) 工业酒精是含水约 4% 的液态乙醇。向工业酒精中加入生石灰, 会发生以下化学反应: $CaO + H_2O =\!=\!= Ca(OH)_2$, 且生成物不溶于乙醇。
   (1) 要在实验室中将工业酒精转化为无水乙醇, 请回答下列问题:

下列做法中不可取的是(填写代号)_____。
   A. 加入过量的生石灰后过滤
   B. 加入过量的生石灰后蒸馏
   C. 加入过量的生石灰分液
   (2) 在你选择需要加热的实验方法中, 需用的玻璃仪器除酒精灯以外, 还有: _____; 在该方法的实验步骤里, 紧接加热之前的操作是_____, 并且对此要注意的问题是_____。
   (3) 用酒精灯作热源, 在加热过程中要适量调整酒精灯的上下或左右位置, 目的是_____。

20. (9 分) 常温下, 将 20.0 g 14.0% 的 NaCl 溶液跟 30.0 g 24.0% 的 NaCl 溶液混合, 得到密度为 1.17 $g \cdot cm^{-3}$ 的混合溶液。
   (1) 该混合溶液中的 NaCl 的质量分数为_____。
   (2) 该混合溶液中 NaCl 的物质的量浓度是_____ $mol \cdot L^{-1}$。
   (3) 在 1 000 g 水中溶解_____ mol NaCl 才能使其浓度与上述混合溶液的浓度相等(保留一位小数)。

21. (10 分) 为了除去 KCl 溶液中少量的 $MgCl_2$、$MgSO_4$, 从稀盐酸、Na_2CO_3、$Ba(NO_3)_2$、K_2CO_3、$Ba(OH)_2$ 溶液中, 选择 A、B、C 3 种试剂, 按图中的实验步骤进行操作:

溶液 $\xrightarrow[\text{过滤}]{\text{加过量A后}}$ 滤液 $\xrightarrow[\text{过滤}]{\text{加过量B后}}$ 滤液 $\xrightarrow{\text{加适量C}}$ 较纯净的 KCl 溶液

   (1) 3 种试剂的化学式: A_____, B_____, C_____。
   (2) 加过量 A 的原因是_____, 有关反应的化学方程式为_____。
   (3) 加过量 B 的原因是_____, 有关反应的化学方程式为_____。

22. (12 分) 现用 98% 的浓 H_2SO_4 ($\rho = 1.84$ g/cm^3) 配制浓度为 0.5 mol/L 的稀硫酸 500 mL。
   (1) 选用的主要仪器有:
   ①_____, ②_____, ③_____, ④_____, ⑤_____。
   (2) 请将下列操作按正确的顺序填在横线上。(填选项字母)
   A. 用量筒量取浓 H_2SO_4　　B. 反复颠倒摇匀
   C. 用胶头滴管加水至刻度　　D. 洗涤所用仪器
   E. 稀释浓 H_2SO_4　　　　　F. 将溶液转入容量瓶
   其操作的正确顺序为_____。
   (3) 简要回答下列问题:
   ① 所需浓 H_2SO_4 的体积为_____ mL。
   ② 如果实验室有 15 mL、20 mL、25 mL 的量筒, 选用_____ mL 的量筒最好。量取时发现量筒不干净, 用水洗净后直接量取将使实验最终结果_____(填"偏高""偏低"或"无影响")。
   ③ 将浓 H_2SO_4 沿烧杯内壁慢慢注入盛水的烧杯中, 不断搅拌的目的是_____。若搅拌过程中有液体溅出, 会使最终结果_____(填"偏高""偏低"或"无影响")。
   ④ 在转入容量瓶前烧杯中的液体应_____, 否则会使浓度_____(填"偏高""偏低"或"无影响"); 洗涤烧杯 2~3 次, 洗涤液也要转入容量瓶, 否则会使最终结果_____(填"偏高""偏低"或"无影响")。
   ⑤ 定容时必须使凹液面最低处与刻度线相切, 若俯视会使结果_____(填"偏高""偏低"或"无影响", 下同), 仰视会使结果_____。

第2章 化学物质及其变化

第1节 物质的分类

▶ **课标三维目标**

1.知识与技能
(1)分类法的意义和方法；
(2)分类法在化学中的应用；
(3)分散系的含义及分类；
(4)胶体的特征及其应用。
2.过程与方法
(1)用分析归纳法认识"交叉分类法"和"树状分类法"；
(2)实践活动对分类法进行运用；
(3)运用实验法认识胶体的性质。
3.情感态度与价值观
通过对分类法运用的实践活动,体验科学方法在科学研究中的价值。

▶ **三层完全解读**

>>>解题依据

>>>名题诠释

1 知识·能力聚焦

1.简单分类法及其应用

1-1 分类法的概念

概念:把大量的事物按照事先设定的"标准"进行分类,这种分类就是人们最为熟悉也是最方便的一种工作方法,这种方法称为分类法。

例如:化学实验室药品的存放就是按某种"标准"进行分类的。化合物分成酸、碱、盐、氧化物等。要到实验室取浓H_2SO_4,我们到酸类物质中去找,很快就会找到。分类法给我们带来了方便,也极大地提高了工作效率。

【注意】(1)各事物之间有相同点和不同点。相同点就是将不同的事物划归为同一类的"标准"。

(2)同类事物在某些方面有相似性,因此有分类法就可以帮助我们对事物的研究进行举一反三。

【思考与交流】请尝试对你所学过的化学物质和化学反应进行分类。

【答案】如图所示:

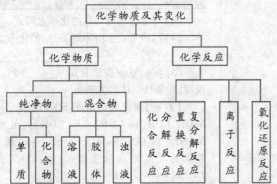

【思考与交流】请从其他方面收集一些应用分类法的例子,讨论对它们进行分类的目的和意义。

【答案】在我们的学习、工作和生活中都常用分类的方法。如图书馆中的图书分类收藏,大型商场、超市的物品分类,网络中的信息分类等。分类方法能够提高人们工作、学习的效率,使人们更快捷地达到目的。

例题1 基础题——南昌十九中

实验室中的药品常按物质的性质、类别等不同而有规律地放置。在做"酸的性质"实验时,实验桌上部分药品的摆放如下图所示。某同学取用KOH溶液后应把它放回的位置是( )。

【解析】KOH属于碱类物质,应与NaOH放在一起,故选D。

【答案】D

例题2 基础题

每组中都有一种物质与其他物质在分类上不同,试分析每组中物质的组成规律,将这种不同于其他物质的物质找出来。

(1)NaCl、KCl、NaClO、$BaCl_2$

(2)$HClO_3$、$KClO_3$、Cl_2、$NaClO_3$

(3)H_3PO_4、H_4SiO_4、HCl、H_2SO_4

(4)空气、N_2、HCl气体、$CuSO_4 \cdot 5H_2O$

(5)铜、金、汞、钠

【解析】先仔细分析每组中各物质在元素组成、化合价上的特点,找出其相似性,即可找出一种不同的物质。

(1)只有NaClO不是氯化物,即不是盐酸盐,它是HClO的钠盐,其中氯元素的化合价也不同于其他三种。

(2)只有Cl_2中Cl元素化合价为0,其他均为+5价。

1-2 交叉分类法

交叉分类法:对物质以不同的标准进行分类。

如对于 Na_2CO_3,从其组成的阳离子来看,属于钠盐;而从其组成的阴离子来看,则属于碳酸盐。

交叉分类法举例

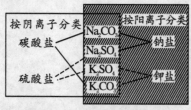

【注意】交叉分类法实质上就是从不同的角度寻找一类物质的共同属性。

1-3 树状分类法

树状分类法:对同类事物进行再分类的一种方法。

树状分类法举例

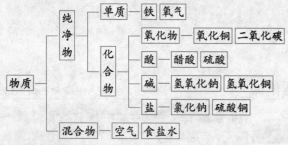

【思考与交流】生物学中把动植物按照界、门、纲、目、科、属、种进行分类的方法属于哪类分类法?

【答案】这是一个典型的同类物质再细化分类的办法,属于树状分类法。

1-4 分类法的实践活动

(1)石油产品树状分类图

【提醒】石油产品分类标准是碳原子的数量;

(2)酸、碱、盐及氧化物之间的转化。

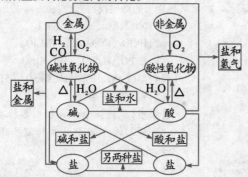

【特别提醒】①通性是同类物质的一些共性。

②酸、碱、盐是以其通性为标准进行分类的。

③上述转化关系是共性。但学习时还要关注特殊性。例:金属+酸══盐+氢气。但铜与盐酸就不反应。

---

(3)只有 HCl 为无氧酸。

(4)只有空气属混合物,其他为纯净物。

(5)只有钠属活泼金属,在金属活动顺序表中排在 H 的前面,其他为不活泼金属,排在 H 之后。

【答案】(1) NaClO (2) Cl_2 (3) HCl (4)空气 (5)钠

例题3 基础题

将(Ⅰ)中物质与(Ⅱ)中物质进行分类并用短线连起来。

(Ⅰ)	(Ⅱ)
Na_2SO_4	含氧酸盐
$KHSO_4$	无氧酸盐
NaCl	钠盐
$BaSO_4$	硫酸盐
$NaHCO_3$	酸式盐

【解析】分类连线时,一定要明确分类的标准。同一种物质分类标准不同,会有不同的归类。

【答案】(Ⅰ) (Ⅱ)

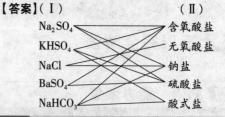

例题4 基础题

无机化合物可根据其组成和性质进行分类。

(1)上述所示的物质分类方法名称是_____。

(2)以 Na、K、H、O、C、S、N 中任两种或三种元素组成合适的物质,分别填在下表中②③⑥后面。

物质类别	酸	碱	盐	氧化物	氢化物
化学式	①HCl ②_____	③_____ ④Ba(OH)₂	⑤Na_2CO_3 ⑥_____	⑦CO_2 ⑧Na_2O	⑨NH_3 ⑩H_2O

(3)写出⑦转化为⑤的化学方程式:_____。

(4)写出工业上由⑩制备 O_2 的化学方程式:_____。

(5)实验室制备⑦常用_____和_____反应,检验该气体的方法是_____。

【解析】常见的酸有 H_2SO_4、HNO_3、HCl;碱有 NaOH、KOH、Ba(OH)₂、Ca(OH)₂;盐有 NaCl、Na_2SO_4、Na_2CO_3、$NaNO_3$、Na_2SO_3 等。酸、碱、盐、氧化物之间可以相互转化,如:CO_2(少量)+ 2NaOH ══ Na_2CO_3 + H_2O。

工业上用电解水的方法制 O_2:$2H_2O \xrightarrow{\text{通电}} 2H_2\uparrow + O_2\uparrow$。制备 CO_2 常利用大理石或石灰石($CaCO_3$)与稀盐酸反应:$CaCO_3 + 2HCl ══ CaCl_2 + CO_2\uparrow + H_2O$,将产生的气体通入澄清石灰水中,若变浑浊即可证明是 CO_2。

【思考与交流】以钙元素的单质和化合物为例,写出下列10种转化的化学方程式。

(1)单质→盐;　　　　(2)单质→碱性氧化物;

(3)单质→碱;　　　　(4)盐→单质;

(5)氧化物→碱;　　　(6)氧化物→盐;

(7)碱→盐;　　　　　(8)盐→碱;

(9)盐→盐;　　　　　(10)盐→氧化物。

【解析】分析 Ca、CaO、Ca(OH)$_2$、CaCl$_2$、CaCO$_3$、Ca(HCO$_3$)$_2$ 等单质和化合物的性质,依据物质之间的转化关系可以写出相关的化学方程式。

【答案】答案见下表(本题为开放型试题,还有其他合理答案):

序号	化学方程式	序号	化学方程式
(1)	$Ca + Cl_2 \xrightarrow{点燃} CaCl_2$ $Ca + 2HCl == CaCl_2 + H_2\uparrow$	(6)	$CaO + CO_2 == CaCO_3$ $CaO + 2HCl == CaCl_2 + H_2O$
(2)	$2Ca + O_2 == 2CaO$	(7)	$Ca(OH)_2 + 2HCl == CaCl_2 + 2H_2O$ $Ca(OH)_2 + CO_2 == CaCO_3\downarrow + H_2O$ $Ca(OH)_2 + Na_2CO_3 == CaCO_3\downarrow + 2NaOH$
(3)	$Ca + 2H_2O == Ca(OH)_2 + H_2\uparrow$	(8)	$CaCl_2 + 2NaOH == Ca(OH)_2 + 2NaCl$
(4)	$CaCl_2 \xrightarrow{通电} Ca + Cl_2\uparrow$	(9)	$CaCO_3 + 2HCl == CaCl_2 + H_2O + CO_2\uparrow$ $CaCO_3 + CO_2 + H_2O == Ca(HCO_3)_2$
(5)	$CaO + H_2O == Ca(OH)_2$	(10)	$CaCO_3 \xrightarrow{高温} CaO + CO_2\uparrow$

2.分散系及其分类

2-1 分散系的概念

把一种(或多种)物质分散在另一种(或多种)物质中所得到的体系,叫做分散系。前者属于被分散的物质,称作分散质;后者起容纳分散质的作用,称为分散剂。

【特别提醒】分散质和分散剂都可以是固体、液体或气体。

2-2 分散系的分类

(1)以分散质和分散剂的状态为标准来分(共分为9种分散系)

(2)以分散质粒子大小为标准来分

分散系 { 溶液:溶质粒子直径小于 1 nm
胶体:分散质粒子直径在 1~100 nm 之间
浊液:分散质粒子直径大于 100 nm

【注意】①分散系的本质区别是分散质粒子的大小。

②溶液是一种稳定的分散系,浊液是不稳定的分散系。胶体的稳定性介于两者之间,在一定条件下能稳定存在,属于介稳体系。

③有些胶体与溶液的外观相似。

2-3 溶液、胶体、浊液的比较

分散系		溶液	胶体	浊液
外观		均一、透明	大多均一、透明	不均一、不透明
稳定性		稳定	介稳性	不稳定
分散质粒子	直径	<1 nm	1~100 nm	>100 nm
	组成	单个分子或离子	分子集合体或有机高分子	大量分子的集合体
	能否透过滤纸	能	能	不能
典型实例		食盐水	淀粉溶液	泥水

【注意】溶液、胶体、浊液三种分散系的分类标准是分散质粒子的大小。

【答案】(1)树状分类法

(2)②H$_2$SO$_4$(或 HNO$_3$)　③NaOH(或 KOH)
⑥Na$_2$SO$_4$(或 K$_2$CO$_3$、Na$_2$SO$_3$、NaNO$_3$ 等)(答案合理即可)

(3)2NaOH + CO$_2$(少量)== Na$_2$CO$_3$ + H$_2$O

(4)$2H_2O \xrightarrow{通电} 2H_2\uparrow + O_2\uparrow$

(5)稀盐酸　大理石(或石灰石)　将气体通入澄清石灰水中,若变浑浊,即可证明是 CO$_2$

【点拨】树状分类法是对同一事物进一步分类的方法,应用这种分类法,可使我们清楚地认识某事物在整个体系中所处的位置。

例题5 基础题

甲、乙、丙、丁有如图所示关系,图中"——"表示在一定条件下相连的物质间可以反应,"→"表示丁在一定条件下可以转化为乙。下面四组选项中,符合图示要求的是(　)。

	甲	乙	丙	丁
A	H$_2$SO$_4$	Na$_2$SO$_4$	NaOH	NaCl
B	KCl	K$_2$CO$_3$	KOH	HCl
C	O$_2$	CO	CuO	C
D	Fe	CuCl$_2$	Zn	HCl

【解析】该题要求学生对元素化合物的转化关系要相当熟悉,同时抓住题中叙述的关键信息,即"——"表示相连物质间在一定条件下可以反应,"→"表示丁可以转化为乙这一信息,对各选项中的物质逐个分析,进行淘汰即可。A 中甲和乙、乙和丙、丙和丁、丁和甲均不能反应,B 中甲和乙、乙和丙、丁和甲之间也不能反应,故 A、B 不符合题意。C 中反应依次为:甲和乙:$2CO + O_2 \xrightarrow{点燃} 2CO_2$;乙和丙:$CO + CuO \xrightarrow{高温} Cu + CO_2$;丙和丁:$2CuO + C \xrightarrow{高温} 2Cu + CO_2\uparrow$;甲和丁:$C + O_2 \xrightarrow{点燃} CO_2$;丁 → 乙:$2C + O_2 \xrightarrow{点燃} 2CO$。D 中,反应依次为:甲和乙:$Fe + CuCl_2 == FeCl_2 + Cu$;乙和丙:$Zn + CuCl_2 == Cu + ZnCl_2$;丙和丁:$Zn + 2HCl == ZnCl_2 + H_2\uparrow$;丁和甲:$Fe + 2HCl == FeCl_2 + H_2\uparrow$;丁 → 乙:$CuO + 2HCl == CuCl_2 + H_2O$。

【答案】C、D

【点拨】解这道题目不仅要掌握单质、氧化物、酸、碱、盐的通性还要注意有些物质的特性。知识跨度大,综合性强。用代入法推导要容易些。

例题6 基础题

按照分散质或分散剂的聚集状态(气、固、液)来分,分散系有9种类型,请你填写下列空白。

【提醒】有些液态胶体也是透明的,用肉眼很难与溶液区别。要想知道如何区分,还得继续往下学习——丁达尔现象。

2－4 胶体的相关性质

(1)丁达尔现象

胶体能发生丁达尔效应。当光束通过胶体时,可以看到一条光亮的"通路"。这条光亮的"通路"是由于胶体粒子对光线散射形成的,叫丁达尔效应。

【注意】①光束通过胶体时,看到的光柱,并不是胶体粒子本身发光。胶体粒子的直径小于可见光的波长(400~700 nm),胶体粒子对光波发生散射而形成光柱,而溶液中粒子过小,散射很微弱,因而看不到丁达尔现象。

②丁达尔现象是区别溶液和胶体的一种常用的物理方法。

(2)电泳现象

胶体粒子可以选择性地吸附某一种电性的离子而使胶粒带上某种电荷,在通电时向异性电极定向移动,这种现象称为电泳。如氢氧化铁胶粒带正电荷,通电时向负极移动。

【注意】由于带电的离子如 MnO_4^- 在通电时也能发生定向移动,故不能用电泳现象来区别溶液与胶体。

2－5 分散系的稳定性

(1)溶液是最稳定的分散系

这是因为这类分散系中的分散质(溶质)对于分散剂(溶剂)而言是可溶性的。溶质以分子、原子或离子(直径<1 nm)的形式自发地分散在溶剂中,形成均一、稳定的混合物。

例如:NO_2、SO_2 等气体一旦进入大气,会自动向大气中扩散,当浓度达到一定程度时,就会造成大气污染,而且绝不会自动与大气分离。溶液的稳定性决定了大气污染的长期性。

(2)浊液是最不稳定的分散系

这是因为这类分散系中分散质对于分散剂而言是不可溶的。分散质以固体小颗粒或小液滴(直径>100 nm)的形式分散在分散剂中,形成的是不均一、不稳定的混合物,时间稍长以后,分散质颗粒就会相互聚集在一起与分散剂分离。

(3)胶体是介稳性的分散系

胶体之所以具有介稳性,主要是因为胶体粒子可以通过吸附而带有电荷。同种胶体粒子的电性相同,在通常情况下,它们之间的相互排斥阻碍了胶体粒子变大,使它们不易聚集。胶体粒子所做的布朗运动也使得它们不容易聚集成质量较大的颗粒而沉降下来。

2 方法·技巧平台

3.分类方法标准的选择

物质分类必须有一定的标准,标准往往要通过物质外在的或内部的某些共性进行选择。

(1)化学反应的分类

①以反应物和生成物的种类为标准来分:

化学反应 {
化合反应:A + B === AB
分解反应:AB === A + B
置换反应:A + BC === AC + B
复分解反应:AB + CD === AD + CB
}

②以得氧和失氧的标准来分:

化学反应 { 氧化还原反应 / 非氧化还原反应 }

(2)材料的分类

①以材料组成为标准来分:

分散质	分散剂	实例
气		空气
	气	雾
固	气	
气		泡沫
液	液	
固	液	
气		泡沫塑料
		珍珠(已溶于水的碳酸钙)
固	固	

【解析】通过分散质和分散剂的状态可找出实例,反过来通过实例反推出分散质和分散剂的状态。

【答案】

分散质	分散剂	实例
		气
液		
		烟尘
	液	
		酒精水溶液
		NaCl 溶液
	固	
液	固	
		有色玻璃、合金

例题7 基础题

溶液、胶体、浊液三种分散系的本质区别在分散质的大小。若下图 A、B、C 代表分散质微粒。

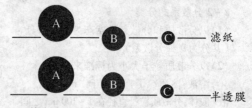

其中表示胶体中胶粒的是_____。

【解析】胶体中胶粒只能透过滤纸不能透过半透膜。

【答案】B

例题8 基础题

下列关于胶体的叙述,不正确的是( )。

A.布朗运动是胶体微粒特有的运动方式,可以据此把胶体和溶液、浊液区别开来

B.光线透过胶体时,发生丁达尔效应

C.用渗析的方法净化胶体时,使用的半透膜只能让较小的分子、离子通过

D.胶体微粒具有相对较大的表面积,能吸附阳离子或阴离子且同种胶体微粒吸附同种电荷

【解析】布朗运动是分散剂分子从各个方向撞击分散质微粒时,某一瞬间分散质微粒在不同方向受撞击力不相同而不断改变运动方向,因而形成不停的、无规则的运动。这个运动并不是胶体

材料{
　金属材料(如合金)
　无机非金属材料(如陶瓷)
　有机高分子材料(如 ABS 工程塑料)

②以材料的功能为标准来分:

材料{
　高功能材料(如超导)
　结构材料(如耐高温)
　信息材料(如液晶)

4.分类方法在化学研究中的应用

分类是根据事物某种共同的特性(标准)进行归类。同类事物之间一定有其共性,不同类事物之间一定有其不同的特点。因此分类在化学研究中有极为重要的作用。

(1)用分类法判断或预测物质的性质。例如:铁、铜是金属单质,具有导电性,铝也是金属,也具有导电性。

(2)用分类法寻找具有相同或相似性质的物质。例如盐酸(HCl)、硫酸(H_2SO_4)都是酸,具有酸的通性。在①磷酸(H_3PO_4)、②氢氧化镁[$Mg(OH)_2$]、③高氯酸($HClO_4$)、④氧化钙(CaO)、⑤碘(I_2)、⑥氢溴酸(HBr)等物质中,具有酸的通性的是①③⑥。

(3)应用分类法对物质进行鉴别。例如选择化学试剂鉴别 H_2SO_4 溶液、HCl 溶液、$NaOH$ 溶液、$BaCl_2$ 溶液、KNO_3 溶液、$Ca(OH)_2$ 溶液等六种溶液时,可将它们按酸、碱性的差异分为三类,用石蕊试液作为化学试剂将六种溶液划分为 A. HCl 溶液、H_2SO_4 溶液; B. $NaOH$ 溶液、$Ca(OH)_2$ 溶液; C. $BaCl_2$ 溶液、KNO_3 溶液三组。然后再将六种溶液按是否能在溶液中生成碳酸盐沉淀分为两类,用 Na_2CO_3 溶液作试剂从 B 组中区别出 $Ca(OH)_2$ 溶液和 $NaOH$ 溶液,从 C 组中区别出 $BaCl_2$ 溶液和 KNO_3 溶液。最后将 A 组溶液按是否能在溶液中生成钡盐沉淀分为两类,用 $BaCl_2$ 溶液作试剂从 A 组中区别出 H_2SO_4 溶液和 HCl 溶液。

3 创新·思维拓展

5.胶体的聚沉

人们有时还需要将胶体粒子变为悬浮粒子,这需要破坏胶体的介稳性。胶体颗粒在适当的条件下相互结合成直径大于 100 nm 颗粒而沉积下来的过程,叫胶体的聚沉。

使胶体聚沉的原理就是要中和胶体粒子的电性。常用方法如下:

(1)加入电解质

在胶体中加入电解质,这就增加了胶体中离子的总浓度,而给带电荷的胶体微粒创造了吸引相反电荷离子的有利条件,从而减少或中和原来胶粒所带电荷,使它们失去了保持稳定的因素。再加上粒子在不停地做布朗运动,在相互碰撞时,就可以聚集起来,迅速沉降。

如由豆浆做豆腐时,在一定温度下,加入 $CaSO_4$(或其他电解质溶液),豆浆中的胶体微粒带的电荷被中和,其中的微粒很快聚集而形成胶冻状的豆腐(称为凝胶)。

一般说来,在加入电解质时,高价离子比低价离子使胶体凝聚的效率大。如 $Fe^{3+} > Ca^{2+} > Na^+$,$PO_4^{3-} > SO_4^{2-} > Cl^-$。

(2)加入胶粒带相反电荷的胶体

以适当的数量相混合时,也可以起到和加入电解质同样的作用,使胶体相互聚沉。

如把 $Fe(OH)_3$ 胶体加入硅酸胶体中,两种胶体均会发生凝聚,说明两种胶粒带有相反电荷。

(3)加热胶体

微粒特有的运动方式,它是分散剂分子做无规则运动的结果。因此,无法利用布朗运动来区别胶体、溶液、浊液,A 选项错误;B 正确;因半透膜孔径<胶粒直径<滤纸孔径,C 正确;D 也正确,这是胶体稳定的主要原因。

【答案】A

【点拨】胶体稳定的原因有两个:①胶粒带电荷,②布朗运动。但胶粒带电荷是主要因素。

例题9 基础题——2008·广东

对下列化学反应进行分类:

(1)硫在氧气里燃烧　(2)红磷在氧气里燃烧　(3)铁丝在氧气里燃烧　(4)铝箔在氧气里燃烧　(5)蜡烛在氧气里燃烧

对上述 5 个化学反应可以从不同的角度进行分类。

[分类标准1]是不是化合反应:化学反应_____为一类,都是化合反应;

[分类标准2]反应物的特点:化学反应_____为一类,都是非金属单质与氧气反应,化学反应(3)、(4)为另一类,都是金属与氧气反应;

[分类标准3]是不是氧化还原反应:化学反应_____为一类,都是氧化还原反应。

【解析】对于化学物质及其变化,依据的标准不同,有不同的分类结果。

【答案】[分类标准1](1)、(2)、(3)、(4)

[分类标准2](1)、(2)

[分类标准3](1)、(2)、(3)、(4)、(5)

例题10 基础题——上海春季高考

物质分类是化学研究的重要方法之一。化学工作者经常根据物质的组成对物质进行分类研究。近年来发现,在金星大气层中存在三氧化二碳。下列物质与它属于同类的是(　　)。

A. H_2、O_3　　　　B. H_2SO_4、H_2CO_3

C. SO_2、NO　　　D. Na_2SO_3、$KClO_3$

【解析】三氧化二碳的化学式为 C_2O_3,从分子组成看属于氧化物。

【答案】C

例题11 中难题

向胶体中加入电解质,能使胶体凝聚。使一定量的胶体在一定时间内开始凝聚所需电解质的浓度($mol \cdot L^{-1}$)称作"聚沉值"。电解质的聚沉值越小,则表示其凝聚能力越大,实验证明,凝聚能力主要取决于与胶粒带相反电荷的离子所带的电荷数,电荷数越多,凝聚能力越大。已知 $Fe(OH)_3$ 胶粒带正电,则向 $Fe(OH)_3$ 胶体中加入下列电解质时,其"聚沉值"最小的为(　　)。

A. $NaCl$　B. $FeCl_3$　C. K_2SO_4　D. Na_3PO_4

【解析】本题关键语言"凝聚能力主要取决于与胶粒带相反电荷的离子所带的电荷数,电荷数越多,凝聚能力越大",因此主要判定四种物质中阴离子所带电荷数的大小。

能量升高,胶粒运动加剧,它们之间碰撞机会增多,而使胶核对离子的吸附作用减弱,即减弱胶体的稳定因素,导致胶体凝聚。

如长时间加热时,$Fe(OH)_3$胶体就发生凝聚而出现红褐色沉淀。

6. 胶体的应用

(1)常见的胶体:$Fe(OH)_3$胶体、淀粉溶胶、蛋白质溶液、肥皂水、硅酸溶胶、有色玻璃等。

(2)应用

①工、农业生产和日常生活中许多重要材料和现象,都在某种程度上与胶体有关。如土壤的保肥、三角洲的形成、工业除尘、明矾净水,工业制皂中的盐析。

②在医学上,越来越多地利用高度分散的胶体来检验或治疗疾病、不同血型的人不宜相互输血、血液透析、血清纸上电泳等。

③国防工业、冶金工业的火药、炸药、选矿、塑料橡胶等都会用到胶体知识。

④在日常生活中,也会经常接触并应用到胶体知识。如制豆腐、墨水与其他品种的墨水不能混用等。

▶ 整体训练方法

4 能力·题型设计

速效基础演练

☞ 1.下面三幅图中,与胶体有关的是(   )。

①长江三角洲　　②东方明珠夜景　　③树林中的晨曦

A. 只有①　　　　B. 只有②　　　　C. 只有③　　　　D. 全部

☞ 2.下列物质的分类正确的是(   )。

	酸	碱	盐	氧化物
A	HClO	NH_3	$FeCl_2$	NO_2
B	CH_3COOH	NaOH	$BaSO_4$	CH_3CH_2OH
C	H_2SO_4	$Cu(OH)_2$	NH_4NO_3	H_2O
D	HNO_3	$CO(NH_2)_2$	$Mg(OH)Cl$	CO

☞ 3.按照物质的树状分类和交叉分类,HNO_3属于(   )。

①酸　②氢化物　③氧化物　④含氧酸　⑤难挥发性酸　⑥一元酸　⑦化合物　⑧混合物

A.①②③④⑤⑥⑦　　　　　　　　B.①④⑥⑦
C.①⑧　　　　　　　　　　　　　D.①④⑤⑥

☞ 4.下列物质中符合图中阴影部分表示的分类标准的是(   )。

A. K_2CO_3　　　　　　　　　　　B. Na_2CO_3
C. NaCl　　　　　　　　　　　　　D. $NaHCO_3$

☞ 5.假如把奥运五环旗中每个环各代表一种物质(如下图),相连环的物质间所发生的反应中,没有涉及的基本反应类型是(   )。

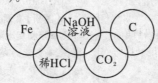

【答案】D

例题12 基础题——2010·石家庄

下列事实与胶体性质无关的是(   )。

A. 在豆浆里加入盐卤做豆腐

B. 河流入海口处易形成沙洲

C. 一束平行光线照射蛋白质溶液时,从侧面可以看到光亮的通路

D. 三氯化铁溶液中滴入氢氧化钠溶液出现红褐色沉淀

【解析】A属于蛋白质胶体遇电解质发生凝聚;B说的是土壤胶粒遇电解质(海水中)发生凝聚;C说的是蛋白质胶体的丁达尔效应;D是一个化学反应:$Fe^{3+} + 3OH^- \Longrightarrow Fe(OH)_3\downarrow$,此时生成的$Fe(OH)_3$是大量的沉淀,而不属于胶体。

【答案】D

【点拨】胶体知识与实际生产、生活联系紧密,学习中要注意理论联系实际,加强能力培养。

点击考例

◀ 测试要点6
2012·吉林一中

◀ 测试要点3
2012·厦门二中测试题

◀ 测试要点1
2012·黄冈中学期中考试

◀ 测试要点1-2
沈阳市测试

◀ 测试要点3
黄山市测试

A. 分解反应 　　　　　B. 复分解反应 　　　　　C. 化合反应 　　　　　D. 置换反应

6. 下列关于氧化物的叙述中正确的是(　　)。

A. 酸性氧化物均可以和碱发生反应

B. 酸性氧化物在常温下均为气态

C. 金属氧化物都是碱性氧化物

D. 不能与酸反应的氧化物一定能与碱反应

7. 溶液、胶体和浊液这三种分散系的最本质的区别是(　　)。

A. 是否能透过滤纸

B. 是否为均一、稳定、透明的外观

C. 是否会产生丁达尔效应

D. 分散质粒子直径的大小

8. 胶体的介稳性在工农业生产和日常生活中有着广泛的应用,下列现象会破坏胶体介稳性的是(　　)。

A. 生产涂料 　　　　　　　　　B. 配制墨水

C. 明矾净水 　　　　　　　　　D. 用石膏使豆浆变成豆腐

9. 右图是我们清晨进入森林后看到的美丽景象,请认真观察右图,分析其隐含的化学知识,回答下列问题:

(1)右图中的现象在化学上称作_____,这说明森林中的空气具有_____的性质。

(2)产生上述现象的根本原因是_____。

10. 现有 10 种物质:铁、铜、木炭、CuO、CaCO₃、H₂SO₄、Ba(OH)₂、NaOH、NaCl 和 AgCl。

(1)有人根据不同的标准进行如下分类,请在表中相应的位置写出分类的标准。

分类	分类标准
类别一:铁、铜、木炭 类别二:CuO、CaCO₃、H₂SO₄、Ba(OH)₂、NaOH、NaCl、AgCl	从单质和化合物分类
类别一:铁、铜、木炭、CuO、CaCO₃、AgCl 类别二:H₂SO₄、Ba(OH)₂、NaOH、NaCl	

(2)请你从上述 10 种物质中任选反应物,写出一个复分解反应的化学方程式:_____。

11. 胶体粒子往往通过吸附可以带有电荷,一般非金属氧化物胶粒带负电荷,如土壤胶体;金属氧化物、金属氢氧化物带正电荷,如氧化铁、氢氧化铁等。

根据上述材料,回答下列问题:

(1)给农作物施用含氮量相同的下列化肥,肥效最差的是_____(填序号)。

①碳酸氢铵 ②硝酸铵 ③硫酸铵 ④氯化铵

(2)在陶瓷工业上常遇到因陶土里混有氧化铁而影响产品的质量问题。解决方法是把这些陶土和水一起搅拌,使微粒直径为 $10^{-9} \sim 10^{-7}$ m,然后插入两根电极,接通直流电源,这时阳极聚集_____,阴极聚集_____,理由是_____。

(3)氢氧化铁胶体稳定存在的主要原因是_____(填字母)。

A. 胶粒直径小于 1 nm 　　　　　B. 胶粒做布朗运动

C. 胶粒带正电荷 　　　　　　　D. 胶粒不能通过半透膜

知能提升突破

1. 淀粉溶液是一种胶体,且淀粉遇到碘单质会出现明显的蓝色特征。现将淀粉和稀 Na₂SO₄ 溶液混合,并将其装在半透膜袋中,浸泡在盛有蒸馏水的烧杯内,过一段时间后,取烧杯中的液体进行实验,能证明半透膜完好无损的是(　　)。

点击考例

◀ 测试要点 1-4
2010·抚顺市

◀ 测试要点 2-4
2012·银川一中

◀ 测试要点 6
2011·遵义市

◀ 测试要点 2

◀ 测试要点 3

◀ 测试要点 2-1、6

◀ 测试要点 2

A. 加入 $BaCl_2$ 溶液产生白色沉淀　　　　B. 加入碘水不变蓝

C. 加入 $BaCl_2$ 溶液没有白色沉淀产生　　D. 加入碘水变蓝

2. 奥运会会标是五环旗:

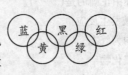

假定奥运五环旗中的每一环表示一种物质,相连环物质间能发生常见反应,不相连环物质间不能发生反应。且四种反应中必须包含化合反应、置换反应及复分解反应,则下列选项中适合的一组是(　　)。

选项	蓝	黑	红	黄	绿
A	CO_2	$CuSO_4$ 溶液	O_2	NaOH 溶液	Ag
B	Mg	CO_2	KOH 溶液	Al	Fe_2O_3
C	O_2	NH_3	$Al(OH)_3$	稀 H_2SO_4	NaOH 溶液
D	O_2	稀 H_2SO_4	CO_2	Fe	NaOH 溶液

3. 依据不同的分类标准,HNO_3 可属于下列的哪一类?(　　)

①酸　②纯净物　③氧化物　④含氧酸　⑤化合物　⑥混合物　⑦一元酸

A.①②③　　　　　B.③④⑥　　　　　C.①②④⑤⑦　　　　　D.①③④⑤⑦

4. 下列物质属于纯净物的是(　　)。

A. 高锰酸钾完成分解后的残留物　　　　B. 洁净的食盐水

C. 冰水混合物　　　　　　　　　　　　D. 含氮30% 的硝酸铵

5. 对大量实验事实进行分类分析,找出一些规律,并根据这些规律和物质的内在联系,对一些物质的性质作出推测,这是化学学习中必须训练的科学方法。请你仿照下表中示例的思维过程,以初中学过的酸、碱、盐的化学性质为例,填写所有空格(所填规律不能重复):

实验事实(每空至少举两例)	规律	推测同类物质具有相同性质
示例:盐酸、稀硫酸都能使紫色石蕊试液变红	酸溶液能使紫色石蕊试液变红	稀硝酸也能使紫色石蕊试液变红
(1)氯化钠溶液、氯化钾溶液都能与硝酸银溶液反应,生成不溶于硝酸的白色沉淀		
(2)		
(3)		
(4)		

6. 请你按下图所示进行化学实验,实验完后对试剂及实验现象归类分析,并回答下列问题:

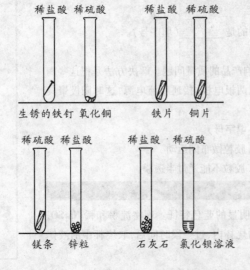

(1)根据实验及现象,分析、比较和归纳而得出的结论有(至少答 3 条):

①____。

②____。

③____。

(2)指出上述实验中有关物质及反应在实验室、生产和生活等方面的实际应用(至少答 3 条):

①____。

②____。

③____。

7. 现有铁、稀硫酸、炭、碳酸钠、氧气、氢氧化钡 6 种物质。

(1)以这 6 种物质作反应物,写出它们相互反应的化学方程式:

____。

(2)将这 6 种物质和(1)中发生的化学反应后所得生成物,按不同分类方法进行分类。

____。

点击考例

测试要点 1、4

教材课后习题解答

习题

1. ②⑧ ①④ ⑤ ⑥ ⑦⑩ ⑨

2. (1)根据酸的强弱(电离程度)
- 强酸:HCl、H_2SO_4、HNO_3
- 弱酸:H_3PO_4、H_2S

(2)根据可电离的氢原子数
- 一元酸:HCl、HNO_3
- 二元酸:H_2SO_4、H_2S
- 三元酸:H_3PO_4

(3)根据是否含氧元素
- 含氧酸:HNO_3、H_2SO_4、H_3PO_4
- 非含氧酸:HCl、H_2S

3. 对于混合物从分散系角度根据分散质粒子的大小可分为三类:溶液(如 NaCl 溶液)、胶体(如鸡蛋清水溶液)和浊液(如泥水)。

从状态分:气体混合物(如空气),液体混合物(如饮用酒),固体混合物(如沙土),气、固、液混合物(如石油)等。

从混合物各成分混合程度分:均匀混合物、非均匀混合物。

4. 人们对元素进行分类后,根据已发现的元素的结构和性质及其变化规律推测出许多未知元素的存在,然后被后来科学研究所证实,极大地丰富了元素周期表及其认识。

5. 如下表所示

分散系	分散质粒子大小	主要特征	举例
浊液	>100 nm	不均一、不稳定、不透明	油水
溶液	<1 nm	均一、稳定、透明	碘酒
胶体	1 ~ 100 nm 之间	均一、稳定、透明	$Fe(OH)_3$ 胶体

6. B、D

7. 胶体区别于其他分散系的本质特征是,分散质粒子的大小,粒子直径为 1 ~ 100 nm 之间的为胶体。

例 1,因胶粒带电,可用静电除尘器除去空气或工厂废气中的飘尘以及微细的固体颗粒物。

例 2,根据胶体聚沉的特点,用石膏使豆浆变成豆腐。

例 3,根据胶体的吸附作用,用明矾净水等。

最新5年高考名题诠释

考题 1　2010 · 山东

下列推断正确的是(　　)。

A. SiO_2 是酸性氧化物,能与 NaOH 溶液反应

B. Na_2O、Na_2O_2 组成元素相同,与 CO_2 反应生成的产物也相同

C. CO、NO 都是大气污染物,在空气中形成胶体稳定存在

D. 碱性氧化物不一定是金属氧化物

【解析】Na_2O、Na_2O_2 尽管组成元素相同,但从阴离子角度分不属于同类氧化物,Na_2O_2 与 CO_2 反应除生成 Na_2CO_3 外还产生 O_2,B 错。CO、NO 分散到空气中,分散质是 CO、NO 分子,"颗粒"较小,形成溶液,C 错。碱性氧化物都是金属氧化物。D 错。

【答案】A

考题 2　2009 · 全国Ⅱ卷

下列关于溶液和胶体的叙述,正确的是(　　)。

A. 溶液是电中性的,胶体是带电的

B. 通电时,溶液中的溶质粒子分别向两极移动,胶体中的分散质粒子向某一极移动

C. 溶液中溶质分子的运动有规律,胶体中分散质粒子的运动无规律,即布朗运动

D. 一束光通过溶液和胶体时,后者会出现明显的光带,前者则没有

【解析】分散系是呈电中性的,胶体不带电,带电的是胶体粒子,A错;分散系中的粒子不停地做布朗运动,布朗运动就是指分散质粒子的无规则运动,C错;当给溶液或胶体通电时,如果其中的粒子带电,就会向两极定向移动,不带电,就不会移动,向一极运动不能形成闭合回路,B错;丁达尔效应是胶体特有的效应,其他分散系不具有,D正确。

【答案】D

考题3 2008·江苏

下列关于物质分类的正确组合是( )。

分类 组合	碱	酸	盐	碱性氧化物	酸性氧化物
A	纯碱	盐酸	烧碱	氧化铝	二氧化碳
B	烧碱	硫酸	食盐	氧化镁	一氧化碳
C	苛性钠	醋酸	萤石	过氧化钠	二氧化碳
D	苛性钾	油酸	苏打	氧化钠	硫酐

[萤石主要成分为CaF_2,油酸是一种有机酸]

【解析】纯碱属于盐,氧化铝为两性氧化物,CO为不成盐氧化物,Na_2O_2不是碱性氧化物,所以A、B、C错。

【答案】D

考题4 2009·广东

某合作学习小组讨论辨析以下说法:

①粗盐和酸雨都是混合物

②沼气和水煤气都是可再生能源

③冰和干冰既是纯净物又是化合物

④不锈钢和目前流通的硬币都是合金

⑤盐酸和食醋既是化合物又是酸

⑥纯碱和熟石灰都是碱

⑦豆浆和雾都是胶体

上述说法正确的是( )。

A.①②③④ B.①②⑤⑥ C.③⑤⑥⑦ D.①③④⑦

【解析】①正确;②沼气属于可再生资源,水煤气由炽热的煤同水蒸气反应制得,而煤为不可再生资源,所以水煤气为不可再生资源,故错误;③冰为固态水,干冰为固态CO_2,均既是纯净物又是化合物,正确;④正确;⑤盐酸和食醋为混合物,不是化合物,错误;⑥纯碱为Na_2CO_3,不是碱,错误;⑦豆浆和雾均属于胶体,正确。综上所述,选D。

【答案】D

考题5 2006·江苏

下列物质的分类合理的是( )。

A. 氧化物:CO_2、NO、SO_2、H_2O

B. 碱:NaOH、KOH、$Ba(OH)_2$、Na_2CO_3

C. 铵盐:NH_4Cl、NH_4NO_3、$(NH_4)_2SO_4$、$NH_3·H_2O$

D. 碱性氧化物:Na_2O、CaO、Mn_2O_7、Al_2O_3

【解析】A中注意H_2O是氢的氧化物。B中的Na_2CO_3虽俗名纯碱,其水溶液呈碱性,但它属于盐。C中的$NH_3·H_2O$为碱。D中的Mn_2O_7为酸性氧化物,而Al_2O_3为两性氧化物。

【答案】A

考题6 2007·上海

用特殊方法把固体物质加工到纳米级(1~100 nm,1 nm=10^{-9} m)的超细粉末粒子,然后制得纳米材料。下列分散系中的分散质的微粒直径和这种粒子直径具有相同数量级的是( )。

A.溶液 B.悬浊液 C.胶体 D.乳浊液

【解析】这种粉末粒子直径为1~100 nm,恰好在胶体微粒直径范围内。

【答案】C

第2节　离子反应

▶ 课标三维目标

1. 知识与技能
(1) 理解电离的概念,会写电离方程式;
(2) 理解离子反应的概念,掌握离子反应的条件;
(3) 常见离子方程式的书写。

2. 过程与方法
(1) 归纳法,从电离的角度归纳出酸、碱、盐的概念;
(2) 从离子反应的特征归纳出离子反应的条件;
(3) 实验法,通过实验现象,揭示反应本质。

3. 情感态度与价值观
培养严谨求实的科学态度;养成由表及里分析问题的习惯;善于运用透过现象看本质的思维方法。

▶ 三层完全解读

>>>解题依据　　　　　　　　　　　　　　　　　　　　　　　　　　　>>>名题诠释

1 知识·能力聚焦

1. 酸、碱、盐在水溶液中的电离

1-1 电解质与非电解质

(1) 电解质:在水溶液里或熔融状态下能够导电的化合物。如硫酸、氢氧化钠、硝酸钾等。

(2) 非电解质:在水溶液里和熔融状态下都不能导电的化合物。如蔗糖等。

(3) 电解质与非电解质的比较

	电解质	非电解质
相同点	均为化合物	
不同点	水溶液或熔融状态能导电	水溶液和熔融状态都不能导电
本质区别	在水溶液里或熔融状态下自身能发生电离	在水溶液里和熔融状态下自身不能发生电离
所含物质类型	酸:H_2SO_4、HCl、HNO_3、H_3PO_4、H_2CO_3、CH_3COOH 碱:$NaOH$、$Ca(OH)_2$、$NH_3 \cdot H_2O$、$Fe(OH)_3$ 盐:$NaCl$、KNO_3、$NaHSO_4$、$CaCO_3$ 活泼金属氧化物:Na_2O、CaO、MgO、水	非金属氧化物:SO_2、SO_3、CO_2、CO、P_2O_5 非酸性气态氢化物:NH_3 部分有机物:蔗糖、酒精、CH_4

【特别提醒】①电解质与非电解质均属于化合物。例 HCl 是电解质,其水溶液盐酸不是电解质。

②化合物具备下列条件之一便为电解质:a. 在水溶液中能导电;b. 在熔融状态下能导电。例:共价化合物 HCl 在液态时不导电,在水溶液中能导电。

③CO_2 等非金属氧化物溶于水后所得溶液能导电,是因为 CO_2 与水反应生成了能电离出导电离子的 H_2CO_3,H_2CO_3 属电解质,CO_2 属非电解质。

④能导电的物质不一定是电解质,如石墨、铜等;电解质不一定都能导电,如 $NaCl$ 晶体。

⑤活泼金属氧化物(如 Na_2O、MgO)熔融状态下能电离,能导电,故属于电解质。

⑥$BaSO_4$、$CaCO_3$ 等盐难溶于水,但它们在熔融状态下能电离,能导电,故属于电解质。

1-2 电解质的电离

(1) 电解质导电的原因

电解质并不一定导电,导电的物质不一定是电解质,产生自由移动的离子是电解质导电的前提条件,而电解质能产生自由移动的离子,是电解质导电的内因;还必须具备一定的外因条件,就是溶于水或受热使电解质呈熔融状态。

例题1 2010·宁都考题

对电解质概念的理解正确的是(　　)。

A. 在水溶液里或熔融状态下能导电的物质

B. 在水溶液里和熔融状态下都能导电的化合物

C. SO_3 和 CaO 溶于水均能导电,但溶液中的离子都是它们与水反应生成的 H_2SO_4 和 $Ca(OH)_2$ 电离产生的,所以 SO_3 和 CaO 都是非电解质

D. 在水溶液里或熔融状态下本身能电离出阳离子和阴离子而能导电的化合物

【解析】在水溶液里或熔融状态下因自身电离出离子而能导电的化合物叫做电解质,D 项的理解是正确的。A 项,Cl_2、NH_3 在水溶液里都能导电,但它们都不是电解质;B 项,酸在熔融状态下不导电,但它们是电解质;C 项,对 SO_3 的分析是正确的,但 CaO 在熔融状态下因电离成 Ca^{2+} 和 O^{2-} 能导电,属于电解质。

【答案】D

【点拨】要正确理解电解质的概念,可认真阅读左栏的"特别提醒"。

例题2 基础题

请回答下列问题。

(1) 写出下列物质在水溶液里的电离方程式:

①$NaHCO_3$ ＿＿＿＿＿＿;

②H_2SO_4 ＿＿＿＿＿＿;

③$KHSO_4$ ＿＿＿＿＿＿。

(2) 有人说可将无机化合物 $KHSO_4$ 与 $NaHCO_3$ 归为同一类别,你认为他的理由主要是＿＿＿＿＿＿;

(2)电离:电解质在水溶液或受热熔融时,解离成能够自由移动离子的过程叫做电离。

(3)电离方程式

酸、碱、盐都是电解质,例如:

HCl	$HCl \rightleftharpoons H^+ + Cl^-$
NaOH	$NaOH \rightleftharpoons Na^+ + OH^-$
NaCl	$NaCl \rightleftharpoons Na^+ + Cl^-$

(4)酸、碱、盐的分类标准

物质	概念	举例
酸	电解质电离出的阳离子全部是 H^+	H_2SO_4
碱	电解质电离出的阴离子全部是 OH^-	$Ba(OH)_2$
盐	电解质电离出的阳离子是金属离子或 NH_4^+,阴离子是酸根离子	NaCl NH_4Cl

【提醒】$NaHSO_4$ 虽能电离出 H^+ 和 Na^+,但因阳离子不全是 H^+,故不属于酸,而符合盐的定义,属于酸式盐。

同理 $Cu_2(OH)_2CO_3$ 虽能电离出 OH^-,但因阴离子不全是 OH^-,故不属于碱,而符合盐的定义,属于碱式盐。

2.离子反应及其发生的条件

2-1 离子反应

(1)概念:由于电解质溶于水后电离成为离子,所以,电解质在溶液中的反应必然有离子参加,这样的反应叫做离子反应。

(2)离子反应的实验探究

序号	实验	现象	实验结论(反应类型)
1	向 2 mL Na_2SO_4 溶液中加入 2 mL KCl 溶液	无变化	不反应
2	向 2 mL $CuSO_4$ 溶液中加入 2 mL $BaCl_2$ 溶液	有白色沉淀	离子反应
3	向 2 mL Na_2SO_4 溶液中加入 2 mL $BaCl_2$ 溶液	有白色沉淀	离子反应
4	向 2 mL NaOH 溶液(酚酞)中加入稀盐酸	红色褪去	离子反应
5	向 2 mL Na_2CO_3 溶液中加入 2 mL HCl 溶液	有气泡产生	离子反应

(3)离子反应的特点:离子反应总是向着某种离子浓度减小的方向进行。

例如:$CuSO_4$ 溶液中加入 $BaCl_2$ 溶液,其中 SO_4^{2-} 与 Ba^{2+} 结合生成难溶的 $BaSO_4$ 沉淀,使得溶液中 SO_4^{2-}、Ba^{2+} 浓度减小。

$$CuSO_4 + BaCl_2 \rightleftharpoons BaSO_4\downarrow + CuCl_2。$$

2-2 离子方程式

(1)概念:用实际参加反应的离子符号来表示反应的式子叫做离子方程式。

例如:$CuSO_4$ 溶液与 $BaCl_2$ 溶液混合时,Cu^{2+} 与 Cl^- 之间没有反应;而 SO_4^{2-} 与 Ba^{2+} 之间反应生成 $BaSO_4$ 白色沉淀。其离子方程式可表示为 $Ba^{2+} + SO_4^{2-} \rightleftharpoons BaSO_4\downarrow$。

(2)离子方程式的意义

化学方程式只表示某一具体的反应,而离子方程式不仅可以表示某一个具体的化学反应,而且还可以表示同一类型的离子反应。

例如:不同的酸碱中和反应

化学方程式	离子方程式
$NaOH + HCl \rightleftharpoons NaCl + H_2O$	$H^+ + OH^- \rightleftharpoons H_2O$
$KOH + HNO_3 \rightleftharpoons KNO_3 + H_2O$	$H^+ + OH^- \rightleftharpoons H_2O$
$2NaOH + H_2SO_4 \rightleftharpoons Na_2SO_4 + 2H_2O$	$H^+ + OH^- \rightleftharpoons H_2O$
$2KOH + H_2SO_4 \rightleftharpoons K_2SO_4 + 2H_2O$	$H^+ + OH^- \rightleftharpoons H_2O$

(3)离子方程式的书写

①写:写出反应的化学方程式。

②拆:把易溶于水,易电离的物质拆成离子形式。

③删:把不参加反应的离子从方程式两边删去。

有人说可将无机化合物 $KHSO_4$ 与 H_2SO_4 归为同一类别,你认为他的理由主要是_____。

【解析】注意问题(1)的解答对问题(2)的作用;注意分类方法在解答问题(3)中的应用。

【答案】(1)① $NaHCO_3 \rightleftharpoons Na^+ + HCO_3^-$(注:$NaHCO_3 \rightleftharpoons Na^+ + H^+ + CO_3^{2-}$ 是错误的,若增写 $HCO_3^- \rightleftharpoons H^+ + CO_3^{2-}$ 也是可以的)

② $H_2SO_4 \rightleftharpoons 2H^+ + SO_4^{2-}$

③ $KHSO_4 \rightleftharpoons K^+ + H^+ + SO_4^{2-}$

(2)$KHSO_4$ 与 $NaHCO_3$ 都是由金属阳离子和酸式酸根离子组成的无机化合物,都属于酸式盐 $KHSO_4$ 与 H_2SO_4 都能在水溶液中电离出 H^+,水溶液显酸性

例题3 中难题

为了确认电解质溶液中部分离子相互间能发生反应,做了如下三组实验:

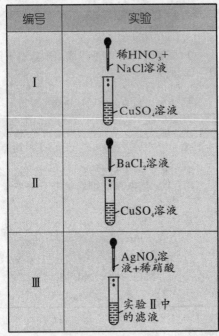

编号	实验
I	稀HNO_3+ NaCl溶液 / $CuSO_4$溶液
II	$BaCl_2$溶液 / $CuSO_4$溶液
III	$AgNO_3$溶液+稀硝酸 / 实验II中的滤液

(1)实验I的目的是_____。

(2)实验II证明了_____(填离子符号,下同)和_____发生了化学反应,根据什么现象证明溶液中的另两种离子没有发生化学反应?_____。

(3)实验III中的反应现象_____,反应的离子方程式为_____。

【解析】从实验I、II、III的反应现象来揭示反应本质。I没有明显现象,离子间没有反应。

II产生白色沉淀,实质上是 Ba^{2+} 与 SO_4^{2-} 反应生成 $BaSO_4$ 沉淀。

III中会产生白色沉淀,实质上是 Ag^+ 与 Cl^- 反应生成 AgCl 沉淀。

④查:检查方程式两边各元素的原子个数和电荷数是否相等。

例如:$BaCl_2$ 溶液和 Na_2SO_4 溶液的反应

①写:$BaCl_2 + Na_2SO_4 \rightleftharpoons BaSO_4 \downarrow + 2NaCl$;

②拆:$Ba^{2+} + 2Cl^- + 2Na^+ + SO_4^{2-} \rightleftharpoons BaSO_4 \downarrow + 2Na^+ + 2Cl^-$;

③删:$Ba^{2+} + SO_4^{2-} \rightleftharpoons BaSO_4 \downarrow$($Cl^-$ 和 Na^+ 两边相同,实质没参与反应,删掉);

④查:上式中两边各元素的原子个数和离子所带电荷数相等。则该反应的离子方程式为:$Ba^{2+} + SO_4^{2-} \rightleftharpoons BaSO_4 \downarrow$。

离子方程式的书写规律

书写离子方程式,记住步骤共有四。

物质易溶、易电离,离子形式来表示。

气体、难溶、难电离,表示则以化学式。

微溶反应写离子,生成却写化学式。

写完左右查守恒,原子、电荷要查清。

2-3 离子反应发生的条件

(1)生成难溶于水的物质

$AgNO_3 + NaCl \rightleftharpoons NaNO_3 + AgCl \downarrow$

$Ag^+ + Cl^- \rightleftharpoons AgCl \downarrow$

(2)生成难电离的物质(H_2O、弱酸、弱碱等)

$H_2SO_4 + 2NaOH \rightleftharpoons Na_2SO_4 + 2H_2O$

$H^+ + OH^- \rightleftharpoons H_2O$

(3)生成挥发性物质(气体)

$CaCO_3 + 2HCl \rightleftharpoons CaCl_2 + H_2O + CO_2 \uparrow$

$CaCO_3 + 2H^+ \rightleftharpoons Ca^{2+} + H_2O + CO_2 \uparrow$

注:离子反应只要能具备上述三种条件之一便可以进行。

2 方法·技巧平台

3.离子方程式正误判断的规律

(1)以化学反应的客观事实为依据,看是否有凭空臆造的、事实上不存在的物质、离子及离子反应方程式。

如:化学反应方程式 $Cu + H_2SO_4$(稀)$\rightleftharpoons CuSO_4 + H_2 \uparrow$(不存在)

离子方程式 $Cu + 2H^+ \rightleftharpoons Cu^{2+} + H_2 \uparrow$(错误)

(2)以质量守恒定律为依据,看离子方程式的配平是否违背质量守恒定律。如:

化学反应方程式 $2Al + 6HCl \rightleftharpoons 2AlCl_3 + 3H_2 \uparrow$(正确)

离子方程式 $2Al + 6H^+ \rightleftharpoons 2Al^{3+} + 3H_2 \uparrow$(正确)

离子方程式 $Al + 3H^+ \rightleftharpoons Al^{3+} + H_2 \uparrow$(错误)

(3)以离子的电荷守恒律为依据,看离子方程式的配平是否违背电荷守恒定律。如:

化学反应方程式 $2FeCl_3 + Fe \rightleftharpoons 3FeCl_2$(正确)

离子方程式 $2Fe^{3+} + Fe \rightleftharpoons 3Fe^{2+}$(正确)

离子方程式 $Fe^{3+} + Fe \rightleftharpoons 2Fe^{2+}$(错误)

(4)以物质的实际状态为依据,看物质化学式的拆分是否正确。如:

化学反应方程式 $BaCO_3 + 2HNO_3 \rightleftharpoons Ba(NO_3)_2 + H_2O + CO_2 \uparrow$(正确)

离子方程式 $BaCO_3 + 2H^+ \rightleftharpoons Ba^{2+} + H_2O + CO_2 \uparrow$(正确)

离子方程式 $CO_3^{2-} + 2H^+ \rightleftharpoons H_2O + CO_2 \uparrow$(错误)

(5)以物质的组成为依据,看阴、阳离子的配比是否正确。如:

化学反应方程式 $Ba(OH)_2 + H_2SO_4 \rightleftharpoons BaSO_4 \downarrow + 2H_2O$(正确)

【答案】(1)证明溶液中 Na^+、SO_4^{2-}、Cl^-、Cu^{2+}、H^+、NO_3^- 相互不反应

(2)Ba^{2+} SO_4^{2-} 反应后液体过滤后溶液为蓝色

(3)产生白色沉淀,溶液呈蓝色 $Ag^+ + Cl^- \rightleftharpoons AgCl \downarrow$

例题4 中难题

铁、稀盐酸、澄清石灰水、氯化铜溶液是初中化学中常见的物质,四种物质间的反应关系如图所示。图中两圆相交部分(A、B、C、D)表示物质间的反应,其中对应反应的离子方程式书写正确的是( )。

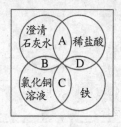

A. $OH^- + HCl \rightleftharpoons H_2O + Cl^-$

B. $Ca(OH)_2 + Cu^{2+} \rightleftharpoons Ca^{2+} + Cu(OH)_2$

C. $Fe + Cu^{2+} \rightleftharpoons Cu + Fe^{2+}$

D. $Fe + 2H^+ \rightleftharpoons Fe^{3+} + H_2 \uparrow$

【解析】A 中 HCl 要拆成离子,B 中微溶物应拆成离子,D 中 Fe 与稀盐酸反应生成 Fe^{2+}。

【答案】C

【点拨】涉及"微溶物"的离子反应方程式的书写

(1)

(2)常见微溶物有 4 种:$Ca(OH)_2$、$CaSO_4$、Ag_2SO_4、$MgCO_3$,而常考查的是 $Ca(OH)_2$。

例题5 中难题——2009·青海

下列离子方程式书写正确的是( )。

A. 铁片放入稀盐酸中:$2Fe + 6H^+ \rightleftharpoons 2Fe^{3+} + 3H_2 \uparrow$

B. 大理石放入稀硝酸中:$CO_3^{2-} + 2H^+ \rightleftharpoons CO_2 \uparrow + H_2O$

C. 铁片插入硫酸铜溶液中:$2Fe + Cu^{2+} \rightleftharpoons Cu + 2Fe^{2+}$

D. 硫酸铜与氢氧化钡溶液反应:$Cu^{2+} + SO_4^{2-} + Ba^{2+} + 2OH^- \rightleftharpoons Cu(OH)_2 \downarrow + BaSO_4 \downarrow$

【解析】牢记哪些物质该拆,哪些物质应保留化学式。A 中铁片反应生成 Fe^{2+},不应是 Fe^{3+}。B 中大理石的主要成分是 $CaCO_3$,难溶不拆。C 中电荷不守恒。

【答案】D

【点拨】离子方程式书写正误的判断是考查离子

离子方程式 $Ba^{2+} + 2OH^- + 2H^+ + SO_4^{2-} \Longrightarrow BaSO_4\downarrow + 2H_2O$(正确)

离子方程式 $Ba^{2+} + OH^- + H^+ + SO_4^{2-} \Longrightarrow BaSO_4\downarrow + H_2O$(错误)

(6)以反应条件及物质的状态为依据,看是否漏写某些符号,如:

化学反应方程式 $Na_2CO_3 + 2HCl \Longrightarrow 2NaCl + H_2O + CO_2\uparrow$(正确)

离子方程式 $CO_3^{2-} + 2H^+ \Longrightarrow H_2O + CO_2\uparrow$(正确)

离子方程式 $CO_3^{2-} + 2H^+ \Longrightarrow H_2O + CO_2$(错误)

4. 离子共存的判断规律

离子共存即离子之间不能发生反应,判断离子能否大量共存,即判断离子之间能否发生反应,若反应,则不共存,若不反应,则能大量共存。

(1)因发生复分解反应而不能大量共存的情况及常见例子。

情况	实例
生成难溶物	①Ca^{2+}与CO_3^{2-};Ba^{2+}与SO_4^{2-}、CO_3^{2-};Ag^+与Cl^-、Br^-、I^-、CO_3^{2-} ②OH^-与Fe^{3+}、Fe^{2+}、Mg^{2+}、Al^{3+}、Ca^{2+}等
生成气体	H^+与CO_3^{2-}、HCO_3^-、SO_3^{2-}、HSO_3^-等
生成难电离物质	①H^+与OH^-、CH_3COO^-等 ②OH^-与HCO_3^-等

(2)溶液无色透明时,不存在有色离子

中学阶段常见有色离子及其颜色:

①Cu^{2+}:蓝色;②Fe^{3+}:棕黄色;③Fe^{2+}:浅绿色;④MnO_4^-:紫红色

【特别提醒】判断离子共存除以上情况外,在题干中还常存在隐含条件:

(1)强酸性溶液或使石蕊变红的溶液或 PH < 7 的溶液,均指酸性溶液,即溶液中有大量 H^+,则与 H^+ 反应的离子肯定不能大量共存,如 OH^-、CO_3^{2-} 等。

(2)强碱性溶液或使石蕊变蓝的溶液或使酚酞变红的溶液或 pH > 7 的溶液,均指碱性溶液,即溶液中有大量 OH^-,则与 OH^- 反应的离子肯定不能大量共存,如 H^+、NH_4^+ 等。

3 创新·思维拓展

5. 离子反应在化学实验中的应用

(1)混合物的分离

如对于含有 Mg^{2+}、Na^+、Cl^- 的溶液,向其中加入稍过量的 NaOH 溶液后过滤,再向滤液中加入适量的盐酸即可得到 NaCl 溶液,然后向所得到的沉淀中也加适量盐酸溶解,即可得到 $MgCl_2$ 溶液,这样就将共存的 Mg^{2+}、Na^+ 分离了。

(2)物质的提纯

如对于含有 Na_2SO_4 的粗盐,加水溶解后先加入稍过量的 $BaCl_2$ 溶液,再加入稍过量的 Na_2CO_3 溶液,过滤;向滤液中加入稍过量的 HCl 溶液,蒸发结晶,即得精盐。

(3)化合物组成成分的分析和鉴定

如对无色气体 A 的水溶液,取少量向其中加入少量的 Na_2CO_3 溶液,逸出无色、无味并使澄清的石灰水溶液变浑浊的气体,则生成该气体的离子反应方程式为:

$$2H^+ + CO_3^{2-} \Longrightarrow CO_2\uparrow + H_2O$$

再向溶液中滴加用 HNO_3 酸化的 $AgNO_3$ 溶液,又生成了白色沉淀,则生成该沉淀的离子反应方程式是:$Cl^- + Ag^+ \Longrightarrow AgCl\downarrow$,从而证明原无色气体 A 的水溶液中含有 H^+ 和 Cl^-,A 应为 HCl 气体。

(4)物质的鉴别

反应的重要题型。准确熟练掌握离子方程式书写应满足的条件,是解答此类题目的基础。

例题6 中难题——2011·四川检测

在无色透明的溶液中,可能大量共存的离子组是( )。

A. MnO_4^-、Fe^{2+}、K^+、Cl^-

B. Cu^{2+}、Na^+、Cl^-、SO_4^{2-}

C. Ca^{2+}、Cl^-、NO_3^-、K^+

D. Ca^{2+}、H^+、OH^-、CO_3^{2-}

【解析】MnO_4^-、Fe^{2+}、Cu^{2+} 在溶液中均显一定的颜色,A、B 错误;D 中 $H^+ + OH^- \Longrightarrow H_2O$,$2H^+ + CO_3^{2-} \Longrightarrow CO_2\uparrow + H_2O$,$Ca^{2+} + CO_3^{2-} \Longrightarrow CaCO_3\downarrow$,故 D 不正确。

【答案】C

【点拨】溶液中显色的离子常见的有:MnO_4^-(紫色)、Cu^{2+}(蓝色)、Fe^{2+}(浅绿色)、Fe^{3+}(棕黄色)。

例题7 基础题

现有 NaCl、Na_2CO_3、$Ba(NO_3)_2$ 三种无色溶液,试选用一种试剂把它们鉴别出来,并写出反应的化学方程式和离子方程式。

【解析】三种盐溶液中都存在自由移动的离子。Na^+ 不易被检验,但用含 SO_4^{2-} 的溶液可检验出 Ba^{2+}(生成不溶于稀硝酸的白色沉淀);Cl^- 与 CO_3^{2-} 可以用 H^+ 浓度较大的酸溶液区别(前者无气泡,后者有气泡),值得注意的是不能用 $AgNO_3$ 溶液区别 Cl^-、CO_3^{2-},因为都能产生白色沉淀,回答时还应注意先叙述方法,再由现象得出结论。

【答案】分别取少许三种无色溶液,依次加入适量稀 H_2SO_4,无明显现象的原溶液为 NaCl 溶液;有气泡产生的原溶液为 Na_2CO_3 溶液;有白色沉淀产生的原溶液为 $Ba(NO_3)_2$ 溶液。

$Na_2CO_3 + H_2SO_4 \Longrightarrow Na_2SO_4 + CO_2\uparrow + H_2O$,

$CO_3^{2-} + 2H^+ \Longrightarrow CO_2\uparrow + H_2O$。

$Ba(NO_3)_2 + H_2SO_4 \Longrightarrow 2HNO_3 + BaSO_4\downarrow$,

$Ba^{2+} + SO_4^{2-} \Longrightarrow BaSO_4\downarrow$。

例题8 中难题

某学校化学课外活动小组的同学,将一些可溶性化合物溶于水配成甲、乙两种溶液,两种溶液共含有 H^+、Ag^+、K^+、OH^-、Cl^-、NO_3^-、CO_3^{2-} 8 种离子,两种溶液里所含离子各不相同,已知向甲溶液滴入石蕊试液,石蕊试液变成蓝色,则乙溶液里含有的 4 种离子应该是(填离子符号)_____。

【解析】①甲溶液中含有 OH^-,则 H^+ 在乙溶液里,这是思维的起点;

②OH^- 与 CO_3^{2-} 在甲溶液中;OH^- 与 Ag^+ 不能共存,则 Ag^+ 在乙溶液中,CO_3^{2-} 与 Ag^+ 也不能共存,验证了 Ag^+ 在乙溶液中的正确性;

③CO_3^{2-} 与 Ba^{2+} 不能共存,则 Ba^{2+} 在乙溶液中;

如对失去标签的四种溶液——Na_2CO_3 溶液、$NaCl$ 溶液、Na_2SO_4 溶液、$MgCl_2$ 溶液，各取 3 mL 分别于四支试管中，先向各试管内滴入少量的 $Ba(OH)_2$ 溶液，再滴入足量的盐酸溶液，观察现象。若无现象发生，原溶液是 $NaCl$ 溶液；若生成白色沉淀且不溶解于盐酸，原溶液是 Na_2SO_4 溶液；若生成白色沉淀且溶于盐酸并有气体逸出，原溶液是 Na_2CO_3 溶液；若生成白色沉淀且溶于盐酸但无气体逸出，原溶液是 $MgCl_2$ 溶液。有关化学反应的离子方程式为：

Na_2SO_4 溶液中：$SO_4^{2-} + Ba^{2+} \xlongequal{} BaSO_4 \downarrow$

Na_2CO_3 溶液中：$CO_3^{2-} + Ba^{2+} \xlongequal{} BaCO_3 \downarrow$

$$BaCO_3 + 2H^+ \xlongequal{} Ba^{2+} + CO_2 \uparrow + H_2O$$

$MgCl_2$ 溶液中：$Mg^{2+} + 2OH^- \xlongequal{} Mg(OH)_2 \downarrow$

$$Mg(OH)_2 + 2H^+ \xlongequal{} Mg^{2+} + 2H_2O$$

（5）治理水中污染物

如：一种污水中含有 KCl，另一种污水中含 $AgNO_3$，若将这两种污水按适当的比例混合，则发生离子反应：

$$Ag^+ + Cl^- \xlongequal{} AgCl \downarrow$$

将混合后的水经过滤后再排放，不但消除了水污染，而且还能回收 $AgCl$，用这样的水浇灌农田能增加植物的肥料（K^+ 和 NO_3^-）。

（6）离子共存的判断

如：Ca^{2+}、Cl^-、NO_3^-、Na^+、CO_3^{2-} 不能在同一溶液中共存。因为 Ca^{2+} 与 CO_3^{2-} 会发生反应：$Ca^{2+} + CO_3^{2-} \xlongequal{} CaCO_3 \downarrow$。这类题型在高考题中常见，可从离子反应方面进行判断。

④Ag^+ 与 Cl^- 不能共存，则 Cl^- 在甲溶液中；

⑤由于乙溶液中乙有 3 种阳离子，故应有一种阴离子，则 NO_3^- 在乙溶液中（Ag^+ 只能与阴离子中的 NO_3^- 共存，可帮助判断）；

⑥从离子种类或电荷守恒角度判断，余下的 K^+ 应在甲溶液中。

【答案】H^+、Ag^+、Ba^{2+}、NO_3^-

【点拨】题中直接利用的信息主要有：两种溶液里所含离子种类各不相同，甲溶液滴入石蕊试液后呈蓝色，说明甲溶液中必有 OH^-；乙溶液中含有 4 种离子，则甲溶液中也应含 4 种离子。

可能利用的隐含信息有：离子共存问题，即不能共存的离子不会出现在同一溶液中；溶液中阴、阳离子必须至少有一种（电荷守恒）。

▶ 整体训练方法

4 能力·题型设计

速效基础演练

☛ 1. 下列叙述正确的是（　　）。
A. 电离是指电解质在电流作用下解离出离子的过程
B. 溶于水后能电离出 H^+ 的化合物都是酸
C. 氯化氢溶于水能导电，因此氯化氢是电解质
D. 氯化钠固体不导电，所以氯化钠不是电解质

☛ 2. 从电离角度对酸、碱、盐分类，下列物质与纯碱属于同类物质的是（　　）。
A. $NaCl$　　　B. $NaOH$　　　C. Na_2O　　　D. HNO_3

☛ 3. 下列化合物中，只有在水溶液中才能导电的电解质是（　　）。
A. $NaCl$　　　B. 酒精　　　C. H_2SO_4　　　D. KCl

☛ 4. 下列四种物质的溶液，其中一种能与其他三种都能发生离子反应的物质是（　　）。
A. $NaOH$　　　B. $BaCl_2$　　　C. H_2SO_4　　　D. Na_2CO_3

☛ 5. 下列各组中的离子，能在溶液中大量共存的有（　　）。
A. Na^+、H^+、CO_3^{2-}、Cl^-　　　　B. Mg^{2+}、Al^{3+}、NO_3^-、OH^-
C. K^+、H^+、SO_4^{2-}、OH^-　　　　D. Al^{3+}、Fe^{2+}、Cl^-、SO_4^{2-}

☛ 6. 下列离子方程式书写正确的是（　　）。
A. 实验室用大理石和稀盐酸制取 CO_2：$2H^+ + CO_3^{2-} \xlongequal{} CO_2 \uparrow + H_2O$
B. 稀盐酸与氢氧化钡溶液反应：$H^+ + OH^- \xlongequal{} H_2O$
C. 硫酸镁溶液与氢氧化钡溶液反应：$SO_4^{2-} + Ba^{2+} \xlongequal{} BaSO_4 \downarrow$
D. 铜与稀硫酸溶液反应：$Cu + 2H^+ \xlongequal{} Cu^{2+} + H_2 \uparrow$

☛ 7. 向 100 mL 0.1 mol/L H_2SO_4 溶液中，逐滴加入 0.1 mol/L $Ba(OH)_2$ 溶液至过量，下列图像正确的是（　　）。

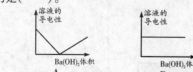
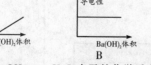

☛ 8. 能用 $H^+ + OH^- \xlongequal{} H_2O$ 表示的化学反应是（　　）。
A. 固体 $Cu(OH)_2$ 和 H_2SO_4 溶液反应
B. 澄清石灰水和 HNO_3 溶液的反应
C. KOH 溶液和醋酸溶液反应
D. $Ba(OH)_2$ 溶液和 H_2SO_4 溶液反应

点击考例

◀ 测试要点1-1
2012·广东广雅中学

◀ 测试要点1-2

◀ 测试要点1

◀ 测试要点2-3
2011·南昌十九中

◀ 测试要点要1
2012·石家庄考题

◀ 测试要点2-2
2012·江西师大附中

◀ 测试要点1
2012·厦门一中

◀ 测试要点2-2
2012·临川测试题

9. 写出下列物质的电离方程式：
　　(1)$CaCl_2$：＿＿＿＿＿＿＿＿＿＿＿＿＿＿＿＿＿＿＿＿＿＿＿＿。
　　(2)$MgSO_4$：＿＿＿＿＿＿＿＿＿＿＿＿＿＿＿＿＿＿＿＿＿＿＿＿。
　　(3)$Ba(OH)_2$：＿＿＿＿＿＿＿＿＿＿＿＿＿＿＿＿＿＿＿＿＿＿＿。

10. 现有下列物质：①NaCl 晶体　②液态 SO_3　③冰醋酸　④汞　⑤$BaCl_2$ 固体　⑥蔗糖　⑦乙醇　⑧熔融的 NaCl，其中：
　　(1)能导电的是＿＿＿＿＿＿＿（填序号，下同）。
　　(2)属于电解质的是＿＿＿＿＿＿＿。
　　(3)属于非电解质的是＿＿＿＿＿＿＿。
　　(4)溶于水后形成的水溶液能导电的是＿＿＿＿＿＿＿。

11. 根据实验事实,把下列化学方程式改写成离子方程式：
　　(1)澄清的石灰水中通入少量的二氧化碳,溶液变浑浊：$Ca(OH)_2 + CO_2 = CaCO_3\downarrow + H_2O$
　　离子方程式：＿＿＿＿＿＿＿＿＿＿＿＿＿＿＿＿＿＿＿＿＿＿＿。
　　(2)把一洁净的铁钉置于 $CuSO_4$ 溶液中一会儿,铁钉表面有红色物质析出：
　　$Fe + CuSO_4 = FeSO_4 + Cu$
　　离子方程式：＿＿＿＿＿＿＿＿＿＿＿＿＿＿＿＿＿＿＿＿＿＿＿。
　　(3)向 $BaCl_2$ 溶液中滴加稀 H_2SO_4,有白色沉淀析出：$BaCl_2 + H_2SO_4 = BaSO_4\downarrow + 2HCl$
　　离子方程式：＿＿＿＿＿＿＿＿＿＿＿＿＿＿＿＿＿＿＿＿＿＿＿。

12. 把下列离子方程式改写成化学方程式。
　　(1)$Ba^{2+} + SO_4^{2-} = BaSO_4\downarrow$：＿＿＿＿＿＿＿＿＿＿＿＿＿＿＿＿＿。
　　(2)$Mg^{2+} + 2OH^- = Mg(OH)_2\downarrow$：＿＿＿＿＿＿＿＿＿＿＿＿＿＿＿。
　　(3)$Fe_2O_3 + 6H^+ = 2Fe^{3+} + 3H_2O$：＿＿＿＿＿＿＿＿＿＿＿＿＿＿＿。

知能提升突破

1. 下列反应属于离子反应的是（　　　）。
　　A. H_2 和 O_2 反应生成水　　　　　　B. 锌片投入稀硫酸中
　　C. $KMnO_4$ 受热分解制取 O_2　　　　D. NH_3 遇 HCl 气体生成白烟(NH_4Cl)

2. 下列各组中两种溶液间的反应,均可用同一离子方程式表示的是（　　　）。
　　A. CH_3COOH 与 Na_2CO_3；CH_3COOH 与 $NaHCO_3$
　　B. $BaCl_2$ 与 Na_2SO_4；$Ba(OH)_2$ 与 $(NH_4)_2SO_4$
　　C. KOH 与 HCl；NaOH 与 H_2SO_4
　　D. 石灰石与硝酸；石灰石与盐酸

3. 某地有甲、乙两个工厂排放污水,污水中各含有下列离子中的四种(两厂污水不含相同离子)：Ba^{2+}、Na^+、Cu^{2+}、Ag^+、Cl^-、NO_3^-、SO_4^{2-}、OH^-。若两厂单独排放污水,都会造成严重的水污染,若将两厂的污水按一定比例混合,沉淀后污水则变成无色、澄清的硝酸钠溶液。关于对两厂污水成分的下列分析,你认为正确的是（　　　）。
　　A. Na^+ 和 NO_3^- 可能来自同一工厂　　B. Cu^{2+} 和 Cl^- 肯定来自不同工厂
　　C. OH^- 和 NO_3^- 肯定来自同一工厂　　D. Na^+ 和 Ag^+ 肯定来自同一工厂

4. 某溶液中主要含有 Na^+、Al^{3+}、Cl^-、SO_4^{2-} 四种离子,已知 Na^+、Al^{3+}、Cl^- 的个数比为 $3:2:1$,则溶液中 Al^{3+} 与 SO_4^{2-} 的个数比为（　　　）。
　　A. $1:2$　　　　B. $1:4$　　　　C. $3:4$　　　　D. $3:2$

5. 仔细分析下图中的实验：

实验1　　　　　　　　　　实验2

试管 A、B、C 中的现象如下表所示：

A	B	C
产生白色沉淀,溶液仍为蓝色	产生蓝色沉淀,溶液变为无色	产生蓝色沉淀和白色沉淀,溶液变为无色

点击考例

◀ 测试要点2-2

◀ 测试要点1-1

◀ 测试要点2-2

◀ 测试要点2

◀ 测试要点2-1

◀ 测试要点2

◀ 测试要点5(5)

◀ 测试要点5

◀ 测试要点5

写出试管 A、B、C 中发生反应的离子方程式：

A _____ ；

B _____ ；

C _____ 。

点击考例

6. 除去下列物质中的杂质。

（1）Na_2CO_3 固体中的 $NaHCO_3$，方法是 _____ ，

反应的化学方程式是 _____ 。

◀ 测试要点5(1)、
5(2)

（2）Na_2CO_3 溶液中的 $NaHCO_3$，方法是 _____ ，

反应的离子方程式是 _____ 。

（3）$NaCl$ 溶液中的 Na_2CO_3，方法是 _____ ，

反应的离子方程式是 _____ 。

（4）$NaOH$ 溶液中的 Na_2CO_3，方法是 _____ ，

反应的离子方程式是 _____ 。

7. 如下图所示 X 河流经某工业城市 Y 市，其中 a 处在上游，d 处在下游。

◀ 测试要点5

某校研究性学习小组的学生对 X 河流不同河流段的河水进行取样，然后送市环保局监测站检测，根据 X 河水质量检测结果，绘制出下图。请据图回答下列问题：

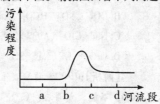

（1）造成 X 河污染的主要污染源最可能分布在（　　）。

A. ab 段　　B. bc 段　　C. cd 段　　D. bd 段

（2）列举造成 X 河污染的三种可能的污染源：_____、_____、_____。

（3）对 c 处水样进行检测，发现其中含有 Cu^{2+} 等重金属离子，若要把铜离子变为单质铜回收，请回答两种回收方法。方法一：_____。方法二：_____。

▶ 教材课后习题解答

习题

1. 水溶液　熔融状态　电离　自由移动的离子　阳　H^+　阴　OH^-　金属阳离子（或 NH_4^+）　酸根阴离子　H^+ 与 OH^- 结合生成了难电离的 H_2O；$H^+ + OH^- \Longrightarrow H_2O$

点拨：命题目的是要求从电离角度掌握电解质、酸、碱、盐等基本概念。

2. 两种电解质在溶液中相互交换离子的反应　生成沉淀、气体或水

3. C　4. C　5. C

6. B　点拨：A 中 Cu 与稀 H_2SO_4 不反应；C 中电荷不守恒；D 中 H_2CO_3 易分解，应写为 $H_2O + CO_2\uparrow$。

7. D

8. （1）$NaOH \Longrightarrow Na^+ + OH^-$

（2）$CuCl_2 \Longrightarrow Cu^{2+} + 2Cl^-$

（3）$Fe_2(SO_4)_3 \Longrightarrow 2Fe^{3+} + 3SO_4^{2-}$

（4）$Ba(NO_3)_2 \Longrightarrow Ba^{2+} + 2NO_3^-$

9. （1）$Na_2SO_4 + BaCl_2 \Longrightarrow BaSO_4\downarrow + 2NaCl$

$SO_4^{2-} + Ba^{2+} \Longrightarrow BaSO_4\downarrow$

（2）$2Al + 3Hg(NO_3)_2 \Longrightarrow 2Al(NO_3)_3 + 3Hg$

$2Al + 3Hg^{2+} \Longrightarrow 2Al^{3+} + 3Hg$

（3）$2HCl + Na_2CO_3 \Longrightarrow 2NaCl + H_2O + CO_2\uparrow$

$2H^+ + CO_3^{2-} \Longrightarrow H_2O + CO_2\uparrow$

（4）不反应。因为不符合复分解反应的条件，即没有沉淀、气体或水生成。

10. （1）$CuSO_4 + 2NaOH \Longrightarrow Cu(OH)_2\downarrow + Na_2SO_4$

（2）$HCl + NaOH \Longrightarrow NaCl + H_2O$

（3）$2HCl + CaCO_3 \Longrightarrow CaCl_2 + H_2O + CO_2\uparrow$

（4）$2HCl + Na_2CO_3 \Longrightarrow 2NaCl + H_2O + CO_2\uparrow$

（5）$Fe + CuSO_4 \Longrightarrow FeSO_4 + Cu$

点拨：命题目的是要求掌握离子方程式和化学方程式的关系。

11. 金属不是电解质，因为电解质属于化合物，金属是单质。电解质溶液导电是靠阴、阳离子的定向移动，在导电时会发生化学反应（以后学），金属导电是靠自由电子的定向移动，金属导电是物理变化；温度升高以后，金属的导电能力减弱，电解质溶液的导电能力反而增强。

点拨：命题目的是要求掌握电解质溶液导电与金属导电的实质。

▶ 最新5年高考名题诠释

考题1 **2011·广东高考改编**

能在水溶液中大量共存的一组离子是（　　）。

A. H^+、I^-、NO_3^-、SO_3^{2-}

B. Ag^+、Fe^{3+}、Cl^-、SO_4^{2-}

C. K^+、SO_4^{2-}、Cu^{2+}、NO_3^-

D. NH_4^+、OH^-、Cl^-、HCO_3^-

【解析】本题考查离子共存问题。SO_3^{2-}属于弱酸亚硫酸的酸根，与酸不能大量共存，同时在酸性溶液中，NO_3^-具有氧化性能氧化SO_3^{2-}、I^-，A不正确；Ag^+与Cl^-和SO_4^{2-}分别生成难溶性物质AgCl和Ag_2SO_4，B不正确；在碱性溶液中NH_4^+和HCO_3^-均与OH^-结合分别形成氨水和CO_3^{2-}，因此D也不正确，所以答案是C。

【答案】C

考题2 **2011·江苏高考改编**

下列表示对应化学反应的离子方程式正确的是（　　）。

A. $FeCl_3$溶液与Cu的反应：$Cu + Fe^{3+} === Cu^{2+} + Fe^{2+}$

B. CO_2与澄清石灰水的反应：$CO_2 + Ca^{2+} + 2OH^- ===$ $CaCO_3 \downarrow + H_2O$

C. 醋酸溶液与水垢中的$CaCO_3$反应：$CaCO_3 + 2H^+ ===$ $Ca^{2+} + H_2O + CO_2 \uparrow$

D. NH_4HCO_3溶于过量的NaOH溶液中：$HCO_3^- + OH^- ===$ $CO_3^{2-} + H_2O$

【解析】A选项电荷不守恒，正确的离子方程式：$Cu + 2Fe^{3+} === Cu^{2+} + 2Fe^{2+}$；C选项用食醋除去水瓶中的水垢涉及弱电解质及难溶物质的书写，碳酸钙、醋酸均不能拆成离子，正确的方程式是：$CaCO_3 + 2CH_3COOH === 2CH_3COO^- + Ca^{2+} + H_2O + CO_2 \uparrow$；$NH_4HCO_3$溶于过量的NaOH溶液中除了生成碳酸钠外还有氨气生成，方程式为：$NH_4^+ + HCO_3^- + 2OH^- === CO_3^{2-} + 2H_2O + NH_3 \uparrow$，D不正确。

【答案】B

考题3 **2011·四川高考**

甲、乙、丙、丁四种易溶于水的物质，分别由NH_4^+、Ba^{2+}、Mg^{2+}、H^+、OH^-、Cl^-、HCO_3^-、SO_4^{2-}中的不同阳离子和阴离子各一种组成。已知：①将甲溶液分别与其他三种物质的溶液混合，均有白色沉淀生成；②0.1mol/L乙溶液中$c(H^+) >$ 0.1mol/L；③向丙溶液中滴入$AgNO_3$溶液有不溶于稀HNO_3的白色沉淀生成。下列结论不正确的是（　　）。

A. 甲溶液含有Ba^{2+}　　B. 乙溶液含有SO_4^{2-}

C. 丙溶液含有Cl^-　　D. 丁溶液含有Mg^{2+}

【解析】可以形成白色沉淀的有$BaSO_4$、$BaCO_3$、$Mg(OH)_2$，因此甲只能是$Ba(OH)_2$；0.1mol/L乙溶液中$c(H^+) > 0.1$mol/L，那么乙是硫酸；向丙溶液中滴入$AgNO_3$溶液有不溶于稀HNO_3的白色沉淀生成，说明丙是$MgCl_2$，所以丁是NH_4HCO_3。

【答案】D

考题4 **2009·全国Ⅱ卷**

下列各组离子，在溶液中能大量共存，加入NaOH溶液后加热既有气体放出又有沉淀生成的一组是（　　）。

A. Ba^{2+}、NO_3^-、NH_4^+、Cl^-

B. Ca^{2+}、HCO_3^-、NH_4^+、AlO_2^-

C. K^+、Ba^{2+}、Cl^-、HSO_3^-

D. Mg^{2+}、NH_4^+、SO_4^{2-}、K^+

【解析】A项中加入NaOH溶液后只有气体放出，没有沉淀生成；B项中NH_4^+与AlO_2^-、HCO_3^-与AlO_2^-不能共存；C项中加入NaOH溶液后只有沉淀生成，没有气体放出；D项中Mg^{2+}与OH^-可生成沉淀，NH_4^+与OH^-可生成气体。

【答案】D

考题5 **2008·海南高考**

在pH = 13的无色溶液中，可以大量共存的一组离子是（　　）。

A. NH_4^+、NO_3^-、K^+、SO_4^{2-}

B. CO_3^{2-}、NO_3^-、HCO_3^-、Na^+

C. Na^+、ClO^-、AlO_2^-、NO_3^-

D. CrO_4^{2-}、K^+、Na^+、SO_4^{2-}

【解析】pH = 13的溶液呈碱性，A项中的NH_4^+、B项中的HCO_3^-不能大量存在。CrO_4^{2-}是有色离子(溶液呈黄色)。

【答案】C

考题6 **2010·宁、吉、黑高考**

下表中评价合理的是（　　）。

选项	化学反应及其离子方程式	评价
A	Fe_3O_4与稀硝酸反应：$2Fe_3O_4 + 18H^+ === 6Fe^{3+} + H_2 \uparrow + 8H_2O$	正确
B	向碳酸镁中加入稀盐酸：$CO_3^{2-} + 2H^+ === CO_2 \uparrow + H_2O$	错误，碳酸镁不应该写成离子形式
C	向硫酸铵溶液中加入氢氧化钡溶液：$Ba^{2+} + SO_4^{2-} === BaSO_4 \downarrow$	正确
D	$FeBr_2$溶液与等物质的量的Cl_2反应：$2Fe^{2+} + 2Br^- + 2Cl_2 === 2Fe^{3+} + 4Cl^- + Br_2$	错误，Fe^{2+}与Br^-的化学计量数之比应为1∶2

（提醒，D选项超出同学们目前所学的内容，同学们暂可不考虑）

【解析】Fe_3O_4与稀HNO_3反应无H_2产生，A项不正确；$(NH_4)_2SO_4$溶液中加入$Ba(OH)_2$溶液，NH_4^+、SO_4^{2-}、Ba^{2+}、OH^- 4种离子均参加反应，C项不正确；D项离子方程式正确，但评价错误。

【答案】B

第3节 氧化还原反应

▶课标三维目标

1. 知识与技能
(1) 了解氧化还原的本质;
(2) 了解常见的氧化剂和还原剂;
(3) 了解氧化还原反应在生产、生活中一些用途。
2. 过程与方法
(1) 用比较法了解化学反应的基本类型;
(2) 用化合价升降分析氧化还原反应本质。
3. 情感态度与价值观
树立对立统一的辩证唯物主义观点,认识对立统一是自然界普遍存在的规律。

▶三层完全解读

>>>解题依据

1 知识·能力聚焦

1. 氧化还原反应

1-1 化学反应的分类方法

(1) 根据反应物和生成物的类别及反应前后物质种类的多少,把化学反应分为以下四种基本反应类型。

反应类型	表达式	举例
化合反应	A + B ══AB	$2H_2 + O_2 \xrightarrow{点燃} 2H_2O$,$CaO + H_2O ══ Ca(OH)_2$
分解反应	AB ══A + B	$2KClO_3 \xrightarrow[\triangle]{MnO_2} 2KCl + 3O_2\uparrow$,$NH_4Cl \xrightarrow{\triangle} HCl\uparrow + NH_3\uparrow$
置换反应	A + BC ══AC + B	$Zn + 2HCl ══ ZnCl_2 + H_2\uparrow$,$CuSO_4 + Zn ══ ZnSO_4 + Cu$
复分解反应	AB + CD ══AD + CB	$NaOH + HCl ══ NaCl + H_2O$,$Ca(OH)_2 + Na_2CO_3 ══ CaCO_3\downarrow + 2NaOH$

(2) 根据反应中物质是否得到氧或失去氧。把化学反应分为氧化反应和还原反应。

反应类型	得失氧的情况	举 例
氧化反应	物质得到氧的反应	$S + O_2 \xrightarrow{点燃} SO_2$
还原反应	物质失去氧的反应	在 $CuO + H_2 \xrightarrow{\triangle} Cu + H_2O$ 的反应中,氧化铜失去氧而变成单质铜的反应

【思考与交流】请列举几个氧化反应和还原反应的实例,讨论并交流这类反应的分类标准。

【答案】①$3Fe + 2O_2 \xrightarrow{点燃} Fe_3O_4$;②$S + O_2 \xrightarrow{点燃} SO_2$;
③$2H_2 + O_2 \xrightarrow{点燃} 2H_2O$;④$C + 2CuO \xrightarrow{高温} 2Cu + CO_2\uparrow$。
这类反应的分类标准为:得氧为氧化反应,失氧为还原反应。

【思考与交流】氧化反应和还原反应为什么一定是同时发生的?

【答案】以 $H_2 + CuO \xrightarrow{\triangle} Cu + H_2O$ 为例,既有 CuO 失去氧发生还原反应,又有 H_2 得到氧发生氧化反应。因此氧化反应与还原反应是同时进行的。

1-2 氧化还原反应
(1) 概念:凡有元素化合价升降的化学反应都是氧化还原反应。
(2) 特征(判别方法):化合价发生变化。
(3) 本质:反应过程有电子得失(或电子对偏移)。
【注意】①凡没有电子转移(电子得失或电子对偏移)的反应,就是非氧化还原反应。
②元素化合价的变化是氧化还原反应的外部特征,电子转移是氧化还原反应的内在本质。本质决定特征,特征反应本质。
(4) 从微观粒子的角度认识电子转移与氧化还原的关系:

>>>名题诠释

例题1 2012·杭州学军中学

如图所示,2个X分子反应生成1个Y分子和3个Z分子,下列判断不正确的是( )。

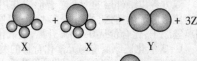

X X Y

●表示A原子 ●表示B原子

A. 根据质量守恒定律可推知,1个Z分子中含有2个同种元素的原子
B. 该反应属于分解反应
C. 该反应属于氧化还原反应
D. X、Y、Z 三种物质均属于非电解质

【答案】从反应的示意图可知,每个Z由两个A组成,A正确;反应前为一种化合物,反应后为两种单质,该反应为分解反应。B正确;反应由化合物转化成单质,化合价发生变化,则该反应为氧化还原反应。C正确;Y是两个B原子构成的单质,既不是电解质也不属于非电解质。D不正确。

【答案】D

例题2 基础题

二氧化锰粉末和铝粉在较高温度下,发生如下反应:$3MnO_2 + 4Al \xrightarrow{高温} 3Mn + 2Al_2O_3$,并放出大量的热。在工业上可用此法冶炼难熔金属锰。从得失氧的角度看,在此反应中二氧化锰是_____剂,发生了_____反应。

【解析】在初中我们已经学习从得失氧的角度分析氧化还原反应:还原剂→失电子→被氧化;氧化剂→得电子→被还原。

由此可知:$MnO_2 \xrightarrow{得电子、被还原} Mn$,故 MnO_2 是氧化剂,发生了还原反应。

$Al \xrightarrow{失电子、被氧化} Al_2O_3$,故 Al 是还原剂,发生了氧化反应。

【答案】氧化 还原

$$2Na + Cl_2 \xrightarrow{\text{点燃}} 2NaCl$$

$Na \xrightarrow{\text{失} e^-} Na^+$ 化合价由 $0 \to +1$ 升高, 被氧化;

$Cl \xrightarrow{\text{得} e^-} Cl^-$ 化合价由 $0 \to -1$ 降低, 被还原。

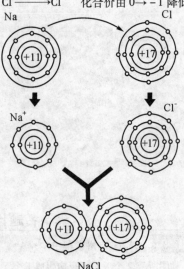

NaCl
氯化钠形成示意图

双方各以最外层的1个电子形成共用电子对, 氯原子对共用电子对的吸引力比氢原子的稍强, 共用电子对偏向氯原子, 化合价从 $0 \to -1$ 降低, 被还原; 偏离氢原子, 化合价从 $0 \to +1$ 升高, 被氧化。

1-3 氧化还原反应与元素化合价的关系

$$\overset{\text{化合价升高}}{\overbrace{Fe + \overset{+2}{Cu}SO_4 = \overset{+2}{Fe}SO_4 + \underset{\text{化合价降低}}{\underbrace{Cu}}}}$$

Fe 的化合价升高, 发生了氧化反应; Cu 的化合价降低, $CuSO_4$ 发生还原反应。

【思考与交流】 从"得氧和失氧"和"化合价升降"的不同标准来分析 $2CuO + C \xrightarrow{\text{高温}} 2Cu + CO_2 \uparrow$ 是氧化还原反应。

【答案】 C 的化合价升高, C 得氧发生氧化反应; Cu 的化合价降低, CuO 失氧发生还原反应。

【注意】 (1)从得氧和失氧来判断氧化还原反应是有局限性的。

(2)有化合价升降的化学反应一定是氧化还原反应。

1-4 基本反应类型与氧化还原反应的关系

反应类型	结论	氧化还原反应的实例	非氧化还原反应实例
化合反应 A + B ══ AB	有单质参加的化合反应是氧化还原反应	$3Fe + 2O_2 \xrightarrow{\text{点燃}} Fe_3O_4$	$CaO + H_2O ══ Ca(OH)_2$
分解反应 AB ══ A + B	有单质生成的分解反应是氧化还原反应	$2KClO_3 \xrightarrow[\triangle]{MnO_2} 2KCl + 3O_2 \uparrow$	$CaCO_3 \xrightarrow{\text{高温}} CaO + CO_2 \uparrow$
置换反应 A + BC ══ AC + B	置换反应都是氧化还原反应	$Fe + CuSO_4 ══ FeSO_4 + Cu$	/
复分解反应 AB + CD ══ AD + CB	复分解反应都不是氧化还原反应	/	$NaCl + AgNO_3 ══ AgCl \downarrow + NaNO_3$

上述关系可用右下图表示:

【思考与交流】 有人说置换反应、有单质参加的化合反应和有单质生成的分解反应全部属于氧化还原反应。你认为这个说法正确吗? 请说明你的理由。

【答案】 正确, 因为这几类化学反应中, 反应前后都有元素化合价的变化。

例题3 基础题

下列说法正确的是(   )。

A. 金属单质在反应中只作还原剂, 非金属单质只能作氧化剂。

B. 失电子多的金属还原性强

C. 某元素从化合态到游离态, 该元素一定被还原

D. 氧化还原反应中一定存在电子的转移

【解析】 金属单质在反应中只能作还原剂, 正确, 因为金属只有正价, 无负价, 而非金属单质在反应中既可能作氧化剂又可能作还原剂, 因为大多数非金属既有正价又有负价, 故 A 错误; 失电子越容易, 物质的还原性越强, 与失电子的多少无关, 故 B 错误; 元素从化合态到游离态, 该元素不一定被还原, 如 $K\overset{-2}{Cl}O_3 \longrightarrow \overset{0}{O_2}$ 氧元素被氧化, 从 $\overset{+2}{Cu}SO_4 \longrightarrow \overset{0}{Cu}$, 铜元素被还原, 故 C 错; 氧化还原反应的本质就是电子的转移, D 正确。

【答案】 D

【点拨】 化合价变化是电子转移(电子得失或电子对偏移)的表现形式。因此, 有化合价变化就一定有电子转移。

例题4 基础题

"四种基本反应类型与氧化还原反应的关系"也可用图表示。其中 I 为化合反应, 则 II 为_____反应。

(1)写出有水生成的符合反应类型 III 的一个化学方程式:_____。

(2)写出有水参加的符合反应类型 IV 的一个化学方程式_____, 其中水为_____剂。

(3)写出有水参加符合反应类型 I 的一个化学方程式:_____。

(4)写出有水生成符合反应类型 II 的一个化学方程式:_____。

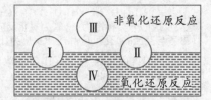

【解析】 从题目及图示不难看出, 若 I 为化合反应, 则 II 为分解反应, III 为复分解反应, IV 为置换反应。

【答案】 分解反应 (1)$HCl + NaOH ══ NaCl + H_2O$

2.氧化剂和还原剂

(1)氧化剂:在氧化还原反应中得到电子(或电子对偏向)的物质。

(2)还原剂:在氧化还原反应中失去电子(或电子对偏离)的物质。

(3)氧化剂具有氧化性,物质中所含元素的原子或离子得电子能力越强,物质的氧化性就越强。

(4)还原剂具有还原性,物质中所含元素的原子或离子失电子越容易,物质的还原性就越强。

(5)氧化产物:物质失电子被氧化的生成物,具有得电子的性质(氧化性)。

(6)还原产物:物质得电子被还原的生成物,具有失电子的性质(还原性)。

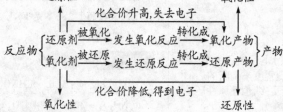

【巧记】关键词联想记忆法

记忆口诀:升失氧还、降得还原。其含义即:化合价升高→失去电子(电子对偏离)→是还原剂→被氧化→具有还原性(失电子能力);化合价降低→得到电子(电子对偏向)→是氧化剂→被还原→具有氧化性(得电子能力)。

(7)常见的氧化剂和还原剂

氧化剂	还原剂
①活泼的非金属单质:O_2、Cl_2、Br_2、I_2(第四章会学到)	①活泼或较活泼金属:K、Ca、Na、Mg、Al、Zn、Fe
②高价金属阳离子:Fe^{3+}、Cu^{2+}、Ag^+	②某些非金属单质:C、H_2
③高价或较高价含氧化合物:MnO_2、$KMnO_4$、$K_2Cr_2O_7$、HNO_3、浓硫酸、$KClO_3$	③低价金属阳离子:Cu^+、Fe^{2+}
④其他:H_2O_2、Na_2O_2(今后会学到)	④非金属阴离子:S^{2-}、I^-、Br^-、Cl^-
	⑤较低价化合物:CO、SO_2、H_2S、NH_3

【特别提醒】根据元素的化合价可判断物质可否作氧化剂和还原剂。若元素处于最高状态,则只表现氧化性,作氧化剂;若元素处于最低价态,则只表现还原性,作还原剂;若元素处于中间价态,则既表现氧化性又表现还原性,既可作氧化剂又可作还原剂。

2 方法·技巧平台

3.氧化还原强弱的判断

(1)根据金属活动性顺序判断

在金属活动性顺序表中,从左到右原子的还原性逐渐减弱,但其对应阳离子的氧化性逐渐增强。

K Ca Na Mg Al Mn Zn Fe Sn Pb(H) Cu Hg Ag Pt Au

还原性依次减弱

K^+ Ca^{2+} Na^+ Mg^{2+} Al^{3+} Mn^{2+} Zn^{2+} Fe^{2+} Sn^{2+} Pb^{2+} H^+ Cu^{2+} Ag^+

氧化性依次增强

例如:

还原性:Mg > Zn > Cu

氧化性:Cu^{2+} > Zn^{2+} > Mg^{2+}

(2)根据反应方向判断

若下列反应能向右进行,

失去电子

氧化剂+还原剂══还原产物+氧化产物

得到电子

则氧化性强弱为:氧化剂 > 氧化产物

还原性强弱为:还原剂 > 还原产物

例如:$2FeCl_3 + Cu$══$2FeCl_2 + CuCl_2$

氧化性:Fe^{3+} > Cu^{2+}

还原性:Cu > Fe^{2+}

(3)根据与同种物质反应生成价态不同的生成物的情况判断

(2)$2Na + 2H_2O$══$2NaOH + H_2\uparrow$,氧化剂

(3)$CaO + H_2O$══$Ca(OH)_2$

(4)$CuSO_4 \cdot 5H_2O \xrightarrow{\triangle} CuSO_4 + 5H_2O\uparrow$

【点拨】这是一道开放性习题(1)~(4)都有多种答案。

例题5 基础题

从海水中可以提取溴,主要反应为$2Br^- + Cl_2$══$2Cl^- + Br_2$,下列说法正确的是( )。

A.溴离子具有氧化性

B.氯气是还原剂

C.该反应属于复分解反应

D.Br_2是氧化产物

【解析】该反应属于置换反应,溴离子具有还原性,氯气是氧化剂

【答案】D

例题6 2011·江西测试

2010年10月1日我国使用"长征三号丙"运载火箭成功发射"嫦娥二号"探月卫星(如右图),火箭上部是装有液体四氧化二氮(N_2O_4),下部是装有液体偏二甲肼($C_2H_8N_2$)的燃烧剂箱,四氧化二氮与偏二甲肼反应的化学方程式为:$C_2H_8N_2 + 2N_2O_4$══$2CO_2 + 4H_2O + 3N_2$,则该反应中氧化剂是( )。

A.$C_2H_8N_2$ B.N_2O_4 C.CO_2 D.N_2

【解析】N_2O_4中N由+4价变成0价,故氧化剂为N_2O_4。

【答案】B

例题7 2005·江苏

已知Co_2O_3在酸性溶液中易被还原成Co^{2+},Co_2O_3、Cl_2、$FeCl_3$、I_2氧化性依次减弱。下列反应在水溶液中不可能发生的是( )。

A.$3Cl_2 + 6FeI_2$══$2FeCl_3 + 4FeI_3$

B.$Cl_2 + FeI_2$══$FeCl_2 + I_2$

C.$Co_2O_3 + 6HCl$══$2CoCl_2 + Cl_2\uparrow + 3H_2O$

D.$2Fe^{3+} + 2I^-$══$2Fe^{2+} + I_2$

例如：$2\overset{0}{Fe}+3Cl_2\xrightarrow{点燃}2\overset{+3}{Fe}Cl_3$

$\overset{0}{Fe}+S\xrightarrow{\triangle}\overset{+2}{Fe}S$ 可知氧化性：$Cl_2>S$。

（4）根据反应条件判断

当不同的氧化剂（或还原剂）作用于同一种还原剂（或氧化剂）时，氧化产物（或还原产物）价态相同，可根据反应条件的难易进行判断。条件越简单，氧化性（或还原性）越强。一般从反应是否需加热、温度高低、有无催化剂等方面判断。

例如：$4HCl(浓)+MnO_2\xrightarrow{\triangle}MnCl_2+2H_2O+Cl_2\uparrow$

$16HCl(浓)+2KMnO_4==2KCl+2MnCl_2+5Cl_2\uparrow+8H_2O$

可知氧化性：$KMnO_4>MnO_2$。

（5）根据反应剧烈程度判断

例如：Cu 与浓 HNO_3 反应较剧烈，Cu 与稀 HNO_3 反应较微弱。

故氧化性：$HNO_3(浓)>HNO_3(稀)$。

【特别提醒】比较氧化性（还原性）的强弱不在于比较得（失）电子数目的多少，而在于比较得（失）电子的难易，而难易程度就是依据反应的剧烈程度来判断的。例如同浓度的盐酸与 Mg、Al 反应，虽然 1mol Al 比 1mol Mg 失电子更多，但还原性还是 $Mg>Al$。

3 创新·思维拓展

4. 电子转移的表示方法

（1）双线桥法

①双箭号从反应物指向生成物，箭号起止所指的均为同一种元素。

②线上标出得失电子的情况及化学价的升降、被氧化或被还原等内容。

例如：
得到 $2\times3e^-$，化合价降低，被还原
$Fe_2O_3+3CO\xrightarrow{高温}2Fe+3CO_2$
失去 $3\times2e^-$，化合价升高，被氧化

（2）单线桥法

①箭号由还原剂中失电子的元素指向氧化剂中得电子的元素；②线上只标出转移电子的总数。

例如：
$6e^-$
$Fe_2O_3+3CO\xrightarrow{高温}2Fe+3CO_2$

5. 氧化还原反应的规律

（1）守恒规律

氧化还原反应中：化合价升高总数＝化合价降低总数，即失电子数＝得电子数。

（2）价态规律

①元素处于最高价态，只有氧化性（只针对该元素），如 Fe^{3+} 等；

②元素处于最低价态，只有还原性（只针对该元素），如 S^{2-} 等；

③元素处于中间价态，既有氧化性又有还原性，如 Fe^{2+} 等。

（3）先后规律

氧化还原反应中，强者优先。即氧化性（或还原性）强，优先发生反应。

（4）不交叉规律

即同种元素不同价态之间，相邻价态不反应，发生反应时化合价向中间靠拢，但不交叉。

如：$H_2S+H_2SO_4(浓)\xrightarrow{\triangle}S\downarrow+SO_2\uparrow+2H_2O$ 中硫元素的价态变化为：

$\overset{-2}{H_2}S-\overset{0}{S}-\overset{+4}{S}O_2-\overset{+6}{H_2S}O_4$，而非 $\overset{-2}{H_2}S-\overset{0}{S}-\overset{+4}{S}O_2-\overset{+6}{H_2S}O_4$。

【提醒】上述规律很重要，但由于课时的原因暂时没有必要学得太深。我们可以通过今后的学习逐步加深。

【解析】依据氧化还原反应中氧化剂的氧化性强于氧化产物，还原剂的还原性强于还原产物的规律，B 中氧化性强弱为：$Cl_2>I_2$，C 中则为 $Co_2O_3>Cl_2$，D 中是 $Fe^{3+}>I_2$，都跟题干中顺序相同，故都可以发生。A 选项较复杂，根据氧化性顺序为 $Fe^{3+}>I_2$，所以还原性顺序为 $Fe^{2+}<I^-$，即根据还原性强弱规律，向 FeI_2 中通入 Cl_2，首先反应的是还原性强的 I^-，而不是 Fe^{2+}。

【答案】A

例题8 中难题

已知反应：$3Cu+8HNO_3(稀)==3Cu(NO_3)_2+2NO\uparrow+4H_2O$，请用双线桥法标明电子转移方向和数目。

【解析】Cu 由 0 价变成 +2 价，失电子；N 由 +5 价变成 +2 价，得电子。

【答案】
失去 $3\times2e^-$
$3Cu+8HNO_3(稀)==3Cu(NO_3)_2+2NO\uparrow+4H_2O$
得到 $2\times3e^-$

【点拨】N 元素一部分价态变化，一部分价态没变化，其中没变化的部分没有发生电子转移。

例题9 中难题

请分析下列两种双线桥法，判断哪种表示方法正确。

（1）
得到 $6e^-$，化合价降低，被还原
$KClO_3+6HCl==KCl+3Cl_2\uparrow+3H_2O$
失去 $6\times e^-$，化合价升高，被氧化

（2）
得到 $5e^-$，化合价降低，被还原
$KClO_3+6HCl==KCl+3Cl_2\uparrow+3H_2O$
失去 $5\times e^-$，化合价升高，被氧化

【解析】用数学上的数轴来表示上述分析：

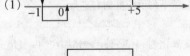

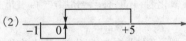

同种元素同时发生氧化、还原，则化合价应归中，而不能发生交叉，所以（2）中双线桥法表示是正确的。

【答案】（2）

▶整体训练方法

4 能力·题型设计

速效基础演练

点击考例

☞1.对于 $Fe + 2HCl \xlongequal{\quad} FeCl_2 + H_2\uparrow$ 反应,下列说法不正确的是(　　)。

A. Fe 是还原剂,被氧化

B. HCl 是氧化剂,发生了还原反应

C. 此反应既是置换反应又是氧化还原反应

D. -1 价氯在反应中价态未变,所以 HCl 既不是氧化剂,又不是还原剂

◀ 测试要点 1 - 3
2012·齐齐哈尔市

☞2.下列过程中发生了氧化还原反应的是(　　)。

用石斧解剖　早期的农业耕作　简单机械织布　祥云火炬燃烧
　　A　　　　　　B　　　　　　　C　　　　　　D

◀ 测试要点 1 - 2
运城高一检测

☞3.下列锰的化合物中,锰元素呈现的化合价最高的是(　　)。

A. $MnCl_2$　　　　　B. MnO_2　　　　　C. $KMnO_4$　　　　　D. K_2MnO_4

◀ 测试要点 2

☞4.下列各组物质能发生氧化还原反应的是(　　)。

A. 硫酸钠溶液与浓盐酸　　　　　B. 碳酸钠粉末与稀硫酸

C. 铜粉与硝酸钙溶液　　　　　　D. 铜粉与硝酸银溶液

◀ 测试要点 1

☞5.下列变化过程中,属于氧化反应的是(　　)。

A. $MnO_2 \rightarrow Mn^{2+}$　　　　　　　B. $CuO \rightarrow CuCl_2$

C. $Ag^+ \rightarrow Ag_2O$　　　　　　　　D. $Sn^{2+} \rightarrow Sn^{4+}$

◀ 测试要点 1 - 3
2010·宁夏高一
测试

☞6.某元素在化学反应中,由化合态变为游离态,则该元素(　　)。

A. 一定被氧化　　　　　　　　B. 一定被还原

C. 可能被氧化,也可能被还原　　D. 化合价降为 0 价

◀ 测试要点 1 - 3
2011·焦作市

☞7.吸入人体内的氧有 2% 转化为氧化性极强的"活性氧",它能加速人体衰老,被称为"生命杀手",服用含硒元素(Se)的化合物亚硒酸钠(Na_2SeO_3),能消除人体内的活性氧,由此推断 Na_2SeO_3 的作用是(　　)。

A. 作还原剂　　　　　　　　　B. 作氧化剂

C. 既作氧化剂又作还原剂　　　D. 既不作氧化剂又不作还原剂

◀ 测试要点 2
2012·银川二中

☞8.下列属于氧化还原反应的离子方程式的是(　　)。

A. $CaCO_3 + 2H^+ \xlongequal{\quad} Ca^{2+} + CO_2\uparrow + H_2O$

B. $Fe_2O_3 + 3H_2 \xlongequal{\triangle} 2Fe + 3H_2O$

C. $HCO_3^- + H^+ \xlongequal{\quad} CO_2\uparrow + H_2O$

D. $2Na + 2H_2O \xlongequal{\quad} 2Na^+ + 2OH^- + H_2\uparrow$

◀ 测试要点 1 - 3

☞9.下列反应中水只作氧化剂的是(　　)。

A. $C + H_2O \xlongequal{\text{高温}} CO + H_2$　　　　　B. $2H_2O \xlongequal{\text{点燃}} 2H_2 + O_2$

C. $2Na_2O_2 + 2H_2O \xlongequal{\quad} 4NaOH + O_2\uparrow$　　D. $CuO + H_2 \xlongequal{\triangle} Cu + H_2O$

◀ 测试要点 2
2011·商丘市

☞10.下列氧化还原反应电子转移方向和数目不正确的是(　　)。

A. $MnO_2 + 4HCl(浓) \xlongequal{\triangle} MnCl_2 + Cl_2\uparrow + 2H_2O$

B. $Cu + 4HNO_3(浓) \xlongequal{\quad} Cu(NO_3)_2 + 2NO_2\uparrow + 2H_2O$

C. $5NH_4NO_3 \xlongequal{\triangle} 4N_2\uparrow + 2HNO_3 + 9H_2O$

◀ 测试要点 4

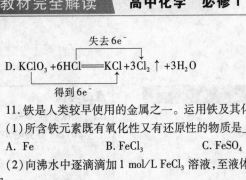

D. $KClO_3 + 6HCl =\!=\!= KCl + 3Cl_2 \uparrow + 3H_2O$

点击考例

11. 铁是人类较早使用的金属之一。运用铁及其化合物的知识,完成下列问题。

(1)所含铁元素既有氧化性又有还原性的物质是_____(用字母代号填)。

A. Fe   B. FeCl_3   C. FeSO_4   D. Fe_2O_3

(2)向沸水中逐滴滴加 1 mol/L FeCl_3 溶液,至液体呈透明的红褐色,该分散系中粒子直径的范围是_____nm。

(3)电子工业需要用 30% 的 FeCl_3 溶液腐蚀敷在绝缘板上的铜,制造印刷电路板,请写出 FeCl_3 溶液与铜反应的离子方程式:_____。

测试要点1
2012·黄冈中学

12. 在反应:$K_2Cr_2O_7 + 14HCl =\!=\!= 2KCl + 2CrCl_3 + 3Cl_2 \uparrow + 7H_2O$ 中,_____是氧化剂,_____是还原剂,_____是还原产物,电子转移总数是_____e^-,用"双线桥法"表示反应中电子转移的方向和数目:_____。

测试要点1、4
2010·深圳

知能提升突破

1. 氧化还原反应与四种基本反应类型的关系如右图所示,则下列化学反应属于阴影部分的是(   )。

A. $Cl_2 + 2KBr =\!=\!= Br_2 + 2KCl$

B. $2NaHCO_3 \xrightarrow{\triangle} Na_2CO_3 + H_2O + CO_2 \uparrow$

C. $4Fe(OH)_2 + O_2 + 2H_2O =\!=\!= 4Fe(OH)_3$

D. $2Na_2O_2 + 2CO_2 =\!=\!= 2Na_2CO_3 + O_2$(提示:$Na_2O_2$ 中的氧为 -1 价)

测试要点1-4

2. PbO_2、$KMnO_4$、Cl_2、$FeCl_3$、Cu 的氧化性依次减弱。下列反应在水溶液中不可能发生的是(   )。

A. $Cu + 2Fe^{3+} =\!=\!= Cu^{2+} + 2Fe^{2+}$

B. $10Cl^- + 2MnO_4^- + 16H^+ =\!=\!= 2Mn^{2+} + 5Cl_2 \uparrow + 8H_2O$

C. $2Fe^{2+} + Cl_2 =\!=\!= 2Fe^{3+} + 2Cl^-$

D. $5Pb^{2+} + 2MnO_4^- + 2H_2O =\!=\!= 5PbO_2 + 2Mn^{2+} + 4H^+$

测试要点3、5

3. 在一定条件下,RO_3^{n-} 和 F_2 可发生如下反应:$RO_3^{n-} + F_2 + 2OH^- =\!=\!= RO_4^- + 2F^- + H_2O$,从而可知在 RO_3^{n-} 中,元素 R 的化合价是(   )。

A. $+4$ B. $+5$ C. $+6$ D. $+7$

测试要点4

4. 已知酒精(C_2H_5OH)能与 $K_2Cr_2O_7$ 和 H_2SO_4 的混合溶液在一定条件下发生如下反应:

$2K_2Cr_2O_7 + 3C_2H_5OH + 8H_2SO_4 =\!=\!= 2K_2SO_4 + 2Cr_2(SO_4)_3 + 3CH_3COOH + 11H_2O$ 且知 $Cr_2O_7^{2-}$ 和 Cr^{3+} 在溶液中分别显橙色和绿色,回答下列问题:

(1)该反应_____(填"是"或"不是")离子反应。

(2)写出电离方程式:

$Cr_2(SO_4)_3$:_____;

$K_2Cr_2O_7$:_____。

(3)该反应_____(填"是"或"不是")氧化还原反应,判断的依据是_____。

(4)你认为能否用这一反应原理来检测司机是否酒后驾车?

测试要点2

5. 下图各物质间的反应均在溶液中进行,已知甲、乙为化合物,丙为单质。根据图示关系回答下列问题:

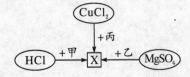

(1)$CuCl_2$ 与物质丙反应的基本类型是_____。

(2)写出物质 X 的名称:_____,物质甲的名称可能是_____。

(3)写出一个有 X 生成的复分解反应的化学方程式:_____。

测试要点1-4

▶ 教材课后习题解答

习题

1. 电子 氧化还原 失去 氧化 还原 得到 还原
氧化
点拨:命题目的是要求从电子转移、化合价变化角度来掌握氧化还原反应。

2. O_2、Cl_2、浓硫酸、HNO_3、$KMnO_4$、$FeCl_3$ 等　Al、Zn、Fe、C、H_2、CO 等

3. 氧化　$S + O_2 \xrightarrow{\text{点燃}} SO_2$　还原
点拨:命题目的是要求会从氧化还原角度分析物质的变化。

4. C　点拨:可根据置换反应的定义判断。

5. D　点拨:本题考查了氧化还原反应的本质。

6. C　点拨:命题目的是要求会判断一个化学反应是否为氧化还原反应。

7. C B　点拨:命题目的是要求会从元素化合价变化角度分析氧化还原反应。

8. B、C　点拨:命题目的是要求会从氧化还原反应角度分析生产生活中的实际问题。

9. (1) $\overset{\text{化合价升高}}{2H_2 + O_2 \xrightarrow{\text{点燃}} 2H_2O}$ 化合价降低
  H_2 是还原剂,O_2 是氧化剂

  (2) $\overset{\text{化合价升高}}{4P + 5O_2 \xrightarrow{\text{点燃}} 2P_2O_5}$ 化合价降低
  P 是还原剂,O_2 是氧化剂

  (3) $\overset{\text{化合价降低}}{2KClO_3 \overset{MnO_2}{\underset{\triangle}{=\!=\!=}} 2KCl + 3O_2\uparrow}$ 化合价升高
  $KClO_3$ 既是氧化剂又是还原剂

  (4) $\overset{\text{化合价降低}}{2HgO \xrightarrow{\triangle} 2Hg + O_2\uparrow}$ 化合价升高
  HgO 既是氧化剂又是还原剂

  (5) $\overset{\text{化合价降低}}{WO_3 + 3H_2 \xrightarrow{\text{高温}} W + 3H_2O}$ 化合价升高
  WO_3 是氧化剂,H_2 是还原剂
  点拨:命题目的是要求掌握氧化还原反应中氧化剂、还原剂的化合价变化。

10. ①$C + O_2 \xrightarrow{\text{点燃}} CO_2$　②$2C + O_2 \xrightarrow{\text{点燃}} 2CO$
  ③$2CO + O_2 \xrightarrow{\text{点燃}} 2CO_2$　④$CO_2 + C \xrightarrow{\text{高温}} 2CO$

⑤$CO_2 + Ca(OH)_2 =\!=\!= CaCO_3\downarrow + H_2O$
⑥$CaCO_3 \xrightarrow{\text{高温}} CaO + CO_2\uparrow$
①②③④是氧化还原反应,⑤⑥是非氧化还原反应
氧化剂:①O_2,②O_2,③O_2,④CO_2
还原剂:①C,②C,③CO,④C

11. 例生活中:生活取暖、食物腐败、自来水消毒、电池反应
工农业生产和科学技术:电解、电镀、炼钢铁、钢铁生锈、燃烧电池反应、新型电池反应等。

复习题

1. (1)

分类标准	A组	B组	C组	D组
	金属氧化物	非金属单质	金属单质	酸
不属于该类别的物质	CO_2	Cu	O_2	H_2O

(2) $2Cu + O_2 + H_2O + CO_2 =\!=\!= Cu_2(OH)_2CO_3$

2. 还原性　3. 木炭粉　S、KNO_3　4. A

5. C　点拨:选项①④属于胶体。

6. D　点拨:$Cu(OH)_2$ 属难溶物,不能拆分。

7. B　8. C　9. A

10. B　点拨:铝的表面生成致密的薄膜的成分是 Al_2O_3。

11. H_2SO_4　$Na_2CO_3 + H_2SO_4 =\!=\!= Na_2SO_4 + CO_2\uparrow + H_2O$
$CO_3^{2-} + 2H^+ =\!=\!= CO_2\uparrow + H_2O$
$Ba(OH)_2 + H_2SO_4 =\!=\!= BaSO_4\downarrow + 2H_2O$
$2H^+ + SO_4^{2-} + Ba^{2+} + 2OH^- =\!=\!= BaSO_4\downarrow + 2H_2O$
$2NaOH + H_2SO_4 =\!=\!= Na_2SO_4 + 2H_2O$
$H^+ + OH^- =\!=\!= H_2O$

12. 肯定有 $CaCl_2$、K_2CO_3,可能有 $Ba(NO_3)_2$。
$Ca^{2+} + CO_3^{2-} =\!=\!= CaCO_3\downarrow$
$Ba^{2+} + CO_3^{2-} =\!=\!= BaCO_3\downarrow$
$CaCO_3 + 2H^+ =\!=\!= Ca^{2+} + CO_2\uparrow + H_2O$
$BaCO_3 + 2H^+ =\!=\!= Ba^{2+} + CO_2\uparrow + H_2O$
$Ag^+ + Cl^- =\!=\!= AgCl\downarrow$

▶ 最新5年高考名题诠释

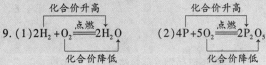

考题1　2011·上海高考

氧化还原反应中,水的作用可以是氧化剂、还原剂、既是氧化剂又是还原剂、既非氧化剂又非还原剂等。下列反应与 $Br_2 + SO_2 + 2H_2O =\!=\!= H_2SO_4 + 2HBr$ 相比较,水的作用不相同的是( )。

A. $2Na_2O_2 + 2H_2O =\!=\!= 4NaOH + O_2\uparrow$

B. $4Fe(OH)_2 + O_2 + 2H_2O =\!=\!= 4Fe(OH)_3$

C. $2F_2 + 2H_2O =\!=\!= 4HF + O_2$

D. $2Al + 2NaOH + 2H_2O =\!=\!= 2NaAlO_2 + 3H_2\uparrow$

【解析】反应 $Br_2 + SO_2 + 2H_2O =\!=\!= H_2SO_4 + 2HBr$ 中,水既非氧化剂又非还原剂。A 中水既非氧化剂又非还原剂;B 中水既非氧化剂又非还原剂;C 中水作还原剂;D 中水作氧化剂。
【答案】C、D

考题2　2011·全国Ⅱ卷

某含铬（$Cr_2O_7^{2-}$）废水用硫酸亚铁铵[$FeSO_4$·$(NH_4)_2SO_4$·$6H_2O$]处理,反应中铁元素和铬元素完全转化为沉淀。该沉淀经干燥后得到 n mol FeO·Fe_yCr_x·O_3。不考虑处理过程中的实际损耗,下列叙述错误的是( )。

A. 消耗硫酸亚铁铵的物质的量为 $n(2-x)$ mol

B. 处理废水中 $Cr_2O_7^{2-}$ 的物质的量为 $\dfrac{nx}{2}$ mol

C. 反应中发生转移的电子数为 $3nx$ mol

D. 在 $FeO \cdot Fe_yCr_x \cdot O_3$ 中，$3x=y$

【解析】由铬元素守恒知废水中 $Cr_2O_7^{2-}$ 的物质量为 $\dfrac{nx}{2}$ mol，反应中发生转移的电子数为 $6 \times \dfrac{nx}{2}$ mol $=3nx$ mol。由得失电子守恒知 $3x=y$，而由铁元素守恒知消耗硫酸亚铁铵的物质量为 $n \times (1+y)$ mol $= n \times (3x+1)$ mol，因此选项 A 是错误的。

【答案】A

考题3　2008·重庆

下列做法中用到物质的氧化性的是（　　）。

A. 明矾净水　　　　　B. 纯碱除去油污

C. 臭氧消毒餐具　　　D. 食醋清洗水垢

【解析】臭氧具有强氧化性，利用该性质，可以用于杀菌消毒。

【答案】C

考题4　2008·上海

下列物质中，按只有氧化性、只有还原性、既有氧化性又有还原性的顺序排列的一组是（　　）。

A. F_2、K、HCl　　　　B. Cl_2、Al、H_2

C. NO_2、Na、Br_2　　　D. O_2、SO_2、H_2O

【解析】F 没有正价，F_2 只有氧化性，K 没有负价，K 只有还原性，HCl 中 $\overset{+1}{H}$ 可显氧化性，$\overset{-1}{Cl}$ 可显还原性。

【答案】A

考题5　2007·全国Ⅱ卷理综

下列氧化还原反应中，水作为氧化剂的是（　　）。

A. $CO + H_2O \xrightarrow{\text{高温}} CO_2 + H_2$

B. $3NO_2 + H_2O =\!=\!= 2HNO_3 + NO$

C. $2Na_2O_2 + 2H_2O =\!=\!= 4NaOH + O_2\uparrow$

D. $2F_2 + 2H_2O =\!=\!= 4HF + O_2$

【解析】B、C 两项分别为 NO_2、Na_2O_2 的歧化反应，H_2O 既不是氧化剂，也不是还原剂；D 项 H_2O 为还原剂，F_2 为氧化剂。

【答案】A

考题6　2006·北京

已知：①向 $KMnO_4$ 晶体滴加浓盐酸，产生黄绿色气体；②向 $FeCl_2$ 溶液中通入少量实验①产生的气体，溶液变黄色；③取实验②生成的溶液滴在淀粉KI试纸上，试纸变蓝色。下列判断正确的是（　　）。

A. 上述实验证明氧化性：$MnO_4^- > Cl_2 > Fe^{3+} > I_2$

B. 上述实验中，共有两个氧化还原反应

C. 实验①生成的气体不能使湿润的淀粉KI试纸变蓝

D. 实验②证明 Fe^{2+} 既有氧化性又有还原性

【解析】①中 $KMnO_4$ 中滴加浓盐酸生成的黄绿色气体为 Cl_2，可知发生氧化还原反应，氧化性 $MnO_4^- > Cl_2$；②中向

$FeCl_2$ 溶液中通入①中产生的 Cl_2，溶液变黄说明生成 $FeCl_3$，可知发生氧化还原反应，Fe^{2+} 被氧化，只作还原剂，氧化性 $Cl_2 > Fe^{3+}$；③中由②制得 $FeCl_3$ 溶液滴加到淀粉KI试纸上发生氧化还原反应生成单质 I_2，使淀粉变蓝可知氧化性 $Fe^{3+} > I_2$，综上可知 A 对，B 错，由氧化性 $Cl_2 > Fe^{3+} > I_2$ 可知①中生成的气体（Cl_2）能将 KI 氧化成 I_2 从而使淀粉变蓝，故 C 错。

【答案】A

考题7　2006·广东

下列反应中，氧化剂与还原剂物质的量的关系为 1:2 的是（　　）。

A. $O_3 + 2KI + H_2O =\!=\!= 2KOH + I_2 + O_2$

B. $2CH_3COOH + Ca(ClO)_2 =\!=\!= 2HClO + Ca(CH_3COO)_2$

C. $I_2 + 2NaClO_3 =\!=\!= 2NaIO_3 + Cl_2$

D. $4HCl(\text{浓}) + MnO_2 \xrightarrow{\triangle} MnCl_2 + Cl_2\uparrow + 2H_2O$

【解析】A 项中 $2I^- \xrightarrow{\text{失}2e^-} I_2$，$\dfrac{1}{3}O_3 \xrightarrow{\text{得}2e^-} OH^-$，故氧化剂与还原剂物质的量之比为 1:6。B 项中为非氧化还原反应。C 项中 $I_2 \xrightarrow{\text{失}10e^-} 2\overset{+5}{I}$，$2\overset{+5}{Cl} \xrightarrow{\text{得}10e^-} Cl_2$，氧化剂与还原剂物质的量之比为 2:1。D 项中 $2Cl^- \xrightarrow{\text{失}2e^-} Cl_2$，$\overset{+4}{Mn} \xrightarrow{\text{得}2e^-} Mn$，氧化剂与还原剂的物质的量之比为 1:2。

【答案】D

考题8　2006·四川

室温下，在强酸性和强碱性溶液中都不能大量共存的离子组是（　　）。

A. NH_4^+、Cu^{2+}、Cl^-、NO_3^-　　B. K^+、Na^+、SO_3^{2-}、S^{2-}

C. K^+、Na^+、AlO_2^-、SO_4^{2-}　　D. Ba^{2+}、Fe^{2+}、NO_3^-、Br^-

【解析】A 项中的离子组在酸性溶液中可共存，排除 A；B 项中的离子组在碱性溶液中可共存，排除 B；C 项中的离子组在碱性溶液中能共存，排除 C；选 D，D 中在酸性条件下，Fe^{2+}、H^+、NO_3^- 不能共存，发生氧化还原反应，在碱性条件下 Fe^{2+}、OH^- 可反应，生成沉淀。

【答案】D

考题9　2006·全国

已知下列分子或离子在酸性条件下都能氧化KI，自身发生如下变化：

$H_2O_2 \rightarrow H_2O$　　$IO_3^- \rightarrow I_2$　　$MnO_4^- \rightarrow Mn^{2+}$　　$HNO_2 \rightarrow NO$

如果分别用等物质的量的这些物质氧化足量的KI，得到 I_2 最多的是（　　）。

A. H_2O_2　　B. IO_3^-　　C. MnO_4^-　　D. HNO_2

【解析】四个反应都是将 I^- 氧化为 I_2，若要得 I_2 越多，即转移的电子数越多。单位物质的量的 $H_2O_2 \rightarrow H_2O$ 转移 2 mol e^-，$IO_3^- \rightarrow I_2$ 转移 5 mol e^-，$MnO_4^- \rightarrow Mn^{2+}$ 转移 5 mol e^-，$HNO_2 \rightarrow NO$ 转移 1 mol e^-，又由于 $IO_3^- \rightarrow I_2$ 时除了 I^- 被氧化生成 I_2，IO_3^- 被还原也有 I_2 生成，故得到 I_2 最多的是 B。

【答案】B

单元知识梳理与能力整合

▶ 高考命题趋向

  1. 分类法方法，知识内容不难，但应用较广，是近年来的高考热点，常在选择题中出现。

  2. 胶体内容不属于热点知识，考查几率不大，如果高考出现也常在选择题中，考查胶体的基本知识及胶体的应用。

  3. 离子反应是高考命题的热点，主要考查离子方程式的正误、离子反应、离子共存等问题。它主要考查学生对双基的准确程度和熟练程度以及综合应用知识的能力，具有一定的综合性。在知识的深度和广度上的考查是非常好的一种形式，所以预计今后的高考题中仍会继续保留对离子方程式、离子共存的考查。

  4. 氧化还原反应知识贯穿于中学化学的始终，考查面广，能出现较有深度的考题，有较高的区分度，因而近几年的试卷中频繁出现，该部分以选择题和填空题为主，提供反应信息，完成氧化还原反应方程式是常考形式。

▶ 归纳·总结·专题

一、物质的分类

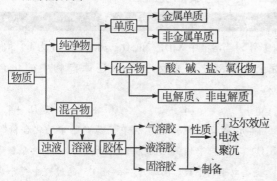

二、化学反应的分类

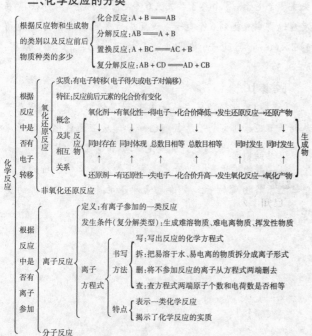

▶ 新典型题分类剖析

> **类型一 物质分类方法的应用**

  【例1】今有下列三组物质，每组中都有一种物质跟其他三

种属于不同的种类。将此种物质(写化学式)和分类依据(选出的物质与其他物质不同之处)写在相应的表格内。三组物质分别为：

  (1) O_2、Cl_2、S、N_2；(2) Fe、Na、Al、Si；(3) NO、CO_2、SO_2、P_2O_5。

组别	被选出的物质	分类依据
第(1)组		
第(2)组		
第(3)组		

  【解析】不同的分类标准其分类方法不同，其分类的基本原则是分在同一类的物质应具有相似之处，在对物质进行分类时，通常可从物理性质中的状态、颜色或从组成物质的组成进行分析，如纯净物、混合物、金属单质、非金属单质、氧化物、酸、碱、盐等。

  第(1)组，所给四种物质均为非金属单质，而 O_2、Cl_2、N_2 属于气态单质，而 S 则属于固态单质；第(2)组，所给四种物质均为单质，而 Fe、Na、Al 属于金属单质，Si 属于非金属单质；第(3)组，所给四种物质为四种氧化物，通过对氧化物分析可得出，其中，CO_2、SO_2、P_2O_5 为常见的酸性氧化物，而 NO 则属于不成盐氧化物。

  【答案】

组别	被选出的物质	分类依据
第(1)组	S	物质的状态
第(2)组	Si	金属单质、非金属单质
第(3)组	NO	氧化物的性质

  【点拨】物质分类首先必须寻找分类依据，即"标准"。选择的标准不同，同一物质可能有不同的归类。

> **类型二 胶体的性质及应用**

  【例2】(2007·全国卷Ⅱ)下列叙述中正确的是( )。

  A. 直径介于 1~100 nm 之间的粒子称为胶体

  B. 电泳现象可证明胶体属于电解质溶液

C.利用丁达尔效应可以区别溶液与胶体

D.胶体粒子很小,可以透过半透膜

【解析】胶体是一类分散质粒子直径介于 1~100 nm 之间的分散系,A 项不正确;电泳现象(在电场作用下,胶体粒子向阴极或阳极做定向移动)能说明胶体粒子带有电荷而不是证明胶体属于电解质溶液(胶体和溶液是两类不同的分散系),B 项错误;胶体粒子很小,可以透过滤纸但不能透过半透膜,D 项错误。丁达尔效应是区别溶液与胶体的简单、便捷的方法。

【答案】C

【点拨】胶体的定义是从分散质粒子的直径这一角度给出的,分散质粒子的直径介于 1~100 nm 之间正是胶体区别于其他分散系的本质特征,也是胶体具有丁达尔现象等特有性质的根据原因。

类型三 电解质与电解质导电性的关系

【例3】(2008·北京西城模拟)某 100 mL 溶液中含 H_2SO_4 0.50 mol,加入下列物质,溶液导电性增强的是( )。

A.0.50 mol $Ba(OH)_2$ 　　　B.100 mL 水

C.0.50 mol 酒精 　　　D.0.50 mol Na_2SO_4

【解析】A 项与 H_2SO_4 恰好完全反应,生成水和沉淀:$H_2SO_4 + Ba(OH)_2 === BaSO_4\downarrow + 2H_2O$,溶液导电性减弱;B 项溶液的体积扩大为原来的 2 倍,$c(H^+)$ 和 $c(SO_4^{2-})$ 都变为原来的 $\frac{1}{2}$,溶液的导电性减弱;C 项酒精是非电解质,溶解在水中,扩大了溶液的体积,降低了 H^+、SO_4^{2-} 的浓度,溶液导电性减弱;D 项增加了离子的总浓度,溶液的导电性增强。

【答案】D

【点拨】电解质导电的原因是因为电解质在一定条件下电离成能自由移动的离子。因此电解质导电能力的强弱在于离子浓度大小。

类型四 离子在溶液中共存问题

【例4】在强碱性溶液中能大量共存并且溶液为无色透明的离子组是( )。

A.Na^+、Mg^{2+}、NO_3^-、Cl^- 　　　B.K^+、Na^+、CO_3^{2-}、NO_3^-

C.K^+、Ba^{2+}、HCO_3^-、Cl^- 　　　D.Na^+、K^+、MnO_4^-、SO_4^{2-}

【解析】前提条件为含有大量的 OH^-,且无色透明,A 组中 Mg^{2+} 与 OH^- 结合生成 $Mg(OH)_2$ 沉淀不共存;D 组中 MnO_4^- 使溶液呈紫色,排除;C 组中 HCO_3^- 与 OH^- 反应:$HCO_3^- + OH^- === CO_3^{2-} + H_2O$ 生成弱电解质水而不共存。

【答案】B

【点拨】判断溶液中离子能否大量共存,实际上也就是判断溶液中各离子能否相互反应。一般思路是:

(1)看清要求

"是能大量共存"还是"不能大量共存";是"一定能大量共存"还是"可能大量共存"。

(2)看清条件

溶液条件:如酸性、碱性、无色透明、含有某种离子等。

(3)看清反应

看所给离子之间能否结合生成难溶物质或易挥发物质或水或相互之间发生氧化还原反应等。

类型五 氧化还原反应的计算

【例5】当溶液中 $X_2O_7^{2-}$ 和 SO_3^{2-} 离子数之比为 1:3 时正好完全发生氧化还原反应,X 在还原产物中的化合价为( )。

A.+1 　　　B.+2 　　　C.+3 　　　D.+4

【解析】题目中要求的是"X 在还原产物中的化合价",那么 $X_2O_7^{2-}$ 在反应中作氧化剂,得到电子,得到电子的个数等于 SO_3^{2-} 失去电子的个数。而 $SO_3^{2-} \longrightarrow SO_4^{2-}$ 的过程中每个离子失去 2 个电子。3 个离子共失去 6 个电子。那个 1 个 $X_2O_7^{2-}$ 在反应过程中应得到 6 个电子。设反应后 X 的化合价为 a,则得到 $2\times(6-a)$ 个电子。根据上述分析,$2\times(6-a)=6$。解得:$a=+3$。

【答案】C

【点拨】氧化还原反应的计算题,计算依据是氧化剂得电子总数等于还原剂失电子总数。已知参加反应的氧化剂与还原剂的物质的量之比,通过计算确定产物,计算公式如下:

氧化剂物质的量×变价元素原子的个数×化合价的变化值=还原剂物质的量×变价元素原子的个数×化合价的变化值。

知识与能力同步测控题

测试时限:90分钟   本卷满分:100分

可能用到的相对原子质量:H:1 C:12 O:16 Na:23 S:32 Cl:35.5

第Ⅰ卷(选择题,共48分)

一、选择题(本大题共16小题,每小题3分,共48分。每小题只有一个选项符合题意)

1. 下列描写事物的一些诗句,其中一定含有化学变化的是(   )。
   A. 墙角数枝梅,凌寒独自开   B. 床前明月光,疑是地上霜
   C. 大河上下,顿失滔滔   D. 野火烧不尽,春风吹又生

2. 电解质不仅在工农业生产中占有重要地位,而且在各种生命活动中也起着重要作用,则下列有关电解质的叙述中正确的是(   )。
   A. 化合物都是电解质
   B. 电解质一定是化合物
   C. SO_3 溶于水形成的溶液能导电,所以 SO_3 是电解质
   D. NaCl 固体不导电,所以 NaCl 不是电解质

3. 分类方法在化学学科的发展中起到了非常重要的作用。下列分类标准合理的是(   )。
   ①根据酸分子中所含有的氢原子个数将酸分为一元酸、二元酸等
   ②根据反应中是否有电子的转移将化学反应分为氧化还原反应和非氧化还原反应
   ③根据分散系是否具有丁达尔现象将分散系分为 溶液、胶体和浊液
   ④根据氧化物中是否含有金属元素将氧化物分为酸性氧化物和碱性氧化物
   ⑤根据电解质在熔融状态下能否完全电离将电解质分为强电解质和弱电解质
   A. ①②⑤   B. ②④   C. ①③⑤   D. ②

4. 下列物质分类的正确组合是(   )。

	混合物	化合物	单质	盐
A	硫酸	NaOH 溶液	石墨	食盐
B	盐酸	KNO_3 晶体	O_3	纯碱
C	氢氧化铁胶体	澄清石灰水	铁	石灰石
D	$CuSO_4 \cdot 5H_2O$	$CaCl_2$	水银	CaO

5. 从海水中提取溴有如下反应:$5NaBr + NaBrO_3 + 3H_2SO_4 === 3Br_2 + 3Na_2SO_4 + 3H_2O$,与该反应在氧化还原反应原理上最相似的是(   )。
   A. $2NaBr + Cl_2 === 2NaCl + Br_2$
   B. $AlCl_3 + 3NaAlO_2 + 6H_2O === 4Al(OH)_3\downarrow + 3NaCl$
   C. $2H_2S + SO_2 === 2H_2O + 3S\downarrow$
   D. $C + CO_2 \xrightarrow{高温} 2CO$

6. 第23届国际食品包装工业展览会在巴西圣保罗召开。食品分类的一种方法如下表所示,则以下属于白色食品的是(   )。

食品类别	绿色食品	蓝色食品	白色食品
分类依据	绿色植物通过光合作用转化而来	由海洋提供	通过微生物发酵制得

   A. 精白面粉   B. 精制豆油   C. 新鲜海带   D. 酿制米酒

7. 下列变化过程中,需要加入氧化剂的是(   )。
   A. $HCl \longrightarrow H_2$ B. $HCl \longrightarrow FeCl_2$

C. $H_2SO_4(浓) \longrightarrow SO_2$ D. $Fe \longrightarrow Fe_2O_3$

8. 在氧化还原反应中,下列各组物质均可用作氧化剂的是(   )。
   A. F^-、I^-、S^{2-} B. Fe^{3+}、MnO_4^-、NO_3^-
   C. ClO_4^-、Mg D. Cl_2、Fe^{3+}、Al

9. 下列反应中,既是化合反应,又是氧化还原反应的是(   )。
   ①氢气在氯气中燃烧:$H_2 + Cl_2 \xrightarrow{点燃} 2HCl$
   ②氯气通入溴化钠溶液中:$Cl_2 + 2NaBr === 2NaCl + Br_2$
   ③氯化钠和浓硫酸混合加热:$2NaCl + H_2SO_4 \xrightarrow{\triangle} Na_2SO_4 + 2HCl\uparrow$
   ④二氧化锰与浓盐酸在加热条件下反应:
   $MnO_2 + 4HCl(浓) \xrightarrow{\triangle} MnCl_2 + Cl_2\uparrow + 2H_2O$
   ⑤铁和氯气反应:$2Fe + 3Cl_2 \xrightarrow{\triangle} 2FeCl_3$
   A. ①②   B. ①③   C. ①④   D. ①⑤

10. 在溶液中可能大量共存的离子组是(   )。
    A. K^+、SO_4^{2-}、Cl^-、Cu^{2+} B. NO_3^-、Na^+、CO_3^{2-}、Ba^{2+}
    C. Ag^+、Mg^{2+}、Cl^-、NO_3^- D. Fe^{3+}、Cl^-、K^+、OH^-

11. 下列各组离子,在溶液中能大量共存、加入 NaOH 溶液后加热既有气体放出又有沉淀生成的一组是(   )。
    A. Ba^{2+}、NO_3^-、NH_4^+、Cl^- B. Ca^{2+}、HCO_3^-、NH_4^+、AlO_2^-
    C. K^+、Ba^{2+}、Cl^-、HSO_3^- D. Mg^{2+}、NH_4^+、SO_4^{2-}、K^+

12. 铁、稀盐酸、澄清石灰水、氯化铜溶液是中学化学中常见的物质,四种物质间的反应关系如图所示。图中两圆相交部分(A、B、C、D)表示物质间的反应,其中对应反应的离子方程式书写正确的是(   )。
    A. $OH^- + HCl === H_2O + Cl^-$
    B. $Ca(OH)_2 + Cu^{2+} === Ca^{2+} + Cu(OH)_2\downarrow$
    C. $Fe + Cu^{2+} === Cu + Fe^{2+}$
    D. $Fe + 2H^+ === Fe^{3+} + H_2\uparrow$

13. 甲、乙、丙、丁四位同学分别进行实验,测定四份不同澄清溶液的成分,记录如下:

甲	K_2SO_4、$BaCl_2$、NaCl
乙	NaCl、$Ba(OH)_2$、K_2CO_3
丙	HCl、K_2CO_3、NaCl
丁	K_2SO_4、Na_2CO_3、KCl

   其中记录合理的是(   )。
   A. 甲   B. 乙   C. 丙   D. 丁

14. 已知 I^-、Fe^{2+}、SO_2 和 H_2O_2 均有还原性,它们在酸性溶液中还原性的强弱顺序为 $H_2O_2 < Fe^{2+} < I^- < SO_2$。则下列反应不能发生的是(   )。
    A. $2Fe^{3+} + SO_2 + 2H_2O === 2Fe^{2+} + SO_4^{2-} + 4H^+$
    B. $H_2O_2 + H_2SO_4 === SO_2\uparrow + O_2\uparrow + 2H_2O$
    C. $I_2 + SO_2 + 2H_2O === H_2SO_4 + 2HI$
    D. $2Fe^{3+} + 2I^- === 2Fe^{2+} + I_2$

15. 在一定条件下,硝酸可与 MnO_2 反应:$HNO_3 + MnO_2 \stackrel{\quad}{=\!=\!=} HMnO_4 + NO\uparrow$,下列有关该反应的叙述中错误的是（　　）。
  A. MnO_2 是还原剂
  B. 反应中氮元素发生了还原反应
  C. $HMnO_4$ 是氧化产物
  D. 反应中每生成 1 mol NO 转移电子数为 4 mol

16. 在一定条件下,PbO_2 与浓盐酸反应,产物是 Cl_2 和 Pb^{2+},则生成 0.1 mol Cl_2 所需 PbO_2 的物质的量为（　　）。
  A. 0.30 mol　　B. 0.15 mol　　C. 0.1 mol　　D. 0.075 mol

第Ⅱ卷(非选择题,共52分)

二、非选择题(本大题共6小题,共52分)

17. (8分)纯净物根据其组成和性质可进行如下分类。

(1)上图所示的分类方法属于_____(填序号)。
  A. 交叉分类法　　　　B. 树状分类法
(2)以 H、O、S、N、K、Ba 六种元素中任意两种或三种元素组成合适的常见物质,分别将其中一种常见物质的化学式填写在下表相应类别中:

物质类别	酸	碱	盐	氧化物
化学式				

(3)从上表碱及氧化物中各选出一种能相互反应的物质,并写出其反应的化学方程式:_____。

18. (13分)某学生为了验证氢气还原氧化铜的产物,设计了如下图所示的实验装置。

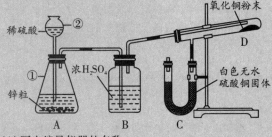

(1)写出编号仪器的名称:
① _____,② _____。
(2)浓 H_2SO_4 的作用是 _____。
(3)本实验需要加热的装置为 _____(填字母编号)。
(4)写出装置 C、D 中可观察到的现象:C _____,D _____。
(5)D 中反应每生成 1 个水分子,转移的电子数为 _____ 个。

19. (8分)现有①$KMnO_4$;②H_2;③O_2;④Cl_2;⑤CO;⑥Al 六种物质,从氧化性、还原性的角度分类,若将常用的氧化剂放入甲（图）中,常用的还原剂放入乙（图）中,则
  (1)甲中有 _____;乙中有 _____。(填序号)
  (2)由 $Fe \stackrel{I}{\longrightarrow} Fe_3O_4, Fe_2O_3 \stackrel{II}{\longrightarrow} Fe$ 可知,欲实现 Ⅰ 反应

过程应从 _____(填"甲"或"乙",下同)中找物质,欲实现 Ⅱ 反应过程应从 _____ 中找物质。
(3)请将 4 种物质:Fe、Fe_2O_3、CO、CO_2 分别填入下面对应的横线上,组成一个配平了的化学方程式,并标出电子转移的方向和数目。
  _____ + _____ $\stackrel{\quad}{=\!=\!=}$ _____ + _____

20. (6分)为探究离子反应的实质,某同学设计了如下实验,有关的实验现象及反应方程式列表如下,请补充完整:

编号	Ⅰ	Ⅱ	Ⅲ
实验	NaCl溶液 / CuSO₄溶液	BaCl₂溶液 / CuSO₄溶液	AgNO₃溶液+稀硝酸 / 实验Ⅱ中的滤液
现象	—	有白色沉淀生成,滤液为蓝色	有白色沉淀生成,滴加稀硝酸,沉淀不溶解
化学方程式			$2AgNO_3 + CuCl_2 \stackrel{\quad}{=\!=\!=} 2AgCl\downarrow + Cu(NO_3)_2$
离子方程式		$Ba^{2+} + SO_4^{2-} \stackrel{\quad}{=\!=\!=} BaSO_4\downarrow$	

21. (8分)下表是某地市场上销售的一种"加碘盐"包装袋上的部分文字说明。请根据此表,结合初中学过的化学知识,回答下列问题:

配料表	精制海盐、碘酸钾(KIO_3)
含碘量	20～40mg·kg⁻¹
储藏方法	密封避光、防潮
食用方法	烹调时待食品熟后加入碘盐

(1)根据物质分类中的树状分类法有关知识,在①HIO_3;②碘酸钠;③KOH;④I_2O_5;⑤$NaCl$ 五种 _____(填"混合物""化合物""盐"或"氧化物")中与碘酸钾(KIO_3)属于同类物质的有 _____(填序号)。
(2)推测出碘酸钾(KIO_3)的物理性质:碘酸钾(KIO_3)_____(填"能"或"不能")溶于水,化学性质:碘酸钾(KIO_3)在受热时 _____。

22. (9分)实验室里常用浓盐酸与二氧化锰反应来制取少量的氯气,反应的化学方程式如下:
$$MnO_2 + 4HCl(浓) \stackrel{\triangle}{=\!=\!=} MnCl_2 + Cl_2\uparrow + 2H_2O$$
(1)该反应属于氧化还原反应吗？如果是,指出其中的氧化剂和还原剂;如果不是,说明理由。
(2)密度为 1.19 g·cm⁻³、溶质的质量分数为36.5%的浓盐酸200 mL,跟足量二氧化锰发生反应,产生的氯气在标准状况下的体积为11.2 L。计算参加反应的 HCl 和被氧化的 HCl 的物质的量。

第3章 金属及其化合物
第1节 金属的化学性质

▶ **课标三维目标**

1.知识与技能
(1)认识钠的物理特质;
(2)认识铝的氧化物的特点;
(3)掌握 Na、Al、Fe 的重要化学性质;
(4)掌握物质的量在化学方程式计算中的应用。
2.过程与方法
(1)用观察、实验手段获取化学知识;
(2)阅读、查找资料的方法了解科学前沿知识;
(3)分析对比质量和物质的量在计算中的优缺点,培养应用物质的量来处理化学问题的能力。
3.情感态度与价值观
(1)体验化学探究的过程,培养观察事物的能力;
(2)通过物质的量在化学计算中的运用,体验数学方法在化学中的作用。

▶ **三层完全解读**

>>>解题依据   >>>名题诠释

1 知识·能力聚焦

1.金属的存在及通性

(1)绝大多数金属元素都以化合态形式存在。这是因为金属的化学性质活泼,易与其他物质发生反应。
(2)地壳中含量最多的金属元素是 Al,含量在前三位的元素分别是:O、Si、Al。
(3)金属的通性:不透明、有金属光泽、易导电、易导热、有延展性等。
【思考与交流】举例说明金属能发生哪些化学反应。

【答案】①与非金属反应:$2Na + Cl_2 \xrightarrow{\text{点燃}} 2NaCl$
②与酸反应:$Zn + H_2SO_4 \xrightarrow{} ZnSO_4 + H_2\uparrow$
③与盐反应:$Fe + CuCl_2 \xrightarrow{} FeCl_2 + Cu$

【思考与交流】下图是一些化学反应的照片,请分析这些反应,并写出化学方程式。

铝与硫酸铜溶液 ①　　　镁条燃烧 ②

铜与硝酸银溶液 ③　　　镁与盐酸 ④

例题1 2009·南昌市高一重点学校统考题

从石器、青铜器到铁器时代,金属的冶炼体现了人类文明的发展水平。下图表示了三种金属被人类开发利用的大致年限,之所以有先后,主要取决于(　　)。

约200年前	约300年前	约6 000年前

K Ca Na Mg Al Mn Zn Fe Sn Pb(H) Cu Hg Ag Pt Au

A. 金属的导电性强弱
B. 金属在地壳中的含量多少
C. 金属的化合价高低
D. 金属的活动性大小

【解析】从图表中我们不难总结出,活泼性越弱的金属越早被人类开发利用,因此金属开发利用的年限与其活动性有关。

【答案】D

例题2 中难题

金属活动性顺序表是学习化学的重要工具,在工农业生产和科学研究中有重要应用。常见的金属活动性顺序如下:

K Ca Na Mg Al Mn Zn Fe Sn Pb (H) Cu Hg Ag Pt Au
———————————————————————————
金属活动性由强到弱

(1)解释不能用铁制容器盛装硫酸铜溶液的原因(用化学方程式表示):_____;
(2)验证镁比锌的金属活动性强,应选用的溶液是_____;
(3)从金属活动性顺序中你还能获得哪些信息?(写出一条即可):_____。

【解析】(1)在金属活动顺序表中铜排在铁后面,铁能与硫酸铜发生置换反应。

【答案】①$2Al + 3CuSO_4 \xlongequal{\quad} Al_2(SO_4)_3 + 3Cu$

②$2Mg + O_2 \xlongequal{点燃} 2MgO$

③$Cu + 2AgNO_3 \xlongequal{\quad} Cu(NO_3)_2 + 2Ag$

④$Mg + 2HCl \xlongequal{\quad} MgCl_2 + H_2\uparrow$

【思考与交流】画出 Na、Mg、Al 的原子结构示意图,分析它们的原子结构有什么特点,与金属的化学性质有什么联系。

【答案】(+11)2 8 1　　(+12)2 8 2　　(+13)2 8 3

金属元素原子其最外层电子数少于4,电子层数相同时,最外层电子数越少,越容易失去电子,金属性越强。

【特别提醒】①在金属活动性顺序表中,排在(H)前面的金属能与酸反应置换出 H_2,排在(H)之后的金属与酸(除氧化性酸如浓 H_2SO_4 和 HNO_3 等)不反应。金属的位置越靠前,其活动性越强,反应越剧烈。

②在金属活动性顺序表中,位于前面的金属能够把位于后面的金属从它们的盐溶液中置换出来。

③利用金属活动性顺序表及金属与酸反应的剧烈程度,可以鉴别两种外观相近的金属,如根据与等浓度的盐酸的反应剧烈程度不同可以区分 Mg 和 Zn。

2.金属与非金属的反应

2-1 钠与氧气的反应

条件	常温	加热或点燃
操作	取一块金属钠,用滤纸吸干表面的煤油后,用刀切去一端的外皮,观察现象	把一小块钠放在坩埚里,加热,观察现象
现象	新切开的钠具有银白色金属光泽,表面在空气中很快变暗	钠先熔化成银白色的小球,然后燃烧,火焰呈黄色,最后生成淡黄色固体
生成物	氧化钠(Na_2O),白色固体	过氧化钠(Na_2O_2),淡黄色固体
化学方程式	$4Na + O_2 \xlongequal{\quad} 2Na_2O$	$2Na + O_2 \xlongequal{\triangle} Na_2O_2$

【特别提醒】(1)新切开的金属钠,切面为银白色,后变暗,是因为钠被空气中的氧气氧化了的原因。

(2)因为钠与空气中的水和氧气都反应,所以钠要用石蜡油或煤油封存。

(3)取用剩余的钠应放回原试剂瓶中,不能随意乱扔。

(4)金属钠的物理性质:银白色,密度小,熔、沸点低,硬度小。

(5)常温下钠与氧气反应生成 Na_2O,加热时生成 Na_2O_2。

【思考与交流】我们从金属活动顺序表中可知钠比镁、铝、铁等金属活泼。你能从哪些实验现象中得以证实。

【答案】金属钠在常温下易与空气中的氧气反应生成 Na_2O。而镁、铝、铁常要在加热情况下与氧气反应生成相应的氧化物。这说明钠比镁、铝、铁活泼。

2-2 铝与氧气反应

实验操作	药品处理	实验现象	实验原理
铝箔	空气中久置的铝箔	铝箔熔化,失去光泽,熔化的铝不滴落	铝表面的氧化膜 Al_2O_3 熔点很高(比铝高),包在铝的外面,使液态铝不能滴落
	用砂纸仔细打磨的铝箔	铝箔熔化,失去光泽,熔化的铝不滴落	发生反应:$4Al + 3O_2 \xlongequal{\triangle} 2Al_2O_3$,生成的 Al_2O_3 包在铝的外面,使液态铝不能滴落

【特别提醒】(1)铝制品表面的氧化膜,起着保护内部金属的作用,所以活泼的铝在空气中能稳定存在,具有很强的抗腐蚀性。

(2)可以用镁置换锌的方法,也可以用镁和锌与同浓度的酸反应的剧烈程度。

(3)从(1)、(2)可以找出置换反应的规律。

【答案】(1)$Fe + CuSO_4 \xlongequal{\quad} FeSO_4 + Cu$

(2)稀盐酸(或稀 H_2SO_4,$ZnCl_2$ 溶液等)

(3)位于氢前面的金属能置换出酸中的氢;位于前面的金属可以把位于后面的金属从它们的盐溶液中置换出来

例题3 基础题

取一块金属钠放在燃烧匙里加热,观察到下列实验现象:①金属先熔化;②在空气中燃烧,放出黄色火花;③燃烧后得白色固体;④燃烧时火焰是黄色;⑤燃烧后生成浅黄色固体物质;描述正确的是( )。

A.①② 　　　　　B.①②③

C.①④ 　　　　　D.①④⑤

【解析】钠的熔点只有 97.81 ℃,受热时立即熔化。钠是一种很活泼的金属,受热时与氧气化合生成过氧化钠,呈淡黄色。钠在空气中燃烧的火焰为黄色。

【答案】D

【点拨】Na 与 O_2 反应常温下生成 Na_2O,为白色固体;加热时生成 Na_2O_2,为淡黄色固体,反应条件不同,产物不同。

例题4 基础题

下列关于金属铝的叙述中,说法不正确的是( )。

A.Al 是地壳中含量最多的金属元素

B.Al 是比较活泼的金属,在化学反应中容易失去电子,表现还原性

C.铝箔在空气中受热可以熔化,且发生剧烈燃烧

D.铝箔在空气中受热可以熔化,由于氧化膜的存在,熔化的 Al 并不滴落

【解析】Al 是活泼金属,其原子结构为(+13)2 8 3,易失去最外层电子,有较强的还原性。Al 的熔点较低(660℃)但其氧化物的熔点很高(2 050℃),所以铝箔加热时,Al 熔化,但被氧化膜包住不会滴落。

【答案】C

例题5 基础题

在进行钠和水反应的实验中,有如下操作和实验现象,请根据钠的性质解释说明。

(1)刚用小刀切开的金属钠切面呈什么颜色?在空气中放置几分钟后有什么变化?为什么?

(2)切下来的金属钠块要用滤纸擦净后方可放入水中实验,这是为什么?

(3)金属钠块必须用镊子夹取,为什么不能直接用手拿?

(4)金属钠块投入水中后,为什么很快会熔成银白色小球并浮于水面上?

(5)钠小球为什么会在水面上游动且进行无规则运动?

(6)如果在未加钠之前水中已滴入酚酞试液,反应后颜色有什么变化?为什么?

(2)工业上可采用化学方法对铝的表面进行处理,如增加膜的厚度,改变膜的结构与强度,对氧化膜进行着色等,可以使氧化膜加厚,耐磨性和抗腐蚀性增强。氧化膜使得性质活泼的铝成为一种应用广泛的金属材料。

3.金属与酸和水的反应

3-1 钠与水的反应

(1)反应现象及解释

现象	解释
钠投入水里后,浮在水面上	因为钠的密度比水小
钠熔化成光亮的小球	钠与水的反应是放热反应,且钠的熔点较低
小球在水面上向各个方向迅速游动	钠与水反应产生气体,推动小球迅速游动
发出"嘶嘶"的响声	反应剧烈,生成气体
反应后的水溶液变红	钠与水反应生成了碱

为便于记忆,可编成以下顺口溜:

钠浮于水,熔成球。
球儿闪亮,四处游。
有"嘶"声儿,溶液红。

(2)反应方程式:$2Na + 2H_2O \xlongequal{\quad} 2NaOH + H_2\uparrow$

【特别提醒】①钠极易与空气中的 O_2、H_2O 发生化学反应,所以保存在煤油中,以隔绝空气。

②金属钠着火不能用水和 CO_2 来灭火,需用沙子覆盖。

③钠与水反应之前,需用滤纸擦净,这样可以防止钠与水反应放热而造成煤油燃烧。

④钠在金属活动顺序表中排在前面,但是在水溶液中不能置换出排在它后面的金属,而是先跟水反应,然后生成的 NaOH 再与盐反应。

3-2 铁与水蒸气反应

实验装置	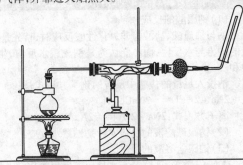	
气体	用小试管收集一试管气体,点燃,听到爆鸣声,证明生成了 H_2	用火柴点燃肥皂泡,听到爆鸣声,证明生成了 H_2
实验结论	铁不能与冷水、热水反应,但高温能与水蒸气反应,化学反应方程式为 $3Fe + 4H_2O(g) \xlongequal{\text{高温}} Fe_3O_4 + 4H_2$	

【思考与交流】人们常用金属器皿(如铁壶、铝壶)来盛水。但铁与水可以反应,你怎样认识这一问题。

【答案】铁与水反应是有条件的,铁在高温条件下与水蒸气反应,铁不与冷、热水反应。故可以用铁壶盛水。

4.铝与酸、碱溶液的反应

实验操作		
实验现象	试管中产生气泡,铝片逐渐溶解;点燃的木条放在试管口时发出爆鸣声	试管中产生气泡,铝片逐渐溶解;点燃的木条放在试管口时发出爆鸣声
有关化学方程式	化学方程式: $2Al + 6HCl \xlongequal{\quad} 2AlCl_3 + 3H_2\uparrow$ 离子方程式: $2Al + 6H^+ \xlongequal{\quad} 2Al^{3+} + 3H_2\uparrow$	化学方程式: $2Al + 2NaOH + 2H_2O \xlongequal{\quad} 2NaAlO_2 + 3H_2\uparrow$ 离子方程式: $2Al + 2OH^- + 2H_2O \xlongequal{\quad} 2AlO_2^- + 3H_2\uparrow$

【解析】题中金属钠和水反应的实验操作和现象应结合钠的物理性质、化学性质去解释和说明。

【答案】(1)切开金属钠后切面呈银白色并有金属光泽。在空气中放置钠表面会很快变暗,这是由于钠被空气中的氧气氧化所致。

(2)因金属钠贮存在煤油里,切下的钠表面附有煤油,需用滤纸擦净,这样可以防止钠块与水反应放热而造成煤油燃烧。

(3)用手直接拿取金属钠时,手指表面的水分会与钠反应,生成的强碱 NaOH 会腐蚀皮肤。

(4)因为金属钠的密度比水小,故浮于水面。又因钠与水反应放出的热量使钠熔化为液态,也说明金属钠的熔点较低。在表面张力的作用下,浮于水面的液态钠就形成小液球。

(5)金属钠与水反应,钠小球与水接触的部位会放出氢气,推动钠小球在水面运动。由于小球在不同方向受力不等,故进行无规则游动。

(6)由于钠与水反应的生成物之一为氢氧化钠,使溶液呈碱性,故使酚酞试液变红色。

例题6 中难题

如下图在玻璃管中放入还原铁粉和石棉绒的混合物,加热并通入水蒸气,用试管收集产生的经干燥的气体,并靠近火焰点火。

(1)所观察到的现象是_____,有关反应的化学方程式是_____。

(2)干燥管内可装入的试剂是_____,其作用是_____。干燥管还可用_____(装置)代替。

(3)玻璃管中石棉绒的作用是_____。实验开始时应先点燃_____,实验结束时,应先熄灭_____。

【解析】常温下 Fe 不与 H_2O 发生反应,但在高温下,Fe 与 $H_2O(g)$ 反应生成 Fe_3O_4 和 H_2,故 Fe 是一种较活泼的金属。因铁粉和 Fe_3O_4 均为黑色,因此实验过程中固体颜色无明显变化,但产物 H_2 可用点燃的方法证明。石棉绒成分为硅酸盐,它耐高温且性质稳定,是铁粉的载体。

【答案】(1)红热的铁与水蒸气反应,放出气体,这种气体靠近火焰点火时,能燃烧或发出爆鸣声

$3Fe + 4H_2O(g) \xlongequal{\text{高温}} Fe_3O_4 + 4H_2$

(2)碱石灰(或无水 $CaCl_2$、硅胶等)　吸收水蒸气,使收集的氢气易点燃　U形管

(3)铁粉的载体,增大铁粉与水蒸气的接触面　酒精灯　酒精喷灯

【点拨】注意 Fe 与 H_2O 反应的条件和产物。实验时,应先加热烧瓶,产生水蒸气后再加热玻璃管,防止铁粉氧化。实验过程应控制水蒸气的发生量,水蒸气量不宜太大。实验结束时,撤去酒精喷灯,不提供高温条件,反应便自行结束。

2 方法·技巧平台

5. 物质的量在化学方程式计算中的应用

	H_2	+	Cl_2	点燃	$2HCl$
化学计量数 ν 之比	1	:	1		2
扩大 N_A 倍	$1 \times N_A$	:	$1 \times N_A$		$2 \times N_A$
物质的量之比	1 mol	:	1 mol		2 mol
换算成质量比	2 g	:	71 g		73 g
换算成标准状况下气体体积比	22.4 L	:	22.4 L		44.8 L
在同一条件下体积比	1	:	1		2

结论:化学方程式中各物质的化学计量数之比,等于组成各物质的粒子数之比,等于各物质的物质的量之比。即 $\nu_1 : \nu_2 : \nu_3 = N_1 : N_2 : N_3 = n_1 : n_2 : n_3$。

对于气体参与的反应,在同温同压下还等于各气体的体积之比,即 $\nu_1 : \nu_2 : \nu_3 = V_1 : V_2 : V_3$。

【注意】(1)化学方程式所表示的是纯物质之间量的关系,所以不纯物质的量只有换算成纯物质的量,才能按化学方程式列出比例式进行计算。

(2)一般来说,在一个题目中如果都用统一的单位,不会出现错误,但如果题目所给的两个量单位不一致,若换算成同一个单位,有时显得很繁琐,这时只要做到两个量的单位"上下一致,左右相当"即可。

6. 钠与酸、碱、盐的水溶液的反应规律

(1)钠跟酸的反应

钠与稀硫酸、盐酸等非氧化性酸反应时,首先是钠直接跟酸反应,过量的钠再与水反应,而不能认为是钠先跟水反应,生成的 NaOH 再跟酸中和。

钠投入足量的盐酸中反应的化学方程式是:

$2Na + 2HCl = 2NaCl + H_2 \uparrow$

离子方程式:$2Na + 2H^+ = 2Na^+ + H_2 \uparrow$

(2)钠跟碱溶液的反应实际是跟水反应

(3)钠跟盐溶液的反应

①NaCl 溶液:实际是与水反应。反应的化学方程式为:

$2Na + 2H_2O = 2NaOH + H_2 \uparrow$。

②$CuSO_4$ 溶液:因为钠与水剧烈反应,这样钠先与水反应,生成的 NaOH 再跟 $CuSO_4$ 反应,而不能认为发生的只是置换反应。

上述反应的化学方程式为:

$2Na + 2H_2O = 2NaOH + H_2 \uparrow$;

$CuSO_4 + 2NaOH = Cu(OH)_2 \downarrow + Na_2SO_4$;

总式为:$2Na + CuSO_4 + 2H_2O = Cu(OH)_2 \downarrow + H_2 \uparrow + Na_2SO_4$。

③$NaHSO_4$ 溶液:因其完全电离:$NaHSO_4 = Na^+ + H^+ + SO_4^{2-}$,而使溶液显强酸性,即盐电离产生的 H^+ 浓度远大于水中的 H^+ 浓度,此时钠直接与盐反应。方程式为:

$2Na + 2NaHSO_4 = 2Na_2SO_4 + H_2 \uparrow$。

④通常钠不能从盐溶液中置换出金属;若盐为熔融状态,钠可以置换出较不活泼的金属,如:$4Na + TiCl_4 \xrightarrow{熔融} 4NaCl + Ti$。

7. 金属钠露置在空气中的变化过程

银白色金属钠 $\xrightarrow{O_2}$ 表面变暗 $\xrightarrow{H_2O}$ 出现白色固体 $\xrightarrow{H_2O}$ 表面变成溶
(Na)   (生成 Na_2O)   (生成 NaOH)   (NaOH 潮解)

液 $\xrightarrow{CO_2}$ 白色块状物质 $\xrightarrow{风化}$ 白色粉末状物质
        (生成 $Na_2CO_3 \cdot 10H_2O$)   (生成 Na_2CO_3)

有关反应如下:

$4Na + O_2 = 2Na_2O$;

$Na_2O + H_2O = 2NaOH$;

$2NaOH + CO_2 = Na_2CO_3 + H_2O$。

例题7 福州调研题

向一个铝制易拉罐充满 CO_2,然后往罐中注入足量的 NaOH 溶液,立即用胶布严封罐口,不多会儿听到罐内"咔、咔"作响,发现易拉罐变瘪,再过一会儿易拉罐又鼓起来。

(1)易拉罐变瘪的原因_____,反应的离子方程式_____。

(2)易拉罐又鼓起来的原因_____,离子方程式_____。

【解析】开始 CO_2 溶于 NaOH 溶液,罐内气压减小,外界气压将易拉罐压瘪。之后铝制的易拉罐与 NaOH 溶液反应,产生 H_2,罐内压强又增大。易拉罐又鼓起。

【答案】(1)NaOH 溶液吸收 CO_2,罐内压强减小,外界气压将易拉罐压瘪　$CO_2 + 2OH^- = CO_3^{2-} + H_2O$

(2)Al 表面氧化膜溶解后,Al 与 NaOH 溶液反应产生 H_2　$2Al + 2OH^- + 2H_2O = 2AlO_2^- + 3H_2 \uparrow$

例题8 基础题

完全中和 0.1 mol NaOH,需要 H_2SO_4 的物质的量是多少? 所需 H_2SO_4 的质量是多少?

【答案】(1)写出并配平化学方程式:$2NaOH + H_2SO_4 = Na_2SO_4 + 2H_2O$。

(2)列出已知、未知的对应量:

$2NaOH + H_2SO_4 = Na_2SO_4 + 2H_2O$

　　2　　　　1

0.10 mol　$n(H_2SO_4)$

(3)列比例式:$\dfrac{2}{1} = \dfrac{0.10 \text{ mol}}{n(H_2SO_4)}$

(4)求解:$n(H_2SO_4) = \dfrac{0.10 \text{ mol} \times 1}{2} = 0.05 \text{ mol}$,

$m(H_2SO_4) = 0.05 \text{ mol} \times 98 \text{ g} \cdot \text{mol}^{-1} = 4.9 \text{ g}$。

(5)写出答案:完全中和 0.10 mol NaOH,需要 0.05 mol H_2SO_4,所需 H_2SO_4 的质量为 4.9 g。

【点拨】在计算过程中要带单位。

例题9 中难题

将金属钠加入到 $Fe_2(SO_4)_3$ 溶液中,很快就产生红褐色沉淀。你能解释这一现象吗?

【解析】金属钠与盐溶液的反应,不可能置换出金属单质,这是因为钠首先要和溶液中的水反应生成 NaOH 和 H_2,生成的 NaOH 能和 $Fe_2(SO_4)_3$ 反应生成难溶的碱 $Fe(OH)_3$。

【答案】钠投入 $Fe_2(SO_4)_3$ 溶液中,首先发生反应:$2Na + 2H_2O = 2NaOH + H_2 \uparrow$,生成的 NaOH 能与 $Fe_2(SO_4)_3$ 反应:$6NaOH + Fe_2(SO_4)_3 = 3Na_2SO_4 + 2Fe(OH)_3 \downarrow$,所以会观察到有红褐色沉淀生成。该反应的总反应方程式可以表示为 $6Na + 6H_2O + Fe_2(SO_4)_3 = 2Fe(OH)_3 \downarrow + 3Na_2SO_4 + 3H_2 \uparrow$。

【点拨】活泼金属与盐溶液反应时活泼金属先与水反应,若生成的 NaOH 能和盐反应生成难溶的碱,则 NaOH 才能再和盐反应。

例题10 中难题

下列关于金属钠的说法中,错误的是(　　)。

A. 露置在空气中的金属钠表面常有一层氧化膜,所以表面发暗

B. 钠极易被氧化,故平时保存在煤油中

③ 创新·思维拓展

8.金属与水反应的规律

金属与水反应的规律是：

（1）K、Ca、Na 等金属和冷水作用,生成可溶性碱和 H_2。

$$2K + 2H_2O =\!=\!= 2KOH + H_2\uparrow$$

（2）Mg 与冷水反应缓慢,与沸水迅速反应,Al 与冷水很难反应,与沸水能反应,生成不溶性碱和氢气。即镁和铝在除掉氧化膜后,在加热条件下与水反应。

$$Mg + 2H_2O \xrightarrow{\triangle} Mg(OH)_2 + H_2\uparrow$$

（3）Zn、Fe、Sn、Pb 和高温水蒸气反应,生成不溶性氧化物和 H_2。

$$3Fe + 4H_2O(g)\xrightarrow{高温}Fe_3O_4 + 4H_2；$$

$$Zn + H_2O(g)\xrightarrow{高温}ZnO + H_2$$

（4）Cu、Hg、Ag、Pt、Au 不与水作用。

注:金属与水、酸、碱反应产生 H_2 的量有如下关系:

$$M \longrightarrow \frac{n}{2}H_2，$$

M 代表某种金属,n 代表金属的化合价。即 1 mol 金属与水、酸或碱反应产生 $\frac{n}{2}$ mol 的 H_2。

C.金属钠在空气中燃烧时,生成的是氧化钠

D.金属钠在自然界中一般不以游离态存在

【解析】错在空气中燃烧生成过氧化钠。

【答案】C

例题11　难题

由 Zn、Fe、Al、Mg 四种金属中的两种组成的混合物 10 g,与足量的盐酸反应产生的 H_2 在标准状况下为 11.2 L,则混合物中一定含有的金属是_____。

【解析】用极值思想和左栏金属与酸反应产生 H_2 的关系式,很容易求解。

$$M \longrightarrow \frac{n}{2}H_2 \Rightarrow \begin{cases} Zn \longrightarrow H_2 \\ Fe \longrightarrow H_2 \\ Mg \longrightarrow H_2 \\ Al \longrightarrow \frac{3}{2}H_2 \end{cases}$$

由此很快算出,产生标准状况下 11.2 L 的 H_2 时,需要各金属的质量分别是:$m(Zn) = 32.5$ g,$m(Fe) = 28$ g,$m(Mg) = 12$ g,$m(Al) = 9$ g < 10 g。只有当 Al 与其他任意一种金属混合才可能。

【答案】Al

▶ 整体训练方法

④ 能力·题型设计

速效基础演练

☞ 1.关于铝及其化合物的下列说法不正确的是（　　）。
A. $Al(OH)_3$ 可以用来做胃酸中和剂
B. 铝及其合金很早就得到了广泛的使用
C. 不能用铝制品来蒸煮酸性、碱性或咸的食物
D. Al_2O_3 可以用来制造耐火坩埚、耐火管等实验仪器

☞ 2.下列关于金属的叙述中正确的是（　　）。
A. 所有的金属都是固态的
B. 金属具有导电性、导热性和延展性
C. 活泼的金属、或较活泼的金属能与酸反应,但不能与碱反应
D. 金属元素在自然界中都是以化合态形式存在的

☞ 3.铝具有较强的抗腐蚀能力,主要原因是（　　）。
A.铝的化学性质稳定　　　　　　　　B.铝与氧气在常温下不反应
C.铝在任何条件下均不与氧气反应　　D.铝与氧气化合形成一层致密的氧化膜

☞ 4.除去镁粉中的少量铝粉,可选用的试剂是（　　）。
A.稀盐酸　　　　　B.稀硝酸　　　　　C.NaOH 溶液　　　　　D.氯化钠溶液

☞ 5.某无色透明溶液,能与 Al 作用放出 H_2,此溶液中可以大量共存的离子组是（　　）。
A. OH^-、Mg^{2+}、Ba^{2+}、Cl^-　　　　　　B. SO_4^{2-}、Na^+、HCO_3^-、K^+
C. NO_3^-、Na^+、Cl^-、Ba^{2+}　　　　　D. Cu^{2+}、H^+、SO_4^{2-}、NO_3^-

☞ 6.下列反应的离子方程式书写正确的是（　　）。
A.钠和冷水反应:$Na + 2H_2O =\!=\!= Na^+ + 2OH^- + H_2\uparrow$
B.金属铝溶于氢氧化钠溶液:$Al + 2OH^- =\!=\!= AlO_2^- + H_2\uparrow$
C.金属铝溶于盐酸:$2Al + 6H^+ =\!=\!= 2Al^{3+} + 3H_2\uparrow$
D.铁与稀硫酸反应:$2Fe + 6H^+ =\!=\!= 2Fe^{3+} + 3H_2\uparrow$

☞ 7.两份铝屑,第一份与足量的稀盐酸反应,第二份与足量的氢氧化钠溶液反应,产生氢气的体积比为 $1:2$（同温同压下）,则两份铝屑的质量比为（　　）。
A.$1:1$　　　　　B.$1:2$　　　　　C.$1:3$　　　　　D.$1:4$

☞ 8.下列有关钠的叙述,正确的是（　　）。
①钠在空气中燃烧生成氧化钠　　　　②金属钠有强还原性
③钠与硫酸铜溶液反应,可以置换出铜　④金属钠可以保存在煤油中
⑤钠原子的最外层上只有一个电子,所以在化合物中钠的化合价显 +1 价
A.①②④　　　　　B.②③⑤　　　　　C.①④⑤　　　　　D.②④⑤

点击考例
◀ 测试要点1
2012·安阳测试题

◀ 测试要点1

◀ 测试要点2-2

◀ 测试要点4

◀ 测试要点4

◀ 测试要点3

◀ 测试要点4

◀ 测试要点2
2012·海口考题

9. 将钠、镁、铝各 0.3 mol 分别放入 100 mL、1 mol·L^{-1} 的盐酸中,同温同压下产生的气体体积比( )。

A. 1∶2∶3　　　　　 B. 6∶3∶2　　　　　 C. 3∶1∶1　　　　　 D. 1∶1∶1

测试要点3

10. 等质量的钠、镁、铝分别与足量的盐酸反应,产生 H_2 的质量由大到小的排列顺序正确的是( )。

A. Al、Mg、Na　　　 B. Mg、Al、Na　　　 C. Na、Mg、Al　　　 D. Na、Al、Mg

测试要点6

11. 等质量的钠进行下列实验,产生 H_2 最多的是( )。

A. 将钠投入足量的稀硫酸中

B. 将钠投入足量的稀盐酸中

C. 将钠投入足量的硫酸铝溶液中

D. 将钠用铝箔包好,并刺穿一些小孔,放入足量水中

测试要点3

12. A、B、C 是中学化学中常见的三种物质,它们之间的相互转化关系如下(部分反应条件及产物略去):

(1)若 A 是一种金属,C 是淡黄色固体,则 B 的化学式为_____,A→C 反应的化学方程式为

_____。

(2)若 A 是一种非金属,其常见单质为黑色固体,C 是最主要的温室气体,则 C 的分子式为_____,B→C 反应的化学方程式为_____。

测试要点2-1

知能提升突破

1. 把铁片投入到下列溶液中,铁片质量减小,且没有气体产生,此溶液是( )。

A. $FeSO_4$　　　　　 B. H_2SO_4　　　　　 C. $Fe_2(SO_4)_3$　　　 D. $AgNO_3$

测试要点1

2. 分别将 23 g 金属钠放入足量的 m g 水和 24 g 金属镁放入足量的 m g 稀盐酸中,反应后所得溶液的质量分别为 a g 和 b g。那么 a 和 b 的关系应是( )。

A. $a > b$　　　　　 B. $a < b$　　　　　 C. $a = b$　　　　　 D. 无法确定

测试要点3、7

3. 在一定条件下用普通铁粉和水蒸气反应,可以得到铁的氧化物。利用下图所示的装置进行实验,实验进行时试管 A 中应加入的试剂是_____;烧瓶 B 的作用是_____;烧瓶 C 的作用是_____;用点燃的木条靠近水槽中的肥皂泡时的现象是_____。

测试要点3-2

4. 某无色透明溶液与铝反应放出 H_2,该溶液中可能含有大量的 H^+、K^+、Mg^{2+}、Cl^-、OH^-、NO_3^-、CO_3^{2-} 等离子,试推断:

第一种情况:一定有_____,可能有_____。

第二种情况:一定有_____,可能有_____。

测试要点4

5. 如右图所示,在烧杯中盛有 100 mL 蒸馏水,水中悬浮一个表面光滑、耐碱、耐热的小球(此球稳定在水的中央)。将 10 g 金属钠分多次投入到水中,最后使烧杯内的液体恢复到原来的蒸馏水的温度。回答下列问题:

(1)10 g 钠要分多次投入的主要原因是_____。

(2)将 10 g 钠全部投入完毕后所进行的次数最好是( )。

A. 5 次　　　　 B. 10 次　　　　 C. 大于 10 次

(3)实验结束时,从烧杯内小球的位置观察到的现象是_____,出现这种现象的主要原因是_____。

(4)写出烧杯中发生反应的离子方程式: _____。

测试要点3-1

6. 有一块表面氧化成氧化钠的金属钠,总质量为 5.22 g,投入到 94.88 g 水(足量)中,待充分反应后收集到氢气 0.2 g,求:

(1)其中含氧化钠的质量是多少克?

(2)反应后所得氢氧化钠溶液的质量分数是多少?

测试要点2-1

点击考例

► 教材课后习题解答

习题

1. 在实验室里把钠保存在石蜡或煤油中。因为钠易与空气中的氧气和水蒸气反应而变质。钠的密度比煤油的大,沉在煤油底部,煤油起到隔绝空气的作用。

$4Na + O_2 \xrightarrow{\quad} 2Na_2O$　　　$2Na + 2H_2O \xrightarrow{\quad} 2NaOH + H_2\uparrow$

点拨:命题目的是要求掌握钠跟氧气和水反应的化学方程式及钠的保存。

2. B　点拨:钠在空气中缓慢氧化生成 Na_2O,燃烧生成 Na_2O_2。

3. B　点拨:铝常温与氧气反应,在表面生成一层致密的氧化膜,阻止了 Al 与 O_2 的进一步反应。

4. D　点拨:易失电子的也可能是离子,例如 Fe^{2+} 易失电子生成 Fe^{3+};某些非金属也能与酸反应,例如 C 和浓 H_2SO_4、Cl_2 和 HBr 等;氢原子最外层只有一个电子,属于非金属。

5. D　6. A　点拨:根据氧化还原反应中电子守恒可求得。

7. (1) $3Fe + 4H_2O(g) \xrightarrow{\text{高温}} Fe_3O_4 + 4H_2$

(2) $2Al + 6HCl \xrightarrow{\quad} 2AlCl_3 + 3H_2\uparrow$

$2Al + 6H^+ \xrightarrow{\quad} 2Al^{3+} + 3H_2\uparrow$

(3) $2Al + 2NaOH + 2H_2O \xrightarrow{\quad} 2NaAlO_2 + 3H_2\uparrow$,

$2Al + 2OH^- + 2H_2O \xrightarrow{\quad} 2AlO_2^- + 3H_2\uparrow$

(4) $Zn + CuCl_2 \xrightarrow{\quad} ZnCl_2 + Cu$　　$Zn + Cu^{2+} \xrightarrow{\quad} Zn^{2+} + Cu$

点拨:命题目的是要求掌握几种重要金属的有关反应的化学方程式。

8. 解:5.4 g 铝的物质的量 $n(Al) = \dfrac{5.4\ g}{27\ g \cdot mol^{-1}} = 0.2\ mol$。

$$2Al + 2NaOH + 2H_2O \xrightarrow{\quad} 2NaAlO_2 + 3H_2\uparrow$$

　2 mol　　　　　　　　　　　　　　　　　3 mol

　0.2 mol　　　　　　　　　　　　　　　　$n(H_2)$

$\dfrac{2\ mol}{0.2\ mol} = \dfrac{3\ mol}{n(H_2)}$,$n(H_2) = 0.3\ mol$。

$V(H_2) = 22.4\ L \cdot mol^{-1} \times 0.3\ mol = 6.72\ L$。

答:5.4 g Al 与足量 NaOH 溶液反应生成 H_2 6.72 L(标准状况下)。

9. 1 kg Mg 与 1 kg Al 分别与足量盐酸反应时,1 kg Al 放出的 H_2 多。(1 kg Mg 与足量盐酸反应可放出 83 g H_2,1 kg Al 与足量盐酸反应可放出 111 g H_2。)

设体积为 1 000 cm^3,则 Mg 的质量为 1 738 g,约 72.4 mol,反应可产生 H_2 144.8 g;Al 的质量为 2 700 g,100 mol,反应可产生 H_2 300 g。所以相同体积的 Mg、Al 分别与足量盐酸反应,Al 放出的 H_2 多。(建议学生运用物质的量概念进行计算,并列出计算式。)

10. 铝跟氧气或空气在一定条件下燃烧时会放出大量的热,若合理利用,作为一种能源是可能的。但把铝作为民用新型能源,目前还不太现实。因为:(1)自然界中只存在化合态的铝,铝是通过电解氧化铝获得的,要耗费大量的电能,造成能源浪费;(2)铝在纯氧中很容易点燃,但民用纯氧气目前难以实现。在空气中燃烧需要高温条件,同样难以达到;(3)铝是强还原剂和易燃物,遇强氧化剂或木炭粉等易发生爆炸,使用时存在安全隐患;(4)燃烧时发出耀眼的白光,会刺激人的眼睛;(5)产物氧化铝的熔点远高于铝,很难熔化,内部的铝可能反应不充分,浪费材料;(6)燃烧时反应太快,难以控制反应速率;(7)铝是热的良导体,未反应的铝会散失一部分热量,降低热效率。

11. 主要原因是铝需要用电解的方法冶炼,能耗远高于铁;铁可以用还原剂反应得到,成本较低。另外,电解用的氧化铝要求纯度很高,开采后的矿石需提纯后才能使用,进一步增加了生产成本,因此,铝的价格比铁的高。

► 最新5年高考名题诠释

考题1　2011·山东高考改编

Al、Fe、Cu 都是重要的金属元素。下列说法正确的是(　　)。

A. 三者对应的氧化物均为碱性氧化物

B. 三者的单质放置在空气中均只生成氧化物

C. 铝箔在空气中受热可以熔化且会发生剧烈燃烧

D. Fe 分别与氯气和稀盐酸反应所得氯化物不同

【解析】铝对应的氧化物 Al_2O_3 属于两性氧化物,A 不正确;铝属于活泼金属其表面易被空气中氧气氧化形成一层致密的氧化膜而使铝不易被腐蚀;铁放置在空气中可以直接发生化学腐蚀,例如铁与氯气直接反应而被腐蚀;铜放置在空气中会和空气中的氧气、二氧化碳和水缓慢的反应生成碱式碳酸铜即铜绿,方程式为 $2Cu + O_2 + CO_2 + H_2O \xrightarrow{\quad} Cu_2(OH)_2CO_3$,因此选项 B 不正确;铝箔在空气中受热可熔化,但由于表面形成熔点很高的 Al_2O_3,故不会燃烧,所以选项 C 不正确;铁属于变价金属,与强氧化剂反应生成 Fe^{3+},与弱氧化剂生成 Fe^{2+},氯气属于强氧化剂,盐酸属于非氧化性酸,因此选项 D 正确。

【答案】D

考题2　2011·上海高考

物质的量为 0.10 mol 的镁条在只含有 CO_2 和 O_2 混合气体的容器中燃烧(产物不含碳酸镁),反应后容器内固体物质的质量不可能为(　　)。

A. 3.2g　　　B. 4.0g　　　C. 4.2g　　　D. 4.6g

【解析】若镁全部与氧气反应只生成氧化镁,其质量是4g;若镁全部与二氧化碳反应生成氧化镁和碳,其质量是4.6g。因为只要有氧气存在,就不可能生成单质碳,即镁应该首先与氧气反应,所以选项D是不可能。

【答案】D

考题3 2007·宁夏

a g铁粉与含有 H_2SO_4 的 $CuSO_4$ 溶液完全反应后,得到 a g铜,则参与反应的 $CuSO_4$ 与 H_2SO_4 的物质的量之比为( )。

A.1:7   B.7:1   C.7:8   D.8:7

【解析】写出反应的化学方程式,设参与反应的 $CuSO_4$ 和 H_2SO_4 的物质的量分别为 x、y。

$$Fe + CuSO_4 === FeSO_4 + Cu$$
$$x \qquad x \qquad\qquad x$$
$$Fe + H_2SO_4 === FeSO_4 + H_2\uparrow$$
$$y \qquad y$$

根据题意,固体的质量不变,所以有 $(x+y)\cdot 56$ g·mol^{-1} = 64 g·$mol^{-1}\cdot x = a$ g,解得 $\dfrac{x}{y}=\dfrac{7}{1}$。

【答案】B

考题4 2006·全国

等量镁铝合金粉末分别与下列4种过量的溶液充分反应,放出氢气最多的是( )。

A.2 mol·L^{-1} H_2SO_4 溶液

B.18 mol·L^{-1}浓 H_2SO_4 溶液

C.6 mol·L^{-1} KOH 溶液

D.3 mol·L^{-1} HNO_3 溶液

【解析】B 项中 Mg 与浓 H_2SO_4 反应生成 SO_2,不生成 H_2,Al 在浓 H_2SO_4 中钝化,即使在加热的条件下,也不生成 H_2,故 B 项生成 H_2 的量为 0;D 项中 Mg、Al 与 HNO_3 反应均不生成 H_2,故生成 H_2 的量也为 0;由于溶液过量,A、C 两项中生成 H_2 的量由金属决定。

在 A 中,Al $\xrightarrow{\frac{3}{2}}$ H_2,Mg $\longrightarrow H_2$,C 中 Al $\xrightarrow{\frac{3}{2}} H_2$,Mg 不反应,可知 A 中生成的 H_2 多,故选 A。

【答案】A

考题5 2006·上海

在烧杯中加水和苯(密度:0.88 g·cm^{-3})各50 mL。将一小粒金属钠(密度:0.97 g·cm^{-3})投入烧杯中。观察到的现象可能是( )。

A. 钠在水层中反应并四处游动

B. 钠停留在苯层中不发生反应

C. 钠在苯的液面上反应并四处游动

D. 钠在苯与水的界面处反应并可能上、下跳动

【解析】苯与水互不相溶而分层,水的密度较大在下层,苯的密度较小在上层。钠的密度介于苯和水的密度之间,钠的位置在苯和水的位置之间。钠与苯不发生化学反应,钠与 H_2O 反应生成氢氧化钠和氢气,氢气推着钠粒向上运动。钠粒上升到苯中失去了氢气的推动力以后,在重力的作用下又回到了苯与水的交界处。这时的钠粒再次重复先上浮后下落的现象,直到钠粒消失为止。

【答案】D

考题6 2010·上海

由 5 mol Fe_2O_3、4 mol Fe_3O_4 和 3 mol FeO 组成的混合物中,加入纯铁 1 mol 并在高温下和 Fe_2O_3 反应。若纯铁完全反应,则反应后混合物中 FeO 与 Fe_2O_3 的物质的量之比可能是( )。

A.4:3   B.3:2   C.3:1   D.2:1

【解析】当 Fe 与 Fe_2O_3 反应生成 FeO 时:Fe + Fe_2O_3 === 3FeO,反应后剩余 $n(Fe_2O_3)$ = 4 mol,$n(FeO)$ = 3 mol + 3 mol = 6 mol,即反应后混合物中 FeO 与 Fe_2O_3 物质的量之比为3:2。当 Fe 与 Fe_2O_3 反应生成 Fe_3O_4 时,Fe + 4Fe_2O_3 === 3Fe_3O_4,反应后剩余 $n(Fe_2O_3)$ = 1 mol,$n(FeO)$ = 3 mol,则反应后混合物中 FeO 与 Fe_2O_3 物质的量之比为3:1。故选 B、C。

【答案】B、C

第 2 节　几种重要的金属化合物

▶ 课标三维目标

1. 知识与技能
(1) 掌握 Na_2O、Na_2O_2、Na_2CO_3、$NaHCO_3$ 的性质;
(2) 了解焰色反应及钾、钠化合物的检验;
(3) 掌握 Al_2O_3、$Al(OH)_3$ 及 Al^{3+} 的性质;
(4) 了解 FeO、Fe_2O_3、Fe_3O_4、$Fe(OH)_2$、$Fe(OH)_3$ 用途和性质;
(5) 掌握 Fe^{2+}、Fe^{3+} 的检验;
2. 过程与方法
实验观察法、分析法、阅读法;
3. 情感态度与价值观
(1) 通过同种元素不同形式的转化,体验事物之间存在内在的相互联系;
(2) 通过同种元素、因价态不同而体现出性质不同,体验结构决定性质这一化学本质。

▶ 三层完全解读

>>>解题依据

1 知识·能力聚焦

1. 钠的重要化合物

1-1 氧化钠和过氧化钠

【思考与交流】Na_2O 与 H_2O 的反应和 CaO 与 H_2O 的反应类似,请写 Na_2O 与 H_2O 反应的化学方程式。

【答案】$Na_2O + H_2O =\!=\!= 2NaOH$。

(1) Na_2O_2 的性质的实验探究

实验步骤:取一支试管,向其中加入少量 Na_2O_2 固体,然后滴入适量水,并立即把带火星的木条放在试管口,用手触摸试管底部,向反应后的溶液中滴入酚酞溶液。

实验现象:①带火星的木条复燃;②试管壁温度升高;③滴入酚酞后溶液变红。

实验结论:①Na_2O_2 与水反应产生 O_2;②放出热量;③同时有碱性物质生成。

化学方程式:$2Na_2O_2 + 2H_2O =\!=\!= 4NaOH + O_2\uparrow$。

过氧化钠还能与 CO_2 反应生成碳酸钠和氧气:
$2Na_2O_2 + 2CO_2 =\!=\!= 2Na_2CO_3 + O_2$。

(2) Na_2O 与 Na_2O_2 的比较

	氧化钠	过氧化钠
化学式	Na_2O	Na_2O_2
颜色	白色	淡黄色
与 H_2O 反应	$Na_2O + H_2O =\!=\!= 2NaOH$	$2Na_2O_2 + 2H_2O =\!=\!= 4NaOH + O_2\uparrow$
与 CO_2 反应	$Na_2O + CO_2 =\!=\!= Na_2CO_3$	$2Na_2O_2 + 2CO_2 =\!=\!= 2Na_2CO_3 + O_2$
用途	——	强氧化剂、漂白剂、供氧剂

【思考与交流】Na_2O 和 Na_2O_2 都能与水反应生成 $NaOH$,所以 Na_2O 和 Na_2O_2 都是碱性氧化物。你同意这种观点吗?

【答案】碱性氧化物的主要性质是能与酸反应生成盐和水,无其他产物生成。而 Na_2O_2 跟酸反应除生成盐和水外,还生成 O_2,所以 Na_2O_2 不属于碱性氧化物。

1-2 碳酸钠和碳酸氢钠

>>>名题诠释

例题 1 　基础题

下列说法正确的是(　　)。
A. Na、Na_2O、Na_2O_2 都能与水发生氧化还原反应
B. Na_2O、Na_2O_2 都能与二氧化碳反应并生成 O_2
C. Na、Na_2O、Na_2O_2 溶于水形成的溶液其溶质相同
D. Na_2O、Na_2O_2 都能与水反应,都是碱性氧化物

【解析】Na_2O 与水反应不属于氧化还原反应,A 错。Na_2O 与 CO_2 反应仅生成 Na_2CO_3,B 错。Na、Na_2O、Na_2O_2 与水反应都会生成 $NaOH$,C 正确。Na_2O_2 与酸反应除生成盐和水外,还有 O_2 生成,Na_2O_2 不是碱性氧化物。

【答案】C

【点拨】在学习中,要善于把 Na_2O、Na_2O_2 的性质进行对比记忆。
$Na_2O + H_2O =\!=\!= 2NaOH$
$2Na_2O_2 + 2H_2O =\!=\!= 4NaOH + O_2\uparrow$
$Na_2O + CO_2 =\!=\!= Na_2CO_3$
$2Na_2O_2 + 2CO_2 =\!=\!= 2Na_2CO_3 + O_2$

例题 2 　中难题

有 4 种钠的化合物 W、X、Y、Z,它们之间存在如下关系:
① $W \xrightarrow{\triangle} X + H_2O + CO_2\uparrow$
② $Z + CO_2 \longrightarrow X + O_2$
③ $Z + H_2O \longrightarrow Y + O_2\uparrow$
④ $X + Ca(OH)_2 \longrightarrow Y + CaCO_3\downarrow$

试回答下列问题:
(1) W、X、Y、Z 的化学式分别是:W:_____、

(1) Na_2CO_3 和 $NaHCO_3$ 的溶解性及酸碱性探究

步骤	1g Na_2CO_3	1g $NaHCO_3$
①加 1 mL H_2O	白色粉末,加水变成晶体;放热	细小白色粉末,加水部分溶解;感不到热变化
②加 10 mL H_2O	振荡后溶解	固体量减小
③1~2 滴酚酞	溶液变红(较深)	溶液变浅红
初步结论	①溶解性:$Na_2CO_3 > NaHCO_3$ ②碱性:$Na_2CO_3 > NaHCO_3$	

(2) Na_2CO_3 和 $NaHCO_3$ 热稳定性探究

步骤	Na_2CO_3	$NaHCO_3$
①加热	——	$2NaHCO_3 \xrightarrow{\Delta} Na_2CO_3 + H_2O + CO_2\uparrow$
②通入澄清的石灰水	——	$CO_2 + Ca(OH)_2 == CaCO_3\downarrow + H_2O$
结论	热稳定性 $NaHCO_3 < Na_2CO_3$	

【拓展】碳酸及碳酸盐的热稳定性有下关系:
可溶性碳酸盐(不包括铵盐) > 不溶性碳酸盐 > 酸式碳酸盐 > 碳酸
例如:$Na_2CO_3 > NaHCO_3 > H_2CO_3$,
$CaCO_3 > Ca(HCO_3)_2 > H_2CO_3$。

(3) Na_2CO_3 与 $NaHCO_3$ 性质比较

物质	碳酸钠(Na_2CO_3)	碳酸氢钠($NaHCO_3$)
俗名	纯碱或苏打	小苏打
色、态	白色粉末($Na_2CO_3 \cdot 10H_2O$ 为晶体)	细小白色晶体
溶解性	易溶于水	在水中溶解度比Na_2CO_3 小
热稳定性	稳定,受热难分解;但结晶碳酸钠($Na_2CO_3 \cdot 10H_2O$)易风化	不稳定,受热易分解 $2NaHCO_3 \xrightarrow{\Delta} Na_2CO_3 + H_2O + CO_2\uparrow$
与酸反应	$Na_2CO_3 + 2HCl == 2NaCl + H_2O + CO_2\uparrow$	$NaHCO_3 + HCl == NaCl + H_2O + CO_2\uparrow$ (反应速率比 Na_2CO_3 快)
与碱反应	$Na_2CO_3 + Ca(OH)_2 == CaCO_3\downarrow + 2NaOH$ ($Na_2CO_3 + NaOH$ 不反应)	$2NaHCO_3 + Ca(OH)_2 == CaCO_3\downarrow + Na_2CO_3 + 2H_2O$ $NaHCO_3 + NaOH == Na_2CO_3 + H_2O$
与可溶性钙盐、钡盐反应	$Na_2CO_3 + CaCl_2 == CaCO_3\downarrow + 2NaCl$ $Na_2CO_3 + BaCl_2 == BaCO_3\downarrow + 2NaCl$	不反应
相互转化	$Na_2CO_3 \underset{①固(加热),②液(NaOH)}{\overset{CO_2 + H_2O}{\rightleftarrows}} NaHCO_3$	

1-3 焰色反应
在进行焰色反应时注意以下几点:
(1)蘸取待测物的金属丝:铂丝或铁、铬、镍、钨丝等,它们必须在火焰上灼烧时无颜色,并且熔点较高。
(2)金属丝使用前用稀盐酸将其表面的氧化物洗净,然后在火焰上灼烧至无焰色,以除去能起焰色反应的少量杂质。
(3)操作步骤:可归纳为六个字,即洗→烧→蘸→烧→洗→烧。
(4)作用:鉴别钠、钾等金属或其他离子,只能判断是某种元素,而不能进一步确定是单质原子、分子还是离子。
【特别提醒】①焰色反应是元素的性质,而不是单质或某种化合物的性质。
②焰色反应可鉴别物质,这种鉴别物质的方法属于物理方法,而不是化学方法。

X:_____、Y:_____、Z_____。
(2)以上 4 个化学反应,属于氧化还原反应的是_____(填反应序号),反应中氧化剂是_____(写化学式),还原剂是_____(写化学式)。
(3)若④反应在溶液中进行,写出其离子方程式以及能用该离子方程式表示的另一个化学反应的化学方程式:①离子方程式:_____。
②化学方程式:_____。

【解析】①反应可认定为$NaHCO_3$ 的分解反应:$2NaHCO_3 \xrightarrow{\Delta} Na_2CO_3 + H_2O + CO_2\uparrow$,该反应是非氧化还原反应。将X($Na_2CO_3$)代入②③两反应,逆推可知Z为$Na_2O_2$,$2Na_2O_2 + 2CO_2 == 2Na_2CO_3 + O_2$,$2Na_2O_2 + 2H_2O == 4NaOH + O_2\uparrow$,以上两反应都是氧化还原反应,且$Na_2O_2$ 既是氧化剂又是还原剂。这样,④反应为$Na_2CO_3 + Ca(OH)_2 == CaCO_3\downarrow + 2NaOH$,其离子反应为 $CO_3^{2-} + Ca^{2+} == CaCO_3\downarrow$。多数可溶性碳酸盐和$Ca(OH)_2$ 的反应都可用此离子方程式表示,其反应不是氧化还原反应。

【答案】(1)$NaHCO_3$ Na_2CO_3 $NaOH$ Na_2O_2
(2)②③ Na_2O_2 Na_2O_2
(3)$Ca^{2+} + CO_3^{2-} == CaCO_3\downarrow$ $Ca(OH)_2 + K_2CO_3 == 2KOH + CaCO_3\downarrow$

【点拨】本题属于元素化合物知识的推断填空题,解此类题的关键是找准突破口,如反应①$W \xrightarrow{\Delta} X + H_2O + CO_2\uparrow$ 的化学方程式为 $2NaHCO_3 \xrightarrow{\Delta} Na_2CO_3 + H_2O + CO_2\uparrow$,就是题目的突破口,由 X 为$Na_2CO_3$ 推导,则问题相应解决。

例题3 基础题

用光洁的铂丝蘸取某无色溶液在无色火焰上灼烧,直接观察到火焰呈黄色,下列各判断正确的是（　　）。
A. 只含有 Na^+
B. 一定含有 Na^+,可能含有 K^+
C. 既含有 Na^+,又含有 K^+
D. 可能含有 Na^+,可能还有 K^+

【解析】Na元素的焰色为黄色,而K元素的焰色为紫色,而且黄色会干扰紫色,所以本题无法判断是否含有 K 元素,所以答案为 B。
【答案】B
【点拨】几种焰色反应的颜色

金属或金属离子	锂	钠	钾	钙	锶	钡	铜
焰色反应的颜色	紫红色	黄色	紫色	砖红色	洋红色	黄绿色	绿色

72

【思考与交流1】做焰色反应实验前,要先将金属丝用盐酸洗净,为何不能换成稀硫酸来洗?

【答案】这是因为金属氧化物与盐酸反应生成的氯化物在灼烧时易气化而挥发,以除去能起焰色反应的少量杂质。而若用硫酸来洗,则生成的硫酸盐的沸点很高,少量杂质不易被除去而干扰火焰的颜色。

【思考与交流2】在观察钾的焰色反应时若不透过蓝色钴玻璃,我们所观察到的往往是黄色,这是为什么?

【答案】由于钠和钾元素的许多性质相近,往往使钠和钾元素的分离非常困难,导致许多含钾元素的物质中也含有少量的钠元素,而黄色又能对紫色有遮盖作用,但蓝色钴玻璃恰能滤去黄色光,使紫色透过。

2.铝的重要化合物

2-1氧化铝

(1)两性氧化物

既能与酸反应生成盐和水,又能与碱反应生成盐和水的氧化物称为两性氧化物。

(2)Al_2O_3 的物理性质

①难溶于水;②熔点很高,可做耐火材料。

(3)Al_2O_3 的化学性质

①与酸反应:$Al_2O_3 + 6H^+ === 2Al^{3+} + 3H_2O$;

②与碱反应:$Al_2O_3 + 2OH^- === 2AlO_2^- + H_2O$。

【特别提醒】Al_2O_3 只能与强酸、强碱发生化学反应。

【思考与交流】钠与铝都能被空气中的氧气氧化,钠不能在空气中存放,而铝却可以在空气中长时间存放。为什么?

【答案】钠暴露在空气中后迅速变暗,这是因为生成了 Na_2O 的缘故。Na_2O 可继续与空气中的水分、CO_2 发生反应,使 Na 继续被氧化而变质。而常温下,铝与空气中的 O_2 起反应,生成一层致密而坚固的氧化物薄膜,从而使金属失去光泽。由于这层氧化物薄膜能阻止金属的继续氧化,所以铝有抗腐蚀的性能。

2-2氢氧化铝

(1)$Al(OH)_3$ 的制取:利用可溶性铝盐(如 $AlCl_3$)与 $NH_3 \cdot H_2O$ 可以制取 $Al(OH)_3$,它是一种白色胶状沉淀。

$Al^{3+} + 3NH_3 \cdot H_2O === Al(OH)_3 \downarrow + 3NH_4^+$。

(2)$Al(OH)_3$ 的两性:$Al(OH)_3$ 悬浊液中加入盐酸或 NaOH 溶液,沉淀都会溶解,离子方程式为:

$Al(OH)_3 + 3H^+ === Al^{3+} + 3H_2O$;

$Al(OH)_3 + OH^- === AlO_2^- + 2H_2O$。

(3)两性氢氧化物:像 $Al(OH)_3$ 这样既能与酸反应生成盐和水,又能与碱反应生成盐和水的氢氧化物,称为两性氢氧化物。

(4)$Al(OH)_3$ 的不稳定性:将 $Al(OH)_3$ 加热即可分解为 Al_2O_3 和 H_2O,$2Al(OH)_3 \xrightarrow{\triangle} Al_2O_3 + 3H_2O$。

【注意】(1)$Al(OH)_3$ 只能与强酸和强碱反应,不能与弱酸(如 H_2CO_3)、弱碱(如 $NH_3 \cdot H_2O$)反应,所以在制备 $Al(OH)_3$ 时用 $NH_3 \cdot H_2O$,而不用 NaOH[因为 NaOH 过量时会溶解 $Al(OH)_3$];

(2)$Al(OH)_3$ 是医用的胃酸中和剂的一种,由于其碱性不强,不至于对胃壁产生强烈刺激或腐蚀作用。

3.铁的重要化合物

3-1铁的氧化物

	氧化亚铁	氧化铁	四氧化三铁
化学式	FeO	Fe_2O_3	Fe_3O_4
化合价	+2	+3	+2、+3
色态	黑色粉末	红棕色粉末	黑色晶体
俗称		铁红(赤铁矿)	磁性氧化铁
用途		油漆、涂料	
与酸反应	$FeO + 2H^+ ===$ $Fe^{2+} + H_2O$	$Fe_2O_3 + 6H^+ ===$ $2Fe^{3+} + 3H_2O$	$Fe_3O_4 + 8H^+ ===$ $Fe^{2+} + 2Fe^{3+} + 4H_2O$

例题4 中难题

下列各种物质既能与强酸反应,又能与强碱反应的是( )。

①Al ②$AlCl_3$ ③$Al(OH)_3$ ④Al_2O_3 ⑤$NaHCO_3$

A.①②③④⑤ B.①②④⑤

C.②④⑤ D.①③④⑤

【解析】本题考查的是元素化合物的性质。Al 与酸反应生成铝盐和 H_2,与碱反应生成 $NaAlO_2$ 和 H_2;$Al(OH)_3$ 和 Al_2O_3 显两性;$NaHCO_3$ 是一个二元弱酸的酸式盐,它与强酸反应生成 CO_2,与强酸反应生成正盐。

【答案】D

【点拨】(1)两性氧化物、两性氢氧化物,既能跟强酸反应又能跟强碱反应。但是,既能跟强碱反应又能跟强酸反应的物质不一定是两性氧化物或两性氢氧化物,如 Al、$NaHCO_3$ 等。

(2)既能与强酸反应又能与强碱反应的物质通常有:①某些金属如 Al;②两性氧化物如 Al_2O_3;③两性氢氧化物如 $Al(OH)_3$;④某些酸的酸式盐如 $NaHCO_3$、NaHS、$NaHSO_3$、Na_2HPO_3、NaH_2PO_3 等;⑤某些酸的铵盐如 $(NH_4)_2S$、$(NH_4)_2CO_3$、CH_3COONH_4、$(NH_4)_2SO_3$ 等(铵盐的性质后面会学习)。

例题5 中难题

阅读下面的图示,回答问题:

(1)图中所说的"碱"指的是_____。

(2)用离子方程式表示图丁中的化学反应原理:

_____。

(3)患胃溃疡的病人不能服用含小苏打的药片来中和胃酸,而是服用胃舒平[其中含 $Al(OH)_3$],其原因是_____,

用胃舒平治疗的离子方程式为_____。

【解析】图中说的"碱"为苏打即 Na_2CO_3,胃酸的

【特别提醒】(1)Fe_3O_4与盐酸反应可分别看做Fe_2O_3、FeO与盐酸反应,然后把两个反应式相加。

(2)从价态分析,FeO有还原性,Fe_2O_3有氧化性,Fe_3O_4既有氧化性又有还原性。

3-2 铁的氢氧化物

$Fe(OH)_2$与$Fe(OH)_3$的比较

	$Fe(OH)_2$	$Fe(OH)_3$
颜色	白色	红褐色
水溶性	不溶	不溶
与盐酸反应	$Fe(OH)_2 + 2HCl = FeCl_2 + 2H_2O$	$Fe(OH)_3 + 3HCl = FeCl_3 + 3H_2O$
制备	$FeSO_4 + 2NaOH = Fe(OH)_2\downarrow + Na_2SO_4$	$FeCl_3 + 3NaOH = Fe(OH)_3\downarrow + 3NaCl$
转化	$4Fe(OH)_2 + O_2 + 2H_2O = 4Fe(OH)_3$	

【注意】(1)$FeSO_4$溶液与$NaOH$溶液反应生成灰白色沉淀,迅速变成灰绿色,最后变成红褐色。是因为$Fe(OH)_2$被氧化。

$$4Fe(OH)_2 + O_2 + 2H_2O = 4Fe(OH)_3.$$

(2)Fe^{2+}极易被氧化,所以$FeSO_4$溶液要新制备。

(3)为了防止滴加$NaOH$溶液时带入空气,可将吸有$NaOH$溶液的长滴管伸入到$FeSO_4$溶液的液面下,再挤出$NaOH$溶液。

(4)为防止Fe^{2+}被氧化,还可以向盛有$FeSO_4$溶液的试管中加入少量的煤油或其他密度小于水而不溶于水的有机物,以隔绝空气。

(5)难溶性金属氢氧化物受热分解生成相应价态的金属氧化物和水。

$$2Fe(OH)_3 \xrightarrow{\triangle} Fe_2O_3 + 3H_2O$$

$$Cu(OH)_2 \xrightarrow{\triangle} CuO + H_2O$$

$$Mg(OH)_2 \xrightarrow{\triangle} MgO + H_2O$$

【思考与交流】实验室制备$Fe(OH)_2$时,为什么配制$FeSO_4$的蒸馏水和$NaOH$溶液要煮沸?

【答案】煮沸的目的是除去溶在水中和$NaOH$溶液中的O_2,防止Fe^{2+}被氧化。

3-3 铁盐和亚铁盐

(1)Fe^{3+}的检验

	滴入KSCN溶液
5 mL $FeCl_3$溶液	溶液呈血红色
5 mL $FeCl_2$溶液	溶液颜色无变化

(2)Fe^{3+}离子的氧化性:2 mL $FeCl_3$溶液中——加入少量铁粉,振荡——滴入几滴KSCN溶液——滴加氯水。

加入	现象	反应的化学方程式
铁粉,KSCN溶液	不显血红色	$2FeCl_3 + Fe = 3FeCl_2$
加入氯水,振荡	溶液显血红色	$2FeCl_2 + Cl_2 = 2FeCl_3$
结论:$Fe^{3+} \xrightleftharpoons[Cl_2\ 等氧化剂]{Fe\ 等还原剂} Fe^{2+}$		

【注意】利用Fe^{2+}和Fe^{3+}的有关性质及相互转化,可进行Fe^{2+}的检验。若加入KSCN溶液,无明显变化,然后加入氧化剂(如氯水)后,若溶液出现红色,则可证明溶液中含Fe^{2+}。

3-4 铜盐

(1)铜的性质稳定,易于冶炼,中国古代就掌握了冶铜技术。古代"铜钱"就是佐证。

(2)铜属于重金属,化学性质不活泼,使用铜器皿比较安全。

(3)铜盐溶液都有毒,因为Cu^{2+}与蛋白质作用,使蛋白质变性。用$CuSO_4$来配制农药(波尔多液)就是利用这一性质。

(4)铜绿的主要化学成分是$Cu_2(OH)_2CO_3$。

主要成分是盐酸。

【答案】(1)Na_2CO_3

(2)$2H^+ + CO_3^{2-} = H_2CO_3$

(3)因$NaHCO_3$与胃酸作用产生CO_2,会造成胃穿孔,胃舒平[主成分$Al(OH)_3$]也能中和胃酸

$Al(OH)_3 + 3H^+ = Al^{3+} + 3H_2O$

例题6 基础题

搜狐网报道:"中国每年要进口5亿吨左右的铁矿石,占世界海上铁矿石贸易量的一半以上,随着全球铁矿石价格的上涨,中钢协与澳大利亚必和必拓公司谈判陷入困境。关于铁矿石的说法正确的是( )。

A. 赤铁矿的主要成分是Fe_3O_4

B. 铁矿石的主要成分与铁锈的主要成分相同

C. 磁铁矿粉末溶于盐酸

D. FeO俗称铁红

【解析】磁铁矿主要成分为Fe_3O_4,与盐酸反应:$Fe_3O_4 + 8H^+ = Fe^{2+} + 2Fe^{3+} + 4H_2O$。

【答案】C

例题7 中难题

将过量的Na_2O_2投入到$FeCl_2$溶液中,可观察到的实验现象是( )。

A. 有白色沉淀生成

B. 有红褐色沉淀生成

C. 溶液由浅绿色变为黄色

D. 不可能有无色气体产生

【解析】Na_2O_2有强氧化性,很容易把Fe^{2+}氧化成Fe^{3+},因此有红褐色沉淀生成。溶液为$NaCl$和$NaOH$混合物,无色。

【答案】B

例题8 中难题

在下列溶液中,分别滴加NH_4SCN溶液后,溶液不呈红色的是( )。

A. 加入足量镁粉的$Fe_2(SO_4)_3$溶液

B. $FeCl_2$溶液与稀硝酸混合后的溶液

C. 铁丝在足量的氯气中燃烧后所得产物的溶液

D. 长期暴露在空气中的绿矾溶液

【解析】A项中发生反应$3Mg + 2Fe^{3+} = 3Mg^{2+} + 2Fe$,溶液中不含$Fe^{3+}$,所以滴加$NH_4SCN$溶液不呈红色。B、C、D项中,铁元素分别被$HNO_3$、$Cl_2$、$O_2$氧化成$Fe^{3+}$。

【答案】A

【点拨】Fe及Fe^{2+}均易被强氧化剂氧化为Fe^{3+}。

3-5 铝盐和铁盐的净水作用

(1)净水实验:把混有少量泥沙的水分装三支试管中,向其中两支试管中分别加入少量的明矾、硫酸铁溶液,振荡。把三支试管都静置,对比观察。

	不加试剂	加入明矾	加入硫酸铁溶液
2min	无明显变化	有明显沉降,溶液半透明	有明显沉降,溶液半透明
5min	浑浊,略有沉降	沉淀沉在底部,溶液接近透明(比加硫酸铁的要透明)	沉淀沉在底部,溶液接近透明

(2)净水原理:明矾、$Fe_2(SO_4)_3$溶于水后,分别电离出Al^{3+}和Fe^{3+},Al^{3+}、Fe^{3+}与水作用生成$Al(OH)_3$、$Fe(OH)_3$胶状物质,凝聚水中的悬浮物沉降,从而使水净化。

2 方法·技巧平台

4. Na_2O_2与CO_2和H_2O反应的计算规律

(1)相关反应式:$2CO_2 + 2Na_2O_2 == 2Na_2CO_3 + O_2$;
$2H_2O + 2Na_2O_2 == 4NaOH + O_2\uparrow$。

(2)物质的量的关系

无论是CO_2或H_2O的单一物质还是二者的混合物,通过足量的Na_2O_2时,CO_2或H_2O与放出O_2的物质的量之比均为2:1。

(3)气体体积关系

若CO_2和水蒸气的混合气体(或单一气体)通过足量的Na_2O_2,气体体积的减少量为原混合气体体积的$\frac{1}{2}$,即为生成氧气的量。

(4)电子转移关系

当Na_2O_2与CO_2、H_2O反应时,每产生$1mol$ O_2转移$2mol$ e^-。

(5)固体质量关系

相当于固体(Na_2O_2)只吸收了CO_2中的"CO",H_2O中的"H_2";可以看做发生相应的反应:$Na_2O_2 + CO == Na_2CO_3$、$Na_2O_2 + H_2 == 2NaOH$(实际上两反应不能发生)。

(6)先后顺序关系

一定量的Na_2O_2与一定量的CO_2和$H_2O(g)$的混合物的反应解决问题时可视作Na_2O_2先与CO_2反应,等CO_2反应完成后,Na_2O_2再与H_2O发生反应,但实际情况复杂得多。

5. 鉴别Na_2CO_3与$NaHCO_3$的方法

方 法	操 作	有关化学方程式
(1)利用二者加热后与澄清的石灰水反应的现象不同	取少量样品加热,能够产生使澄清的石灰水变浑浊的气体的为$NaHCO_3$。无明显现象的为Na_2CO_3	$2NaHCO_3 \xrightarrow{\triangle} Na_2CO_3 + H_2O + CO_2\uparrow$ $CO_2 + Ca(OH)_2 == CaCO_3\downarrow + H_2O$ Na_2CO_3加热不分解
(2)利用二者与盐酸反应的剧烈程度不同	取少量样品加入过量等浓度的盐酸,反应剧烈程度大的为$NaHCO_3$	$Na_2CO_3 + 2HCl == 2NaCl + H_2O + CO_2\uparrow$ $NaHCO_3 + HCl == NaCl + H_2O + CO_2\uparrow$
(3)利用二者与少量盐酸反应的现象不同	取少量的样品于试管中,溶于水并配成稀溶液,分别逐滴加入稀盐酸,立即有气体产生的是$NaHCO_3$,在加入一定量的稀盐酸后,才逐渐有气体产生的溶液是Na_2CO_3	$NaHCO_3 + HCl == NaCl + H_2O + CO_2\uparrow$ $Na_2CO_3 + HCl(少量) == NaHCO_3 + NaCl$
(4)利用与Ca^{2+}能否产生沉淀	取二者少量制成溶液,加入$CaCl_2$(或$BaCl_2$)溶液,有沉淀生成的为Na_2CO_3,无沉淀生成的为$NaHCO_3$	$Na_2CO_3 + CaCl_2 == CaCO_3\downarrow + 2NaCl$ ($Na_2CO_3 + BaCl_2 == BaCO_3\downarrow + 2NaCl$) $NaHCO_3$与$CaCl_2$($BaCl_2$)不反应

例题9 江苏高考

铜钱在历史上曾经是一种广泛流通的货币。试从物理性质和化学性质的角度分析为什么铜常用于制造货币。(铜的熔点是$1\,183.4\,℃$,铁的熔点是$1\,534.8\,℃$)

【解析】制货币的金属要求性质稳定,易于铸造。

【答案】铜的化学性质稳定,不易被腐蚀,铜的熔点比较低,容易冶炼铸造成型。

例题10 基础题

下列物质投入水中能引起净水作用的是( )。
A. $FeSO_4$　　　　B. Al_2O_3
C. $KAl(SO_4)_2$　　D. Fe_3O_4

【解析】Fe^{3+}和Al^{3+}与水作用形成$Fe(OH)_3$胶体和$Al(OH)_3$胶体,这两种胶体能吸附水中复杂物质而起净水作用。A在水中电离出Fe^{2+},B、D都是难溶物,只有C能电离出Al^{3+},故选C。

【答案】C

例题11 基础题

$200\,℃$时,$11.6\,g$由CO_2和H_2O组成的混合气体与足量Na_2O_2充分反应后,固体质量增加$3.6\,g$,则原混合气体的平均相对分子质量为( )。
A. 5.8　　　　B. 11.6
C. 23.2　　　D. 46.4

【解析】根据CO_2、H_2O与Na_2O_2反应时的质量变化,得出CO_2、H_2O各自的量,然后根据平均气体分子量求法进行解答。

设:混合气体中CO_2、H_2O的物质的量分别为x g、y g。

$2CO_2 + 2Na_2O_2 == 2Na_2CO_3 + O_2$　Δm
2 mol　　　　　　　　　　　　　56 g
x　　　　　　　　　　　　　 28x g

$2H_2O + 2Na_2O_2 == 4NaOH + O_2\uparrow$　Δm
2 mol　　　　　　　　　　　 4 g
y　　　　　　　　　　　　 2y g

则$\begin{cases}28x + 2y = 3.6,\\44x + 18y = 11.6\end{cases}$

得$\begin{cases}x = 0.1\ mol,\\y = 0.4\ mol\end{cases}$

则$\bar{M} = \frac{11.6\ g}{0.5\ mol} = 23.2\ g\cdot mol^{-1}$。

【答案】C

例题12 基础题

不能用来鉴别Na_2CO_3和$NaHCO_3$两种物质的方法是( )。
A. 分别加热
B. 配成溶液,分别向其中加入$CaCl_2$溶液
C. 配成溶液,分别向其中逐滴加入盐酸
D. 配成溶液,分别向其中加入$NaOH$溶液

【解析】Na_2CO_3和$NaHCO_3$两种物质对热的稳定性不同,前者对热稳定,后者受热易分解,质量减小,故A项中的方法能够鉴别;分别加入$CaCl_2$溶液,前者产生大量白色沉淀,后者没有,故B项中的方法能够鉴别;$NaHCO_3$与盐酸反应比Na_2CO_3剧烈,故C项

【特别提醒】区别 Na_2CO_3 和 $NaHCO_3$ 不能用 $Ba(OH)_2$ 溶液[或 $Ca(OH)_2$],原因是二者均能与之产生沉淀:$Na_2CO_3 + Ba(OH)_2 \Longrightarrow BaCO_3\downarrow + 2NaOH$,$2NaHCO_3 + Ba(OH)_2 \Longrightarrow BaCO_3\downarrow + Na_2CO_3 + 2H_2O$。

3 创新·思维拓展

6. "铝三角"——Al^{3+}、$Al(OH)_3$、AlO_2^- 的转化

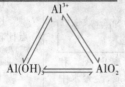

(1)$Al^{3+} \longrightarrow Al(OH)_3$

①可溶性铝盐与少量 NaOH 溶液反应:
$Al^{3+} + 3OH^-(少量) \Longrightarrow Al(OH)_3\downarrow$

②可溶性铝盐与氨水反应:
$Al^{3+} + 3NH_3·H_2O \Longrightarrow Al(OH)_3\downarrow + 3NH_4^+$

(2)$Al(OH)_3 \longrightarrow Al^{3+}$

$Al(OH)_3$ 溶于强酸溶液:
$Al(OH)_3 + 3H^+ \Longrightarrow Al^{3+} + 3H_2O$

(3)$Al^{3+} \longrightarrow AlO_2^-$

可溶性铝盐与过量的强碱反应:
$Al^{3+} + 4OH^-(过量) \Longrightarrow AlO_2^- + 2H_2O$

(4)$AlO_2^- \longrightarrow Al^{3+}$

偏铝酸盐溶液与足量的盐酸反应:
$AlO_2^- + 4H^+ \Longrightarrow Al^{3+} + 2H_2O$

(5)$AlO_2^- \longrightarrow Al(OH)_3$

①偏铝酸钠溶液中加入少量盐酸:
$AlO_2^- + H^+(少量) + H_2O \Longrightarrow Al(OH)_3\downarrow$

②偏铝酸钠溶液中通入 CO_2:
$2AlO_2^- + CO_2(少量) + 3H_2O \Longrightarrow 2Al(OH)_3\downarrow + CO_3^{2-}$
$AlO_2^- + CO_2(过量) + 2H_2O \Longrightarrow Al(OH)_3\downarrow + HCO_3^-$

(6)$Al(OH)_3 \longrightarrow AlO_2^-$

$Al(OH)_3$ 溶于强碱溶液:
$Al(OH)_3 + OH^- \Longrightarrow AlO_2^- + 2H_2O$

【特别提醒】①由 Al^{3+} 制备 $Al(OH)_3$,宜用 Al^{3+} 与氨水反应。一般不用强碱,因为强碱过量会使 $Al(OH)_3$ 转化为偏铝酸盐。
②由 AlO_2^- 制备 $Al(OH)_3$,宜用 CO_2 与 AlO_2^- 反应。一般不用强酸,因为强酸会使 $Al(OH)_3$ 溶解转化为铝盐。

7. "铁三角"——Fe、Fe^{2+}、Fe^{3+} 的转化

(1)Fe 只具有还原性,可以被氧化剂氧化为 Fe^{2+}、Fe^{3+}。

①Fe 能被 S、Fe^{3+}、Cu^{2+}、H^+ 等较弱氧化剂氧化为 Fe^{2+},如 $Fe + S \xrightarrow{\triangle} FeS$,$Fe + 2Fe^{3+} \Longrightarrow 3Fe^{2+}$。

②Fe 能被 Cl_2 等强氧化剂氧化为 Fe^{3+},如 $2Fe + 3Cl_2 \xrightarrow{点燃} 2FeCl_3$。

(2)Fe^{2+} 既具有氧化性又具有还原性,可以被氧化为 Fe^{3+},也可以被还原为 Fe。

①当 Fe^{2+} 遇到强氧化剂(如 Cl_2)时,被氧化为 Fe^{3+},如 $2Fe^{2+} + Cl_2 \Longrightarrow 2Fe^{3+} + 2Cl^-$;

②当 Fe^{2+} 遇到 C、Al、Zn、CO 等还原剂时,可以被还原为 Fe,如 $Fe^{2+} + Zn \Longrightarrow Zn^{2+} + Fe$,
$FeO + CO \xrightarrow{高温} Fe + CO_2$。

(3)Fe^{3+} 具有较强的氧化性,可被还原为 Fe^{2+} 或 Fe。

①Fe^{3+} 被 C、CO、Al 等还原为 Fe,如
$Fe_2O_3 + 3CO \xrightarrow{高温} 2Fe + 3CO_2$
$Fe_2O_3 + 2Al \xrightarrow{高温} 2Fe + Al_2O_3$

②Fe^{3+} 被 Fe、Cu 等还原为 Fe^{2+},如
$2Fe^{3+} + Cu \Longrightarrow 2Fe^{2+} + Cu^{2+}$

【特别提醒】Fe 的不同的价态之间的转化,要通过氧化还原反应来实现,氧化剂、还原剂的强弱不同,则转化产物不同。

中的方法也能够鉴别 Na_2CO_3 与 $NaHCO_3$;Na_2CO_3 与 NaOH 溶液不反应,$NaHCO_3$ 与 NaOH 溶液能发生反应,但无明显现象,故 D 项中的方法不能够鉴别。

【答案】D

【点拨】A、B、C 三种方法都可以鉴别 Na_2CO_3 和 $NaHCO_3$,但 B 方法操作简单,现象明显。

例题13 2010·东城区

向 100 mL 1.0 $mol·L^{-1}$ 的 $AlCl_3$ 溶液中逐滴加入 0.5 $mol·L^{-1}$ 的 NaOH 溶液至过量,生成沉淀的物质的量与加入 NaOH 的量的理论曲线图正确的是( )。

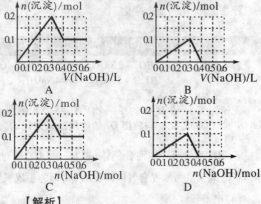

【解析】
$AlCl_3 + 3NaOH \Longrightarrow Al(OH)_3\downarrow + 3NaCl$
　　1　　　3　　　　　1
0.1 mol　0.5V　　　0.1 mol
$V = 0.6$ L　$n(NaOH) = 0.3$ mol
$Al(OH)_3 + NaOH \Longrightarrow NaAlO_2 + 2H_2O$
0.1 mol　　0.1 mol

由此可知使 $AlCl_3$ 完全转化为 $Al(OH)_3$ 沉淀,消耗 NaOH 0.3 mol。溶解这些沉淀需 NaOH 0.1 mol。

【答案】D

【点拨】图像题要认真分析横纵坐标的化学意义。A、B 图像横坐标表示加入 NaOH 溶液的体积。C、D 则表示物质的量。

例题14 难题

将铁粉、铜粉、$FeCl_3$ 溶液和 $CuCl_2$ 溶液混合于某容器中充分反应(容器不参与反应)。试判断下列情况下,溶液中存在的金属离子和金属单质。

(1)若铁粉有剩余,则容器中不可能有_____。

(2)若 $FeCl_3$ 有剩余,则容器中不可能有_____。

【解析】本题中可能发生的反应有:
①$Fe + 2FeCl_3 \Longrightarrow 3FeCl_2$;
②$Fe + CuCl_2 \Longrightarrow Cu + FeCl_2$;
③$Cu + 2FeCl_3 \Longrightarrow 2FeCl_2 + CuCl_2$。

(1)若铁粉有剩余,则容器中不可能有 Fe^{3+}、Cu^{2+},因为它们能发生上述①②反应。

(2)若 $FeCl_3$ 有剩余,则容器中不可能有 Fe、Cu,因为它们能发生上述①③反应。

【答案】(1)Fe^{3+}、Cu^{2+}
(2)Fe、Cu

▶整体训练方法

4 能力·题型设计

速效基础演练

☞ 1. 焰火"脚印""笑脸""五环"让北京奥运会开幕式更加辉煌浪漫,这与化学中"焰色反应"知识相关。下列说法中正确的是(　　)。
A. 焰色反应是化合物的性质　　　　　　B. 所有金属及其化合物灼烧时火焰均有颜色
C. 焰色反应均应透过蓝色钴玻璃观察　　D. NaCl 与 Na_2CO_3 灼烧时火焰颜色相同

☞ 2. 下列反应,其产物的颜色按红、红褐、淡黄、蓝色顺序排列的是(　　)。
①金属钠在纯氧中燃烧　②$FeSO_4$ 溶液中滴入 NaOH 溶液,并在空气中放置一段时间
③$FeCl_3$ 溶液中滴入 KSCN 溶液　④无水硫酸铜放入医用酒精中
A. ②③①④　　　　B. ③②①④　　　　C. ③①②④　　　　D. ①②③④

☞ 3. 下列关于 Al、Fe、Cu 的说法正确的是(　　)。
A. 三种金属单质放置在空气中均只生成氧化物
B. 三种金属形成的氧化物均为碱性氧化物
C. 无需另选试剂就可以鉴别浓度均为 0.1 mol/L 的三种金属的硫酸盐
D. 三种金属的活泼性:Al > Cu > Fe

☞ 4. 下列盐类不能作净水剂的是(　　)。
A. 明矾　　　　B. 硫酸铝　　　　C. 氯化铁　　　　D. 碳酸钠

☞ 5. 2 mol Na_2O_2 与 5 mol $NaHCO_3$ 固体混合后,在密闭容器中加热充分反应后,排出气体后冷却,残留的固体物质是(　　)。
A. Na_2CO_3　　B. Na_2O_2、Na_2CO_3　　C. NaOH、Na_2CO_3　　D. NaOH、Na_2O_2、Na_2CO_3

☞ 6. 现有三种常见治疗胃病药品的标签:

INDICALM	Stamachease	Fast digestion
消化药片	缓解胃痛	帮助消化
每片含250mg	每片含250mg	每片含250mg
碳酸钙	氢氧化镁	氧化镁
①	②	③

药品中所含的物质均能中和胃里过量的盐酸,下列关于三种药片中和胃酸的能力比较,正确的是(　　)。
A. ① = ② = ③　　B. ① > ② > ③　　C. ③ > ② > ①　　D. ② > ③ > ①

☞ 7. 下列鉴别苏打(Na_2CO_3)和小苏打($NaHCO_3$)的方法错误的是(　　)。
A. 取两种样品溶液加入澄清石灰水,观察是否出现白色沉淀
B. 取固体加热,检验产生气体是否使澄清石灰水变浑浊
C. 取固体滴入相同浓度的稀盐酸,观察产生气泡的剧烈程度
D. 取相同浓度的两种样品溶液,再滴入相同浓度的稀盐酸,观察产生气泡的剧烈程度

☞ 8. 下列各组中的两种物质作用时,反应条件(温度、反应物用量等)改变,不会引起产物改变的是(　　)。
A. Na_2O_2 和 CO_2　　B. NaOH 和 CO_2　　C. Na 和 O_2　　D. Na_2CO_3 和 HCl

☞ 9. 向一种混合溶液中,滴加过量氨水得到白色沉淀和无色溶液,若再滴加过量的氢氧化钠溶液,沉淀消失,得到无色溶液,则原溶液中含有的离子可能是(　　)。
A. Mg^{2+}、K^+　　B. Al^{3+}、Mg^{2+}　　C. Al^{3+}、K^+　　D. Cu^{2+}、Mg^{2+}

☞ 10. 下列离子方程式中书写不正确的是(　　)。
A. $FeCl_3$ 溶液中加入铁:$Fe^{3+} + Fe === 2Fe^{2+}$
B. $MgCl_2$ 溶液中加入 $AgNO_3$ 溶液:$Ag^+ + Cl^- === AgCl\downarrow$
C. Cl_2 通入 $FeCl_2$ 溶液中:$2Fe^{2+} + Cl_2 === 2Fe^{3+} + 2Cl^-$
D. $Cu(OH)_2$ 溶于稀硫酸中:$Cu(OH)_2 + 2H^+ === Cu^{2+} + 2H_2O$

☞ 11. 某学习小组为探究过氧化钠与水反应的性质,设计如下实验。请你回答下列问题:

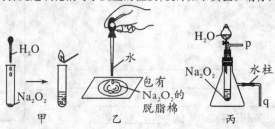

甲　　　　　乙　　　　　丙

点击考例

◀ 测试要点1-3
2012·九江一中

◀ 测试要点3

◀ 测试要点2、3
2012·北京测试题

◀ 测试要点3-5

◀ 测试要点4
2012·南昌二中
月考题

◀ 测试要点1-2
2012·延边名校联考

◀ 测试要点1-2
2012·贵阳测试题

◀ 测试要点1
2012·南昌二中
检测题

◀ 测试要点2-2

◀ 测试要点3
江西萍乡

◀ 测试要点1-1

(1)写出演示实验中发生反应的化学方程式:_____。

(2)由下列实验现象得出相关结论:

甲中带火星的木条复燃,说明_____;

乙中脱脂棉燃烧起来,说明_____。

(3)某研究性学习小组拟用上图丙装置进行实验,以证明上述结论。

①能证明乙的结论的实验现象是_____。

②要证明 Na_2O_2 与 H_2O 反应的另一种产物 NaOH 已生成,可向丙中反应后的溶液中滴加的试剂是_____。

测试要点7

12. 提纯下列各物质:

混合物成分	提纯所用试剂的化学式	离子方程式
①$FeCl_2$ 溶液中含少量 $FeCl_3$ 杂质		
②$FeCl_3$ 溶液中含少量 $FeCl_2$ 杂质		
③$FeSO_4$ 溶液中含少量 $CuSO_4$ 杂质		

知能提升突破

1. 要证明某溶液中不含有 Fe^{3+},而可能含有 Fe^{2+},进行如下实验操作的最佳顺序为(　　)。

①加入足量氯水　②加入足量 $KMnO_4$ 溶液　③加入足量 KSCN 溶液

A. ①③　　　　B. ③②　　　　C. ③①　　　　D. ①②③

测试要点3-3
2011·株洲测试

2. 某溶液中有 NH_4^+、Mg^{2+}、Fe^{2+} 和 Al^{3+} 四种离子,若向其中加入过量的氢氧化钠溶液,微热并搅拌,再加入过量的盐酸,溶液中大量减少的阳离子是(　　)。

A. NH_4^+　　　　B. Mg^{2+}　　　　C. Fe^{2+}　　　　D. Al^{3+}

测试要点6、7

3. 往甲、乙、丙、丁四个烧杯内分别放入 0.1 mol 的钠、氧化钠、过氧化钠和氢氧化钠,然后各加入 100 mL 的水,搅拌,使固体完全溶解。则甲、乙、丙、丁溶液中溶质的质量分数由小到大的顺序是(　　)。

A. 甲 < 乙 < 丙 < 丁　　　　　　B. 丁 < 甲 < 乙 = 丙

C. 甲 = 丁 < 乙 = 丙　　　　　　D. 丁 < 甲 < 乙 < 丙

测试要点1-1、4
南昌二中测试

4. 下图所示各项变化的未知物中均含有钠元素,E 为淡黄色粉末,回答下列问题:

$$B \xrightarrow{+CO_2} C \underset{\Delta}{\overset{+CO_2+H_2O}{\rightleftharpoons}} F$$

（图示：$A \xrightarrow{点燃} E$，$A \xrightarrow{+H_2O} B$，$B \xrightarrow{+H_2O} E$，$E \xrightarrow{+CO_2} C$，$E \xrightarrow{+HCl} D$，$C \xrightarrow{+HCl} D$）

(1)写出反应 A→B 的化学方程式,并用单线桥标出电子转移的方向和数目:

_____

_____。

(2)写出反应 C→D 的离子方程式:_____。

(3)在 B→C 的变化中,所得的 C 溶液往往不纯,其中的杂质(不包括水)可能是_____,主要原因是_____;还可能是_____,主要原因又是_____。

测试要点1

5. 向 20 mL 某物质的量浓度 $AlCl_3$ 溶液中滴入 2 mol·L^{-1} 的 NaOH 溶液时,得到 $Al(OH)_3$ 沉淀的质量与所滴加 NaOH 溶液的体积(mL)关系如图所示,请回答下列问题:

（图示：纵轴 $m[Al(OH)_3]$/g,横轴 NaOH溶液的体积/mL,A点对应 0.78 g 和 15 mL,B点对应 20 mL）

(1)图中 A 点表示的意义是_____。

(2)图中 B 点表示的意义是_____。

(3)上述两步反应用总的离子方程式可表示为_____。

(4)若溶液中有 $Al(OH)_3$ 沉淀 0.39 g,则此时用去 NaOH 溶液的体积为_____。

测试要点6

▶ 教材课后习题解答

习题

1. $2Na_2O_2 + 2CO_2 \rightleftharpoons 2Na_2CO_3 + O_2$

2. 酸 强碱 两性 两性

3. 有白色沉淀生成 沉淀不溶解 有白色沉淀生成 沉淀溶解

4. D 5. B 6. B 7. C 8. D 9. D

10. $2FeCl_3 + Cu \rightleftharpoons 2FeCl_2 + CuCl_2$

   三价铁被还原为二价铁,铜从 0 价升高到 +2 价。

11. 先生成白色絮状 $Fe(OH)_2$,而后迅速变为灰绿色,最后变为红褐色的 $Fe(OH)_3$ 沉淀。

   $FeSO_4 + 2NaOH \rightleftharpoons Fe(OH)_2\downarrow + Na_2SO_4$,

   $4Fe(OH)_2 + O_2 + 2H_2O \rightleftharpoons 4Fe(OH)_3$

12. 剩余物为 0.2 mol 的 Na_2CO_3 质量为 21.2 g。

13. 提示:建议教师组织学生上网查阅后交流。

   例如:①铁是生命过程所必需的物质,是红细胞的主要成分。

   ②铜元素对人体至关重要,对人体的新陈代谢起着重要的调节作用。冠心病与缺铜有关。

   ③铬是维持正常胆固醇所必需的元素。

   ④锰参与许多酶催化反应,是一切生物离不开的。

   ⑤钼是眼色素的成分之一,也是人体内能量交换所必需的。

   ⑥锌是一种与生命攸关的元素,在生命活动物质转换和能量交换中起着重要作用。

   ⑦钾、钠、钙、镁的含量占人体内金属元素总量的 99% 以上。

▶ 最新5年高考名题诠释

考题1 2011·上海高考

120 mL 含有 0.20 mol 碳酸钠的溶液和 200 mL 盐酸,不管将前者滴加入后者,还是将后者滴加入前者,都有气体产生,但最终生成的气体体积不同,则盐酸的浓度合理的是(　　)。

A. 2.0mol/L　　　　B. 1.5 mol/L

C. 0.18 mol/L　　　D. 0.24mol/L

【解析】若碳酸钠恰好与盐酸反应生成碳酸氢钠,则盐酸的浓度是 1.0 mol/L;若碳酸钠恰好与盐酸反应生成二氧化碳,则盐酸的浓度是 2.0 mol/L。由于最终生成的气体体积不同,所以只能是介于二者之间。

【答案】B

考题2 2011·上海高考

过氧化钠可作为氧气的来源。常温常压下二氧化碳和过氧化钠反应后,若固体质量增加了 28 g,反应中有关物质的物理量正确的是(N_A 表示阿伏加德罗常数)

	二氧化碳	碳酸钠	转移的电子
A	1 mol		N_A
B	22.4 L	1 mol	
C		106 g	1 mol
D		106 g	$2N_A$

【解析】二氧化碳和过氧化钠反应的方程式为:$2CO_2 + 2Na_2O_2 \rightleftharpoons 2Na_2CO_3 + O_2$,每生成 1 mol 氧气,固体质量就增加 56 g,消耗 2 mol 二氧化碳和 2 mol 过氧化钠,同时生成 2 mol 碳酸钠,而转移的电子数是 2 mol。

【答案】A、C

考题3 2011·全国Ⅱ卷

下图中,A、B、C、D、E 是单质,G、H、I、F 是 B、C、D、E 分别和 A 形成的二元化合物。已知:

①反应 $C + G \xrightarrow{\text{高温}} B + H$ 能放出大量的热,该反应曾应用于铁轨的焊接;②I 是一种常见的温室气体,它和 E 可以发生反应:$2E + I \xrightarrow{\text{点燃}} 2F + D$,F 中 E 元素的质量分数为 60%。回答问题:

(1)①中反应的化学方程式为_____;

(2)1.6 g G 溶于盐酸,得到的溶液与铜粉完全反应,计算至少需用铜粉的质量(写出离子方程式和计算过程);

(3)C 与过量 NaOH 溶液反应的离子方程式为_____;反应后溶于过量化合物 I 反应的离子方程式为_____。

(4)E 在 I 中燃烧观察到的现象是_____。

【解析】①中反应属于铝热反应,故 C 是单质铝,B 是单质铁,H 是氧化铝;②中 I 是二氧化碳,D 是单质碳,E 是单质镁。F 是由氧元素和镁元素组成,即氧化镁,所以 A 是氧气。

【答案】(1)$2Al + Fe_2O_3 \xrightarrow{\text{高温}} 2Fe + Al_2O_3$ (2)$Fe_2O_3 + 6H^+ \rightleftharpoons 2Fe^{3+} + 3H_2O,2Fe^{3+} + Cu \rightleftharpoons 2Fe^{2+} + Cu^{2+}$,$n(Cu) = n(Fe_2O_3) = \dfrac{1.6g}{160g \cdot mol^{-1}} = 0.010$ mol,铜粉的质量 $= 64g/mol \times 0.010$ mol $= 0.64g$。(3)$2Al + 2OH^- + 2H_2O \rightleftharpoons 2AlO_2^- + 3H_2\uparrow$,$AlO_2^- + CO_2 + 2H_2O \rightleftharpoons HCO_3^- + Al(OH)_3\downarrow$ (4)镁条剧烈燃烧,生成白色粉末,反应器内壁附着有黑色的碳

考题4 2009·全国Ⅱ卷

下列叙述中正确的是（　　）。

A. 向含有 $CaCO_3$ 沉淀的水中通入 CO_2 至沉淀恰好溶解，再向溶液中加入 $NaHCO_3$ 饱和溶液，又有 $CaCO_3$ 沉淀生成

B. 向 Na_2CO_3 溶液中逐滴加入等物质的量的稀盐酸，生成的 CO_2 与原 Na_2CO_3 的物质的量之比为 $1:2$

C. 等质量的 $NaHCO_3$ 和 Na_2CO_3 分别与足量盐酸反应，在同温同压下，生成的 CO_2 体积相同

D. 向 Na_2CO_3 饱和溶液中通入 CO_2，有 $NaHCO_3$ 结晶析出

【解析】$CaCO_3$ 与 CO_2、H_2O 反应生成的 $Ca(HCO_3)_2$，与 $NaHCO_3$ 不反应，A 不正确；向 Na_2CO_3 溶液中滴加等物质的量的 HCl 时，发生反应为 $CO_3^{2-} + H^+ \rightleftharpoons HCO_3^-$，不生成 CO_2，B 不正确；等质量的 $NaHCO_3$ 和 Na_2CO_3 分别与足量盐酸反应时，利用碳元素守恒可得生成 CO_2 的量分别为 $\dfrac{m\ g}{84\ g\cdot mol^{-1}}$、$\dfrac{m\ g}{106\ g\cdot mol^{-1}}$，很明显 $\dfrac{m}{84}\ mol > \dfrac{m}{100}\ mol$，即 $NaHCO_3$ 产生的 CO_2 多，C 不正确；向 Na_2CO_3 饱和溶液中通入 CO_2 将发生反应：$Na_2CO_3 + CO_2 + H_2O \rightleftharpoons 2NaHCO_3$，由 $Na_2CO_3 \longrightarrow NaHCO_3$，溶解度减小了，所以会有 $NaHCO_3$ 晶体析出，D 正确。

【答案】D

考题5 2008·北京

$1\ mol$ 过氧化钠与 $2\ mol$ 碳酸氢钠固体混合后，在密闭容器中加热充分反应，排出气体物质后冷却，残留的固体物质是（　　）。

A. Na_2CO_3 　　　　B. Na_2O_2　Na_2CO_3

C. $NaOH$　Na_2CO_3　　D. Na_2O_2　$NaOH$　Na_2CO_3

【解析】本题涉及的反应有：$2NaHCO_3 \xrightarrow{\triangle} Na_2CO_3 + CO_2\uparrow + H_2O$

$2CO_2 + 2Na_2O_2 \rightleftharpoons 2Na_2CO_3 + O_2$

$2H_2O + 2Na_2O_2 \rightleftharpoons 4NaOH + O_2\uparrow$

$CO_2 + 2NaOH \rightleftharpoons Na_2CO_3 + H_2O$

基于 CO_2 与 $NaOH$ 的反应，本题在计算时可处理成先让 CO_2 与 Na_2O_2 全都反应，若剩余 Na_2O_2，则再与 H_2O 反应。$2\ mol\ NaHCO_3$ 受热分解产生 $1\ mol\ CO_2$，已足以把 Na_2O_2 反应掉，故残留固体只有 Na_2CO_3。

【答案】A

考题6 2008·广东

相同质量的下列物质分别与等浓度的 $NaOH$ 溶液反应，至体系中均无固体物质，消耗碱量最多的是（　　）。

A. Al_2O_3　　B. $Al(OH)_3$　　C. $AlCl_3$　　D. Al

【解析】四个选项中各种物质和 $NaOH$ 溶液反应最终均生成 $NaAlO_2$，D 项中 Al 的物质的量最多，消耗碱量最多。

【答案】D

考题7 2006·全国

在呼吸面具和潜水艇中可用过氧化钠作为供氧剂。请选用适当的化学试剂和实验用品，用图中的实验装置进行实验，证明过氧化钠可作供氧剂。

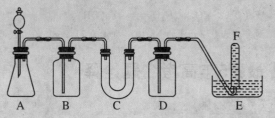

(1) A 是制取 CO_2 装置。写出 A 中发生反应的化学方程式：_____。

(2) 填写表中空格：

仪器	加入试剂	加入该试剂的目的
B	饱和 $NaHCO_3$ 溶液	
C		
D		

(3) 写出过氧化钠与二氧化碳反应的化学方程式：_____。

(4) 试管 F 中收集满气体后，下一步实验操作是：_____。

【答案】(1) $CaCO_3 + 2HCl \rightleftharpoons CaCl_2 + H_2O + CO_2\uparrow$

(2)

仪器	加入试剂	加入该试剂的目的
B	饱和 $NaHCO_3$ 溶液	除去 CO_2 气体中混入的 HCl
C	过氧化钠	与 CO_2 和水蒸气反应，产生 O_2
D	$NaOH$ 溶液	吸收未反应的 CO_2 气体

(3) $2Na_2O_2 + 2CO_2 \rightleftharpoons 2Na_2CO_3 + O_2$

(4) 把 E 中的导管移出水面，关闭分液漏斗活塞，用拇指堵住试管口，取出试管，立即把带火星的木条伸入试管口内，木条复燃，证明试管中收集的气体是氧气

第3节　用途广泛的金属材料

▶ 课标三维目标

1.知识与技能
(1)了解合金的含义及性能;
(2)了解铜合金、铝合金、铁合金等金属材料;
(3)正确选用金属材料。
2.过程与方法
(1)阅读法;
(2)调查法;
(3)讨论法。
3.情感态度与价值观
体验材料能源与人类生存的关系、培养社会责任感。

▶ 三层完全解读

>>>解题依据　　　　　　　　　　　>>>名题诠释

1 知识·能力聚焦

1.常见合金的重要应用

1-1 对合金的初步认识

(1)定义:合金是由两种或两种以上的金属(或金属跟非金属)熔合而成的具有金属特性的物质。

(2)合金的特点

①合金硬度一般比它的各成分金属大。

②合金熔点一般比它的各成分金属低。

③合金的物理、化学性质、机械性能优于各成分金属。

【思考与交流】初中曾学过有关合金的一些知识,你还记得什么是合金吗? 举例说明它们的优良性质和用途。

【答案】初中提到的合金是在金属中加热熔合某些金属或非金属制得具有金属特征的金属材料。不同的合金具有不同的性能,与钢铁相比,主要表现在机械强度、韧性、硬度、可塑性、耐腐蚀性等方面。例如,不锈钢抗腐蚀性好,用来做医疗器械、炊具等;硬铝强度和硬度好,用来制门窗、火箭、飞机、轮船等;青铜强度高、可塑性好、耐磨、耐腐蚀,用于制机器零件等。

【特别提醒】①合金是混合物而不是纯净物。

②合金可以是金属与金属的熔合,也可以是金属与非金属的熔合。

1-2 铜合金

合金	主要成分	主要性能	主要用途
青铜	铜、锡	强度高、可塑性好、耐磨、耐腐蚀	机器零件如轴承、齿轮等
黄铜	铜、锌	强度高、可塑性好、易加工、耐腐蚀	机器零件、仪表、日用品
白铜	铜、镍	光泽好、耐磨、耐腐蚀、易加工	钱币、代替银做饰品

1-3 铁合金

>>>名题诠释

例题1 基础题

下列物质中,不属于合金的是(　　)。

A. 硬铝　　B. 黄铜　　C. 钢铁　　D. 水银

【解析】硬铝为 Al—Cu—Mg—Mn—Si 合金,黄铜为 Cu—Zn 合金,水银即单质汞,是纯净物,不是合金。

【答案】D

【点拨】钢铁主要成分是铁,杂质主要是碳,是铁的合金。

例题2 基础题

纯铁的熔点 1 535 ℃,而高炉中炼铁时生铁(含碳量较高的铁合金)在 1 200 ℃ 左右就熔化了,这是因为(　　)。

A. 铁的纯度越高,熔点越低

B. 合金的熔点比其成分物质的熔点高

C. 形成了铁碳合金,所以熔点变低

D. 在高炉中熔化的过程发生了化学反应

【解析】合金的熔点比各成分金属的熔点低。生铁是铁合金,铁的纯度越高,熔点越高。A 项,B 项错误,合金的熔化过程没有发生化学反应,D 项错。

【答案】C

例题3 基础题

下列说法中正确的是(　　)。

A. 青铜是我国使用最早的合金,也是目前使用最广泛的合金

B. 不管哪种铜合金都含有铜元素,所以它们的性质也和金属铜一样

C. 我们日常生活中用到的铜合金制品主要是黄铜制成的

D. 不锈钢和普通钢都属于钢,其组成元素是完全相同的

铁合金		主要成分元素	主要特性	主要用途
生铁		Fe、C（2%～4.3%）及 Si、Mn、S、P 等	硬而脆，强度大，可铸不可煅	炼钢，制各种铸件
钢	碳素钢 低碳钢	Fe、C（低于0.3%）	韧性、焊接性好，强度低	制钢板、钢丝、钢管等
	碳素钢 中碳钢	Fe、C（0.3%～0.6%）	强度高，韧性及加工性好	制钢轨、车轮和建材等
	碳素钢 高碳钢	Fe、C（高于0.6%）	硬而脆，热处理后弹性好	制器械、弹簧、刀具等
	合金钢 锰钢	Fe、Mn	韧性好，强度大	钢轨、轴承、钢磨、坦克装甲
	合金钢 硅钢	Fe、Si	导磁性好	变压器、发电机和电动机中的铁芯
	合金钢 不锈钢	Fe、Cr、Ni	抗腐蚀性好	医疗器械、炊具、反应釜、容器

【特别提醒】(1)合金属于混合物。
(2)合金的形成改变了金属的内部结构，对物理性质和化学性质均有影响。如不锈钢抗腐蚀能力比纯铁要强。

2. 正确选用金属材料

选择金属材料时，常常要考虑以下几个方面：
(1)主要用途：材料的用途与材料的性能有很密切的关系。
(2)外观：不仅要材料本身外观美，还要使材料的外观与周边环境相协调。
(3)物理性质：包括密度、硬度、强度、伸缩性、导电导热性、被水浸润性等。
(4)化学性质：主要包括在空气、水、阳光、酸、碱、盐等的环境里的化学稳定性，这些性质会影响到材料的使用寿命。
(5)价格：考虑价格时要把对材料的基本需求和材料的基本性能放在前面。
(6)加工难度：考虑加工难度时要将材料的性质与加工的技术、设备相结合。
(7)日常维护：在选金属材料时必须要考虑到使用后的日常维护的问题。
(8)对环境的影响：一是要考虑到在使用材料的过程中，它的反光性、放射性、产生的噪音等对环境的不利影响；二是要考虑到材料的废弃物对环境有哪些不利影响，要尽量做到避免这些不利影响。

3. 用途广泛的稀土金属

(1)镧系元素(57～71号元素)及钇和钪共17种元素为稀土元素。
(2)我国拥有丰富的稀土资源，世界稀土资源中，80%分布在我国，并且品种齐全。
(3)稀土金属元素的物理性质和化学性质极为相似，在矿石中总是共生在一起，冶炼复杂且耗能高，污染大。
(4)稀土金属有广泛的用途，可以单独使用，也可用于生产合金，稀土元素又被称为冶金工业的维生素。
(5)稀土金属可用于制造引火合金、永磁材料、超导材料和发光材料等。广泛应用在冶金、石油化工、荧光、电子材料、医药及农业部门，深入到许多现代科技领域。

2 方法·技巧平台

4. 金属的分类

人们根据金属的密度把金属分为重金属和轻金属。重金属的密度大于$4.5\ g/cm^3$，轻金属的密度小于$4.5\ g/cm^3$。
冶金工业上还常常把金属分为黑色金属和有色金属。黑色金属有三种：铁、锰、铬。它们或它们的合金的表面常有灰黑色的氧化物，所以称这类金属为黑色金属。除铁、锰、铬以外的金属称为有色金属。有色金属又可以分为九大类：

【解析】我们目前使用最广泛的合金是铁合金，A错；合金因其组成元素及其配比的不同，性质各异，B错；黄铜的性质使其宜于制造日常用品，C正确；不锈钢和普通钢组成元素不同，D错。
【答案】C

例题4 基础题

(1)选择填空：将铝的用途与性质搭配起来(每个选项只能选用一次)。
A.质轻 B.延展性好 C.易传热 D.易导电 E.氧化时放热
①太阳能热水器：_____；②飞机：_____；③焊接铁轨：_____；④电缆：_____；⑤铝箔_____。
(2)佛山是有色金属之乡，其中铝合金材料的产量约占全国的一半。铝合金材料属于_____(填"纯净物""混合物"或"单质")。
【解析】根据用途的特点进行选择。
【答案】(1)①C ②A ③E ④D ⑤B
(2)混合物

例题5 基础题

某合金与铁的物理性质的比较如下表所示：

	熔点/℃	密度（g/cm^3）	硬度（金刚石为10）	导电性（银为100）
某合金	2 500	3.00	7.4	2.3
铁	1 535	7.86	4.5	17

还知该合金耐腐蚀、强度大，从以上性能看，该合金不适合做( )。
A.导线 B.门窗框 C.炉具 D.飞机外壳
【解析】综合考虑各参数，该合金的导电性差，不宜做导线。
【答案】A

例题6 基础题

下列说法中不正确的是( )。
A.我国有丰富的稀土资源，要合理开采
B.稀土金属在自然界含量很少，只能用于生产合金
C.稀土用途广，被称为冶金工业的维生素
D.稀土金属元素的化学性质极为相似
【解析】认真阅读左栏"用途广泛的稀土金属"便可找到答案。
【答案】B

例题7 中难题

我国古代劳动人民最早发明了"水法炼铜"，是湿法冶金的起源，在世界化学史上是一项重大贡献。早在西汉时期《淮南万毕术》里就有"曾青得铁，则化为铜"的记载，曾青可能是碳酸铜一类物质，把其溶于酸中得溶液，当把铁粉投入此溶液即可得铜。

(1)重金属:铜、铅、锌等;

(2)轻金属:铝、镁等;

(3)轻稀有金属:锂、铍等;

(4)难溶稀有金属:钨、钛、钒等;

(5)稀散金属:镓、锗等;

(6)稀土金属:钪、钇及镧系元素;

(7)放射性金属:镭、锕等;

(8)贵金属:金、银、铂等;

(9)碱金属:钾、钠等。

5. 金属冶炼的规律

金属的冶炼实质上就是用还原法把金属由化合态转化为游离态,即 $M^{n+} + ne^- \longrightarrow M$。通常根据金属的活泼性不同,采用的还原方法也不同。

(1)电解法:K、Ca、Na、Mg、Al 等活泼金属。

$$2NaCl \xrightarrow[\text{熔融}]{\text{电解}} 2Na + Cl_2 \uparrow$$

$$2Al_2O_3 \xrightarrow[\text{熔融}]{\text{电解}} 4Al + 3O_2 \uparrow$$

(2)热还原法:Zn、Fe、Cu 等中等活泼金属。

$$CO + CuO \xrightarrow{\text{高温}} Cu + CO_2$$

(3)热分解法:Hg、Ag 等不活泼金属。

$$2HgO \xrightarrow{\triangle} 2Hg + O_2 \uparrow$$

(4)水洗法:Au 通过物理方法直接得到。

3 创新·思维拓展

6. 学会认识黄金、白金和铂金

在不规范的市场上,铂金和 K 白金都被人习惯地叫做白金,所以有些消费者怀疑铂金和白金是不是一种金属? 铂,也称铂金,它的英文是 platium,一般以其缩写 Pt 为代号。而商家所售的标有 18 K 白金或 18 KWG 的金首饰,则是黄金中加入 25% 的钯或镍的白色合金,它实际上就是 K 金的一种,其黄金含量为 75%。铂金与 K 金可以从如下几点进行区别:

铂金是一种天然纯白色的金属,K 白金是黄金与钯、镍、银和锌等金属的合金,故又称为 K 白黄金。铂金抗强酸、碱腐蚀,抗氧化,化学性质比 K 白金稳定。铂金首饰均打有"Pt"印记及成色。而 K 白金的记号如"18 KWG"。

【注意】黄金的纯度常用"K"表示,24 K 为 99.99% 的黄金,看做纯金,18 K 黄金的纯度为 $\frac{18}{24} \times 100\% = 75\%$。

7. 实践活动小论文的写作

实践活动小论文的写作要注意以下几点:

(1)选题宜小不宜大;

(2)内容宜实不宜虚;

(3)抓住主要的性能特征及用途;

(4)采集的数据必须准确。

[小论文选例]

黄铜

黄铜是铜与锌的合金。改变黄铜中锌的含量可以得到不同性能的黄铜。黄铜中锌的含量越高,其强度也越高,塑性降低。工业中采用的黄铜含锌量不超过45%,含锌量再高将会产生脆性,使合金性能变差。

为了改善黄铜的某些性能,常加入其他合金元素,如硅、铝、锡、铅、锰、铁和镍等。在黄铜中加铝能提高黄铜的强度和抗腐蚀性,含铝小于4%的黄铜具有良好的加工、铸造等综合性能。在黄铜中加1%的锡能显著改善黄铜的抗海水和海洋大气腐蚀的能力,因此被称为"海军黄铜",锡还能改善黄铜的切削加工性能。黄铜加铅的主要目的是改善切削加工性能和提高耐磨性,铅对黄铜的强度影响不大。锰黄铜具有良好的机械性能、热稳定和抗腐蚀性,在锰黄铜中加铝,还可以得到表面光洁的铸件。

(1)根据学过的化学知识,写出该过程的离子方程式:＿＿＿＿＿＿＿＿＿＿＿＿＿＿＿＿＿＿＿＿＿＿＿＿＿＿＿＿＿＿＿＿＿＿

(2)早在人们使用铜、铁之前,人们就使用黄金和白银作为饰物和货币,历史上的"青铜器时期"早于"铁器时期",而近百年才大量使用铝制品,试分析人类使用这些金属时间的历史事实与金属活泼性和冶炼难易的联系:＿＿＿＿＿＿＿。

【解析】(1)碳酸铜难溶于水但溶于酸发生反应:$CuCO_3 + 2H^+ = Cu^{2+} + CO_2 \uparrow + H_2O$,再加入铁粉可发生置换反应:$Fe + Cu^{2+} = Fe^{2+} + Cu$。

(2)由题意可知,人类使用金属从早到晚的顺序为 Au、Ag、Cu、Fe、Al,比较它们的活泼性可得如下结论:金属越不活泼越易冶炼,使用的时间越早。

【答案】(1)$CuCO_3 + 2H^+ = Cu^{2+} + CO_2 \uparrow + H_2O$,$Cu^{2+} + Fe = Cu + Fe^{2+}$

(2)金属越不活泼,越易冶炼,使用的时间越早

例题8　基础题——上海高考

用铜锌合金制成假金元宝骗人的事件屡有发生。下列不易区别其真伪的方法是(　　)。

A. 测定密度　　　B. 放入硝酸中

C. 放入盐酸中　　D. 观察外观

【解析】铜、锌合金的密度比金小,铜、锌溶于硝酸,锌溶于盐酸,因此,通过测定密度和酸溶的方法都可以鉴别假金元宝。

【答案】D

例题9　中难题

请你参加调查铝及铝合金的性能和用途,并写出调查小论文。

【答案】示例:

铝及铝合金

铝是一种轻金属,密度小,具有良好的可塑性。铝合金具有较好的强度,超硬铝合金的抗拉强度可达600 MPa,普通硬铝合金的抗拉强度也达200～450 MPa,它的比刚度远高于钢,因此在机械制造中得到广泛的应用。铝的导电性仅次于银和铜,居第三位,适于制造各种导线。铝具有良好的导热性,可用作各种散热材料。

铝合金按加工方法可以分为变形铝合金和铸造铝合金。变形铝合金又可分为不可热处理强化型铝合金和可热处理强化型铝合金。不可热处理强化型铝合金不能通过热处理来提高机械性能,只能通过冷加工变形来实现强化,它主要包括高纯铝、工业高纯铝、工业纯铝以及防锈铝等。可热处理强化型铝合金可以通过淬火等热处理手段来提高机械性能,它可分为硬铝、锻铝、超硬铝和特殊铝合金等。

▶ 整体训练方法

4 能力·题型设计

点击考例

速效基础演练

☞ 1. 纯铁的熔点为1 535 ℃,而在高炉中炼铁时生铁(含碳量较高的铁的合金)在1 200 ℃左右就熔化了,这是因为( )。

A. 铁的纯度高,所以熔点变低
B. 形成了铁碳合金,所以熔点变低
C. 合金的熔点高于它的成分金属
D. 生铁在高炉内熔化的过程中发生了化学变化

◀ 测试要点 1-1
2012·成都市测试题

☞ 2. 下列物质主要成分是合金的是( )。

A. 司母戊鼎　　　　B. 唐三彩　　　　C. 兵马俑　　　　D. 青花瓷

◀ 测试要点 1-1

☞ 3. 下列说法中正确的是( )。

A. 合金钢中只含金属元素
B. 我国流通的货币的材质都是金属单质
C. 广东打捞出的明代沉船上存在大量的铝制餐具
D. 铝合金的硬度和强度均高于纯铝

◀ 测试要点 1-1

☞ 4. 铜易生锈,铜合金更易生锈,古代铜器上往往覆盖着一层铜绿,铜绿的主要成分是( )。

A. CuO　　　　B. $Cu(OH)_2$　　　　C. Cu_2O　　　　D. $Cu_2(OH)_2CO_3$

◀ 测试要点 1-2

☞ 5. 有资料显示,铝元素在人体内的残留积累量过多后对大脑发育有不良影响,建议多用不锈钢代替铝合金作为材料制作餐具等日用品。下列说法中不正确的是( )。

A. 不锈钢中的主要元素是镍、铬
B. 不锈钢属于铁合金
C. 不锈钢是无腐蚀性的
D. 不锈钢是绝对不能被腐蚀的

◀ 测试要点 1-3

☞ 6. 下列说法正确的是( )。

A. 合金钢不含非金属元素
B. 合金钢和碳素钢都含碳元素
C. 碳素钢是由铁和碳元素组成的化合物
D. 碳素钢由铁和碳通过化合反应而形成的

◀ 测试要点 1-3

☞ 7. 黄金首饰的纯度常用"K"来表示,24K是纯金,标号为14K的首饰中黄金的质量分数是( )。

A. 75%　　　　B. 58%　　　　C. 36%　　　　D. 25%

◀ 测试要点 6

☞ 8. 下列说法正确的是( )。

A. 稀土金属用途广泛,我国稀土资源含量丰富,但品种很少
B. 稀土金属只能用于生产合金
C. 金属钛是一种应用前景很好的稀土金属
D. 稀土金属可用于制造永磁材料、超导材料和发光材料等

◀ 测试要点 3

☞ 9. 钛和钛的合金被誉为"21世纪最有发展前景的金属材料",它们具有很多优良的性能,如熔点高、密度小、可塑性好、易于加工,尤其是钛合金与人体器官具有很好的生物相容性。根据它们的主要性能,下列用途中不符合实际的是( )。

A. 用于做保险丝
B. 用于制造航天飞机
C. 用于制造人造骨
D. 用于家庭装修,做钛合金装饰门

◀ 测试要点 4

☞ 10. 人类使用最早的金属是_____,其次是_____。在自然界中分布最广、含量最多的金属是_____。在空气中能形成致密的氧化物保护膜的有_____,用以制取黄铜的有_____。在自然界中含量居第10位,外观像钢,被誉为未来钢铁的是_____。现在世界范围内应用最广泛的是_____。导电、导热性最好的是_____,其次是_____。(填选项)

A. Cu　B. Fe　C. Al　D. Zn　E. Ti　F. Ag

◀ 测试要点 5

知能提升突破

☞ 1. 纯铁的熔点1 535 ℃,而高炉中炼铁时生铁(含碳量较高的铁合金)在1 200 ℃左右就熔化了,这是因为( )。

◀ 测试要点 1

A. 铁的纯度越高,熔点越低

B. 合金的熔点比其成分物质的熔点高

C. 形成了铁碳合金,所以熔点变低

D. 在高炉中熔化的过程发生了化学反应

2. 取一定量的镁、铝合金,用足量盐酸溶解后,再加入过量的氢氧化钠溶液,然后滤出沉淀物,加强热灼烧,最后得到白色粉末,干燥后称量,这些粉末与原合金的质量相等,则合金中镁的质量百分含量为(   )。

A. 20%   B. 40%   C. 60%   D. 65.4%

3. 工业上生产钾是用钠和熔化的 KCl 反应制取,反应为 $KCl + Na \xrightarrow{850\,℃} NaCl + K$。

有关数据见表:

	熔点/℃	沸点/℃	密度/(g·cm^{-3})
Na	97.8	883	0.97
K	63.7	774	0.86
KCl	770	1 500	1.984
NaCl	801	1 413	2.165

(1)上述反应是_____反应;是否符合金属活动性顺序? _____。

(2)上述反应是在_____(填"气态""液态"或"固态")下进行,生成的金属钾是_____(填"气态""液态"或"固态")。

(3)反应温度确定在 850 ℃,如果反应温度确定在 900 ℃行不行? _____,其原因是_____。

4. 铜是生命必要的元素,也是人类最早使用的金属之一,铜的生产和使用对国计民生各个方面产生了深远的影响。在化学反应中,铜元素可表现为 0 价、+1 价、+2 价。

(1)在西汉古籍中曾有记载:曾青得铁则化为铜[即:曾青($CuSO_4$)跟铁反应生成铜],试写出该反应的化学方程式:_____。

(2)尽管铜比铁较为稳定,但铜器表面经常会生成铜锈[即:铜绿,化学式为 $Cu_2(OH)_2CO_3$],其中生成铜绿的反应物除铜外还有 O_2、CO_2 和 H_2O。试写出保护铜制品的方法:_____。

(3)铜钱在历史上曾经是一种广泛流通的货币。试从物理性质和化学性质的角度分析为什么铜常用于制造货币(铜的熔点是 1 183.4 ℃,铁的熔点是 1 534.8 ℃)?_____。

5. 某铝合金中含有铝、镁、铜、硅,为了测定该合金中铝的含量,有人设计了如下实验:

(1)完成上述第①②③步反应的离子方程式及第④步的化学方程式:

①_____,_____;

②_____,$Al^{3+} + 4OH^- == AlO_2^- + 2H_2O$;

③_____,$AlO_2^- + CO_2 + 2H_2O == Al(OH)_3\downarrow + HCO_3^-$;

④_____。

(2)该样品中铝的质量分数是_____。

点击考例

◀ 测试要点 1

◀ 测试要点 5
湘潭市测试

◀ 测试要点 1-2

◀ 测试要点 1

(3)第②步中加入NaOH溶液不足时,会使测定结果_____;

第④步中的沉淀没有用蒸馏水洗涤时,会使测定结果_____;

第④步对沉淀灼烧不充分时,会使测定结果_____。(填选项)

A.偏高　　　　B.偏低　　　　C.无影响

6.在标准状况下进行下列实验:甲、乙、丙各取100 mL同浓度的盐酸,加入同一镁、铝合金,产生气体,测得有关数据列表如下:

实验序号	甲	乙	丙
合金质量	0.390 g	0.702 g	0.936 g
气体体积	448 mL	672 mL	672 mL

分析上表数据后计算:

(1)盐酸的物质的量浓度;

(2)合金中镁与铝的物质的量之比;

(3)在实验甲反应后溶液中加入过量0.2 mol·L⁻¹的NaOH溶液,欲使生成的沉淀最少,至少应加入多少毫升0.2 mol·L⁻¹的NaOH溶液?

点击考例

◀ 测试要点1-2
2012·杭州二中考题

▶ 教材课后习题解答

习题

1.物理　化学　机械　大　低　原料　配比　工艺

2.青铜　3.钢　碳素钢　合金钢

4.某种金属能否成为一种应用广泛的材料,往往要考虑下列因素:储量是否丰富、开采、冶炼的难易程度和成本,金属的物理、化学性质或机械性能是否优良,是否利于回收利用等。

点拨:命题目的是要求了解金属的应用。

5.金属有优良的导电性,有良好的延展性,不易锈蚀,是它们能做电缆的共同原因。铜的导电性能非常好,仅次于银。铝的导电性虽然只及铜的60%,但铝的质量小。掺和少量稀土元素的铝合金导线,有着很高的强度。铝表面的氧化膜不仅有耐腐蚀的能力,而且有一定的绝缘性。钢芯铝线可利用钢的韧性好、强度高的优点克服铝质软的特点。

点拨:命题目的是要求掌握金属的性质,并了解由其决定哪些用途。

6.应考虑合金是否耐磨、耐腐蚀、原料是否易得等性质。

7.$Fe_2O_3 + 3CO \xrightarrow{\text{高温}} 2Fe + 3CO_2$

氧化剂:Fe_2O_3　　还原剂:CO

8.略。　9.略。

10.点拨:设这种矿石的质量为1 g,则这种矿石中铁的质量分数为:

$$w(Fe) = \frac{1 \text{ g} \times \frac{168}{232} \times 76\%}{1 \text{ g}} = 55.03\%,$$

一年内生产含铁96%的生铁为:$\frac{100 \text{ t} \times 55.03\% \times 360}{96\%} =$

20 636.25 t。

答:这种矿石中铁的质量分数为55.03%,该厂一年可生产含铁96%的生铁20 636.25吨。

复习题

1.B　点拨:Fe^{3+}遇到KSCN溶液时变成红色。

2.C　点拨:铁片放入稀硫酸中,有气体放出。铁片加入$CuSO_4$溶液,因转化成$FeSO_4$溶液,溶液质量减轻,$Fe + CuSO_4 == FeSO_4 + Cu$,1 mol $CuSO_4$转化成1 mol $FeSO_4$时,溶液质量减轻8 g。同样铁片加入$AgNO_3$溶液时,溶液质量也减轻。

3.D　点拨:铝置换出水中的铁。

4.D

5.A　点拨:$Fe \xrightarrow{\text{稀}H_2SO_4} Fe^{2+} \xrightarrow{HNO_3} Fe^{3+} \xrightarrow{NH_3·H_2O}$

$Fe(OH)_3 \xrightarrow{\triangle} Fe_2O_3$

6.C　点拨:设原溶液中Fe^{3+}的物质的量为a,参加反应的Fe^{3+}物质的量为b,则未参加反应的Fe^{3+}为$a-b$。

$$\begin{array}{ccc} Fe & + & 2FeCl_3 == 3FeCl_2 \\ 2 & & 3 \\ b & & \frac{3}{2}b \end{array}$$

则$a-b = \frac{3}{2}b$,所以$\frac{b}{a-b} = \frac{2}{3}$。

7.①$2Cu + O_2 \xrightarrow{\triangle} 2CuO$

②$CuO + H_2SO_4 == CuSO_4 + H_2O$

③$CuSO_4 + 2NaOH == Na_2SO_4 + Cu(OH)_2 \downarrow$

④$Cu(OH)_2 \xrightarrow{\triangle} CuO + H_2O$

⑤$Fe + CuSO_4 == FeSO_4 + Cu$

8.点拨:加入NaOH溶液后,CO_2与NaOH反应,罐内气压小于大气压,所以易拉罐"咔咔"作响,并变瘪。铝制易拉罐与NaOH溶液反应产生H_2,又使瘪了的易拉罐重新鼓起来。

有关的离子方程式为:$CO_2 + 2OH^- == CO_3^{2-} + H_2O$,

$2Al + 2OH^- + 2H_2O == 2AlO_2^- + 3H_2 \uparrow$。

9.$CaCO_3 \xrightarrow{\text{高温}} CaO + CO_2 \uparrow$,

$CaO + H_2O == Ca(OH)_2$,

$Na_2CO_3 + Ca(OH)_2 == CaCO_3 \downarrow + 2NaOH$。

10.明矾的化学成分为$KAl(SO_4)_2 \cdot 12H_2O$。

(1)用焰色反应验证K^+。用洁净的铂丝蘸取明矾溶液灼烧,透过蓝色钴玻璃火焰呈紫色,证明有K^+。

(2)取明矾溶液少许,滴加NaOH溶液产生白色沉淀,继续滴加NaOH溶液,沉淀溶解,证明有Al^{3+}。

(3)取明矾溶液少许,用盐酸酸化,再加$BaCl_2$溶液产生白色沉淀,证明有SO_4^{2-}。

11.设镁、铝合金中镁和铝的物质的量分别为x mol、y mol。

$Mg + 2HCl == MgCl_2 + H_2 \uparrow$

$2Al + 6HCl == 2AlCl_3 + 3H_2 \uparrow$

$$\begin{cases} 24x + 27y = 5.1, \\ x + \dfrac{3}{2}y = \dfrac{5.6}{22.4}, \end{cases}$$

$x = 0.1, y = 0.1$。

则(1)合金中铝的质量分数为

$$\dfrac{0.1\ mol \times 27\ g/mol}{0.1\ mol \times 27\ g/mol + 0.1\ mol \times 24\ g/mol} \times 100\% = 53\%$$

(2)铝和镁的物质的量之比为1:1。

▶ 最新5年高考名题诠释

考题1 2009·广东

出土的锡青铜（铜锡合金）文物常有$Cu_2(OH)_3Cl$覆盖在其表面。下列说法正确的是（　　）。

A.锡青铜的熔点比纯铜高

B.在自然环境中，锡青铜中的锡对铜起保护作用

C.锡青铜文物在潮湿环境中的腐蚀速率比在干燥环境中快

D.生成$Cu_2(OH)_3Cl$覆盖物是电化学腐蚀过程，但不是化学反应过程

【解析】锡青铜属于合金，根据合金的特性，熔点比它的各成分金属的低判断A错；由于锡比铜活泼，故在发生电化学腐蚀时，锡失电子保护铜，B正确；潮湿的环境将会加快金属的腐蚀速率，C正确；电化学腐蚀过程实质是有电子的转移，属于化学反应过程，D错。

【答案】B、C

考题2 2009·广东

下列有关金属及其合金的说法不正确的是（　　）。

A.目前我国流通的硬币是由合金材料制造的

B.生铁、普通钢和不锈钢中的碳含量依次增加

C.镁在空气中燃烧发出耀眼的白光，可用于制作照明弹

D.日用铝制品表面覆盖有氧化膜，对内部金属起保护作用

【解析】生铁、普通钢和不锈钢中的碳含量依次降低，故B项错。

【答案】B

考题3 2005·上海

铝镁合金因坚硬、轻巧、美观、洁净、易于加工而成为新型建筑装潢材料，主要用于制作空框、卷帘门、防护栏等。下列与这些用途无关的性质是（　　）。

A.不易生锈　　　B.导电性好

C.密度小　　　　D.强度高

【解析】强度高——坚硬；密度小——轻巧；不易生锈——洁净。B项与这些用途无关。

【答案】B

考题4 2006·上海

已知$Ba(AlO_2)_2$可溶于水，如右图所示的是$Al_2(SO_4)_3$溶液中逐滴加入$Ba(OH)_2$溶液时生成沉淀的物质的量y与加入$Ba(OH)_2$物质的量x的关系。下列有关叙述正确的是（　　）。

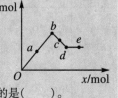

A.a—b时沉淀的物质的量$Al(OH)_3$比$BaSO_4$多

B.c—d时溶液中离子的物质的量：AlO_2^-比Ba^{2+}多

C.a—d时沉淀的物质的量：$BaSO_4$可能小于$Al(OH)_3$

D.d—e时溶液中离子的物质的量：Ba^{2+}可能等于OH^-

【解析】向$Al_2(SO_4)_3$溶液中逐滴加入$Ba(OH)_2$发生的反应如下：Ob段：$3Ba(OH)_2 + Al_2(SO_4)_3 = 3BaSO_4\downarrow + 2Al(OH)_3\downarrow$，$b$—$d$段：$2Al(OH)_3 + Ba(OH)_2 = Ba(AlO_2)_2 + 4H_2O$，由此可以看出在$a$—$b$段沉淀的物质的量$BaSO_4$比$Al(OH)_3$多，A错；$c$—$d$段溶液中$AlO_2^-$比$Ba^{2+}$多，B正确；$a$—$b$段沉淀的物质的量$BaSO_4$比$Al(OH)_3$多，$b$—$d$段$BaSO_4$的物质的量不变，而$Al(OH)_3$的物质的量减少，故沉淀的物质的量：$BaSO_4$不可能小于$Al(OH)_3$，C错；$d$—$e$时，溶液中溶质为$Ba(AlO_2)_2$和$Ba(OH)_2$，D项正确。

【答案】B、D

单元知识梳理与能力整合

▶ 高考命题趋向

金属元素及基本化合物是中学化学的重要内容,也是高考热点。本章涉及的主要知识有钠、铝、铁、铜及其化合物铁、铝、铜合金等金属材料的应用。钠、铝、铁及其化合物出题几率较大,尤其是钠的化合物中的 Na_2O_2 几乎每年都会在高考题中出现。合金的有关知识常在选择题中出现。在教学中既要突出重点又要顾及全面。

▶ 归纳·总结·专题

一、金属的化学性质

金属	Na	Al	Fe	Cu
原子失电子趋势	从左到右失电子能力逐渐减弱			
与氧气反应	$2Na + O_2 \xrightarrow{\triangle} Na_2O_2$	$4Al + 3O_2 \xrightarrow{点燃} 2Al_2O_3$	$3Fe + 2O_2 \xrightarrow{点燃} Fe_3O_4$	$2Cu + O_2 \xrightarrow{\triangle} 2CuO$
与水反应	$2Na + 2H_2O == 2NaOH + H_2\uparrow$	$2Al + 6H_2O == 2Al(OH)_3 + 3H_2\uparrow$	$3Fe + 4H_2O(g) \xrightarrow{高温} Fe_3O_4 + 4H_2$	/
与酸反应（HCl溶液）	$2Na + 2HCl == 2NaCl + H_2\uparrow$	$2Al + 6HCl == 2AlCl_3 + 3H_2\uparrow$	$Fe + 2HCl == FeCl_2 + H_2\uparrow$	与非氧化性酸不反应
与盐反应	$2Na + CuSO_4 + 2H_2O == Cu(OH)_2\downarrow + Na_2SO_4 + H_2\uparrow$	$2Al + 3CuSO_4 == Al_2(SO_4)_3 + 3Cu$	$Fe + CuSO_4 == FeSO_4 + Cu$	$Cu + 2AgNO_3 == Cu(NO_3)_2 + 2Ag$
与碱反应（NaOH溶液）		$2Al + 2NaOH + 2H_2O == 2NaAlO_2 + 3H_2\uparrow$	/	/

二、钠及其重要化合物之间的转化关系

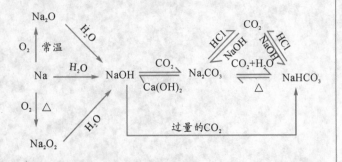

三、铝及其重要化合物之间的转化关系

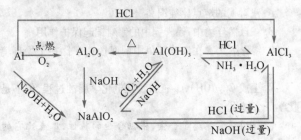

四、铁及其重要化合物之间的转化关系

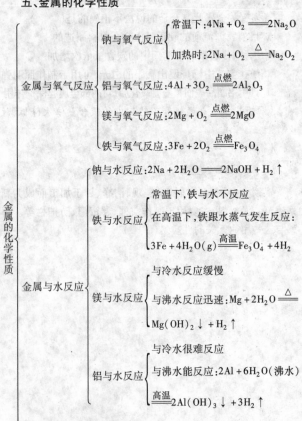

五、金属的化学性质

金属的化学性质
- 金属与氧气反应
  - 钠与氧气反应
    - 常温下:$4Na + O_2 == 2Na_2O$
    - 加热时:$2Na + O_2 \xrightarrow{\triangle} Na_2O_2$
  - 铝与氧气反应:$4Al + 3O_2 \xrightarrow{点燃} 2Al_2O_3$
  - 镁与氧气反应:$2Mg + O_2 \xrightarrow{点燃} 2MgO$
  - 铁与氧气反应:$3Fe + 2O_2 \xrightarrow{点燃} Fe_3O_4$
- 金属与水反应
  - 钠与水反应:$2Na + 2H_2O == 2NaOH + H_2\uparrow$
  - 铁与水反应
    - 常温下,铁与水不反应
    - 在高温下,铁跟水蒸气发生反应:$3Fe + 4H_2O(g) \xrightarrow{高温} Fe_3O_4 + 4H_2$
  - 镁与水反应
    - 与冷水反应缓慢
    - 与沸水反应迅速:$Mg + 2H_2O \xrightarrow{\triangle} Mg(OH)_2\downarrow + H_2\uparrow$
  - 铝与水反应
    - 与冷水很难反应
    - 与沸水能反应:$2Al + 6H_2O(沸水) \xrightarrow{高温} 2Al(OH)_3\downarrow + 3H_2\uparrow$

铝与氢氧化钠溶液反应:
$2Al + 2NaOH + 2H_2O == 2NaAlO_2 + 3H_2\uparrow$

六、几种重要的金属化合物

$$
几种重要的金属化合物\begin{cases}
氧化物\begin{cases}
MgO\ 的制备、性质及用途\\
Al_2O_3\ 的制备、性质及用途\\
CuO\ 的制备、性质及用途\\
铁的氧化物\begin{cases}FeO\\Fe_2O_3\\Fe_3O_4\end{cases}
\end{cases}\\[2mm]
氢氧化物\begin{cases}
铁的氢氧化物\begin{cases}Fe(OH)_2\ 的制备和性质\\Fe(OH)_3\ 的制备和性质\\Fe(OH)_2\ 与\ Fe(OH)_3\ 的\\相互转化\end{cases}\\
Al(OH)_3\begin{cases}物理性质:白色胶状物质,有吸附性\\制备:Al^{3+}+3NH_3\cdot H_2O=\\Al(OH)_3\downarrow+3NH_4^+\\化学性质:具有两性,受热分解\end{cases}\\
Mg(OH)_2\ 的制备及性质
\end{cases}\\[2mm]
盐\begin{cases}
Na_2CO_3\ 和\ NaHCO_3\begin{cases}溶解性\\热稳定性\\用途\end{cases}\\
硫酸铝钾(复盐)\begin{cases}无色晶体,易溶于水\\可作净水剂\end{cases}\\
铁盐和亚铁盐\begin{cases}亚铁盐:Fe^{2+}\ 的检验,Fe^{2+}\ 的还原性\\铁盐:Fe^{3+}\ 的检验,Fe^{3+}\ 的氧化性\\Fe^{2+}\ 和\ Fe^{3+}\ 的转化\end{cases}
\end{cases}\\[2mm]
焰色反应\begin{cases}含义\\操作方法:洗、烧、蘸、烧\end{cases}
\end{cases}
$$

七、金属材料

$$
金属材料\begin{cases}
合金\begin{cases}
概念:由两种或两种以上的金属(或金属与\\非金属)熔合而成的具有金属特性的物质\\
性能:比各成分金属熔点低,具有更大的硬度、\\强度和良好的机械性能应用\\
种类\begin{cases}铜合金:青铜、黄铜、白铜、锰铜\\铁合金:锰钢、不锈钢、硅钢、钨钢、生铁\\铝合金\\钛合金\end{cases}
\end{cases}\\[2mm]
分类\begin{cases}
冶金工业上分:黑色金属(Fe、Cr、Mn)和有色\\金属(除 Fe、Cr、Mn 以外)\\
按密度分:轻金属(\rho<4.5\ g/cm^3),重金属\\(\rho>4.5\ g/cm^3)\\
按存在分:常见金属(如铁、铝、铜),稀有金\\属(如锆、铌、镍)
\end{cases}
\end{cases}
$$

八、正确选用金属材料

选用金属材料时,首先要考虑所制物件对材料物理、化学性能的要求,再考虑哪些金属材料具备这样的性能。在此基础上再考虑价格、加工、外观、维护等因素。

▶ 新典型题分类剖析

类型一　过量的判断与计算

【例1】等体积、等物质的量浓度的硫酸、氢氧化钠溶液分别放在甲、乙两烧杯中,各加等质量的铝,生成氢气的体积比为5:6,则甲、乙两烧杯中的反应情况可能分别是(　　)。

A. 甲、乙中都是铝过量

B. 甲中铝过量,乙中碱过量

C. 甲中酸过量,乙中铝过量

D. 甲中酸过量,乙中碱过量

【解析】生成氢气的体积比即物质的量之比为 n(甲):n(乙)=5:6,设甲中产生 H_2 5 mol,则乙中产生 H_2 6 mol。

甲:
$$
\begin{array}{cccc}
2Al & +3H_2SO_4 & =Al_2(SO_4)_3 & +3H_2\uparrow\\
2 & 3 & & 3\\
\frac{10}{3}\ \text{mol} & 5\ \text{mol} & & 5\ \text{mol}
\end{array}
$$

乙:
$$
\begin{array}{cccc}
2Al & +2NaOH & +2H_2O=2NaAlO_2 & +3H_2\uparrow\\
2 & 2 & & 3\\
4\ \text{mol} & 4\ \text{mol} & & 6\ \text{mol}
\end{array}
$$

甲、乙中加入的铝是等量的,甲中 $n(H_2SO_4)$ 和乙中 $n(NaOH)$ 相等,故甲中铝过量 $4\ \text{mol}-\frac{10}{3}\ \text{mol}=\frac{2}{3}\ \text{mol}$,乙中氢氧化钠过量 $5\ \text{mol}-4\ \text{mol}=1\text{mol}$。

【答案】B

【点拨】(1)化学反应中各反应物都遵循化学方程式中计量关系来进行反应。如所提供的反应物没有完全符合计量比,就一定存在过量问题。

(2)当反应物的量都已知时,就必须判断过量问题。

(3)判断过量后,采用不足量反应物的量进行计算。

类型二　钠与氧气反应产物的判断

【例2】(2007·全国理综)在一定条件下,将钠与氧气反应的生成物 1.5 g 溶于水,所得溶液恰好能被 80 mL 浓度为 0.50 mol·L^{-1} 的 HCl 溶液中和,则该生成物的成分是(　　)。

A. Na_2O　　　　　　　　B. Na_2O_2

C. Na_2O 和 Na_2O_2　　D. Na_2O_2 和 NaO_2

【解析】最终生成的物质是 NaCl 和 H_2O,可知 $n(Cl^-)=$

$n(Na^+) = n(Na)$,则原有金属钠的物质的量为 $0.50\ mol \cdot L^{-1} \times 80 \times 10^{-3}\ L = 0.04\ mol$。

若 $0.04\ mol\ Na$ 全部生成 Na_2O 则生成物的质量为 $1.24\ g$;若 $0.04\ mol\ Na$ 全部生成 Na_2O_2,则生成物的质量为 $1.56\ g$。因实际生成物的质量为 $1.5\ g$,故应为 Na_2O 和 Na_2O_2 的混合物。

【答案】C

【点拨】Na 与氧气因反应条件不同而产物不同,可以是 Na_2O,也可以是 Na_2O_2。但大多数情况下为 Na_2O 和 Na_2O_2 的混合物。

类型三　有关 Al 元素的图像分析

【例3】有一透明溶液,可能含有 Al^{3+}、Fe^{3+}、K^+、NH_4^+、Mg^{2+} 和 Cu^{2+} 等离子中的一种或几种。现加入 Na_2O_2 粉末只有无色无味的气体放出,并同时析出白色的沉淀。如加入 Na_2O_2 的量与生成白色沉淀的量之间的关系用上图来表示。试推断:

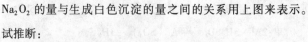

(1)原溶液中一定含有_____。

(2)一定不含有_____。

(3)可能含有_____。

(4)为了进一步确定可能含有的离子,应增加的实验操作为_____。

【解析】向溶液里加入过氧化钠粉末,会发生 Na_2O_2 和 H_2O 的反应,生成 $NaOH$ 和 O_2。因题目中没有刺激性气味气体产生,说明原溶液中不含有 NH_4^+。又因生成的沉淀没有红褐色或蓝色,所以原溶液中不含有 Fe^{3+} 和 Cu^{2+}。根据图中曲线的变化,表明随 Na_2O_2 的加入(即 $NaOH$ 的形成),白色沉淀逐渐增多,后来又逐渐减少,最后保持沉淀不变,说明原溶液中一定含有 Al^{3+} 和 Mg^{2+}。K^+ 可能存在,可通过焰色反应来检验。

【答案】(1)Al^{3+} 和 Mg^{2+}　(2)Fe^{3+}、NH_4^+、Cu^{2+}

(3)K^+　(4)焰色反应

【点拨】$AlCl_3$、$NaAlO_2$ 分别与碱和酸反应的情况分析如下:

内容\试剂	向 $AlCl_3$ 溶液中滴加 $NaOH$ 溶液至过量	向 $NaAlO_2$ 溶液中加入盐酸至过量
现象	立即产生白色沉淀→渐多→最多→渐少→消失	立即产生白色沉淀→渐多→最多→渐少→消失
图像	$m[Al(OH)_3]$ ... 0 1 2 3 4 x $x=n(OH^-)/n(Al^{3+})$	$m[Al(OH)_3]$ ... 0 1 2 3 4 x $x=n(H^+)/n(AlO_2^-)$
结论	(1)当 $0 < x < 3$ 时,随 x 增大,沉淀的质量逐渐增大; (2)当 $x = 3$ 时,沉淀质量最大; (3)当 $3 < x \leqslant 4$ 时,随 x 增大,沉淀质量逐渐减少至 0	(1)当 $0 < x < 1$ 时,沉淀的质量随 x 的增大而增大; (2)当 $x = 1$ 时,沉淀的质量最大; (3)当 $1 < x \leqslant 4$ 时,沉淀的质量随 x 的增大而减少至 0

类型四　合金含量的测定

【例4】在标准状况下进行甲、乙、丙三次实验,每次实验均取 30 mL 相同浓度的盐酸,并加入同一种镁铝合金粉末,产生气体。有关数据列表如下:

实验序号	合金质量/mg	气体体积/mL
甲	255	280
乙	385	336
丙	459	336

依据表中数据计算:

(1)盐酸的物质的量浓度为_____

(2)合金中,镁与铝的物质的量之比为_____

【解析】题中三次实验所用盐酸的量相同,随金属质量的增多,气体体积有所变化,根据表格中的数字信息,可知甲中盐酸过量,丙中金属过量。

由实验丙可计算盐酸的浓度:$n(HCl) = 2n(H_2) = 2 \times \dfrac{0.336\ L}{22.4\ L \cdot mol^{-1}} = 0.03\ mol$,$c(HCl) = 1\ mol \cdot L^{-1}$;由实验甲计算 Mg 和 Al 的物质的量:

$n(Mg) + \dfrac{3}{2}n(Al) = \dfrac{0.28\ L}{22.4\ L \cdot mol^{-1}} = 0.012\ 5\ mol$,$24\ g \cdot mol^{-1} \times n(Mg) + 27\ g \cdot mol^{-1} \times n(Al) = 0.255\ g$,联立两式可得 $n(Mg) = n(Al) = 0.005\ mol$,$n(Mg) : n(Al) = 1 : 1$。

【答案】(1)$1\ mol \cdot L^{-1}$　(2)$1 : 1$

【点拨】合金含量的测定,综合实验设计和化学计算于一体。解这类题目时,要先弄懂实验原理,分析实验数据,然后再根据相关的化学方程式进行计算。

知识与能力同步测控题

测试时限:90分钟 本卷满分:100分

可能用到的相对原子质量:H:1 C:12 N:14 O:16 Na:23

第Ⅰ卷(选择题,共48分)

一、选择题(本大题共16小题,每小题3分,共48分。每小题只有一个选项符合题意)

1. 下列有关金属的说法中不正确的是(　　)。
   A. 在地壳中含量最多的金属元素是铝
   B. 大多数金属元素都以化合态的形式存在于矿石中
   C. 铝比铁活泼,不能像铁一样存放在空气中
   D. 钠在空气中加热时会发出黄色火焰,生成淡黄色的固体

2. 一小块钠置于空气中,有下列现象:①变成白色粉末;②变暗;③变成白色固体;④变成液体。上述现象出现的先后顺序是(　　)。
   A. ①②③④　　　　B. ②③④①
   C. ②③①④　　　　D. ③②④①

3. 下列实验操作中,溶液里无固体析出的是(　　)。
   A. $MgCl_2$ 溶液中加入 Na 的小颗粒
   B. $Ca(OH)_2$ 饱和溶液中加入 Na 的小颗粒
   C. KNO_3 稀溶液中加入 Na 的小颗粒
   D. $CuSO_4$ 溶液中加入 Na 的小颗粒

4. 下列各物质的化学式、俗名、用途都相符的是(　　)。

	化学式	俗名	用途
A	Na_2CO_3	纯碱	制玻璃
B	$NaHCO_3$	苛性钠	治疗胃酸过多
C	NaOH	苏打	造纸
D	NaCl	食盐	化肥

5. 某无色溶液中不可能含有的离子是(　　)。
   A. Na^+　　B. Fe^{3+}　　C. Al^{3+}　　D. Mg^{2+}

6. 下列各组物质相互反应后不能得到偏铝酸盐的是(　　)。
   A. Al 和 NaOH 溶液共热
   B. $Al(NO_3)_3$ 和过量的 NaOH 溶液
   C. Al_2O_3 和 NaOH 溶液
   D. $Al(OH)_3$ 和过量的 $NH_3 \cdot H_2O$

7. 某溶液中含有大量的 Fe^{2+}、Fe^{3+} 和 Mg^{2+},且该溶液中 $c(H^+) = 10^{-2}\, mol \cdot L^{-1}$,则在该溶液中可以大量存在的阴离子是(　　)。
   A. HCO_3^-　　B. CO_3^{2-}　　C. SCN^-　　D. SO_4^{2-}

8. 有两份质量相同的 $NaHCO_3$,向第一份中加入盐酸使其充分反应;将第二份加热使其完全分解,冷却至原温度后再加入相同浓度的盐酸充分反应,则它们所耗用的盐酸的体积比为(　　)。
   A. 2:1　　B. 1:1　　C. 1:2　　D. 4:1

9. 下列离子方程式书写不正确的是(　　)。
   A. 铝与盐酸反应:$2Al + 6H^+ = 2Al^{3+} + 3H_2\uparrow$
   B. 氢氧化铝与 NaOH 溶液反应:$Al(OH)_3 + OH^- = AlO_2^- + 2H_2O$
   C. 铁与 $FeCl_3$ 溶液反应:$Fe + Fe^{3+} = 2Fe^{2+}$
   D. 氧化铝与 NaOH 溶液反应:$Al_2O_3 + 2OH^- = 2AlO_2^- + H_2O$

10. 如下图所示,烧瓶内有一只活的小鼠,U 形管内装有红色水溶液,使 a、b 两端的液面处于同一水平面。两天后,U 形管内液面发生的变化是(　　)。

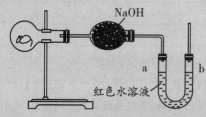

   A. a 端下降,b 端上升
   B. a 端上升,b 端下降
   C. a、b 两端都下降
   D. a、b 两端都上升

11. 在 a g 水中投入 b g 某固体物质,完全溶解后,所得溶液中溶质的质量分数为 $\dfrac{b}{a+b} \times 100\%$,该固体物质是(　　)。
   A. Na　　B. Na_2O_2　　C. Na_2O　　D. NaCl

12. 在氯化铁、氯化铜和盐酸的混合溶液中加入铁粉,等反应结束后,剩余的固体滤出后能被磁铁吸引,则反应后溶液中存在较多的阳离子是(　　)。
   A. Cu^{2+}　　B. Fe^{3+}　　C. Fe^{2+}　　D. H^+

13. 下表各组物质中,x 是主体物质,y 是少量杂质,z 是为了除去杂质所要加入的试剂,其中所加试剂正确的一组是(　　)。

	A	B	C	D
x	$FeCl_2$ 溶液	$FeCl_3$ 溶液	Fe	Na_2SO_4 溶液
y	$FeCl_3$	$CuCl_2$	Al	Na_2CO_3
z	Cl_2	Fe	NaOH 溶液	$BaCl_2$ 溶液

14. 下列能与 Fe^{3+} 作用,且可证明 Fe^{3+} 具有氧化性的是(　　)。
   A. SCN^-　　B. Fe^{2+}　　C. Cu　　D. OH^-

15. 下列各组中的两物质作用时,反应条件或反应物用量的改变,对生成物没有影响的是(　　)。

A. Na_2O_2 与 CO_2　　　B. Na 与 O_2

C. NaOH 与 CO_2　　　D. C 与 O_2

16. 用铝箔包裹 0.1 mol 金属钠,用针刺出一些小孔,放入水中,完全反应后,产生的气体的体积为(标准状况)(　　)。

A. 小于 1.12 L　　　　B. 1.12 L

C. 在 1.12 L 和 4.48 L 之间　　D. 大于 4.48 L

第Ⅱ卷(非选择题　共52分)

二、非选择题(本大题共5小题,共52分)

17. (6分)某同学用稀的盐酸清洗铝制水壶中的水垢(主要成分是碳酸钙和氢氧化镁),该同学的方法是否合理_____(填"合理"或"不合理"),原因是_____

_____。

写出洗涤过程中可能发生的化学方程式:

(1) _____;

(2) _____;

(3) _____;

(4) _____。

18. (8分)为了制取纯净干燥的气体 A,可用如图所示装置,生成 A 的速度可通过滴入液体 B 的速度控制,已知 A 是一种无色、无味、不能使酸碱指示剂变色、也不会在空气中燃烧的气体,但能使带火星的木条复燃。

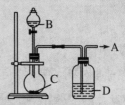

(1) A 是 _____。

(2) 若 C 是一种淡黄色固体,则烧瓶中发生反应的化学方程式是 _____。

(3) 若 C 是一种黑色粉末,则 B 物质是 _____,C 物质的作用是 _____。

(4) 洗气瓶(广口瓶)中装的试剂 D 是 _____,其作用是 _____。所制得的气体用 _____ 收集。

19. (12分)已知 A 为常见的金属单质,根据如图所示的关系,回答下列问题。

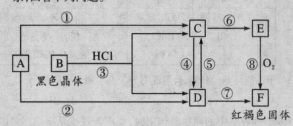

(1) 确定 A、B、C、D、E、F 的化学式,A 为 _____,B 为 _____,C 为 _____,D 为 _____,E 为 _____,F 为 _____。

(2) 写出⑧的化学方程式,④、⑤的离子方程式。

20. (12分)某校化学研究性学习小组的同学在一次校外活动中看到铁匠师傅把红热的铁块浸入水中,产生"滋滋"的声音,并有气泡产生,铁块表面生成一层黑色固体。铁匠师傅告诉他们,这叫做"淬火"。

通过查找资料,得知"淬火"过程中,铁与水发生的反应是: _____

_____。为验证该反应,同学们做了下面的实验(如右图所示):

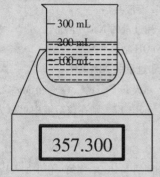

① 将一个可乐瓶去底,瓶口塞一个带尖嘴玻璃管的单孔胶皮塞,将尖嘴用木棍堵上;

② 将瓶中注满水,设法立在盛水的水盆中,把带长柄的烧红的铁块插入水中瓶下位置。

请回答下列问题:

(1) 右上图所示的收集气体的方法叫做 _____ 法。

(2) 怎样验证可乐瓶收集到的气体?

_____。

(3) 怎样证明铁块表面生成的黑色固体不是铁?

_____

21. (14分)(2012·杭州二中)如下图是测定 NaOH(含 Na_2CO_3)纯度的实验装置,把样品溶于过量的盐酸中,不同时间电子天平的读数如下表所示:(假设 CO_2 全部逸出)

实验操作	时间/s	电子天平读数/g
烧杯 + 盐酸		357.300
烧杯 + 盐酸 + 样品	0	370.600
	30	370.125
	60	369.750
	90	368.400
	120	368.400

(1) 计算样品中 NaOH 的质量;

(2) 粗略计算溶液中新生成的溶质的物质的量浓度。

第4章 非金属及其化合物

第1节 无机非金属材料的主角——硅

▶ **课标三维目标**

1.知识与技能
(1)了解硅的亲氧性及存在形式;
(2)了解二氧化硅的结构、性质和用途;
(3)了解硅酸盐的重要用途及组成;
(4)掌握硅酸钠的化学性质;
(5)了解硅单质的用途。
2.过程与方法
(1)通过对硅与碳,二氧化硅与二氧化碳的比较,培养分析、比较、归纳能力;
(2)通过阅读、查阅资料等方法,了解新材料的应用。
3.情感态度与价值观
(1)体验化学科技对社会进步、人类发展的价值;
(2)体验化学知识在科研、生产、生活中的应用价值。

▶ **三层完全解读**

>>>解题依据

1 知识·能力聚焦

1. 二氧化硅和硅酸

1-1硅、碳元素在自然界中的存在
(1)含量:在地壳中,硅的含量在所有的元素中居第二位(质量分数26.3%),仅次于氧。碳在地壳中的含量不大(质量分数0.35%)。
(2)存在形式:自然界中无游离态的硅。硅的化合物几乎全部是二氧化硅和硅酸盐,它们广泛地存在于地壳的各种矿物和岩石中。硅是构成矿物和岩石的主要元素。自然界里的碳既有化合态,又有游离态,游离态的碳主要是石墨。
(3)碳、硅的原子结构特点:

C:(+6)2 4   Si:(+14)2 8 4

【注意】①原子结构的共同点是最外层都是4个电子,但电子层数不同,因此性质上有相似性也有差异性。
②硅是一种亲氧元素,自然界中以SiO_2和硅酸盐的形式存在,没有游离态的硅。

1-2二氧化硅

(1)存在
- 硅石:天然二氧化硅
- 石英:结晶二氧化硅
  - 水晶:无色透明的晶体
  - 玛瑙:具有彩色环带状或层状
- 沙子:含有小粒的石英晶体

(2)SiO_2晶体结构
SiO_2晶体有多种晶型,其基本结构单元为四面体。

【特别提醒】①图示为二氧化硅晶体的一个基本单元,是四面体结构;
②若干个四面体通过氧原子连接,即每个Si连4个O,每个O连2个Si;
③SiO_2晶体是由Si和O按1:2的

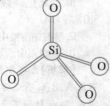

[SiO₄]四面体结构

>>>名题诠释

例题1 基础题

有科学家认为"硅是21世纪的能源""未来的石油",下列有关硅可能成为能源的论述不正确的是( )。
A. 自然界存在大量硅单质
B. 自然界的硅易开采且可再生
C. 硅燃料便于运输、贮存,从安全角度考虑,硅是优质燃料
D. 硅燃料燃烧放出的热量多,其燃烧产物对环境的污染容易有效控制

【解析】自然界中无游离态的硅,但存在大量化合态的硅;主要的含硅化合物有二氧化硅和硅酸盐;SiO_2在高温下可被碳还原为单质硅,硅燃烧又生成SiO_2,从而实现了硅的再生。
【答案】A

例题2 基础题

下列说法不正确的是( )。
A. 因SiO_2不溶于水,故SiO_2不是酸性氧化物
B. 在反应$SiO_2 + 2C \xrightarrow{高温} Si + 2CO$中$SiO_2$作氧化剂
C. SiO_2是一种空间立体网状结构的晶体,熔点高、硬度大
D. 氢氟酸能够蚀刻玻璃,故不能用玻璃瓶来盛装氢氟酸

【解析】A项,SiO_2不溶于水,但它能与碱反应生成硅酸盐和水,是酸性氧化物,错误;B项,在该反应中SiO_2被C还原为Si,SiO_2作氧化剂,正确;C项,由于SiO_2是一种空间立体网状结构的物质,故熔点高,硬度大,正确;D项,SiO_2能与氢氟酸反应,故常用氢氟酸蚀刻玻璃,不能用玻璃瓶盛装氢氟酸,正确。
【答案】A

例题3

NaOH、KOH等碱溶液可以贮存在下列哪种试剂瓶中?( )

比例所组成的立体网状结构的晶体。

④[SiO₄]不仅存在于 SiO₂ 晶体中,也存在于硅酸盐中。

⑤SiO₂ 的网状结构决定了 SiO₂ 是不溶于水的固体,熔、沸点高,硬度大,且化学性质稳定(这里充分体现了物质结构决定性质的思想)。

(3)化学性质

① 与氢氟酸反应 $SiO_2 + 4HF =\!=\!= SiF_4 \uparrow + 2H_2O$
(氢氟酸可雕刻玻璃)

② 与碱性氧化物反应 $SiO_2 + CaO \xrightarrow{高温} CaSiO_3$

③ 与强碱反应 $SiO_2 + 2NaOH =\!=\!= Na_2SiO_3 + H_2O$
(盛碱的试剂瓶用橡皮塞不能用玻璃塞)

【注意】a. SiO₂ 是酸性氧化物;

b. SiO₂ 很稳定,除氢氟酸外一般不与其他酸反应。

【思考与交流】根据 SiO₂ 的存在和应用,请你分析以下问题:①SiO₂ 具有哪些物理性质?②化学稳定性如何?你的根据是什么?③SiO₂ 的这些性质由什么决定?

【答案】①物理性质:熔点高、硬度大;

②化学稳定性好,除氢氟酸外一般不与其他酸反应,可以与强碱如 NaOH 反应,属于酸性氧化物;

③SiO₂ 的上述性质是由 SiO₂ 的正四面体空间网状结构决定。

(4)用途

①信息高速公路的骨架——石英光导纤维。

②石英坩埚、石英玻璃、石英钟表等。

③电子工业的重要部件、光学仪器。

④工艺饰品。

1-3 硅酸

(1)硅酸是一种白色的固体,在水中的溶解度很小。

(2)硅酸是一种很弱的酸,酸性比碳酸还弱,具有酸的通性,硅酸加热 $H_2SiO_3 \xrightarrow{\triangle} SiO_2 + H_2O$

(3)硅酸一般由可溶性硅酸盐与其他酸反应制得。如 $Na_2SiO_3 + 2HCl =\!=\!= 2NaCl + H_2SiO_3$(胶体),$Na_2SiO_3 + CO_2 + H_2O =\!=\!= Na_2CO_3 + H_2SiO_3$(胶体),它们都符合"强酸制弱酸原理"。

【特别提醒】①因为 SiO₂ 不溶于水,因此不能用 SiO₂ 与水反应制备硅酸。

②制备硅酸的原理是:"强酸制弱酸"这一原理可用来设计酸性强弱比较的实验,例证明酸性:盐酸>碳酸>硅酸。

(4)硅胶——干燥剂

①由 Na₂SiO₃ 制得 H₂SiO₃。

②生成的 H₂SiO₃ 逐渐聚合成胶体溶液。

③H₂SiO₃ 浓度大时,形成透明的、胶冻状——硅酸凝胶。

④硅酸凝胶干燥脱水后形成——"硅胶"。硅胶是多孔状,吸附水分能力强,常用作干燥剂,也可作催化剂的载体。

2. 硅酸盐

2-1 硅酸盐及其产品

(1)概念:硅酸盐是由硅、氧和金属组成的化合物的总称。

(2)硅酸钠(Na₂SiO₃):溶于水,其水溶液俗称水玻璃,可用作肥皂填料、防火剂及黏胶剂等。

(3)硅酸盐的化学性质

①硅酸盐有很强的热稳定性,即能耐高温。

②硅酸盐易跟酸发生反应。

$Na_2SiO_3 + CO_2 + H_2O =\!=\!= H_2SiO_3$(胶体)$+ Na_2CO_3$

$SiO_3^{2-} + CO_2 + H_2O =\!=\!= H_2SiO_3$(胶体)$+ CO_3^{2-}$

$Na_2SiO_3 + 2CO_2 + 2H_2O =\!=\!= H_2SiO_3$(胶体)$+ 2NaHCO_3$

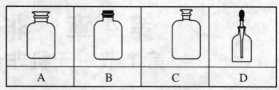

A B C D

【解析】由于 $SiO_2 + 2NaOH =\!=\!= Na_2SiO_3 + H_2O$,所以碱性物质不能放在磨口玻璃瓶中,试剂瓶要选用软木塞或橡胶塞。

【答案】B

例题4 基础题

中国北京曙光公司研制出了第一款具有我国完全自主知识产权的高性能 CPU 芯片——"龙芯"1号。

(1)"龙芯"1号(芯片)的主要化学成分是_____。

(2)在计算机长距离联网使用的传输很快的线路中使用的材料叫_____,主要化学成分是_____。

(3)如果这种埋在地下的材料裸露在碱性土壤中,结果会断路,用离子方程式说明原因:_____
_____。

【解析】SiO₂ 属于酸性氧化物,易与碱反应。

【答案】(1)硅 (2)光导纤维 SiO₂ (3)$SiO_2 + 2OH^- =\!=\!= SiO_3^{2-} + H_2O$

例题5 中难题

为确认 HCl、H₂CO₃、H₂SiO₃ 的酸性强弱,某学生设计了如下图所示的装置,一次实验即可达到目的(不必选其他酸性物质)。请据此回答:

(1)锥形瓶中装某可溶性正盐溶液,分液漏斗所盛试剂应为_____。

(2)装置 B 所盛的试剂是_____,其作用是_____
_____。

(3)装置 C 所盛试剂是_____,C 中反应的离子方程式是_____。

【解析】考查强酸制弱酸原理的应用。注意装置 B 的作用是除去盐酸挥发出的 HCl 气体,否则对装置 C 证明碳酸的酸性强于硅酸的酸性形成干扰。

【答案】(1)盐酸 (2)饱和 NaHCO₃ 溶液 除去盐酸中挥发出的 HCl 气体 (3)Na₂SiO₃ 溶液 $SiO_3^{2-} + CO_2 + H_2O =\!=\!= H_2SiO_3$(胶体)$+ CO_3^{2-}$

例题6 中难题

下列反应的离子方程式中,正确的是( )。

A. 二氧化硅跟氢氟酸反应:$SiO_2 + 4H^+ =\!=\!= Si^{4+} + 2H_2O$

B. 二氧化硅跟氢氧化钾溶液反应:$SiO_2 + 2OH^- =\!=\!= SiO_3^{2-} + H_2O$

C. 硅酸钠溶液中滴入盐酸:$SiO_3^{2-} + 2H^+ =\!=\!= H_2SiO_3$(胶体)

D. 碳酸钡中滴加稀 HNO₃:$CO_3^{2-} + 2H^+ =\!=\!= H_2O + CO_2 \uparrow$

【解析】A 项中的氢氟酸是弱酸,需要保留化学式,所以不正确,B、C 项正确,D 项中的碳酸钡是难溶物质,应保留化学式,所以 D 项不正确。

【答案】B、C

$SiO_3^{2-} + 2CO_2 + 2H_2O = H_2SiO_3$(胶体) $+ 2HCO_3^-$

$Na_2SiO_3 + 2HCl = H_2SiO_3$(胶体) $+ 2NaCl$

$SiO_3^{2-} + 2H^+ = H_2SiO_3$(胶体)

【注意】①盛 Na_2SiO_3 的试剂瓶应密封,否则吸收空气中 CO_2 和 H_2O 会变质;

②盛 Na_2SiO_3 的试剂瓶不能用玻璃塞,因为它本身是一种玻璃黏胶剂;

③SiO_3^{2-} 与 H^+ 不能大量共存。

(4)硅酸钠的耐热性

实验步骤:①取两个小木条或滤纸条,分别放入蒸馏水和 Na_2SiO_3 饱和溶液中,使之充分吸湿、浸透。

②取出稍沥干(不再滴液)后,同时分别在酒精灯外焰点燃。

实验现象:放入蒸馏水吸湿的小木条或滤纸条在酒精灯火焰上,首先变干,而后又燃烧,而放入 Na_2SiO_3 溶液的小木条或滤纸条在酒精灯火焰上,只是变干,不燃烧。

实验结论:Na_2SiO_3 能耐高温,不能燃烧。

(5)硅酸盐的产品

人类创造出的三大传统硅酸盐产品有陶瓷、玻璃、水泥。

三种常见的硅酸盐产品

硅酸盐产品	主要原料	主要设备
水泥	黏土、石灰石	水泥回转窑
玻璃	纯碱、石灰石、石英	玻璃窑
陶瓷	黏土	—

2-2 硅酸盐的丰富性和多样性

(1)Al 与 Si 在元素周期表中位置相邻,离子大小相近,Al^{3+} 置换硅酸盐中部分 Si^{4+},并引入其他正离子使化合物保持电中性。从而形成复杂多样的硅酸盐。

(2)硅酸盐的品种的多样性和结构的复杂性,决定了其应用的选择性。例如,土壤胶体因其表面积巨大且带负电,能吸收 NH_4^+、K^+ 等多种生物所需的营养离子,所以土壤具有保肥能力。

2-3 新型陶瓷

品种	主要性能	主要用途
高温结构陶瓷	(1)耐高温 (2)耐氧化 (3)耐磨蚀	耐高温材料,洲际导弹的弹头,火箭发动机的尾管,汽车发动机,喷气发动机
压电陶瓷	实现机械能与电能的相互转化	电波滤波器,通话器,声呐探伤器,点火器
透明陶瓷	(1)优异的光学性能 (2)耐高温 (3)绝缘性好	制高压钠灯的灯管,防弹"玻璃"
超导陶瓷	超导性	超导材料

3.硅单质

(1)存在形式:硅以晶体硅和无定形硅两种形式存在。

(2)晶体硅的结构:硅原子与硅原子互相连接成空间网状结构,与金刚石的结构相似。

(3)物理性质:晶体硅是灰黑色、有金属光泽、硬而脆的固体,熔点、沸点很高,硬度大。晶体硅的导电性介于导体和绝缘体之间,是良好的半导体材料。

(4)硅的用途:依据其半导体性质及丰富的来源,硅成为信息技术的关键材料(半导体材料中硅占了 95% 以上)。半导体晶体管和硅芯片的发展应用,促进了信息技术革命,硅是人类将太阳能转换为电能的常用材料,如高纯硅可以制成光电池(将光能直接转换为电能),可以用作

例题 7 基础题——2005·山西

下列关于水玻璃的性质和用途的叙述中不正确的是( )。

A. 这是一种矿物胶,既不燃烧也不受腐蚀

B. 在建筑工业上可以作黏合剂、耐酸水泥掺料

C. 木材、织物浸过水玻璃后具有防腐性能且不易燃烧

D. 水玻璃的化学性质稳定,在空气中不易变质

【解析】Na_2SiO_3 的水溶液叫水玻璃,是一种矿物胶,通常用作耐火材料。在空气中发生反应:$Na_2SiO_3 + CO_2 + H_2O = H_2SiO_3$(胶体)$+ Na_2CO_3$,故 D 不正确。

【答案】D

例题 8 基础题

氮化硅是一种高温结构陶瓷,它的硬度大、熔点高、化学性质稳定,工业上曾普遍采用高纯硅与氮在 1 300 ℃时反应获得。

(1)根据性质,推测氮化硅陶瓷的用途是_____。

①制汽轮机叶片　②航空航天耐高温材料

③制永久性模具　④汽车发动机

(2)画出 N 的原子结构示意图_____,写出氮化硅的化学式_____。

(3)高纯度硅与纯氮气反应制得氮化硅,请写出反应的化学方程式_____。

【解析】对照左栏高温结构陶瓷的特性和用途。

N 与 Si 化合,N 显 -3 价,Si 显 +4 价,则氮化硅为 Si_3N_4。

【答案】(1)①②③④　(2)+7)2)5　Si_3N_4

(3)$2N_2 + 3Si \xrightarrow{1\,300\,℃} Si_3N_4$

例题 9 基础题

下列关于硅的叙述中,错误的是( )。

A. 硅广泛存在于自然界中,天然单质硅叫硅石

B. 硅的导电性介于导体与绝缘体之间

C. 硅的化学性质不活泼,常温下不与任何物质起反应

D. 硅是非金属元素,但它的单质是灰黑色有金属光泽的固体

【解析】硅在自然界中只有化合态,没有游离态,硅在自然界中是以二氧化硅和硅酸盐两类物质存在的,硅石的成分是二氧化硅,A 错;硅在常温下能与 F_2 和强碱反应,C 错。

【答案】A、C

例题 10 中难题

已知某硅酸盐可表示为 $Mg_8Si_4O_{10}(OH)_b$(其中 a,b 为正整数),试回答:

(1)a 与 b 应满足的关系是_____(写表达式)。

(2)a 能否等于 2? _____(填"能""不能"或"无法确定"),理由是_____。

计算器、人造卫星、登月车、火星探测器、太阳能电动汽车等的动力设备，是极有发展前景的新型能源材料。

②方法·技巧平台

4.硅酸盐的表示方法

硅酸盐由于组成比较复杂，通常用二氧化硅和金属氧化物的形式表示其组成，改写时的规律为：

书写形式
- 氧化物的排列顺序：活泼金属氧化物→较活泼金属氧化物→二氧化硅→水
- 氧化物之间以"·"隔开

化学计量数
- 配置原则：各元素原子总个数比符合原来的组成
- 若出现分数应化为整数

例如：钠长石 $NaAlSi_3O_8$ 不能写成 $\frac{1}{2}Na_2O \cdot \frac{1}{2}Al_2O_3 \cdot 3SiO_2$，应写成 $Na_2O \cdot Al_2O_3 \cdot 6SiO_2$。

【特别提醒】(1)写成氧化物形式，是为了简化对硅酸盐组成的表示方法，实际上硅酸盐不是以简单氧化物形式存在的。

(2)在改写时各元素的化合价不能改变。

(3)硅酸盐与酸反应时，只考虑酸与氧化物的反应。

③创新·思维拓展

5.碳和硅的比较

	碳	硅
结构特点	碳与硅均位于元素周期表的第ⅣA族，硅位于碳的下方，原子的最外层均有4个电子，既不易失去电子，又不易得到电子，主要形成四价的化合物，单质硅有晶体硅和无定形硅两种。晶体硅和金刚石的结构相似	
存在	在地壳中主要形成石灰岩和碳酸盐等	在地壳中的含量居第二位。在自然界中只以化合态存在，主要是二氧化硅和硅酸盐
物理性质	金刚石的熔点和沸点很高，硬度大，不溶于水，金刚石不导电，石墨导电	晶体硅是具有金属光泽的灰黑色固体，熔点和沸点高，坚硬，不溶于水，是良好的半导体材料
化学性质	硅与碳相似，常温下化学性质不活泼	

6.CO_2 和 SiO_2 的比较

		二氧化碳	二氧化硅
存在		空气	存在于岩石中，硅石、石英、水晶、硅藻土都含 SiO_2
物理性质		熔、沸点低，常温时是气体，微溶于水	坚硬难溶的固体，不溶于水
化学性质	与水	$CO_2 + H_2O \rightleftharpoons H_2CO_3$	不反应
	与酸	不反应	除氢氟酸外不反应 $SiO_2 + 4HF == SiF_4\uparrow + 2H_2O$
	与NaOH溶液	$CO_2 + 2NaOH == Na_2CO_3 + H_2O$	$SiO_2 + 2NaOH == Na_2SiO_3 + H_2O$
	与CaO	不反应	$SiO_2 + CaO \xrightarrow{高温} CaSiO_3$
用途		饮料、制碱	光导纤维、化学仪器、光学仪器、钟表、电子部件

(3) $a=3$ 的硅酸盐的表示式为_____（以氧化物的形式表示）。

(4)三硅酸镁（$Mg_2Si_3O_8 \cdot nH_2O$）可用于治疗胃酸过多和胃溃疡，它中和胃酸（HCl）的化学方程式是

_____。

【解析】(1)由正、负化合价代数和等于0，可得到

$2a + 4 \times 4 + 10 \times (-2) + b \times (-1) = 0$，

即 $2a = 4 + b$。

(2)显见若 $a=2$ 时，$b=0$，不符合题意。

(3)当 $a=3$ 时，$b=2$，则化学式为 $Mg_3Si_4O_{10}(OH)_2$ 改写为 $3MgO \cdot 4SiO_2 \cdot H_2O$。

(4)写化学方程式时，结合氧化物的形式，只需考虑 MgO 与 HCl 反应即可。

【答案】(1) $2a = 4 + b$

(2)不能　若 $a=2$，则 $b=0$，与题意不符

(3) $3MgO \cdot 4SiO_2 \cdot H_2O$

(4) $Mg_2Si_3O_8 \cdot nH_2O + 4HCl == 2MgCl_2 + 3SiO_2 + (n+2)H_2O$

例题11　基础题

下列关于碳和硅的叙述中，错误的是（　　）。

A.碳和硅的最高价氧化物都能与氢氧化钠溶液反应

B.单质碳和硅在加热时都能与氧气反应

C.碳和硅的氧化物都能溶于水生成相应的酸

D.碳和硅两种元素都有同素异形体

【解析】CO_2、SiO_2 为酸性氧化物，都能与 NaOH 溶液反应，A项正确。C、Si 高温时与 O_2 反应生成相应的氧化物。$CO_2 + H_2O \rightleftharpoons H_2CO_3$，CO 不溶于水，$SiO_2$ 不能与水反应生成酸，C项不正确。石墨、金刚石、C_{60} 等都是碳的同素异形体，晶体硅和无定形硅是硅的两种同素异形体，D正确。

【答案】C

【点拨】虽然碳比硅活泼，但是由于硅是亲氧元素，所以碳在自然界中有单质，而硅只能以化合态存在。

例题12　中难题

下列说法正确的是（　　）。

A.二氧化硅溶于水显酸性

B.二氧化碳通入到水玻璃中可以得到原硅酸

C.因为高温时二氧化硅与碳酸钠反应放出二氧化碳，所以硅酸的酸性比碳酸强

D.二氧化硅是酸性氧化物，它不溶于任何酸

【解析】A项 SiO_2 难溶于水，不显酸性，所以 A 不正确。B、C项相互矛盾，B项碳酸虽然是弱酸，但酸性还是比硅酸强一些，向水玻璃中通入 CO_2，可以发生强酸制弱酸的复分解反应：$Na_2SiO_3 + 2H_2O + CO_2 == Na_2CO_3 + H_4SiO_4\downarrow$，所以 B 项正确。C项虽然有反应 $SiO_2 + Na_2CO_3 \xrightarrow{高温} Na_2SiO_3 + CO_2\uparrow$，但结论是错误的。本反应之所以能发生是因为高温下 CO_2 以气体形式逸出，使反应进行到底，并不是硅酸酸性比碳酸强。D项叙述过于绝对，忽略了氢氟酸与 SiO_2 的反应。

【答案】B

整体训练方法

4 能力·题型设计

1. 江西景德镇制瓷历史悠久,产品名扬天下,右图是清代康熙年间民窑陶瓷产品,下列关于陶瓷的说法中正确的是(　　)。

清康熙 景德镇窑青花釉里红山水纹花觚

A. 陶瓷是硅酸盐产品　　　　B. 陶瓷是金属产品
C. 陶瓷中不含金属元素　　　D. 陶瓷属于合金材料

2. 下列说法中,错误的是(　　)。
A. 光导纤维是以二氧化硅为主要原料制成的
B. 二氧化硅溶于水生成硅酸
C. NaOH 溶液不能存放在磨口玻璃塞的试剂瓶中
D. 二氧化硅是一种熔沸点很高、硬度很大的氧化物

3. 在一定条件下,下列物质不能和二氧化硅反应的是(　　)。
①焦炭　②纯碱　③碳酸钙　④氢氟酸　⑤硝酸　⑥氢氧化钾　⑦氧化钙　⑧氮气
A. ③⑤⑦⑧　　　B. ⑤⑦⑧　　　C. ⑤⑧　　　D. ⑤

4. 在一定条件下,既能跟二氧化碳反应,又能跟二氧化硅反应的物质是(　　)。
A. Na_2CO_3 溶液　B. 浓 H_2SO_4　C. NaOH 溶液　D. 木炭

5. 下列变化中,不能一步实现的是(　　)。
A. $Na_2SiO_3 \longrightarrow H_2SiO_3$　　　　B. $H_2SiO_3 \longrightarrow SiO_2$
C. $SiO_2 \longrightarrow H_2SiO_3$　　　　　　D. $SiO_2 \longrightarrow Na_2SiO_3$

6. 工业上制造金刚砂(SiC)的化学方程式为:$SiO_2 + 3C \xrightarrow{\text{高温}} SiC + 2CO\uparrow$,在这个反应中,氧化剂与还原剂的物质的量之比是(　　)。
A. 1:2　　　B. 2:1　　　C. 5:3　　　D. 3:5

7. 证明生石灰中既混有石英,又混有石灰石的正确方法(　　)。
A. 加入过量盐酸,观察是否有气泡冒出
B. 加入过量烧碱溶液,观察是否有固体溶解
C. 加热至高温,观察是否有气泡冒出,是否有硅酸钙生成
D. 先加过量盐酸搅拌,观察是否有不溶物剩余及气泡出现,若有不溶物则滤出,投入到 NaOH 溶液中看其是否溶解

8. 下列说法正确的是(　　)。
A. SiO_2 高温时与 Na_2CO_3 反应产生 CO_2,将 CO_2 通入 Na_2SiO_3 溶液中可生成 H_2SiO_3,说明 H_2SiO_3 的酸性有时比 H_2CO_3 强,而有时比 H_2CO_3 弱
B. SiO_2 既能与 NaOH 溶液反应又能与氢氟酸反应,所以 SiO_2 是两性氧化物
C. 氢氟酸不应装在玻璃瓶中
D. NaOH 溶液、Na_2SiO_3 溶液应装在带玻璃塞的磨口玻璃瓶中

9. 若将混在 SiO_2 中的 H_2SiO_3 除去,正确的操作为(　　)。
A. 加入水溶解后,过滤
B. 加入氢氧化钠溶液后,过滤
C. 直接充分加热此固体混合物
D. 加入足量的氢氟酸后,过滤

10. 下列关于硅酸钠的说法中正确的是(　　)。
A. 硅酸盐中的阴离子都是 SiO_3^{2-}
B. 硅酸盐都难溶于水
C. 通常用氧化物的形式表示硅酸盐的组成,说明硅酸盐就是由各种氧化物组成的
D. Na_2SiO_3 是一种最简单的硅酸盐,其水溶液可用作黏合剂

11. 三硅酸镁被用来治疗胃溃疡,是因为该物质不溶于水,服用后能中和胃酸,作用持久。把三硅酸镁 $Mg_2Si_3O_8 \cdot nH_2O$ 改写成氧化物的形式为_____,写出它中和胃酸(HCl)的化学方程式_____。

点击考例

◀ 测试要点 2－1

◀ 测试要点 1－2
2012·庐山中学

◀ 测试要点 1－2

◀ 测试要点 6

◀ 测试要点 1－3

◀ 测试要点 1
长春

◀ 测试要点 6

◀ 测试要点 1、2

◀ 测试要点 1－3

◀ 测试要点 1

◀ 测试要点 4

12. 欲除去下表中各粉末状混合物中的杂质(括号内为杂质),请填写所用的试剂、操作名称及化学方程式。

样品	所用试剂	主要操作	化学方程式
$SiO_2(CaCO_3)$		过滤	
$CaCO_3(SiO_2)$			
$SiO_2(Si)$			
$SiO_2(H_2SiO_3)$			

13. 指出下列反应中 SiO_2 所表现的化学性质或作用,在 A ~ E 选项中选择正确答案填入括号内。

①$SiO_2 + 2NaOH == Na_2SiO_3 + H_2O$( )

②$SiO_2 + Na_2CO_3 \xrightarrow{高温} Na_2SiO_3 + CO_2\uparrow$( )

③$SiO_2 + 2C \xrightarrow{高温} Si + 2CO\uparrow$( )

④$SiO_2 + 3C \xrightarrow{高温} SiC + 2CO\uparrow$( )

⑤$SiO_2 + 4HF == SiF_4\uparrow + 2H_2O$( )

A. 作为玻璃的成分被消耗而使玻璃被腐蚀

B. 强氧化性

C. 酸性氧化物的通性

D. 将挥发性的酸酐从其盐中置换出来

E. 未参加氧化还原反应

知能提升突破

1. 歌曲《青花瓷》中所描绘的"屏层鸟绘的牡丹一如你梳妆"、"色白花青的景已跃然于碗底"等图案让人赏心悦目,但古瓷中所用颜料成分一直是个谜,近年来科学家才得知大多为硅酸盐,如蓝紫色的硅酸铜钡($BaCuSi_2O_x$,铜为 +2 价),下列关于硅酸铜钡的说法不正确的是( )。

A. 可用氧化物形式表示为 $BaO \cdot CuO \cdot 2SiO_2$

B. 性质稳定,不易脱色

C. 易溶解于强酸和强碱

D. x 等于 6

2. 下列反应的离子方程式不正确的是( )。

A. 石英溶于烧碱溶液:$SiO_2 + 2OH^- == SiO_3^{2-} + H_2O$

B. 小苏打溶液跟盐酸反应:$CO_3^{2-} + 2H^+ == H_2O + CO_2\uparrow$

C. 硅酸钠溶液跟硫酸反应:$SiO_3^{2-} + 2H^+ == H_2SiO_3$(胶体)

D. 二氧化碳跟澄清石灰水反应:$CO_2 + 2OH^- + Ca^{2+} == CaCO_3\downarrow + H_2O$

3. 用多种方法鉴别下列两组白色粉末状物质(注:①能够写化学方程式的写出化学反应方程式;②鉴别方法可以不填满,若序号不够自己也可以再加填)。

(1) Na_2CO_3 和 SiO_2

①_____;

②_____;

③_____。

(2) $CaCO_3$ 和 Na_2SiO_3

①_____;

②_____;

③_____。

点击考例

测试要点1–2

测试要点1–2

测试要点4

测试要点6

测试要点2

➤ 4.目前硅铝合金是用量最大的硅合金。某探究性学习小组用某品牌的硅铝合金与足量稀硫酸的反应来测定该合金中硅元素的质量分数,实验装置如下:

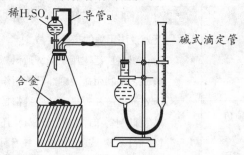

(1)装置中导管a的作用是_____

_____。

(2)读碱式滴定管的读数时应该注意_____

_____。

(3)若合金的质量为 m g,生成 H_2 的体积 V mL(已换算为标准状况下的体积),则合金中 Si 的质量分数为_____

(列原始计算式)。

➤ 5.获取知识和信息是现代人不可缺少的素质,信息产业的飞速发展离不开材料科学的推动,信息产业的核心材料是高纯度的硅。下面是高纯度单晶硅的生产方法之一:

$SiO_2 \xrightarrow{C} Si(粗硅) \xrightarrow{HCl、Cl_2} SiHCl_3(沸点31.5 ℃) \xrightarrow{H_2} Si \xrightarrow{气相沉积法} 高纯硅 \longrightarrow 单晶硅$

近代用得较多的另一种方法(之二)是:用金属硅化物(Mg_2Si)与盐酸作用制得硅烷(SiH_4);再热分解硅烷可得高纯硅。单晶硅可用作制作大规模集成电路、整流器等,硅纯度越高,大规模集成电路的性能越好。

(1)从方法一生产单晶硅的过程看,由碳还原得到的硅为何还要进一步处理?

_____。

(2)写出方法二中,生产高纯硅的两个化学方程式:

①_____

②_____。

点击考例

◄ 测试要点3

◄ 测试要点1—2、3

▶ 教材课后习题解答

习题

1.(1)⑧⑩ (2)⑤⑥⑦⑨ (3)①②③④

2.

材料	物理性质	化学性质
玻璃	硬度大、耐磨损、耐高温、较脆	化学性质很稳定
陶瓷	硬度大、耐磨损、耐高温	化学性质很稳定

3. $Na_2SiO_3 + H_2SO_4 === H_2SiO_3(胶体) + Na_2SO_4$

4. B

5.普通玻璃坩埚、石英坩埚和陶瓷坩埚均含 SiO_2,SiO_2 能与 NaOH 反应:$SiO_2 + 2NaOH === Na_2SiO_3 + H_2O$,而铁坩埚与 NaOH 不反应。

6.略。

7. $SiO_2 + 2NaOH === Na_2SiO_3 + H_2O$

$Na_2CO_3 + SiO_2 \xrightarrow{高温} Na_2SiO_3 + CO_2 \uparrow$

8.晶体硅的导电性介于导体和绝缘体之间,是良好的半导体材料,主要应用于信息技术和光电池等方面。

9.(1)还原剂。(2)化合反应(氧化还原反应);置换反应(氧化还原反应);还原剂。

(3)略。

10.(1)原子的最内层和最外层电子数相同,电子层数不同。不在同一横行,位于同一纵列。(2)单质都有晶体和无定形两种。硅晶体是良好的半导体材料,而碳单质不是。

(3)硅的氧化物只有 SiO_2,而碳的氧化物有 CO 和 CO_2 两种。$SiO_2、CO_2$ 均为酸性氧化物,CO 是不成盐氧化物。SiO_2 为固态,存在于地表及地壳中;$CO_2、CO$ 为气态,存在于大气中;SiO_2 的性质比 CO_2 更稳定等。

11.(1) $Na_2O \cdot CaO \cdot 6SiO_2$

点拨:$Na_2O、CaO$ 与 SiO_2 的物质的量之比为

$\dfrac{13\%}{62} : \dfrac{11.7\%}{56} : \dfrac{75.3\%}{60} = 1 : 1 : 6$。

(2) Na_2CO_3:72.5t $CaCO_3$:81t 石英:245.8t

12.不要求课后马上完成,建议学生在一定的时间内,由个人或小组合作完成。最好物色学有余力的同学多花工夫写出质量较高的小论文。

► 最新5年高考名题诠释

考题1 | 2010・全国Ⅰ卷

下列关于 SiO_2 晶体网状结构的叙述正确的是(　　)。

A. 最小的环上,有3个Si原子和3个O原子

B. 最小的环上,Si和O原子数之比为 $1:2$

C. 最小的环上,有6个Si原子和6个O原子

D. 存在四面体结构单元,O处于中心,Si处于4个顶角

【解析】晶体Si的结构中每个Si原子与其他4个Si原子形成空间正四面体,结构和晶体中最小的环为六元环。SiO_2 最小环可以看作氧原子插入Si和Si之间,最小环上共有12个原子。

【答案】C

考题2 | 2009・广东

下列关于硅单质及其化合物的说法正确的是(　　)。

①硅是构成一些岩石和矿物的基本元素

②水泥、玻璃、水晶饰物都是硅酸盐制品

③高纯度的硅单质广泛用于制作光导纤维

④陶瓷材料是人类应用很早的硅酸盐材料

A.①②　　B.②③　　C.①④　　D.③④

【答案】C

考题3 | 2009・重庆高考

材料与化学密切相关,表中对应关系错误的是(　　)。

	材料	主要化学成分
A	刚玉、金刚石	三氧化二铝
B	大理石、石灰石	碳酸钙
C	普通水泥、普通玻璃	硅酸盐
D	沙子、石英	二氧化硅

【解析】刚玉的主要成分为 Al_2O_3,而金刚石的主要化学成分为C。

【答案】A

考题4 | 2007・广东

下列说法正确的是(　　)。

A. 硅材料广泛应用于光纤通讯

B. 工艺师利用盐酸刻蚀石英制作艺术品

C. 水晶项链和餐桌上的瓷盘都是硅酸盐制品

D. 粗硅制备单晶硅不涉及氧化还原反应

【解析】石英(SiO_2)用于光纤材料,故A正确;氢氟酸可刻蚀石英制作艺术品,B错;水晶的主要成分是 SiO_2,C错;单晶硅的制备先用 Cl_2 氧化成 $SiCl_4$,然后用 H_2 还原 $SiCl_4$。

【答案】A

考题5 | 2006・广东

地球化学中,通常用热重分析研究矿物在受热时的质量变化以确定其组成。取 $66.6mg$ 由高岭石 $[Al_4Si_4O_{10}(OH)_8]$ 和方解石($CaCO_3$)组成的矿物,加热,在 $637\sim1\,123K$ 区间内分解为氧化物,样品总失重 $13.8mg$。

(1)方解石的失重百分比为_____。

(2)计算得出矿物中高岭石的质量分数为_____。

【解析】$CaCO_3 \xrightarrow{\text{高温}} CaO+CO_2\uparrow$,故方解石失重百分比为 $\dfrac{44}{100}\times100\%=44\%$。

高岭石 $[Al_4Si_4O_{10}(OH)_8]$ 可改写为 $2Al_2O_3\cdot4SiO_2\cdot4H_2O$,高岭石加热失重百分比为:$\dfrac{18\times4}{102\times2+4\times60+18\times4}\times100\%=13.95\%$。

设矿石中高岭石的质量分数为 x,则方解石质量分数为 $1-x$,$66.6x\times13.95\%+66.6(1-x)\times44\%=13.8$,解得 $x=77.5\%$。

【答案】(1)44% (2)77.5%

第2节　富集在海水中的元素——氯

▶ 课标三维目标

1.知识与技能
(1)了解氯气的物理性质;
(2)掌握氯气的化学性质;
(3)掌握氯离子的检验方法;
(4)了解卤族元素结构与性质的相似性。
2.过程与方法
(1)通过阅读科学史话——氯气的发现和确认,了解科学发现的艰辛;
(2)通过 Cl⁻ 检验的实验;培养物质检验的方法和思路。
3.情感态度与价值观
(1)通过对化学史的了解,感悟化学探究的意义;
(2)体验化学物质在人类活动中的作用和价值。

▶ 三层完全解读

>>>解题依据

1 知识·能力聚焦

1.活泼的黄绿色气体——氯气

1-1 氯元素的存在及其原子结构
(1)氯元素的存在
自然界中氯以化合态形式存在,主要以 NaCl 的形式存在于海水和陆地的盐矿中,海洋是氯的巨大的资源宝库。
(2)氯的原子结构

氯位于第三周期第ⅦA族,其原子结构示意图为 (+17)2 8 7,氯原子最外层七个电子易得到一个电子而形成氯离子(Cl⁻),是活泼的非金属元素。

1-2 氯气的发现和确认
1774 年,瑞典化学家舍勒在研究软锰矿(主要成分是 MnO_2)的过程中,将它与浓盐酸混合加热,产生了一种黄绿色的气体,有强烈的刺鼻气味,使人十分难受。舍勒对这种气体进行了研究,但他当时流行的错误学说的影响,未能确认这种气体的"庐山真面目"。后来的研究者又被当时得到广泛认同的"一切酸中含有氧"的观点所束缚,认为舍勒制得的黄绿色气体是"氧化的盐酸"气——一种氧化物。英国化学家戴维曾通过多种实验想把"氧化的盐酸"中的"氧"夺取出来,但都未能实现。直到 1810 年,戴维以大量实验事实为根据,确认"氧化的盐酸"不是一种化合物,而是一种新元素组成的单质,他将这种元素命名为 chlorine。这一名称来自希腊文,有"绿色"的意思。中文译名曾为"绿气",后改为"氯气"。

【思考与交流1】从氯气的发现到确认为一种新元素,时间长达三十多年。你从这一史实中得到什么启示?
【答案】启示一:科学研究需要有正确的理论作指导,错误的理论只能浪费时间和精力。
启示二:科学研究需要以大量的事实为依据,只有大量的事实才能推翻错误的理论,建立正确的理论或推动科学理论的发展。
启示三:科学研究要有热爱科学的思想和奉献科学的精神。

>>>名题诠释

例题1　基础题

氯元素位于第三周期第ⅦA族,画出其原子结构示意图_____,由其结构分析得出,氯表现为典型的_____(填"金属"或"非金属",下同)性,钠元素位于第三周期第ⅠA族,画出其原子结构示意图_____,由其结构分析得出,钠表现出典型的_____性。

【答案】 (+17)2 8 7　非金属　(+11)2 8 1　金属

例题2　基础题

下列关于氯气的研究的科学史话正确的是(　　)。
A.瑞典化学家舍勒在实验室制得氯气,并确定氯气是一种单质
B.英国化学家戴维在前人研究的基础上,通过大量的实验确认氯气是一种单质
C.舍勒是用食盐来制取氯气的
D.舍勒发现氯气的方法至今还是实验室制取氯气的方法之一
【答案】B、D

例题3　中难题

根据舍勒研究氯气的史实,人们经过大量的研究,弄清其反应原理为: $MnO_2 + 4HCl(浓) \xrightarrow{\triangle} MnCl_2 + 2H_2O + Cl_2\uparrow$。

请你分析该反应的氧化剂_____,还原剂_____,发生反应时氧化剂与还原剂的物质的量之比为_____。
【解析】根据化合价变化可知氧化剂为 MnO_2,还原剂为 HCl,但 4 mol HCl 只有 2 mol HCl 作还原剂。

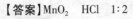

【思考与交流2】舍勒发现氯气的方法至今还是实验室制氯气的主要方法之一。请写出舍勒发现氯气的化学反应方程式：

【答案】$MnO_2 + 4HCl$（浓）$\xrightarrow{\triangle} MnCl_2 + 2H_2O + Cl_2\uparrow$

1-3 氯气的物理性质

通常情况下，氯气是黄绿色有刺激性气味的气体，密度比空气大，有毒，易液化，能溶于水。

闻气体的方法

【特别提醒】在化学实验时不论闻有毒气体还是无毒气体，其方法为：用手在瓶口轻轻扇动，使极少量的气体进入鼻孔。

1-4 氯气的化学性质

（1）与金属单质反应

①与 Na 反应：$2Na + Cl_2 \xrightarrow{\text{点燃}} 2NaCl$

②与 Fe 反应：$2Fe + 3Cl_2 \xrightarrow{\text{点燃}} 2FeCl_3$

③与 Cu 反应：$Cu + Cl_2 \xrightarrow{\text{点燃}} CuCl_2$

【注意】Cl_2 与变价金属反应时，生成高价金属氯化物。如氯与铁反应生成 $FeCl_3$，而不生成 $FeCl_2$。

（2）与非金属单质反应

$H_2 + Cl_2 \xrightarrow{\text{点燃}} 2HCl$

氢气在氯气中燃烧的实验探究

实验步骤：在空气中点燃 H_2，然后把导管缓缓伸入盛满 Cl_2 的集气瓶中（如右图所示）。观察 H_2 在 Cl_2 中燃烧时的现象。

实验现象：氢气在氯气中继续燃烧，火焰为苍白色。氢气燃烧结束后，抽去盖在集气瓶口处的玻璃片，观察到集气瓶口上方出现白雾。

实验结论：纯净的 H_2 可以在 Cl_2 中安静地燃烧。

注意事项：①为了保证实验安全，氢气在点燃之前必须先检验纯度，只有纯度符合点燃纯度要求的氢气才能点燃；

②为了减弱环境污染，氢气燃烧完毕后立即用玻璃片盖住集气瓶瓶口，然后向集气瓶中加入少量氢氧化钠稀溶液并振荡，吸收氯化氢气体；

③上述反应也是工业上制取 HCl 的化学反应原理。

【思考与交流】通过 H_2 在 Cl_2 中燃烧的实验，你对燃烧的条件及其本质有什么新的认识？

【答案】H_2 在空气中可以燃烧，在 Cl_2 中也可以燃烧。由此可知燃烧不一定要有氧气参加，燃烧的本质是氧化还原反应，所有的发光放热的剧烈的化学反应都称为燃烧。

（3）与水反应

$Cl_2 + H_2O == HCl + HClO$（次氯酸） $2HClO \xrightarrow{\text{光照}} 2HCl + O_2\uparrow$

氯水的漂白实验探究

实验操作	实验现象	结论
有色布条 干燥 氯气	有色布条 不褪色	干燥的 Cl_2 没有漂白作用
有色布条 氯水	有色布条 褪色	氯水有漂白作用，起漂白作用的是次氯酸

【答案】MnO_2　HCl　1:2

例题4　基础题

可以用氯气灌洞的方法来消灭田鼠，这是利用了氯气的哪些性质？（　　）

①密度比空气大　②易液化　③能溶于水　④有毒

A.①②　　　　　　　　　　B.③④

C.①③④　　　　　　　　　D.①④

【解析】把氯气导入洞内是根据其密度比空气大，灭鼠是利用其毒性。

【答案】D

例题5　基础题

下列氯化物中，既能由金属和氯气直接反应制得，又能由金属和盐酸反应制得的是（　　）。

A. $CuCl_2$　　　　　　　　　B. $FeCl_2$

C. $FeCl_3$　　　　　　　　　D. $AlCl_3$

【解析】铜与盐酸不反应，A 错；铁与氯气反应生成 $FeCl_3$，与盐酸反应生成 $FeCl_2$，故 B、C 错。

【答案】D

例题6　中难题

今有 H_2、Cl_2 混合气 100 mL（标准状况），其中一种气体体积为 45 mL。点燃使两种气体发生反应后恢复到标准状况。气体体积为_____ mL。为了说明反应后气体中 H_2 或 Cl_2 有剩余，使气体通过 10 mL 水，并使剩余气体干燥后恢复到标准状况。若（1）剩余_____ mL，证明有_____剩余；理由是_____。（2）溶液有_____性，证明有_____剩余；理由是_____。

【解析】因为 $H_2 + Cl_2 \xrightarrow{\text{点燃}} 2HCl$ 是一个反应前后体积不变的反应，故不管反应进行到何种程度（恰好完全反应或是有一种反应物剩余），反应后气体的总体积总是和反应前的总体积相等，即仍为 100 mL。由题给条件可知，反应后生成 90 mL HCl，剩余反应物 10 mL（可能是 H_2 或 Cl_2）。

根据 H_2、Cl_2 本身的性质，即可证明是何种气体有剩余。

【答案】100　（1）10　H_2　H_2 不溶于水　（2）漂白　Cl_2　Cl_2 溶于水生成有漂白性的 HClO

例题7　中难题

如下图是一检验氯气性质的装置。

【拓展】①生成的 HClO 是一种强氧化剂,能漂白、杀菌;

②Cl_2 可使湿润的有色布条褪色,不能使干燥的有色布条褪色,说明 Cl_2 没有漂白性,而是 HClO 起漂白作用;

③Cl_2 可使湿润石蕊试纸先变红,后褪色,其原因是 Cl_2 与水作用生成的酸使石蕊先变红,HClO 强氧化性使变色后的石蕊氧化褪色(漂白);

④光照氯水,黄绿色逐渐褪去,溶液 pH 逐渐减小(HClO 能变成强酸 HCl);

⑤保存氯水时,应避免光照受热,实验室通常将氯水置于棕色试剂瓶密封保存。

(4)和碱反应

$$Cl_2 + 2NaOH =\!=\!= NaCl + NaClO + H_2O$$

(工业制漂白液,实验室吸收多余的 Cl_2)

$$2Cl_2 + 2Ca(OH)_2 =\!=\!= \underbrace{CaCl_2 + Ca(ClO)_2}_{漂粉精} + 2H_2O$$

(工业上生产漂粉精的原理)

【注意】①漂白液有效成分为次氯酸钠(NaClO)

漂白粉有效成分为次氯酸钙[$Ca(ClO)_2$]含有效氯约 35%。

漂粉精有效成分为次氯酸钙[$Ca(ClO)_2$]含有效氯约 70%。

②漂白液、漂白粉、漂粉精的漂白、消毒原理相同,在酸性条件下生成有漂白、消毒作用的次氯酸(HClO)。

$$Ca(ClO)_2 + CO_2 + H_2O =\!=\!= CaCO_3 \downarrow + 2HClO$$

(碳酸的酸性比次氯酸强)

$$NaClO + HCl =\!=\!= NaCl + HClO$$

③漂白液、漂白粉、漂粉精长期露置于空气中会发生反应:

$$Ca(ClO)_2 + CO_2 + H_2O =\!=\!= CaCO_3 \downarrow + 2HClO$$

$$2NaClO + CO_2 + H_2O =\!=\!= Na_2CO_3 + 2HClO$$

$$2HClO \xrightarrow{光照} 2HCl + O_2 \uparrow$$

因此,保存时应该密封存放于避光干燥处。

1－5 氯气的用途

学习物质的用途要与其性质紧密联系,性质决定用途。

(1)消毒剂、漂白剂——溶于水生成的 HClO 具有强氧化性。

(2)制漂白液、漂白粉、漂粉精。

(3)有机合成,有机化工,如合成塑料、橡胶、人造纤维、农药、染料、药品等。

(4)制高纯度的半导体、高纯度的金属钛。

(5)制盐酸($H_2 + Cl_2 \xrightarrow{点燃} 2HCl$)

【注意】氯气是一种重要的化工原料却又是一种有毒气体,氯气会损伤人的喉黏膜和肺,严重时可窒息致死。

【思考与交流】氯气是一种有毒气体,但可用于自来水的杀菌消毒;使用氯气对自来水消毒时可能产生一些负面影响,因此,人们开始研究并试用一些新型自来水消毒剂。从中你得到什么启示?

【答案】启示一:任何事物都有两面性,符合对立统一的自然哲学观。

启示二:正确使用化学物质和化学技术至关重要。

启示三:科学发展具有局限性,科学和技术是在实践和探索中不断发展进步的。

2.氯离子的检验

(1)对比实验

在 5 支试管中分别加入 2 ~ 3 mL 稀盐酸、NaCl 溶液、Na_2CO_3 溶液、自来水、蒸馏水,然后各滴入几滴 $AgNO_3$ 溶液,观察现象。然后再分别加入少量稀硝酸,观察现象。

---

(1)现关闭活塞 K,若有色布条是干燥的,溶液 B 为浓硫酸,则有色布条_____;若溶液 B 为水,则有色布条_____;若溶液 B 为饱和的 $NaHCO_3$ 溶液,则有色布条_____。

(2)现打开 K,溶液 B 为氢氧化钠溶液,通入的氯气是湿润的,布条是干燥的,则有色布条_____。

【解析】(1)关闭 K 通入 Cl_2,若 B 为浓硫酸,则进入(Ⅱ)的是干燥的 Cl_2,有色布条不褪色,若 B 为水,则进入(Ⅱ)的是湿润的 Cl_2,有色布条褪色,若 B 是 $NaHCO_3$,则 Cl_2 在(Ⅰ)中被消耗,有色布条不褪色。

(2)打开 K,尽管 B 是 NaOH 溶液,湿润的 Cl_2 还是进入(Ⅱ),有色布条褪色。

【答案】(1)不褪色　褪色　不褪色

(2)褪色

例题 8　基础题

下列关于漂白粉的叙述中,正确的是(　　)。

A. 漂白粉的有效成分是 $Ca(ClO)_2$ 和 $CaCl_2$

B. 漂白粉在空气中久置后会变质

C. 漂白粉可以开口放置

D. 漂白粉使用时宜在酸性条件下

【解析】漂白粉开口放置时,$Ca(ClO)_2$ 与空气中的 CO_2、H_2O 发生反应 $Ca(ClO)_2 + CO_2 + H_2O =\!=\!= CaCO_3 \downarrow + 2HClO$,$2HClO \xrightarrow[或受热]{光照} 2HCl + O_2 \uparrow$,使之变质,所以久置失效,不能开口放置;漂白粉使用时加入稀 HCl 或通入 CO_2,使 $Ca(ClO)_2$ 转化为 HClO,增强漂白效果。

【答案】B、D

【点拨】说明漂白粉露置失效时两个反应方程式应同时书写:

$$Ca(ClO)_2 + CO_2 + H_2O =\!=\!= CaCO_3 \downarrow + 2HClO,$$ $$2HClO \xrightarrow[或受热]{光照} 2HCl + O_2 \uparrow$$

例题 9　基础题

下列关于 Cl_2 用途的说法正确的是(　　)。

A. Cl_2 有毒,不能用来给自来水消毒

B. 饮用 Cl_2 消毒的自来水不会对人体有任何伤害

C. Cl_2 是一种重要的化工原料

D. 用 Cl_2 与金属钠反应制取 NaCl

【解析】任何事物都有两面性,Cl_2 有毒但可作消毒剂,用 Cl_2 对自来水消毒时,Cl_2 会与水中的有机物反应,生成对人体有害的有机氯化物。

【答案】C

例题 10　基础题

向下列溶液中分别加入 $AgNO_3$ 溶液和稀 HNO_3,能生成白色沉淀的是(　　)。

2～3 mL 试样	实验现象		解释或离子方程式
	加入 AgNO₃ 溶液	加入稀 HNO₃	
稀盐酸	白色沉淀	不溶解	$Ag^+ + Cl^- == AgCl\downarrow$
NaCl 溶液	白色沉淀	不溶解	$Ag^+ + Cl^- == AgCl\downarrow$
Na₂CO₃ 溶液	白色沉淀	溶解并产生气泡	$2Ag^+ + CO_3^{2-} == Ag_2CO_3\downarrow$ $Ag_2CO_3 + 2H^+ == 2Ag^+ + H_2O + CO_2\uparrow$
自来水	浑浊	浑浊	自来水中含有少量 Cl^-
蒸馏水			

（2）检验方法

先在被检液中加稀 HNO₃ 酸化，再加 AgNO₃ 溶液，如产生白色沉淀，则可判断溶液中含有 Cl^-。

$Ag^+ + Cl^- == AgCl\downarrow$（不溶于稀 HNO₃）

【注意】①用稀 HNO₃ 酸化，主要是排除 CO_3^{2-} 的干扰；

②不能用稀盐酸酸化，因为盐酸会引入 Cl^-；

③稀 HNO₃ 不能排除 SO_4^{2-} 和 SO_3^{2-} 等离子的干扰，因此离子检验时要看具体情况设计实验方案。

3. 成盐元素——卤素

（1）概念：第ⅦA 族的元素氟（F）、氯（Cl）、溴（Br）、碘（I）、砹（At）都能与 Na、K、Ca、Mg 等金属化合生成盐，所以统称为卤素（成盐元素之意）。

（2）原子结构

①结构相似性：最外层电子数均为 7。

②结构与元素性质的递变性：从 F→I

核电荷数逐渐增多
电子层数逐渐增多
原子半径逐渐增大
得电子能力逐渐减弱
非金属性逐渐减弱

（3）卤素单质的化学性质及递变规律

①氧化性：$F_2 > Cl_2 > Br_2 > I_2$。

②与 H₂ 的反应：$H_2 + X_2 == 2HX$

氟气与 H₂ 在冷暗处即可剧烈化合并发生爆炸；氯气与 H₂ 混合强光照射或点燃时爆炸；溴加热时缓慢与 H₂ 化合；碘持续加热，与 H₂ 缓慢化合，同时又分解。

③与 H₂O 的反应，依 $F_2 \to I_2$ 逐渐减弱：

$F_2: 2F_2 + 2H_2O == 4HF + O_2$ （剧烈）

$Cl_2: Cl_2 + H_2O == HCl + HClO$

$Br_2、I_2$ 与水的反应比较微弱：

$X_2 + H_2O == HX + HXO$ （X = Br 或 I）

④与碱溶液反应：

$X_2 + 2NaOH == NaX + NaXO + H_2O$（X = Cl、Br、I，反应能力逐渐减弱）

⑤卤素单质间的置换反应：

$Cl_2 + 2Br^- == 2Cl^- + Br_2$

$Cl_2 + 2I^- == 2Cl^- + I_2$

$Br_2 + 2I^- == 2Br^- + I_2$

氧化性：$Cl_2 > Br_2 > I_2$；还原性：$Cl^- < Br^- < I^-$。

（4）卤素单质的特性

①液溴易挥发，保存时应密闭保存，试剂瓶中的溴常加水液封，盛溴的试剂瓶不可选用橡胶塞。

②碘易升华，这是物理变化。可用于分离、提纯 I_2。

③溴和碘不易溶于水，易溶于酒精、汽油、四氯化碳等有机溶剂。

2 方法·技巧平台

4. 氯水的成分与性质

4-1 氯水的成分

反应原理及成分：

$Cl_2 + H_2O == H^+ + Cl^- + HClO$

$HClO == H^+ + ClO^-$

A. 氯水　　B. 氯酸钾

C. 氯化钠　　D. 四氯化碳

【解析】凡含有 Cl^- 的物质，均可与 AgNO₃ 溶液反应，生成不溶于稀 HNO₃ 的白色沉淀。A 项中 Cl_2 与 H_2O 反应：$Cl_2 + H_2O == HCl + HClO$，生成的 HCl 可电离出 Cl^-；B 项中 KClO₃ 溶于水后发生电离：$KClO_3 == K^+ + ClO_3^-$，故 KClO₃ 中只含有 ClO_3^- 而无 Cl^-；C 项中 NaCl 是离子化合物，在溶液中能电离出 Cl^-；D 项中 CCl₄ 不溶于水，也不能电离出 Cl^-（CCl₄ 是非电解质）。

【答案】A、C

例题 11　难题

某溶液中 Cl^-、Br^-、I^- 的物质的量之比为 2:3:4，要使溶液中 Cl^-、Br^-、I^- 的物质的量之比为 4:3:2，则通入氯气的物质的量是原溶液中 I^- 的物质的量的（　　）。

A. 1/2　　B. 1/3　　C. 1/4　　D. 1/8

【解析】$n(Cl^-):n(Br^-):n(I^-) = 2:3:4$，要使 $n(Cl^-):n(Br^-):n(I^-)$ 变成 4:3:2，则 $n(Br^-)$ 不变，通入 Cl_2，发生反应 $Cl_2 + 2I^- == 2Cl^- + I_2$，$n(I^-)$ 减少 2，$n(Cl^-)$ 增加 2，则反应后 $n(I^-)$ 为原 $n(I^-)$ 的 1/2，$n(Cl_2)$ 为原 $n(I^-)$ 的 1/4。

【答案】C

【点拨】氧化还原反应是按次序进行的。当同一种氧化剂（或还原剂）起氧化（或还原）作用时，总是先把还原性（或氧化性）强的先氧化（或还原）。本题中，共可以发生如下两个反应：$Cl_2 + 2I^- == 2Cl^- + I_2$，$Cl_2 + 2Br^- == 2Cl^- + Br_2$，所以当通入氯气时，氯气先与 I^- 反应，当 I^- 反应完以后，多余的氯气才和 Br^- 继续反应。

例题 12　中难题

下列关于氯水的叙述，正确的是（　　）。

A. 新制氯水中只含 Cl_2 和 H_2O 分子

B. 新制氯水可使蓝色石蕊试纸先变红后褪色

C. 光照氯水有气泡逸出，该气体是 Cl_2

D. 氯水放置数天后溶液酸性将增强

【解析】新制氯水中有 Cl_2、HClO、H_2O 分子，有 H^+、Cl^-、ClO^-、OH^-，故 A 错；新制氯水中含有 H^+ 和 HClO，蓝色石蕊试纸遇 H^+ 变红，变红后的试纸被强氧化剂 HClO 氧化而褪色，B 正确；$2HClO \xrightarrow{光照} 2HCl + O_2\uparrow$，逸出的气体是 O_2，不是 Cl_2，C 错；HClO 分解后变成 HCl，HCl 是强酸，溶液的酸性增强，故 D 正确。

【答案】B、D

$$2HClO \xrightarrow{光照} 2HCl + O_2 \uparrow$$

新制氯水中,所含的分子有:Cl_2、H_2O、$HClO$;离子有:H^+、Cl^-、ClO^-、OH^-(少量)。

【辨析】氯水与液氯的区别

	氯水	液氯
物质类别	混合物	纯净物
粒子种类	H_2O、Cl_2、$HClO$、ClO^-、H^+、Cl^-、OH^-(微量)	Cl_2
主要性质	黄绿色溶液,具有酸性、漂白性	黄绿色液体,具有氯气的性质
存在条件	常温常压下可存在,不宜久置,必须随用随配	常温常压下变为气体
保存方法	用棕色瓶盛装,放阴凉处	用特制耐压钢瓶盛装

4-2 氯水化学性质的多样性
(1) Cl_2 的强氧化性;
(2) $HClO$ 的强氧化性、漂白性;
(3) H^+ 的酸性;
(4) Cl^- 的性质。

所加试剂	参与反应的微粒	实验现象	离子方程式或解释
$AgNO_3$ 溶液	Cl^-	白色沉淀	$Cl^- + Ag^+ = AgCl \downarrow$
Na_2CO_3 固体	H^+	有气泡产生	$2H^+ + CO_3^{2-} = CO_2 \uparrow + H_2O$
有色布条	$HClO$	布条颜色褪去	发生氧化还原反应
$FeCl_2$ 溶液	Cl_2	溶液变棕黄色	$2Fe^{2+} + Cl_2 = 2Fe^{3+} + 2Cl^-$
石蕊溶液	$HClO$、H^+	先变红后褪色	酸性和漂白性
镁粉	Cl_2、H^+	氯水的颜色褪去并有气泡产生	$Mg + Cl_2 = Mg^{2+} + 2Cl^-$ $Mg + 2H^+ = Mg^{2+} + H_2 \uparrow$

3 创新·思维拓展

5.氯气的实验室制法

(1)反应原理
$$MnO_2 + 4HCl(浓) \xrightarrow{\triangle} MnCl_2 + Cl_2 \uparrow + 2H_2O$$

(2)实验装置

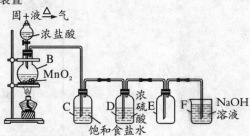

固+液$\xrightarrow{\triangle}$气

【说明】C装置的作用是除去 Cl_2 中的 HCl,D装置的作用是干燥 Cl_2,F装置的作用是吸收多余的 Cl_2。

(3)收集方法
①向上排空气法(Cl_2 密度大于空气)。
②排饱和食盐水法(Cl_2 在饱和 $NaCl$ 溶液中的溶解度很小,且用此法可除去实验过程中挥发产生的 HCl 气体)。

(4)尾气处理
Cl_2 有毒,污染空气,需用 $NaOH$ 溶液吸收。

【特别提醒】气体的制备装置一般包括反应装置、除杂装置、收集装置、尾气处理装置等。反应装置的选择要依据反应物的状态和反应的条件。收集方法的选择应考虑气体密度、溶解性及在空气中的稳定性。是否处理尾气,要取决于该气体是否有毒。一个装置的选择实际上与气体的性质密切相关。

例题 13 中难题

某研究小组制备84消毒液(主要成分 $NaClO$)设计了如图装置。并查阅到下列资料,"在加热情况下卤素和碱液发生如下反应:

$$3X_2 + 6OH^- \xrightarrow{70℃} 5X^- + XO_3^- + 3H_2O"。$$

84消毒液 $NaClO$ 溶液

回答下列问题:

(1)装置中的大试管内发生反应的离子方程式为_____。

(2)装置中能否省去盛饱和 $NaCl$ 溶液的洗气瓶?_____(填"能"或"不能",下同),理由是_____。

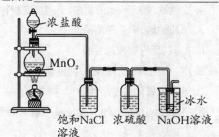

(3)装置中能否省去盛浓硫酸的洗气瓶?_____,理由是_____。

(4)装置中能否省去盛冰水的烧杯?_____,理由是_____。

【解析】本题具有较强的综合性,装置产生的 Cl_2 在冰水冷却下和 $NaOH$ 发生反应制得消毒液。运用该装置必须通过饱和 $NaCl$ 溶液除去 HCl,否则将生成 $NaCl$,降低 $NaClO$ 的纯度;但干燥装置可以省略,因为少量水蒸气不会影响反应;冷却装置不可忽略,因为题给信息:氯气和水的反应是放热反应,温度升高,引起副反应:$3Cl_2 + 6OH^- \xrightarrow{70℃} 5Cl^- + ClO_3^- + 3H_2O$。

【答案】(1)$Cl_2 + 2OH^- = Cl^- + ClO^- + H_2O$

(2)不能 氯气中混有的 HCl 气体进入大试管中也会和氢氧化钠溶液反应,降低了 $NaClO$ 的产量和纯度

(3)能 少量水蒸气进入试管中不影响反应

(4)不能 氯气和水的反应是放热反应,反应时温度升高,可能引起副反应,生成 $NaClO_3$

▶ 整体训练方法

4 能力·题型设计

速效基础演练

	点击考例

☞ 1. 下列说法正确的是(　　)。

　　A. 食用盐是纯净物　　　　　　　　　B. 海水中存在着丰富的 NaCl 资源

　　C. 氯原子的结构示意图: ⑰ 2 8 7　　D. 氯元素是唯一的"成盐元素"

◀ 测试要点 1-1、3

☞ 2. 海洋是巨大的资源宝库,为人类可持续发展提供了丰富的原料,海水中含量最多的非金属离子是(　　)。

　　A. Cl^-　　　　　　B. OH^-　　　　　　C. SO_4^{2-}　　　　　　D. NO_3^-

◀ 测试要点 1-1

☞ 3. 某溶液中含有 Cl^-、CO_3^{2-}、OH^- 三种离子,如果只允许取一次该溶液,分别将三种离子检验出来,加入的试剂及顺序正确的是(　　)。

　　A. 硝酸银、氯化钡、酚酞　　　　　　B. 酚酞、稀硝酸、硝酸银

　　C. 酚酞、稀盐酸、硝酸钡　　　　　　D. 酚酞、稀盐酸、硝酸银

◀ 测试要点 2
2012·北京西城

☞ 4. 按照氟、氯、溴、碘的顺序,下列递变规律中正确的是(　　)。

　　A. 单质的熔、沸点逐渐降低

　　B. 与 H_2 反应越来越容易

　　C. F^-、Cl^-、Br^-、I^- 的还原性逐渐增强

　　D. 单质的氧化性逐渐增强

◀ 测试要点 3

☞ 5. 向溴化钠和碘化钾的混合液中通入过量的氯气,经加热蒸干,再灼烧,最后得到的固体是(　　)。

　　A. NaCl、KCl　　　　　　　　　　B. NaBr、I_2、KCl

　　C. NaCl、I_2、KCl　　　　　　　　D. NaCl、KCl、I_2、Br_2

◀ 测试要点 3

☞ 6. 下列说法中,正确的是(　　)。

　　A. 液氯和氯水都含有氯离子

　　B. 氯气和液氯都能使干燥的有色布条褪色

　　C. 盐酸和氯水都含有氯离子

　　D. 盐酸和氯水都能使湿润的有色布条褪色

◀ 测试要点 4

☞ 7. 在下列化学反应中,能证明次氯酸是一种弱酸的是(　　)。

　　A. $Cl_2 + H_2O = HCl + HClO$

　　B. $2HClO = 2HCl + O_2\uparrow$

　　C. $Ca(ClO)_2 + 4HCl = CaCl_2 + 2Cl_2\uparrow + 2H_2O$

　　D. $Ca(ClO)_2 + CO_2 + H_2O = CaCO_3\downarrow + 2HClO$

◀ 测试要点 4-2

☞ 8. 0.1 mol 某元素的单质直接与氯气反应后,其质量增加 7.1 g,则这种元素是(　　)。

　　A. Na　　　　　　B. Mg　　　　　　C. Fe　　　　　　D. Al

◀ 测试要点 1-4

☞ 9. 检验某溶液中是否含有 Cl^-,正确的操作是(　　)。

　　A. 取样,滴加 $AgNO_3$ 溶液,看是否有白色沉淀

　　B. 取样,先加盐酸酸化,再加入 $AgNO_3$ 溶液,看是否有白色沉淀生成

　　C. 取样,先加稀硫酸酸化,再加入 $AgNO_3$ 溶液,看是否有白色沉淀生成

　　D. 取样,加少量 $AgNO_3$ 溶液,有白色沉淀,再加稀 HNO_3,看白色沉淀是否消失

◀ 测试要点 2

☞ 10. 自来水常用氯气消毒,用自来水配制下列物质的溶液,药品不会明显变质的是(　　)。

　　A. $AgNO_3$　　　　B. $FeCl_2$　　　　C. NaOH　　　　D. NaCl

◀ 测试要点 4-1

☞ 11. 向盛有氯气的三个集气瓶中,分别注入约五分之一的下列液体并振荡,观察图示所记录现象,判断各瓶注入的液体是什么,将注入液体的编码填入图下方相应的括号中。

◀ 测试要点 4

A. $AgNO_3$ 溶液   B. NaOH 溶液   C. 水

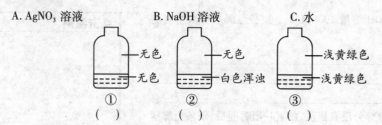

① 无色 无色   ② 无色 白色浑浊   ③ 浅黄绿色 浅黄绿色

( )   ( )   ( )

点击考例

12. 在新制的氯水参加的反应中,有如下几种情况:

(1)向 $FeCl_2$ 溶液中加入氯水,氯水中起作用的主要微粒是_____,反应的离子方程式为

_____。

(2)向 $AgNO_3$ 溶液中加入氯水,氯水中起作用的主要微粒是_____,反应的离子方程式为

_____。

(3)向氯水中滴加石蕊试液,溶液变红,氯水中起作用的微粒是_____,然后又褪色,起作用的微粒是_____。

测试要点 4 - 2

13. 为了探究铁与氯气反应制取氯化铁的实验,某同学甲设计了如下的实验方案。其实验装置如下图,加热装置省略。已知:氯化铁易溶于水,熔、沸点低,受热易变为气态,而遇冷又易变为固态。

测试要点 1 - 4
2012·厦门期末测试题

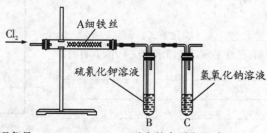

Cl_2 → A细铁丝
硫氰化钾溶液   氢氧化钠溶液
B   C

(1) 试管 B 中的现象是_____,反应的离子方程式:_____。

(2)试管 C 中氢氧化钠溶液的作用_____。

(3)某同学乙猜测铁与氯气反应可能还会生成氯化亚铁,为了探究生成物中是否含有氯化亚铁(假设铁已完全反应),请你设计实验方案。

(4)氯化铁易溶于水,熔、沸点低,受热易变为气态,而遇冷又易变为固态,故丙同学认为甲同学上述实验装置有缺陷。你认为丙同学判断的依据是:_____。

知能提升突破

1. 为鉴定氯酸钾中是否含有氯元素,选用下列试剂和实验手段:①滴加 $AgNO_3$ 溶液 ②加水溶解 ③加热 ④过滤后取滤液 ⑤加催化剂 ⑥加稀 HNO_3。正确的操作顺序是( )。

A.⑤③⑥①②④   B.③⑤②④⑥①

C.①⑤③②④⑥   D.⑤③②④⑥①

测试要点 2

2. 如右下图所示,从 A 处通入带有水蒸气的氯气,关闭旋塞 B 时,C 处的红色布条看不到明显的变化;当打开旋塞 B 时,C 处的红色布条逐渐褪色。则 D 瓶中装有的试剂可能是( )。

A. 稀硫酸
B. 氢氧化钠溶液
C. 水
D. 饱和食盐水

A B
碱石灰
D C

测试要点 1 - 5

3. 工业上将纯净干燥的氯气通入到物质的量浓度为 0.375 mol·L^{-1} NaOH 溶液中得到漂白水。某同学想在实验室探究 Cl_2 性质并模拟制备漂白水,下图是部分实验装置。已知 $KMnO_4$ 与盐酸溶液反应可以制取 Cl_2。

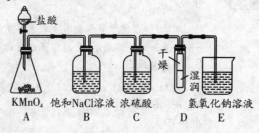

盐酸
$KMnO_4$ 饱和NaCl溶液 浓硫酸 干燥 湿润 氢氧化钠溶液
A   B   C   D   E

测试要点 5
2012·福建翔安第一中学

(1)配制物质的量浓度为 $0.375\ mol \cdot L^{-1}$ NaOH 溶液 100 mL 时，用托盘天平称取所需的 NaOH 质量为_____。

(2)浓硫酸的作用是_____。

(3)装置 E 中发生化学反应方程式为_____。

(4)装置 B 中饱和 NaCl 溶液的作用是_____。

(5)实验时装置 D 中湿润的红色纸条褪色，干燥部分没有褪色，放置一段时间后，纸条全部褪色。该同学认为 Cl_2 的密度比空气大，可能是试管下部 Cl_2 的浓度大于试管上部 Cl_2 的浓度所导致的。请判断该解释是否合理，并分析产生上述实验现象的原因_____；如需改进，请简述设计方案_____（若认为合理。则此问可不作答）。

(6)氯元素含量为 10% 的漂白水溶液 355 g，其中含 NaClO 的物质的量为_____ mol。

4.有一包含 $CaCl_2$、NaCl、NaBr 三种物质的混合物粉末，按下列实验测定各组分的质量分数。

点击考例

◀ 测试要点 1-4

混合物 A g →蒸馏水→ 无色溶液 →通入足量 X 气体→ 有色溶液 →蒸干、灼烧 冷却→ 白色固体 B g →蒸馏水溶解，加入 足量 Y 溶液，过滤→ 白色沉淀 C g

(1)气体 X 是_____，最后得到的白色沉淀是_____。（填化学式）

(2)加入足量 Y 溶液的目的是_____。过滤后,沉淀必须用蒸馏水冲洗干净,其目的是_____。

(3)计算原混合物中氯化钙的质量分数的代数式是_____。

(4)计算原混合物中溴化钠的质量分数的代数式是_____。

▶ 教材课后习题解答

习题

1.(1)氯气能溶于水,并与水发生化学反应: $Cl_2 + H_2O = HCl + HClO$。

(2)HClO 具有强氧化性,能杀死水中的病菌,起到消毒的作用,所以 Cl_2 可用于自来水的杀菌消毒。

2.

	实验现象	解释或离子方程式
滴入 $AgNO_3$ 溶液	浅黄绿色褪去,溶液中产生白色沉淀	$\begin{cases} Cl_2 + H_2O = H^+ + Cl^- + HClO \\ Cl^- + Ag^+ = AgCl\downarrow \end{cases}$
滴在蓝色石蕊试纸上	蓝色石蕊试纸先变红后褪色	氯水显酸性,能够使蓝色石蕊试纸变红,同时氯水中有 HClO,HClO 具有强氧化性而具有漂白作用,故红色又褪去
滴入红墨水	溶液红色褪去	氯水中有 HClO,HClO 具有强氧化性而具有漂白作用,故红色褪去

点拨:命题目的是要求掌握新制氯水的成分及其性质。

3.$CaCO_3 \xrightarrow{\text{高温}} CaO + CO_2\uparrow$ $CaO + H_2O = Ca(OH)_2$
$2Cl_2 + 2Ca(OH)_2 = CaCl_2 + Ca(ClO)_2 + 2H_2O$

4.D 5.C 6.B

7.C **点拨:**HCl 属强电解质,完全电离。

8.$Ca(ClO)_2$;氯水为液体,氯水中的 HClO 不稳定,难以保存,而漂白粉或漂粉精为固体,有效成分 $Ca(ClO)_2$ 较稳定,易于保存和运输;化学技术的进步靠的是人们的实验探索与创新。

9.应注意看包装是否密封和生产日期,且看是否结块变硬。

10.(1)应在通风橱中进行;(2)应安装尾气吸收装置;(3)戴一个装有活性炭的防毒面具。

11.(1)Cl_2 的密度比空气大,有毒。 (2)吸收 Cl_2;$2NaOH + Cl_2 = NaCl + NaClO + H_2O$

12.(1)$Cl_2 + 2KBr = 2KCl + Br_2$ $Cl_2 + 2KI = 2KCl + I_2$
(2)$2KI + Br_2 = 2KBr + I_2$

13.方法一:可分别取未知固体少量溶于水中,分别清洗厨房用具的油污,若能除去油污,则原固体为 Na_2CO_3。
方法二:可分别取未知固体少量溶于水中,分别加入足量食醋,若能观察到有气泡产生,则原固体为 Na_2CO_3。
方法三:可分别取未知固体少量溶于蒸馏水中,分别滴加少量 $BaCl_2$ 溶液,若能观察到有白色沉淀产生,则原固体为 Na_2CO_3。
方法四:可分别取未知固体少量溶于蒸馏水中,分别滴加足量澄清的石灰水,若能观察到有白色沉淀产生,则原固体为 Na_2CO_3。

14.(1)1.43g;(2)所产生的 Cl_2 不能完全被收集、利用。

15.略。

▶ 最新5年高考名题诠释

考题1 **2011·江苏高考**

NaCl 是一种化工原料,可以制备一系列物质(见下图)。下列说法正确的是(　　)。

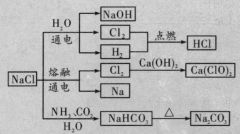

A. 25℃,$NaHCO_3$ 在水中的溶解度比 Na_2CO_3 的大

B. 石灰乳与 Cl_2 的反应中,Cl_2 既是氧化剂,又是还原剂

C. 常温下干燥的 Cl_2 能用钢瓶贮存,所以 Cl_2 不与铁反应

D. 图中所示转化反应都是氧化还原反应

【解析】本题考查元素化合物知识综合内容,拓展延伸至电解饱和食盐水、电解熔融氯化钠、侯氏制碱等内容,但落点很低,仅考查 $NaHCO_3$、Na_2CO_3 的溶解度、工业制漂白粉、干燥的 Cl_2 贮存和基本反应类型。25℃,$NaHCO_3$ 在水中的溶解度比 Na_2CO_3 的要小;石灰乳与 Cl_2 的反应中氯发生歧化反应,Cl_2 既是氧化剂,又是还原剂;常温下干燥的 Cl_2 能用钢瓶贮存仅代表常温 Cl_2 不与铁反应,加热、高温时可以反应;在侯氏制碱法中不涉及氧化还原反应。

【答案】B

考题2 **2009·山东**

下列关于氯的说法正确的是(　　)。

A. Cl_2 具有很强的氧化性,在化学反应中只能作氧化剂

B. $^{35}_{17}Cl$、$^{37}_{17}Cl$ 为不同的核素,有不同的化学性质

C. 实验室制备 Cl_2 可用排饱和食盐水集气法收集

D. 1.12 L Cl_2 含有 $1.7N_A$ 个质子(N_A 表示阿伏加德罗常数)

【解析】A 项,Cl_2 中的氯元素处于中间价态,所以在化学反应中既可以作氧化剂也可以作还原剂(例如 Cl_2 与 H_2O 反应),故 A 项错误;B 项,同位素的化学性质相同,物理性质不同;D 项,没有说明在标准状况下。

【答案】C

考题3 **2008·上海**

已知在热的碱性溶液中,NaClO 发生如下反应:$3NaClO \longrightarrow 2NaCl + NaClO_3$。在相同条件下 $NaClO_2$ 也能发生类似的反应,其最终产物是(　　)。

A. NaCl、NaClO

B. NaCl、$NaClO_3$

C. NaClO、$NaClO_3$

D. $NaClO_3$、$NaClO_4$

【解析】依题意 $NaClO_2$ 在热的碱性溶液中发生歧化反应,其中 +3 价氯的化合价有升有降,产物中氯的化合价一种高于 +3 价,另一种低于 +3 价。A 项中都低于 +3 价;C 项中 NaClO 在热碱中也要发生 $3NaClO \longrightarrow 2NaCl + NaClO_3$ 的反应;D 项都高于 +3 价。

【答案】B

考题4 **2008·广东理科基础**

下列反应的离子方程式正确的是(　　)。

A. 钠与水反应:$Na + H_2O == Na^+ + OH^- + H_2 \uparrow$

B. 氯气与水反应:$Cl_2 + H_2O == 2H^+ + Cl^- + ClO^-$

C. 氢氧化铝中和胃酸:$Al(OH)_3 + 3H^+ == Al^{3+} + 3H_2O$

D. 用 $FeCl_3$ 溶液腐蚀印刷电路板:$Fe^{3+} + Cu == Fe^{2+} + Cu^{2+}$

【解析】A 项质量不守恒,正确的离子方程式为 $2Na + 2H_2O == 2Na^+ + 2OH^- + H_2 \uparrow$,B 项中 HClO 是弱电解质,不能拆开写,正确的为:$Cl_2 + H_2O == H^+ + Cl^- + HClO$,D 项中电荷不守恒,正确的离子方程式为:$2Fe^{3+} + Cu == 2Fe^{2+} + Cu^{2+}$。

【答案】C

考题5 **2007·广东高考**

许多国家十分重视海水资源的综合利用。不需要化学变化就能够从海水中获得的物质是(　　)。

A. 氯、溴、碘

B. 钠、镁、铝

C. 烧碱、氢气

D. 食盐、淡水

【解析】A、B、C 都涉及化学变化,只有 D 项中食盐和淡水可以采用蒸发海水的物理方法获得。

【答案】D

考题6 **2007·广东高考**

下列溶液能使红色花瓣快速褪色的是(　　)。

A. 稀盐酸

B. 新制氯水

C. 氯化钙稀溶液

D. 生理盐水

【解析】能使花瓣快速褪色的只有新制氯水,因其他物质均不具有强氧化性。

【答案】B

考题7 **2007·广东理综**

从海水中可获得在常温下为液体的单质是(　　)。

A. Mg

B. K

C. Br_2

D. I_2

【答案】C

第3节 硫和氮的氧化物

▶ 课标三维目标

1.知识与技能
(1)了解二氧化硫的物理性质和用途,掌握二氧化硫的化学性质;
(2)掌握一氧化氮和二氧化氮的重要性质;
(3)了解二氧化硫、二氧化氮对大气的污染,培养环保意识;
(4)了解可逆反应的特点。
2.过程与方法
(1)通过查阅资料,调查分析了解二氧化硫、二氧化氮对大气的污染以及治理和防治大气污染的方法;
(2)通过实验的方法,掌握二氧化硫的重要性质;
3.情感态度与价值观
(1)培养环保意识;
(2)关注人类面临的与化学相关的社会问题。

▶ 三层完全解读

>>>解题依据   >>>名题诠释

1 知识·能力聚焦

1.二氧化硫和三氧化硫

1−1 硫

(1)硫的存在形式

①游离态的硫存在于火山喷口附近或地壳的岩层里。

②化合态的硫主要以硫化物和硫酸盐的形式存在,如硫铁矿（FeS_2）、黄铜矿（$CuFeS_2$）、石膏（$CaSO_4 \cdot 2H_2O$）和芒硝（$Na_2SO_4 \cdot 10H_2O$）等。

③硫是一种生命元素,存在于某些蛋白质中,这也是石油、天然气、煤等化石燃料中含硫的原因。

(2)硫的性质

硫,俗称硫黄,它是一种黄色晶体,不溶于水,微溶于酒精,易溶于二硫化碳。在空气中燃烧生成二氧化硫,反应的化学方程式为 $S + O_2 \xrightarrow{\text{点燃}} SO_2$ 等。

【注意】①硫在空气中安静地燃烧,发出淡蓝色火焰,同时有刺激性气味的气体产生。

②硫在空气中燃烧只生成 SO_2,不生成 SO_3。

1−2 二氧化硫

(1)二氧化硫的物理性质

①色、味、态:在通常情况下,二氧化硫是无色、有刺激性气味的有毒气体。

②熔、沸点:熔点 −76 ℃,沸点 −10 ℃(1.01 × 10⁵ Pa),容易液化。

③密度:在标准状况下密度为 2.86 g·L⁻¹,比空气的密度大。

④溶解性:易溶于水,在常温、常压下,1 体积水大约能溶解 40 体积二氧化硫。

(2)二氧化硫的化学性质

例题1 基础题

下列说法不正确的是( )。

A.由于地壳的岩层里含硫及其化合物,因此火山喷出物中含有 H_2S、SO_2 等硫的化合物

B.化石燃料直接燃烧会产生对大气有严重污染的 SO_2 气体

C.硫在空气中燃烧的产物是 SO_2,在氧气中燃烧的产物是 SO_3

D.硫是一种黄色晶体,不溶于水,微溶于酒精

【解析】硫不论是在空气中还是在氧气中燃烧产物都是 SO_2。

【答案】C

例题2 中难题

已知盐酸加到品红溶液中,能使品红溶液的红色加深。试推测:

(1)向品红溶液中通过量 SO_2 的过程中的现象为_____
_____;
加热后的现象为_____。

(2)向品红溶液中通入过量 Cl_2 的过程中,观察到的现象为_____。

(3)向品红溶液中通入物质的量比为1∶1且足量的 SO_2 和 Cl_2 后现象为_____。

【解析】二氧化硫漂白原理在于能与有色物质结合成无色的不稳定化合物,加热后,无色不稳定的化合物分解,又恢复原来的颜色。当向品红溶液中通入过量的 SO_2 时,发生如下反应:$SO_2 + H_2O \rightleftharpoons H_2SO_3$,生成的酸能使品红溶液红色加深,因 SO_2 过量,SO_2 与品红溶液结合成不稳定的无色物质而褪色,加热,无色物质分解又逐渐恢复到原来的红色。当向品红溶液中通入 Cl_2,因 Cl_2 与 $H_2O \rightleftharpoons HClO + HCl$ 同样生成了酸,品红溶液红色加深,Cl_2 与水反应产生的 HClO 氧化有色物质而使其褪色,加热后不再恢复红色。当向品红溶液中通入1∶1的 SO_2 和 Cl_2 时,两者发生如下反应:$Cl_2 + SO_2 + 2H_2O \rightleftharpoons 2HCl + H_2SO_4$,因生成了酸,品红溶液颜色加深。

实验操作	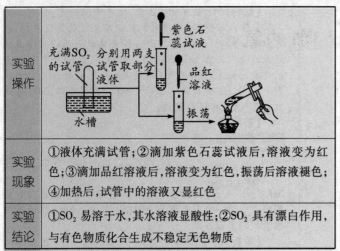
实验现象	①液体充满试管；②滴加紫色石蕊试液后，溶液变为红色；③滴加品红溶液后，溶液变为红色，振荡后溶液褪色；④加热后，试管中的溶液又显红色
实验结论	①SO_2 易溶于水，其水溶液显酸性；②SO_2 具有漂白作用，与有色物质化合生成不稳定无色物质

①SO_2 是酸性氧化物，具有酸性氧化物的通性；

　a. 和水反应：$SO_2 + H_2O \Longrightarrow H_2SO_3$（亚硫酸能使紫色石蕊试液变红）

　b. 和碱性氧化物反应：$SO_2 + CaO \Longrightarrow CaSO_3$

　c. 和碱反应：SO_2（少量）$+ 2NaOH \Longrightarrow Na_2SO_3 + H_2O$

　　　　　　　SO_2（过量）$+ NaOH \Longrightarrow NaHSO_3$

　d. 和盐反应：SO_2（少量）$+ 2NaHCO_3 \Longrightarrow Na_2SO_3 + H_2O + 2CO_2$

　　　　　　　SO_2（过量）$+ NaHCO_3 \Longrightarrow NaHSO_3 + CO_2$

②氧化性、还原性

SO_2 中硫元素为 +4 价，处于硫元素的中间价态，所以 SO_2 既有氧化性，又有还原性，以还原性为主。

　a. 常温下可以与 H_2S 气体反应：$SO_2 + 2H_2S \Longrightarrow 3S + 2H_2O$

　b. SO_2 能使卤素单质的水溶液褪色。$SO_2 + X_2 + 2H_2O \Longrightarrow H_2SO_4 + 2HX$（$X = Cl$、$Br$、$I$，$F$ 除外）

　c. 能使紫色的酸性 $KMnO_4$ 溶液褪色。

　d. 能被 Fe^{3+} 氧化。

　e. SO_2 能被氧气氧化成 SO_3：$2SO_2 + O_2 \xrightarrow[\triangle]{\text{催化剂}} 2SO_3$

③漂白性

SO_2 的漂白作用是由于它能与某些有色物质生成不稳定的无色物质。这种无色物质容易分解而使有色物质恢复原来的颜色。

【特别提醒】①SO_2 是有毒气体，实验时要防止 SO_2 向空气中扩散。

②SO_2 的漂白机理与氯水不同，其原理是 SO_2 与有色物质结合生成的无色物质。加热后，无色物质分解为原来的物质和 SO_2。

③SO_2 能漂白品红、鲜花等有机色素，不能漂白酸碱指示剂，如酚酞、石蕊等。

④工业上常用二氧化硫来漂白纸浆、毛、丝、草帽辫等。此外，二氧化硫还用于杀菌、消毒等。

⑤二氧化硫如果用来加工食品，对人体有危害。食用这类食品，对人体的肝、肾脏等有严重损害，并有致癌作用。

⑥SO_2 能使溴水、高锰酸钾褪色，是因为 SO_2 的还原性而不是漂白性。

⑦SO_2 中 S 为 +4 价，因此 SO_2 既有氧化性又有还原性。

⑧SO_2 与 CO_2 都是酸性氧化物，都能使澄清的石灰水变浑浊。不能用澄清的石灰水来鉴别 SO_2 和 CO_2，可用品红溶液来鉴别。

（3）可逆反应

可逆反应：在同一条件下，既能向正反应方向进行，同时又能向逆反应方向进行的反应，叫做可逆反应。

可逆反应的表示：用两个方向相反的箭头代替等号表示可逆反应。

$$SO_2 + H_2O \Longrightarrow H_2SO_3$$

【注意】①可逆反应必须在同一条件下，同时向正反应方向和逆反应方向进行。

【答案】(1)溶液颜色先变深后又逐渐褪去　逐渐恢复原来的红色

(2)溶液的颜色先变深后又逐渐褪去,加热后不再恢复红色(或仍为无色)

(3)溶液的红色比原来加深

【点拨】SO_2 的漂白原理是与有色物质结合生成不稳定的无色物质，Cl_2 能漂白的原理是和 H_2O 反应生成的 $HClO$ 具有强氧化性，二者原理不同。

例题 3　中难题

能证明 SO_2 具有漂白性的是（　　）。

A. 酸性 $KMnO_4$ 溶液中通入 SO_2 气体后紫红色消失

B. 滴入酚酞的 $NaOH$ 溶液中通入 SO_2 气体后红色消失

C. 品红溶液中通入 SO_2 气体后红色消失

D. 溴水中通入 SO_2 气体后橙色消失

【解析】SO_2 气体通入酸性 $KMnO_4$ 溶液后紫红色消失、通入溴水后橙色消失都是利用了 SO_2 的还原性；显红色的 $NaOH$ 溶液红色消失是因为通入的 SO_2 气体中和了碱；只有 SO_2 气体通入品红溶液后红色消失才能证明 SO_2 具有漂白性。

【答案】C

例题 4　基础题

下列反应属于可逆反应的是（　　）。

A. SO_2 使品红溶液褪色,加热后又恢复成有色物质

B. 碘加热升华成碘蒸气,冷却后碘蒸气凝结成固态碘

C. NH_4Cl 加热分解成 NH_3 和 HCl 气体,NH_3 和 HCl 气体在试管中凝结成 NH_4Cl

D. SO_2 和水反应：$SO_2 + H_2O \Longrightarrow H_2SO_3$

【解析】可逆反应的基本特征是：同一条件下，同时向两个方向进行的反应。A、B、C 向两个方向进行的反应条件都不相同,不属于可逆反应。

【答案】D

例题 5　基础题

下列对 SO_2 和 SO_3 的叙述正确的是（　　）。

A. 通常条件下,都是无色气体,都易溶于水

B. 都是酸性氧化物,其水溶液都是强酸

C. 都可使品红溶液褪色,加热时红色又能再现

D. 都能跟碱溶液反应

【解析】在通常条件下,SO_3 是无色固体。SO_2 溶于水得到的是中强酸。SO_2 能使品红溶液褪色,加热时红色复现,SO_3 则不能。但 SO_2 和 SO_3 都是酸性氧化物,都能跟碱反应,故选 D。

【答案】D

【点拨】SO_2 和 SO_3 虽差一个氧原子,但它们的性质差别却较大,需要熟记它们的区别。

例题 6　基础题

Murad 等三位教授最早提出 NO 分子在人体内有独特功能。近年来此领域研究有了很大的进展,因此,这三位教授荣获了 1998 年诺贝尔医学及生理学奖。关于 NO 的下列叙述不正确的是（　　）。

A. NO 可以是某些含低价 N 物质的氧化产物

B. NO 不是亚硝酸酐

C. NO 可以是某些含高价 N 物质的还原产物

D. NO 是红棕色气体

②有些反应虽然既能向正反应方向进行,又能向逆反应方向进行,但不在同一条件下同时进行,则不属于可逆反应。

$$2H_2 + O_2 \xrightarrow{\text{点燃}} 2H_2O$$

$$2H_2O \xrightarrow{\text{电解}} 2H_2 \uparrow + O_2 \uparrow$$

该反应虽然能向两个方向进行,但不属于在同一条件下进行,因此不是可逆反应。

1-3 三氧化硫

SO_3 属于酸性氧化物,易溶于水。

(1)与水反应:$SO_3 + H_2O \!=\!\!=\!\!= H_2SO_4$

(2)与碱性氧化物反应:$SO_3 + CaO \!=\!\!=\!\!= CaSO_4$

(3)与碱反应:$SO_3 + Ca(OH)_2 \!=\!\!=\!\!= CaSO_4 + H_2O$

【注意】SO_2 通入 $BaCl_2$ 溶液不会产生沉淀。SO_3 通入 $BaCl_2$ 会产生沉淀。

$$SO_3 + H_2O \!=\!\!=\!\!= H_2SO_4$$
$$H_2SO_4 + BaCl_2 \!=\!\!=\!\!= BaSO_4 \downarrow + 2HCl$$

2.二氧化氮和一氧化氮

2-1 氮气

氮气是一种无色、无味的气体,占空气体积的 $\dfrac{4}{5}$ 左右。在一定条件下,N_2 和 O_2 反应的化学方程式为 $N_2 + O_2 \xrightarrow{\text{放电或高温}} 2NO$。

2-2 一氧化氮

(1)NO 是一种无色,不溶于水的有毒气体,是大气污染物。

(2)NO 在人体的血管系统内具有传送信号的功能。NO 能让体内某部位的信号传送到另一个部位,应用于开发治疗心血管疾病的药物。

(3)NO 与 O_2 反应:$2NO + O_2 \!=\!\!=\!\!= 2NO_2$。

【思考与交流】能否使用排空气法收集一氧化氮,为什么?

【答案】不能,因为一氧化氮能与空气中的氧气反应,所以不能使用排空气法收集。

2-3 二氧化氮

(1)二氧化氮是一种红棕色、有刺激性气味的有毒气体,其密度比空气大,易液化,易溶于水。

(2)二氧化氮溶于水时与水反应生成硝酸和一氧化氮,该反应的化学方程式为 $3NO_2 + H_2O \!=\!\!=\!\!= 2HNO_3 + NO$,工业上利用这一原理制取硝酸。

(3)NO_2 被水吸收的实验探究

①设计实验,要求尽可能多地使 NO_2 被水吸收。

	实验步骤	现象	解释
a	将一支充满 NO_2 的试管倒立在盛有水的水槽中	红棕色的气体逐渐消失,水位上升,最后充满整个试管的2/3,无色气体充满整个试管的1/3(上部)	$3NO_2 + H_2O \!=\!\!=\!\!= 2HNO_3 + NO$(无色)
b	当液面在试管中不再上升时,通过导管通入少量 O_2,并停一会儿,等液面上升	当通入 O_2 时,气体迅速由无色变成红棕色又溶于水,液面继续上升,气体又变为无色	$2NO + O_2 \!=\!\!=\!\!= 2NO_2$ 　$3NO_2 + H_2O \!=\!\!=\!\!= 2HNO_3 + NO$
c	当液面停止上升时,仍有气体剩余,可再通入少量 O_2,这样反复操作几次,直至液体充满整个试管	这样反复几次,最终几乎没有气体剩余,液体充满整个试管	总反应方程式 $4NO_2 + O_2 + 2H_2O \!=\!\!=\!\!= 4HNO_3$

【解析】NO 中 N 为 +2 价,处于中间价态,它可以 −3 价 N 或零价 N_2 单质被氧化以后生成的氧化产物,也可以是 +5 价、+4 价等高价态 N 元素被还原以后生成的还原产物。故 A、C 叙述正确。亚硝酸(HNO_2)中 N 元素的化合价为 +3 价,故 NO 不是 HNO_2 的酸酐,HNO_2 的酸酐是 N_2O_3,选项 B 叙述正确。NO 是无色气体,NO_2 才是红棕色气体,选项 D 错误。

【答案】D

例题7　中难题

工业制 HNO_3 的化学过程可表示为:$NH_3 \xrightarrow{\text{氧化}} NO \xrightarrow{\text{氧化}} NO_2 \xrightarrow{\text{被 } H_2O \text{ 吸收}} HNO_3 + NO$。其中 NO_2 尽可能被吸收是提高产率的一个重要环节,请你设计一个 NO_2 尽可能被水吸收的实验方案。

【解析】因为 $3NO_2 + H_2O \!=\!\!=\!\!= 2HNO_3 + NO$,为使 NO_2 尽可能被水吸收,就得设法使 NO 再利用,$2NO + O_2 \!=\!\!=\!\!= 2NO_2$,$NO_2$ 再与水反应生成 HNO_3。用这种循环反应的方法可使 NO_2 基本被水吸收转化为 HNO_3。

【答案】　方案如下:

实验步骤	现象	解释(可用化学方程式表示)
(1) 将试管倒扣于水槽中	红棕色气体变为无色,液面上升到 $\dfrac{2}{3}$	$3NO_2 + H_2O \!=\!\!=\!\!= 2HNO_3 + NO$
(2) 制取氧气	/	$2KClO_3 \xrightarrow{\Delta} 2KCl + 3O_2 \uparrow$ 或 $2H_2O_2 \xrightarrow{MnO_2} 2H_2O + O_2 \uparrow$
(3) 向试管中慢慢通入 O_2	液体充满整个试管	$2NO + O_2 \!=\!\!=\!\!= 2NO_2$ 　$3NO_2 + H_2O \!=\!\!=\!\!= 2HNO_3 + NO$

例题8　中难题

(1)下图所示是酸雨的形成示意图。根据图示回答下列问题。

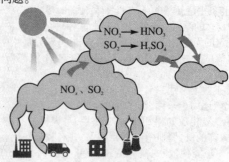

下列气体容易形成酸雨的是(　　)。

A. CO_2　　　　　　　B. SO_2

C. N_2　　　　　　　D. NO_2

(2)现有雨水样品1份,每隔一段时间测定该雨水样品的 pH,所得数据如下:

测试时间/h	0	1	2	3	4
雨水的 pH	4.73	4.63	4.56	4.55	4.55

分析数据,回答下列问题:

①雨水样品的 pH 变化的原因是(用化学方程式表示)_____。

实验装置如图：

②你的设计对工业上生产硝酸有什么启示？（从原料的充分利用、减少污染物的排放等方面考虑。）

在第一步反应中，只有2/3的NO_2转化为硝酸，而1/3的NO_2转化为NO，因此，工业上生产硝酸应在吸收反应进行过程中补充一些空气，使生成的NO再氧化为NO_2，NO_2溶于水又生成硝酸和NO，经过反复多次的氧化和吸收，NO_2可以比较完全地被水吸收，能够尽可能多地转化为硝酸。

3.二氧化硫和二氧化氮对大气的污染

（1）SO_2、NO_2污染物的形成

①煤、石油和某些金属矿物中含硫或硫的化合物。燃烧和冶炼时产生SO_2。

②高温燃烧时空气中的氮气与O_2发生一系列的反应，汽车尾气、硝酸工业都会产生NO_2。

（2）SO_2、NO_2的主要危害

①直接危害人体健康，引起呼吸道疾病，严重时会使人死亡。

②形成酸雨（pH<5.6），破坏农作物、桥梁、工业设备、运输工具及腐蚀电信电缆。

（3）酸雨的形成

SO_2、NO_2与水作用形成酸雨。

$SO_2 + H_2O \Longrightarrow H_2SO_3$

$2H_2SO_3 + O_2 \Longrightarrow 2H_2SO_4$

$3NO_2 + H_2O \Longrightarrow 2HNO_3 + NO$

【特别提醒】SO_2形成的酸雨含H_2SO_3，H_2SO_3易被氧化成H_2SO_4，所以亚硫酸再放置一段时间后pH会变小，即酸性会增强。

（4）防治酸雨的措施

①调整能源结构，发展清洁能源，优化能源质量，提高能源利用率，减少燃煤产生的二氧化硫和氮氧化物等。

②加强环境管理，强化环保执法，严格控制二氧化硫的排放量。

③研究、开发适合我国国情的二氧化硫治理技术和设备。

a.原煤脱硫技术，可以除去燃煤中大约40%~60%的无机硫。

b.改进燃烧技术，减少燃煤过程中的二氧化硫和氮氧化物的排放量。

c.对煤燃烧后形成的烟气脱硫。目前主要用石灰法，脱硫效果较好，可以除去烟气中85%~90%的二氧化硫，但是成本较高。

② 方法·技巧平台

4.SO_2与CO_2的鉴别规律

（1）鉴别SO_2气体常用品红溶液，看其能否使品红溶液褪色，有时还需再加热看溶液颜色能否再复原。

（2）鉴别CO_2气体常用澄清石灰水，看其能否使澄清石灰水变浑浊，过量时再变澄清。

（3）当混有CO_2时，不会影响SO_2的鉴别，当混有SO_2时会干扰CO_2的鉴别，应先除去SO_2，再用澄清石灰水鉴别CO_2气体。

（4）除去CO_2中的SO_2，常用方法是使混合气体先通过足量的溴水或酸性$KMnO_4$溶液（吸收SO_2），再通过品红溶液（检验SO_2是否被除尽）。

【特别提醒】检验CO_2和SO_2混合气体中存在CO_2气体的方法是：

CO_2 SO_2	→	品红溶液	→	酸性$KMnO_4$溶液	→	品红	→	澄清的石灰水溶液
(混合气体)		(证明有SO_2)		(除去SO_2)		(验证是否除尽SO_2)		(检验CO_2)

【注意】不能用澄清的石灰水鉴别CO_2和SO_2。

②如果将刚取样的上述雨水和自来水相混合，pH将变_____，原因是（用化学方程式表示）_____。

（3）下列措施中，可减少酸雨产生的途径的是_____（填写字母序号）。

①少用煤作燃料 ②把工厂烟囱造高 ③燃料脱硫 ④在已酸化的土壤中加石灰 ⑤开发新能源

A.①②③   B.②③④⑤
C.①③⑤   D.①③④⑤

【解析】（1）SO_2、NO_2易形成酸雨。

①酸雨放置时pH变小，其原因是雨水中的H_2SO_3被空气中氧气氧化所致：$SO_2 + H_2O \Longrightarrow H_2SO_3$，$2H_2SO_3 + O_2 \Longrightarrow 2H_2SO_4$。

②雨水和自来水混合，应考虑H_2SO_3与Cl_2（或HClO）的反应：$H_2SO_3 + HClO \Longrightarrow H_2SO_4 + HCl$（或$2H_2O + Cl_2 \Longrightarrow H_2SO_4 + 2HCl$）。因此雨水与自来水混合后溶液pH将变小。

（2）减少酸雨的产生需减少SO_2的排放，将煤转化为清洁能源（如煤的气化和液化），燃料脱硫、固硫，开发不含硫的新能源（如氢能、核能等），都是有力措施。因此①③⑤正确。

【答案】（1）B、D （2）① $SO_2 + H_2O \Longrightarrow H_2SO_3$，$2H_2SO_3 + O_2 \Longrightarrow 2H_2SO_4$ ②变小 $Cl_2 + 2H_2O + SO_2 \Longrightarrow H_2SO_4 + 2HCl$ （3）①③⑤

例题9 难题

有一无色混合气体，其成分是CO_2和SO_2，试设计实验证明之，并画出装置图。

【解析】验证SO_2通常用品红溶液，验证CO_2通常用澄清的石灰水，但SO_2也可使澄清的石灰水变浑浊，因此验证CO_2前应先除净SO_2，除去SO_2且保留CO_2，应选用酸性$KMnO_4$溶液。

【答案】

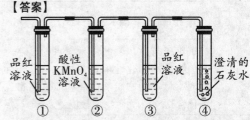

将气体依次通过：品红溶液→酸性$KMnO_4$溶液→品红溶液→澄清的石灰水。

①中品红溶液褪色，可验证SO_2的存在，③中品红溶液不褪色且④中澄清的石灰水变浑浊可验证CO_2的存在。

例题10 难题

将30 mL NO_2和O_2的混合气体通入倒立于水槽中并盛满水的量筒内，最后剩余5 mL气体，试求原混合气体中NO_2和O_2的体积各是多少？

【解析】方法一：（1）若剩余5 mL O_2，设原混合气体中NO_2的体积为x。由

$4NO_2 + O_2 + 2H_2O \Longrightarrow 4HNO_3$

4	1
x	$\frac{1}{4}x$

得：$x + \frac{1}{4}x + 5\ mL = 30\ mL$，解得$x = 20\ mL$，则$V(O_2) = 10\ mL$。

5. 氮的氧化物溶于水的计算

(1) 相关化学方程式

① $3NO_2 + H_2O \stackrel{}{=\!=\!=} 2HNO_3 + NO$

② $2NO + O_2 \stackrel{}{=\!=\!=} 2NO_2$

③ $4NO_2 + O_2 + 2H_2O \stackrel{}{=\!=\!=} 4HNO_3$

④ $4NO + 3O_2 + 2H_2O \stackrel{}{=\!=\!=} 4HNO_3$

(2) 氮的氧化物溶于水的可能情况

序号	气体		反应	剩余气体	剩余气体的量
I	NO_2		①	NO	$\dfrac{1}{3}V(NO_2)$
II	$NO_2 + NO$		①	NO	$V(NO)_原 + \dfrac{1}{3}V(NO_2)$
III	$NO_2 + O_2$	$\dfrac{V(NO_2)}{V(O_2)} = 4:1$	③	无	0
		$\dfrac{V(NO_2)}{V(O_2)} < 4:1$	③	O_2	$V(O_2)_原 - \dfrac{1}{4}V(NO_2)$
		$\dfrac{V(NO_2)}{V(O_2)} > 4:1$	先③后①	NO	$\dfrac{1}{3}\left[V(NO_2) - 4V(O_2)\right]$
IV	$NO + O_2$	$\dfrac{V(NO)}{V(O_2)} = 4:3$	④	无	0
		$\dfrac{V(NO)}{V(O_2)} > 4:3$	④	NO	$V(NO) - \dfrac{4}{3}V(O_2)$
		$\dfrac{V(NO)}{V(O_2)} < 4:3$	④	O_2	$V(O_2) - \dfrac{3}{4}V(NO)$

3 创新·思维拓展

6. 常见漂白剂及其漂白原理

常用于漂白的物质	二氧化硫	氯水	双氧水	漂白粉	活性炭
漂白原理	二氧化硫与有色物质结合成不稳定的化合物	次氯酸的强氧化性将有色物质氧化为无色物质	双氧水的强氧化性将有色物质氧化为无色物质	在酸性条件下生成次氯酸,次氯酸具有强氧化性	吸附作用
品红溶液	褪色,加热后恢复红色	褪色,加热后不恢复红色	褪色,加热后不恢复红色	褪色,加热后不恢复红色	褪色
石蕊溶液	变红,不褪色	先变红,后褪色	先变红,后褪色	先变红,后褪色	褪色
漂白后所得物质的稳定性	不稳定	稳定	稳定	稳定	——

漂白按原理不同可分为三大类:

(1) 氧化型:漂白剂本身是强氧化剂,通过氧化作用,破坏有色物质,这种漂白是不可逆的。这类漂白剂常见的有:$HClO$、Na_2O_2、H_2O_2、HNO_3 等。

(2) 加合型:漂白剂与有色物质发生加成反应,生成无色物质,但受热时,漂白剂与原有色物质又分开,恢复成原来的有色物质,这种漂白是"可逆"的。例:SO_2 漂白品红溶液。

(3) 吸附型:有些固体物质疏松、多孔、表面积大,可以吸附一些有色物质,这是一种物理过程。例:活性炭、胶体等。

(2) 若剩余 5 mL 为 NO,设原混合气体中 O_2 的体积为 y。依

$$4NO_2 + O_2 + 2H_2O \stackrel{}{=\!=\!=} 4HNO_3$$
$$\quad 4 \qquad\quad 1$$
$$\quad 4y \qquad\quad y$$
$$3NO_2 + H_2O \stackrel{}{=\!=\!=} 2HNO_3 + NO$$
$$3 \times 5\,mL \qquad\qquad\qquad 5\,mL$$

得:$4y + y + 3 \times 5\,mL = 30\,mL$,解得:$y = 3\,mL$。

所以 $V(NO_2) = 30\,mL - 3\,mL = 27\,mL$。

方法二:依据得失电子守恒求解。

(1) 若剩余 5 mL 为 O_2,设原混合气体中 NO_2 体积为 x。则有:

$x = (30\,mL - x - 5\,mL) \times 4$,$x = 20\,mL$,$V(O_2) = 10\,mL$。

(2) 若剩余 5 mL 为 NO,设原混合气体中 O_2 体积为 y。

依据产生 5 mL NO 的 NO_2 为 15 mL,参加反应的 NO_2 为 $30\,mL - 15\,mL - y$,则有 $30\,mL - 15\,mL - y = 4y$,$y = 3\,mL$,则 $V(NO_2) = 30\,mL - 3\,mL = 27\,mL$。

【答案】原混合气体中含 NO_2 为 20 mL,O_2 为 10 mL 或 NO_2 为 27 mL,O_2 为 3 mL

例题 11 中难题

下列说法正确的是(   )。

A. 因为 SO_2 具有漂白性,所以它能使品红溶液、溴水、酸性 $KMnO_4$ 溶液、石蕊试液褪色

B. 能使品红褪色的不一定是 SO_2

C. SO_2、漂白粉、活性炭、Na_2O_2 都能使红墨水褪色,其原理相同

D. SO_2 和 Cl_2 混合使用,且有更强的漂白能力

【解析】这道题是对有漂白性物质的漂白原理的综合考查。要正确解答本题,必须清楚常见漂白剂的漂白原理:Cl_2、Na_2O_2、H_2O_2、O_3 等是因强氧化性而具有漂白性;SO_2 是能和有色物质化合生成无色物质;活性炭是因吸附有色物质而具有漂白作用。A 选项不正确,SO_2 使溴水、酸性 $KMnO_4$ 溶液褪色是因为 SO_2 具有还原性,能使品红褪色是漂白性,SO_2 不能使指示剂褪色。B 选项正确,因为能使品红褪色的物质很多,不仅仅是 SO_2。C 选项错误,因为这些漂白剂的漂白原理不相同,SO_2 漂白属于加合型,活性炭属吸附型,漂白粉、Na_2O_2 属氧化型。D 选项也不正确,SO_2 和 Cl_2 等物质的量相遇在溶液中反应生成 H_2SO_4 和 HCl,而失去漂白能力。

【答案】B

例题 12 中难题

某校高一研究性学习小组将造成我省某市空气污染的主要原因分为四种:

A. 燃烧农作物秸秆　　　　B. 燃烧含硫煤

C. 粉尘污染　　　　　　　D. 机动车尾气污染

设计的问题是:你认为造成该市空气污染最主要的原因是什么? 就此调查了该市 90 名市民和 100 位环保部门人士,调查结果如图甲和乙所示:

【特别提醒】①漂白是指使有色物质褪色,使无机物褪色不是漂白性。如 SO_2 能使溴水、$KMnO_4$ 溶液褪色,是 SO_2 的还原性。②氧化性漂白剂如 Cl_2、H_2O_2、O_3、$Ca(ClO)_2$ 等可用于消毒。原理是强氧化性使细菌细胞体内的氧化还原系统破坏。SO_2 也可用于消毒,但 Na_2O_2 不宜作消毒剂,原因是生成腐蚀性的 $NaOH$。

7. 中学化学涉及较多的环境保护知识

(1)环境:大气、土地、水、矿产、森林、生物及风景游览区、自然保护区、生活居住区等构成了人类生存的环境。

(2)环境污染:主要包括大气污染、水污染、土壤污染、食品污染等,还包括固体废弃物、放射性、噪声等污染。

(3)工业三废:废液、废气、废渣。

(4)粉尘:指煤、矿石等固体物料在运输、筛选、粉碎、卸料等机械处理过程中产生的或是由风扬起的灰尘等。

(5)氰化物:CN^- 有剧毒(电镀液中常含有),含 CN^- 的污水、废气会严重污染环境。

(6)Cu、Hg、Pb、Ba、Sn 等重金属盐可使人中毒,误食后应立即喝大量生蛋清或生牛奶解毒。

(7)$NaNO_2$:有毒,外观类似食盐,易误食,$NaNO_2$ 进入血液,可把亚铁血红蛋白氧化为高铁血红蛋白,使血液失去携氧功能,造成组织缺氧。

(8)从能源利用条件看,我国的主要大气污染源是煤烟型及 SO_2 和烟尘。

(9)"白色污染"指的是聚乙烯等塑料垃圾。

(10)城市大气中铅污染的主要来源是使用含铅汽油的汽车尾气。

(11)光化学烟雾形成的主要原因是汽车排出的碳氢化合物、氮氧化物、一氧化碳等。

(12)强烈致癌物质、食品污染物——二噁英(一种有机物)。

(13)引起赤潮的原因:工、农业及城市生活污水中含磷。

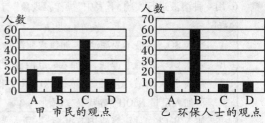

甲　市民的观点　　　乙　环保人士的观点

(1)该市市民认为造成本市空气污染最主要的原因是_____,环保人士认为造成该市空气污染最主要的原因是_____。

(2)上述调查结果说明该市市民对_____造成的空气污染认识不足。该原因造成的大气污染的主要有害成分是_____,空气中该成分含量较高时,在空气中与氧气和水共同作用下,会形成酸雾,其化学反应方程式为_____。

【解析】正确认识人类活动对硫在自然界的转化的影响。含硫煤和石油的燃烧,除了产生二氧化碳外,还会产生二氧化硫。排放到空气中的二氧化硫是空气的一种污染气体,它在氧气和水蒸气的共同作用下,会形成酸雾及酸雨。

【答案】(1)粉尘染污　燃烧含硫煤　(2)燃烧含硫煤　SO_2　$SO_2 + H_2O \Longrightarrow H_2SO_3$　$2H_2SO_3 + O_2 \Longrightarrow H_2SO_4$

▶ 整体训练方法

4 能力·题型设计

速效基础演练

1. 2010 年 2 月 10 日中国经济网发布的《第一次全国污染源普查公报》一文中有如下一组数据:

工业废气中主要污染物	SO_2	烟尘	NO_x	粉尘
污染物产生量(万吨/年)	4 345.42	48 927.22	1 223.97	14 731.4
污染物排放量(万吨/年)	2 119.75	982.01	1 188.44	764.68

下列有关说法中错误的是(　　)。

A. SO_2、NO_x 大量排放会导致酸雨的发生

B. 煤与石油的大量燃烧是造成 SO_2、NO_x 大量排放的主要因素

C. 烟尘、粉尘属于固体污染物

D. 人类活动产生的气态污染物能全部进入大气中

2. 正常雨水的 pH 为 5.6,是因为雨水中溶解下列气体中的(　　)。

A. SO_2　　　　　B. NO_2　　　　　C. CO_2　　　　　D. N_2O_4

3. 绿色植物是空气天然的"净化器",研究发现,1 公顷柳杉每月可以吸收 160 kg SO_2,则 1 公顷柳杉每月吸收的 SO_2 的物质的量为(　　)。

A. 164 kg　　　B. 2.5 mol　　　C. 2 500 mol　　　D. 2 500 g/mol

4. 在氮的氧化物中,氮和氧元素的质量之比是 7:12,则氮元素的化合价为(　　)。

A. +2　　　　　B. +3　　　　　C. +4　　　　　D. +5

5. 下列关于二氧化硫和二氧化氮的叙述中正确的是(　　)。

A. 两种气体都是无色、有毒的气体,且都可用水吸收以消除对空气的污染

B. 二氧化硫和二氧化氮分别为硫和氮的最高价氧化物

C. 两种气体都与酸雨的形成有关

D. 两种气体溶于水都可以与水反应,且只生成相应的酸

点击考例

◁ 测试要点3
2012·吉林一中
期末考试

◁ 测试要点7

◁ 测试要点3

◁ 测试要点2

◁ 测试要点1、2

6. 用4种溶液进行实验,下表中"操作及现象"与"溶液"不符的是（　　）。

选项	操作及现象	溶液
A	通入 SO_2,溶液不变浑浊,再加氯水变浑浊	可能为 $BaCl_2$ 溶液
B	通入 CO_2,溶液变浑浊,再加入品红溶液,红色褪去	可能为 $Ca(ClO)_2$ 溶液
C	通入 SO_2,溶液变浑浊,继续通 SO_2 至过量,浑浊消失,再加入足量 NaOH 溶液,又变浑浊	可能为 $Ca(OH)_2$ 溶液
D	加入 $BaCl_2$ 溶液,溶液中有沉淀,再滴入稀盐酸沉淀不溶解	一定为含有 SO_4^{2-} 的溶液

7. 下列各组气体,在常温常压下不能共存的是（　　）。
A. SO_2 与 O_2　　B. NO 与 O_2　　C. O_2 与 N_2　　D. NO_2 与 O_2

8. 下列物质均有漂白作用,其漂白原理相同的是（　　）。
①过氧化钠　②次氯酸　③二氧化硫　④活性炭　⑤臭氧
A.①②⑤　　B.①③⑤　　C.②③④　　D.①②③

9. 如右下图所示,试管中盛装的是红棕色气体(可能是混合物),当倒扣在盛有水的水槽中时,试管内水面上升,但不能充满试管,当向试管内鼓入氧气后,可以观察到试管中水柱继续上升,经过多次重复后,试管内完全被水充满,原来试管中盛装的可能是什么气体（　　）。
A. 可能是 N_2 与 NO_2 的混合气体
B. 可能是 O_2 与 NO_2 的混合气体
C. 可能是 NO 与 NO_2 的混合气体
D. 只可能是 NO_2 一种气体

10. CO_2 气体中含少量 SO_2,欲得到干燥纯净的 CO_2,通过右图所示的洗气瓶,(1)(2)两瓶中所装的试剂应该是（　　）。
A. (1)NaOH　　　(2)浓 H_2SO_4
B. (1)浓 H_2SO_4　　(2)NaOH
C. (1)$NaHCO_3$ 饱和溶液　(2)浓 H_2SO_4
D. (1)浓 H_2SO_4　　(2)Na_2CO_3

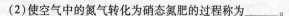

11. 下列说法正确的是（　　）。
A. SO_2 能使 $FeCl_3$、$KMnO_4$ 水溶液迅速褪色
B. 可以用澄清的石灰水鉴别 SO_2 和 CO_2
C. 硫粉在过量的纯氧中燃烧可以生成 SO_3
D. 少量 SO_2 通过浓的 $CaCl_2$ 溶液能生成白色沉淀

12. 空气中有大量的 N_2 和 O_2,植物生长过程却要追加大量的氮肥,雷雨天,在雨水里能检测到一定量的硝态氮肥,所以有"雷雨肥庄稼"之说。试回答:
(1)雷雨天在雨水里含有硝态氮肥的变化过程,用化学方程式表示是:_____、_____、_____。
(2)使空气中的氮气转化为硝态氮肥的过程称为_____。
(3)正常的雨水溶有 CO_2,pH =_____;但有了上述(1)的变化,再加上 SO_2 的溶解,pH 降低,形成酸雨,造成对环境的污染。其主要危害有_____。
(4)试写出 SO_2 溶于水的反应方程式_____。

13. 如下图示是实验室制取 SO_2 并验证 SO_2 的某些性质的装置图。试回答:

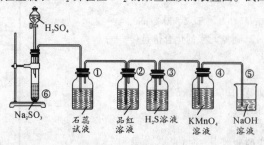

点击考例

◀ 测试要点1-2

◀ 测试要点2-2

◀ 测试要点6

◀ 测试要点5

◀ 测试要点4

◀ 测试要点1-2

◀ 测试要点2、7

◀ 测试要点1-2

(1)在⑥中发生的化学反应方程式为_____。
(2)①中的实验现象为石蕊试液_____，此实验证明 SO_2 是_____气体。
(3)②中的品红溶液_____，证明 SO_2 有_____。
(4)③中的实验现象是_____，证明 SO_2 有_____性。
(5)④中的实验现象是_____，证明 SO_2 有_____性。
(6)⑤的作用是_____，反应的化学方程式为_____。

知能提升突破

测试要点 2-3

1. 在体积为 V L的密闭容器中通入 a mol NO 和 b mol O_2，反应后容器内氮原子和氧原子数之比为(　　)。
A. $\dfrac{a}{b}$　　　B. $\dfrac{a}{2b}$　　　C. $\dfrac{a}{a+2b}$　　　D. $\dfrac{a}{2(a+b)}$

2. 一定条件下，将等体积 NO 和 O_2 的混合气体置于试管中，并将试管倒立于水槽里的水中，充分反应后剩余气体的体积约为原总体积的(　　)。
A. $\dfrac{1}{4}$　　　B. $\dfrac{3}{4}$　　　C. $\dfrac{1}{8}$　　　D. $\dfrac{3}{8}$

测试要点 1、2

3. 有无色混合气体中可能含有 Cl_2、O_2、SO_2、NO、NO_2 中的两种或多种气体。将此无色混合气体通过品红溶液后，品红溶液褪色，再把剩余气体排入空气中，很快变为红棕色。下列对原混合气体成分的判断中正确的是(　　)。
A. 肯定有 SO_2 和 NO
B. 肯定没有 Cl_2、O_2 和 NO_2
C. 可能有 Cl_2 和 O_2
D. 肯定只有 NO

测试要点 6
2012·北京西城

4. 某化学小组为了证明 SO_2 和 Cl_2 的漂白性，设计了如下图所示的实验装置：

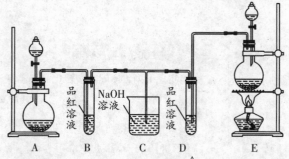

(1)他们制备 Cl_2 依据的原理是：$MnO_2 + 4HCl(浓) \xrightarrow{\triangle} MnCl_2 + 2H_2O + Cl_2\uparrow$，应选用上图 A、E 装置中的_____(填序号)制 Cl_2，反应中浓盐酸所表现出的性质是_____。
(2)反应开始后，发现 B、D 两个试管中的品红溶液都褪色，停止通气后，给 B、D 两个试管中的液体加热，B 试管中的现象是_____。
(3)NaOH 溶液分别与两种气体反应的离子方程式是_____、_____。
(4)该小组同学将两种气体混合后通入品红溶液，一段时间后，品红溶液几乎不褪色。查阅资料得知：两种气体按体积比 1∶1 混合，再与水反应可生成两种常见的酸，因而失去漂白作用，该反应的化学方程式是_____。

测试要点 7

5. 某工厂排出的废水里含 0.012 mol·L^{-1} 的游离态氯和 0.002 mol·L^{-1} 的氢离子，为了除去废水中的游离态氯，而且使废水变为中性，有人提出如下图所示的方案，并在废水排出管的 A、B 处注入一定流量的废烧碱溶液和亚硫酸钠溶液。
(1)写出 A、B 处应加入的物质的化学式：
A:_____，B:_____。
(2)写出 A、B 处反应的离子方程式：
A:_____，
B:_____。
(3)每处理 1 m^3 该废水，需加入 0.05 mol·$L^{-1}$$Na_2SO_3$ 溶液的体积为_____L。

▶ 教材课后习题解答

习题

1. $CaCO_3 \xrightarrow{高温} CaO + CO_2\uparrow$，
$CaO + SO_2 == CaSO_3$，
$2CaSO_3 + O_2 == 2CaSO_4$
2. (1)空气中的 N_2 在电火花及高温作用下产生 NO　　$N_2 + O_2 \xrightarrow{放电} 2NO$

(2)$2NO + 2CO \xrightarrow{催化剂} N_2 + 2CO_2$
(3)①②
3. A　4. C　5. C　6. D　7. D　8. C
9. (1)$2SO_2 + O_2 \underset{\triangle}{\overset{催化剂}{\rightleftharpoons}} 2SO_3$

(2)$Cl_2 + 2NaOH == NaCl + NaClO + H_2O$

(3)$3NO_2 + H_2O =\!\!= 2HNO_3 + NO$

点拨:命题目的是要求掌握 SO_2、Cl_2、NO_2 的性质。

10.**点拨**:(1)设该厂每天生产 SO_2 的质量为 x。

$$
\begin{array}{ccc}
S & \sim & SO_2 \\
32 & & 64 \\
100t \times 0.64\% & & m
\end{array}
$$

$\dfrac{32}{100t \times 0.64\%} = \dfrac{64}{m}$,

$m = 1.28\ t = 1\ 280\ kg$。

(2)$n(SO_2) = \dfrac{1\ 280 \times 10^3\ g}{64\ g \cdot mol^{-1}} = 2 \times 10^4\ mol$,

$V(SO_2) = 22.4\ L \cdot mol^{-1} \times 2 \times 10^4\ mol = 4.48 \times 10^5\ L$。

(3)由关系式 $SO_2 \sim SO_3 \sim H_2SO_4$

$$
\begin{array}{ccc}
& 64 & 98 \\
& 1.28\ t \times 360 & m \times 98\%
\end{array}
$$

则有 $\dfrac{64}{1.28\ t \times 360} = \dfrac{98}{m \times 98\%}$,$m = 720\ t$。

答:略。

11.我国三大酸雨区包括(硫酸型):(1)西南酸雨区,(2)华中酸雨区,(3)华东沿海酸雨区。其中华中酸雨区已成为全国酸雨污染范围最大,中心强度最高的酸雨污染区。

酸雨可以直接使大片森林死亡,农作物枯萎;也会抑制土壤中有机物的分解和氮的固定,淋洗与土壤离子结合的钙、镁、钾等营养元素,使土壤贫瘠化;还可以使湖泊、河流酸化,并溶解土壤和水体底泥中的重金属,使其进入水中毒害鱼类;加速建筑物和古迹的风化和腐蚀过程;可能危及人体健康。

酸雨影响的程度是一个争论不休的主题,对湖泊和河流中水生物的危害是最初人们注意的焦点,但现在已认识到,对建筑物、桥梁和设备的危害是酸雨的另一些代价高昂的后果。由 SO_2 造成的空气污染对人类健康的影响是难以定量估算的。

控制酸雨的根本措施是减少 SO_2 和氮氧化物的排放:
(1)原煤脱硫;(2)优先使用低硫燃料;(3)改进燃煤技术;(4)对烟气脱硫;(5)开发新能源等。

▶ 最新5年高考名题诠释

考题1 **2011·上海高考**

下列溶液中通入 SO_2 一定不会产生沉淀的是(　　)。

A. $Ba(OH)_2$　　　　　B. $Ba(NO_3)_2$

C. Na_2S　　　　　　D. $BaCl_2$

【解析】A 生成 $BaSO_3$ 沉淀;SO_2 溶于水显酸性,被 $Ba(NO_3)_2$ 氧化生成硫酸,进而生成 $BaSO_4$ 沉淀;SO_2 通入 Na_2S 溶液中会生成单质 S 沉淀。

【答案】D

考题2 **2009·上海理综**

下图所示是某燃煤发电厂处理废气的装置示意图。装置内发生的主要反应中不含(　　)。

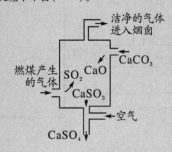

A. 化合反应　　　　　B. 分解反应

C. 置换反应　　　　　D. 氧化还原反应

【解析】装置中涉及的化学方程式依次为 $CaCO_3 \xrightarrow{\text{高温}}$ $CaO + CO_2\uparrow$,$SO_2 + CaO =\!\!= CaSO_3$,$2CaSO_3 + O_2 =\!\!= 2CaSO_4$,无置换反应。

【答案】C

考题3 **2009·福建理综**

能实现下列物质间直接转化的元素是(　　)。

单质 $\xrightarrow{O_2}$ 氧化物 $\xrightarrow{H_2O}$ 酸或碱 $\xrightarrow{\text{NaOH 或 HCl}}$ 盐

A.硅　　B.硫　　C.铜　　D.铁

【解析】S 与 O_2 生成 SO_2,再与 H_2O 生成 H_2SO_3,可以与 $NaOH$ 生成 Na_2SO_3,B 项正确。A 项,SiO_2 不与水反应,错。C 项中 CuO,D 项中 Fe_3O_4 均不与 H_2O 反应,故错。

【答案】B

考题4 **2009·海南高考**

在室温时,下列各组中的物质分别与过量 $NaOH$ 溶液反应,能生成 5 种盐的是(　　)。

A. Al_2O_3、SO_2、CO_2、SO_3　　B. Cl_2、Al_2O_3、N_2O_5、SO_3

C. CO_2、Cl_2、CaO、SO_3　　D. SiO_2、N_2O_5、CO、Cl_2

【解析】题中的关键词"过量 $NaOH$ 溶液",A 中只生成 4 种盐;B 生成 5 种($NaCl$、$NaClO$、$NaAlO_2$、$NaNO_3$、Na_2SO_4);C 中 CaO 不能生成盐;D 中 CO 不能生成盐。

【答案】B

考题5 **2008·江苏高考**

化学与生活、社会密切相关。下列说法不正确的是(　　)。

A.利用太阳能等清洁能源代替化石燃料,有利于节约资源、保护环境

B.凡含有食品添加剂的食物对人体健康均有害,不可食用

C.为了防止电池中的重金属等污染土壤和水体,应积极开发废电池的综合利用技术

D.提倡人们购物时不用塑料袋,是为了防止白色污染

【解析】食品添加剂不可缺少,但要适量。

【答案】B

例题6 2007·广东高考

下述做法能改善空气质量的是( )。

A.以煤等燃料作为主要生活燃料

B.利用太阳能、风能和氢能等能源替代化石能源

C.鼓励私人购买和使用机动车代替公交车

D.限制使用电动车

【解析】以煤等燃料作为主要生活燃料时会产生大量空气污染物;私人汽车代替公交车会使汽油消耗量增加,带来的空气污染物增加;限制使用电动车会增加有害气体的排放,故选B。

【答案】B

考题7 2009·全国

浓 H_2SO_4 和木炭在加热时发生反应的化学方程式是

$$2H_2SO_4(浓) + C \xrightarrow{\triangle} CO_2\uparrow + 2H_2O + 2SO_2\uparrow$$

请从下图中选用所需的仪器(可重复选用)组成一套进行该反应并检出反应产物的装置。现提供浓 H_2SO_4、木炭和酸性 $KMnO_4$ 溶液,其他固、液试剂自选。(连接和固定仪器用的玻璃管、胶管、铁夹、铁架台及加热装置等均略去)

A B C

将所选的仪器按连接顺序由上至下依次填入下表,并写出该仪器中应加试剂的名称及其作用。

选用的仪器 (填字母)	加入的试剂	作用

【解析】整套装置包括反应装置、检验装置和尾气处理装置。C中加入浓硫酸和木炭作为反应物的发生器,产物中必须先检验水,因为在检验其他物质时会在其他试剂中混入水,可选用装置B,放入无水硫酸铜,若变蓝则说明有水。接着检验 SO_2 气体,用装置A,放入品红溶液,若品红褪色,则说明有 SO_2 气体产生,再用装置A,放入酸性 $KMnO_4$ 溶液以除去 SO_2,再用装置A,放入品红溶液,检验 SO_2 是否除尽,最后再用装置A,放入澄清石灰水来检验 CO_2 的存在,因 SO_2 也可以使澄清石灰水变浑,故先要除去 SO_2。

【答案】

选用的仪器 (填字母)	加入的试剂	作用
C	浓硫酸和木炭	反应物
B	无水硫酸铜	检验是否有水
A	品红溶液	检验 SO_2 是否存在
A	酸性 $KMnO_4$ 溶液	除去 SO_2
A	品红溶液	检验 SO_2 是否除尽
A	澄清石灰水	检验 CO_2 是否存在

第4节 氨 硝酸 硫酸

▶ 课标三维目标

1.知识与技能
(1)氨的化学性质和氨气的实验室制法;
(2)掌握浓硫酸、硝酸的氧化性;
(3)了解氮的固定和氮的循环对生态平衡的作用。
2.过程与方法
(1)实验、观察、分析;
(2)比较归纳法。
3.情感态度与价值观
(1)通过比较浓、稀硫酸性质的差异,体会"量变到质变"的哲学观;
(2)通过氮的循环,感受大自然生态的奥妙。

▶ 三层完全解读

>>>解题依据

1 知识·能力聚焦

1.氨

1-1 合成氨的贡献
(1)合成氨是人类科学技术发展史上的一项重大突破。
(2)合成氨的突破解决了人类因粮食不足而导致的饥饿和死亡问题。
(3)德国化学家哈伯因研究合成氨的贡献,获1918年诺贝尔化学奖,1931年诺贝尔化学奖再次垂青与合成氨有关的研究。
(4)工业合成氨的原理:$N_2 + 3H_2 \xrightleftharpoons[\text{催化剂}]{\text{高温、高压}} 2NH_3$。
(5)把游离态的氮转化为氮的化合物的方法叫氮的固定。
(6)氮被固定后,植物才可能得到足够的氮肥。
【特别提醒】植物只能吸收化合态的氮,因此氮的固定有极为重要的生态意义。氮的固定有自然固氮和人工固氮两种形式。
1-2 氨气的物理性质及喷泉实验
(1)氨的物理性质
氨是无色有刺激性气味的气体,密度比空气小,极易溶解于水,常温常压下,1体积水能溶解约700体积的氨气。
(2)喷泉实验

实验装置	操作及现象	结论
氨气 酚酞溶液	(1)打开止水夹,并挤压滴管的胶头 (2)烧杯中的溶液由玻璃管进入烧瓶,形成喷泉,烧瓶内液体呈红色	氨极易溶于水,水溶液呈碱性

【注意】喷泉实验能否成功,三个关键因素:①装置气密性要好;②烧瓶必须干燥;③氨气必须充满。
【特别提醒】①产生喷泉实验的物理原理是:烧瓶内外产生压强差。当烧瓶内压强明显小于外界压强时就会产生喷泉实验。
②产生喷泉的方法有:a.物理方法,通过温度或压强的改变来改变内外压强差,从而产生喷泉。b.化学方法,通过烧瓶内气体与加入的物质反应,形成内外压强差,从而产生喷泉。
1-3 氨气的化学性质
(1)NH_3与H_2O反应:$NH_3 + H_2O \rightleftharpoons NH_3 \cdot H_2O$
$NH_3 \cdot H_2O$很不稳定,受热易分解:
$$NH_3 \cdot H_2O \xrightarrow{\triangle} NH_3 \uparrow + H_2O$$

>>>名题诠释

例题1 **基础题**

下列化学反应过程属于氮的固定的是( )。
A.$2NO + O_2 \rightleftharpoons 2NO_2$
B.$3NO_2 + H_2O \rightleftharpoons 2HNO_3 + NO$
C.$N_2 + O_2 \xrightarrow{\text{放电}} 2NO$
D.$Cu + 4HNO_3(浓) \rightleftharpoons Cu(NO_3)_2 + 2NO_2 \uparrow + 2H_2O$
【解析】根据氮的固定的概念,把游离态的氮转化成化合态氮的过程叫氮的固定。应选C。
【答案】C

例题2 **中难题**

在左下图所示的装置中,烧瓶中充满干燥的气体a,将滴管中的液体b挤入烧瓶内,轻轻振荡烧瓶,然后打开弹簧夹f,烧杯中的液体b呈喷泉状喷出,最终几乎充满烧瓶。则a和b分别是( )。

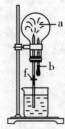

	a(干燥气体)	b(液体)
A	NO_2	水
B	CO_2	$4mol \cdot L^{-1} NaOH$溶液
C	Cl_2	饱和$NaCl$水溶液
D	NH_3	$1 mol \cdot L^{-1}$盐酸

【解析】A项烧杯中的液体能上升至$\frac{2}{3}$处,不能充满整个烧瓶;B项的二氧化碳与氢氧化钠反应,能够形成足够的压强差,使液体充满整个烧瓶,正确;C项不行,因为氯气在饱和食盐水中的溶解度很小,几乎不溶,故不能形成足够的压强差;D项也可行,原理同B项,符合题意。
【答案】B、D
【点拨】只要能使烧瓶内外产生一定的压强差,气体与液体的组合就能产生喷泉,如:
(1)易溶于水的气体与水的组合,NH_3、HCl、SO_2、

【注意】①氨水有弱碱性，能使酚酞溶液变红或使湿润的红色石蕊试纸变蓝。

②氨水显碱性的化学原理：

$NH_3 + H_2O \rightleftharpoons NH_3 \cdot H_2O \rightleftharpoons NH_4^+ + OH^-$

或 $NH_3 + H_2O \rightleftharpoons NH_4^+ + OH^-$

（2）与 HCl 的反应

氨与氯化氢反应的实验探究

实验步骤：用两根玻璃棒分别在浓氨水和浓盐酸里蘸一下，然后使这两根玻璃棒接近（不要接触），观察发生的现象（如右图所示）。

实验现象：可以看到，当两根玻璃棒接近时，产生大量白烟。

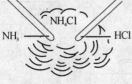

氨与氯化氢的反应

实验结论：这种白烟是氨水挥发出的 NH_3 与盐酸挥发出的 HCl 化合生成微小的 NH_4Cl 晶体。

$$NH_3 + HCl = NH_4Cl$$

【注意】①氨不仅能跟盐酸反应，也能跟硫酸、硝酸、醋酸、碳酸等多种酸反应，反应实质都是 NH_3 与 H^+ 的反应。

$$2NH_3 + H_2SO_4 = (NH_4)_2SO_4$$

$$NH_3 + HNO_3 = NH_4NO_3$$

$$NH_3 + CH_3COOH = CH_3COONH_4$$

$$NH_3 + CO_2 + H_2O = NH_4HCO_3$$

因为氨易跟酸反应生成盐，所以不能用浓硫酸作氨气的干燥剂。同理，氨气与氯化氢气体不能共存。

②在中学化学中 NH_3 是唯一能与酸反应生成盐的气体。

③气态氢化物与最高价氧化物所对应的水化物发生化合反应，这是氮元素有别于其他元素的特征。

④在该实验中，只有浓硝酸、浓盐酸等挥发性酸遇 NH_3 才会产生白烟，硫酸、磷酸等难挥发性酸遇 NH_3 不产生白烟现象。

1－4 氨的用途

（1）工业上用于制化肥，如 $(NH_4)_2SO_4$、NH_4HCO_3、NH_4NO_3 等。

（2）有机合成的重要化工原料。

（3）做制冷剂。

1－5 铵盐

铵盐都易溶于水，有下列性质：

（1）受热不稳定性

$$NH_4Cl \xrightarrow{\triangle} NH_3\uparrow + HCl\uparrow$$

$$NH_4HCO_3 \xrightarrow{\triangle} NH_3\uparrow + H_2O\uparrow + CO_2\uparrow$$

（2）与碱反应

$$NH_4NO_3 + NaOH \xrightarrow{\triangle} NaNO_3 + H_2O + NH_3\uparrow$$

根据这一原理可检验 NH_4^+ 的存在及实验室制备 NH_3。

注：NH_3 的检验方法：

①常用湿润的红色石蕊试纸检验。

②也可用蘸有浓盐酸的玻璃棒检验。

【思考与交流】 氨经一系列反应可以得到硝酸，如下图所示。

$$N_2 \xrightarrow{O_2} NH_3 \xrightarrow{O_2} NO \xrightarrow{} NO_2 \xrightarrow{H_2O} HNO_3$$

（1）试分析上述反应中氮元素化合价的变化，以及在每一步反应中，氮元素发生的是氧化反应还是还原反应。

（2）其中，氨被氧化生成一氧化氮的化学方程式为：

$$4NH_3 + 5O_2 \xrightarrow[\triangle]{催化剂} 4NO + 6H_2O$$

写出其余反应的化学方程式。

【答案】（1）元素的化合价略。$N_2 \to NH_3$，氮元素发生的是还原反应；$NH_3 \to NO$、$NO \to NO_2$，氮元素发生的均为氧化反应；$NO_2 + HNO_3 + NO$，氮元素既发生了氧化反应，又发生了还原反应。

（2）$N_2 + 3H_2 \xrightarrow[催化剂]{高温、高压} 2NH_3$　$2NO + O_2 = 2NO_2$

$$3NO_2 + H_2O = 2HNO_3 + NO$$

NO_2；

（2）酸性气体与碱液的组合，HCl、SO_2、NO_2、CO_2、H_2S 等与 NaOH 溶液；

（3）碱性气体与酸液的组合，氨气与盐酸。

例题 3　基础题

氨水显弱碱性的原因（　　）。

A. 通常状况下，氨的溶解度不大

B. 氨水中的 $NH_3 \cdot H_2O$ 电离出少量的 OH^-

C. 溶于水的氨分子只有少量电离

D. 氨本身的碱性弱

【解析】氨气溶于水大部分与水结合生成一水合氨（$NH_3 \cdot H_2O$），$NH_3 \cdot H_2O$ 仅有少部分电离成 NH_4^+ 和 OH^-，因此显弱碱性，它既不是因为氨的溶解度不大，也不是因为氨分子电离的少（在水溶液里氨分子是不电离的），更不是因为氨本身碱性弱（氨不与水反应时无碱性）。

【答案】B

【点拨】易错选 C，原因是不清楚氨水显碱性的原因。氨水之所以显碱性是因为当 NH_3 溶于水时，大部分 NH_3 与水发生反应，生成 $NH_3 \cdot H_2O$，$NH_3 \cdot H_2O$ 可发生微弱电离，产生 NH_4^+ 和 OH^-，可表示为 $H_2O + NH_3 \rightleftharpoons NH_3 \cdot H_2O \rightleftharpoons OH^- + NH_4^+$。

例题 4　基础题

某同学根据老师的演示实验（如下图）推测浓氨水与浓硫酸反应也有相同的现象。你认为该同学的推测是否合理？为什么？

浓氨水 —————　　————— 浓盐酸

【解析】浓盐酸有挥发性，两根玻璃棒分别挥发出的 NH_3、HCl 发生反应，生成 NH_4Cl 固体小颗粒，而浓硫酸没有挥发性，不会产生白烟。

【答案】不合理，因为浓 HCl 具有挥发性，而浓 H_2SO_4 没有，它与 NH_3 反应不会产生白烟。

例题 5　中难题

某学校课外活动小组对实验室两瓶失去标签的白色固体 Na_2SO_4 和 NH_4Cl 进行鉴别，经过讨论可行的实验方案有多种。请你设计三种实验方案加以鉴别。简要写出操作过程、现象和结论。

方案	操作过程	现象和结论
①		
②		
③		

1-6 氨的实验室制法

(1)反应原理

$$2NH_4Cl + Ca(OH)_2 \xrightarrow{\triangle} CaCl_2 + 2NH_3\uparrow + 2H_2O$$

(2)发生装置:与制取氧气的发生装置相同。

(3)收集方法:向下排空气法。

(4)验满方法:

①用湿润的红色石蕊试纸检验,试纸变蓝。

②用蘸有浓盐酸的玻璃棒检验,产生白烟。

(5)尾气处理:通过一个倒扣于水面的漏斗吸收(如右图所示)。

【特别提醒】防止倒吸的方法:

注意事项:

①制取 NH_3 可用 NH_4Cl 或 $(NH_4)_2SO_4$ 等,但不能用 NH_4HCO_3 或 NH_4NO_3,因为 NH_4HCO_3、NH_4NO_3 受热分解产生杂质气体。

②消石灰不能用 KOH 或 NaOH 代替,因为 KOH 和 NaOH 易吸水,易结块,不利于产生 NH_3,且高温下腐蚀试管。

③干燥氨气不能用 P_2O_5 与浓 H_2SO_4,也不能用无水 $CaCl_2$,通常用碱石灰干燥氨气。

④欲快速制 NH_3,可将浓氨水滴入 NaOH 固体或生石灰中,其装置见下图(左)。

⑤加热浓氨水也可快速制取 NH_3,其装置见下图(右)。

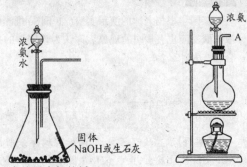

1-7 自然界中氮的循环

(1)氮的固定的形式:

①人工固氮。

②自然固氮。例如雷电作用:

$$N_2 \xrightarrow{\text{电}} NO \longrightarrow NO_2 \longrightarrow HNO_3 \longrightarrow M(NO_3)_x。$$

③生物固氮。例如豆科植物的根瘤菌固氮。

【注意】氮的固定是自然界中氮的循环的一个环节。

(2)自然界中氮的循环示意图:

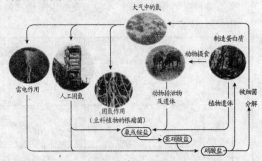

自然界中氮的循环

【思考与交流】请你认真阅读自然界中氮的循环示意图并回答下列问题:

【解析】Na^+ 可以用焰色反应鉴定,NH_4^+ 与碱加热生成 NH_3,NH_4Cl 易分解。

SO_4^{2-} 与 $BaCl_2$ 生成 $BaSO_4$ 沉淀,Cl^- 与 $AgNO_3$ 生成 AgCl 沉淀,均可以控制条件达到鉴别之目的。

【答案】

方案	操作过程	现象和结论
①	用洁净铂丝分别蘸取固体样品在火焰上灼烧	焰色呈黄色,原样品为 Na_2SO_4
②	分别取少量固体放入试管中加热	固体逐渐减少而消失,有刺激性气味气体产生,原样品为 NH_4Cl
③	分别取少量固体放入试管中加适量蒸馏水溶解,加入 $BaCl_2$ 溶液	产生白色沉淀,原样品为 Na_2SO_4
④	分别取少量固体放入试管中,加入 NaOH 溶液,加热	有刺激性气味气体产生,原样品为 NH_4Cl

【点拨】物质的鉴别,实际上是根据被鉴别物体的物理性质和化学性质上的差异,寻求解决问题的方法。一般来讲,能用物理方法就不用化学方法;能用一种试剂就不用两种试剂。

例题6 中难题

下面是实验室制取氨气的装置和选用的试剂,其中错误的是( )。

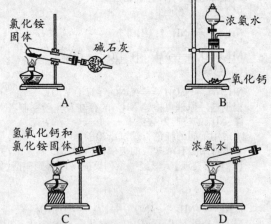

【解析】NH_4Cl 固体受热分解生成 NH_3 和 HCl,而当温度降低时,NH_3 和 HCl 又重新结合成固体 NH_4Cl,可能会堵塞导管,气体进入干燥管的机会不多,A 项错误;向 CaO 中滴加浓氨水,CaO 遇水生成 $Ca(OH)_2$,同时放出大量热量,使浓氨水分解放出氨气,B 项正确;固体加热制气体时,试管口应略向下倾斜,使产生的水能够流出,以免损坏试管,C 项错误;对于 D 项,浓氨水加热制取 NH_3 的方法和试剂都是正确的。

【答案】A、C

（1）氮在自然界中主要以哪些形式存在？

（2）有哪类生物能直接吸收含氮的化合物？

（3）人体里蛋白质中的氮是从哪儿来的？

（4）自然界中有哪些固定氮的途径？

（5）简单描述氮在自然界的循环过程。

【答案】（1）氮是一种重要的元素，它以化合态存在于多种无机物和有机物中，是构成蛋白质和核酸不可缺少的成分。在空气中，氮以氮气的形式存在，是空气的主要成分。

（2）在自然界里，大豆、蚕豆等豆科植物的根部都有根瘤菌，能把空气中的氮气变成氮的化合物。多数生物（各种植物、动物）能直接吸收含氮的化合物。

（3）在自然界里，大豆、蚕豆等豆科植物根部的根瘤菌，把空气中的氮气转变为硝酸盐等含氮的化合物。植物的根从土壤中吸收的铵根离子（NH_4^+）和硝酸盐，经过复杂的生物转化形成各种氨基酸。氨基酸最后转化成蛋白质。我们以植物为食获得植物蛋白，并将其转化为动物蛋白。

（4）雷雨天气，N_2 与 O_2 化合：$N_2 + O_2 \xrightarrow{\text{放电}} 2NO$；豆科植物根部的根瘤菌固氮。

（5）在自然界中通过氮的固定，使大气中游离态的氮转化为化合态的氮，进入土壤，植物从土壤中吸收含氮化合物并将其转化为蛋白质，动物则靠食用植物以得到蛋白质；动物的排泄物和尸体残骸以及植物的腐败物等在土壤中被细菌分解，变为含氮化合物，部分被植物吸收；而土壤中的硝酸盐也会被细菌分解而转化为氮气，氮气可再回到大气中。

2.硫酸和硝酸的氧化性

【思考与交流】（1）硫酸、硝酸、盐酸都是酸，它们在组成上有什么特点？

（2）这种特点与酸的通性有什么关系？用电离方程式表示。

（3）实验室里用金属与酸反应制取氢气时，往往用稀硫酸或盐酸，而不用浓硫酸或硝酸，这是为什么？

【答案】（1）它们都是酸，在水溶液中都能电离出 H^+；硫酸和硝酸是含氧酸，盐酸是无氧酸；硫酸是二元强酸，硝酸和盐酸是一元强酸。

（2）在水溶液中都电离出氢离子；$H_mA \Longrightarrow mH^+ + A^{m-}$。

（3）稀硫酸、盐酸是非氧化性酸，与金属反应制氢气时，H^+ 将金属氧化，而浓硫酸、硝酸与金属反应时，H^+ 与 SO_4^{2-}、NO_3^- 同时参与反应将金属氧化，还原产物为硫的氧化物、氮的氧化物。所以用金属制氢气时，使用稀硫酸或盐酸。

2 - 1 浓硫酸的性质

（1）纯 H_2SO_4 是无色油状液体，沸点很高，难以挥发，溶解于水时放出热量。稀释浓 H_2SO_4 时，应把浓 H_2SO_4 沿器壁慢慢注入水中，并不断搅拌。

（2）在常温下，浓硫酸跟铁、铝接触时，能在金属表面生成一薄层致密的氧化物，从而阻止内部的金属继续反应，这种现象叫钝化。因此可以用铁制或铝制器皿贮存浓硫酸，但是在加热的条件下它们可以反应。

【特别提醒】钝化属于氧化还原反应，是化学变化而不是物理变化。

（3）浓硫酸的强氧化性

$$Cu + 2H_2SO_4(\text{浓}) \xrightarrow{\triangle} CuSO_4 + SO_2\uparrow + 2H_2O$$

$$C + 2H_2SO_4(\text{浓}) \xrightarrow{\triangle} CO_2\uparrow + 2SO_2\uparrow + 2H_2O$$

【特别提醒】当足量的铜与浓硫酸反应，随着反应的进行，硫酸的浓度会降低，降到一定的程度硫酸变稀，反应会停止。

2 - 2 SO_4^{2-} 的检验

（1）Ag^+、SiO_3^{2-} 的干扰：用盐酸酸化时防止 Ag^+、SiO_3^{2-} 的干扰，因为 $Ag^+ + Cl^- =AgCl\downarrow$，$SiO_3^{2-} + 2H^+ = H_2SiO_3$（胶体）。

（2）CO_3^{2-}、SO_3^{2-}、PO_4^{3-} 的干扰：因为 $BaCO_3$、$BaSO_3$、$Ba_3(PO_4)_2$ 也是白色沉淀。与 $BaSO_4$ 白色沉淀所不同的是，这些沉淀溶于强酸中，如 $BaCO_3 + 2H^+ = H_2O + CO_2\uparrow + Ba^{2+}$。因此检验 SO_4^{2-} 时，必须用酸酸化。但不能用 HNO_3 酸化，同理所用钡盐也不能用 $Ba(NO_3)_2$ 溶液，因为在酸性条件下，NO_3^- 具有强氧化性，SO_3^{2-}、HSO_3^-、SO_2 等会被溶液中的 NO_3^- 氧化成 SO_4^{2-}，从而得出错误的结论。

因此，检验 SO_4^{2-} 的合理操作为：

被检液 $\xrightarrow[\text{酸化}]{\text{加足量盐酸}}$ 取清液 $\xrightarrow[\text{溶液}]{\text{滴加 }BaCl_2}$ 有白色沉淀（证明有 SO_4^{2-}）

【点拨】要判断图示实验装置是否有错，一般地方法是(1)看主体(发生)装置是否有错：①实验是否需加热；②酒精灯部位是否有错(酒精量、外焰加热、是否缺灯芯)；③仪器放置是否有错；④夹持仪器的位置是否有错。(2)看试剂是否符合实验原理(包括反应物、干燥剂、尾气吸收剂、集气方法、导管伸入的位置等)。(3)看收集方法是否有错(排水法、向上排气法、向下排气法、导管伸入的位置等)。(4)看是否缺少尾气的吸收装置，对于有毒气体，一定要设计尾气的吸收装置，并选择适宜的吸收剂。

例题7 中难题

氮是蛋白质的基本元素之一。所有的生物体内均含有蛋白质，所以氮的循环涉及生物圈的全部领域。氮是地球上极为丰富的一种元素，大气中 N_2 的体积分数约为78%。大气中的 N_2 必须通过氮的固定才能进入生态系统氮的循环。根据左栏"自然界中氮的循环"图示：

（1）请你说出自然固氮的两条途径。

（2）工业合成氨是人工固氮的一种方法，请你用化学方程式写出其反应原理。

【答案】（1）途径之一：生物固氮，如豆科植物的根瘤菌可使氮气转化为硝酸盐。

途径之二：闪电高能固氮。

$$N_2 + O_2 \xrightarrow{\text{放电}} 2NO$$

$$2NO + O_2 = 2NO_2$$

$$3NO_2 + H_2O = 2HNO_3 + NO$$

（2）$N_2 + 3H_2 \xrightarrow[\text{催化剂}]{\text{高温、高压}} 2NH_3$

例题8 难题

将足量的铜片与 100 mL 18 $mol\cdot L^{-1}$ 浓 H_2SO_4 加热充分反应，收集到标准状况下的 SO_2 气体 V L。下列对此反应的有关说法中错误的是（　　）。

A. 该反应体现了浓 H_2SO_4 的酸性和强氧化性

B. 反应结束后两种反应物均有剩余

C. 被还原的硫酸为 $\dfrac{V}{22.4}$ mol

D. 参加反应的 Cu 为 0.9 mol

【解析】由于反应过程中浓 H_2SO_4 逐渐变稀，因此反应结束后铜和稀 H_2SO_4 均有剩余；则参加反应的 $n(Cu) < 0.1L \times 18\ mol\cdot L^{-1} \times \dfrac{1}{2} = 0.9$ mol；被还原的硫酸应依据生成的 SO_2 来算，可得被还原的硫酸的物质的量 $n(H_2SO_4) = n(SO_2) = \dfrac{V\ L}{22.4\ L\cdot mol^{-1}} = \dfrac{V}{22.4}$ mol。综上所述，故 D 错误。

【答案】D

例题9 中难题

两个学生设计了下述两个实验方案，并都认为如果观察到的现象和自己设计的方案一致，即可确证试液中有硫酸根离子。

② 方法·技巧平台

3. 浓、稀硫酸的判断方法

(1) 取少量蒸馏水,向其中加入少量试样硫酸,如能放出大量的热则为浓硫酸,反之为稀硫酸。

(2) 称量,因浓硫酸密度大,则等体积时,重者为浓硫酸,轻者为稀硫酸。

(3) 观察状态,略微摇动,若为油状黏稠液体则是浓硫酸,另一为稀硫酸。

(4) 取少量试液,向其中投入铁片,若产生大量气泡则为稀硫酸,另一为浓硫酸(钝化)。

(5) 用玻璃棒蘸取试样在纸上写字,变黑者为浓硫酸,另一为稀硫酸。

(6) 取少量试液,分别投入小块铜片,稍加热,发生反应的(有气泡产生,溶液变蓝)为浓硫酸,无现象的为稀硫酸。

(7) 在锯末或蔗糖上滴入少量试液,变黑的为浓硫酸,另一为稀硫酸。

(8) 在蓝色石蕊试纸上滴1~2滴试液,变红色的为稀硫酸,先变红后变黑的为浓硫酸。

(9) 取等质量的试液,敞口放置一段时间后称量,质量增大的为浓硫酸,另一为稀硫酸。

4. 浓 H_2SO_4 与稀 H_2SO_4 的组成及氧化性的比较

	稀硫酸	浓硫酸
主要粒子	H^+、SO_4^{2-}	H_2SO_4 分子
与金属反应	只与金属活动顺序表中 H 之前活泼金属置换,反应生成 H_2 $$Zn+H_2SO_4 \xrightarrow{2e^-} ZnSO_4+H_2\uparrow$$	与 H 之前金属发生氧化还原反应,产物复杂,不产生 H_2;常温下与 Fe、Al 发生钝化。加热条件下与 H 之后金属发生氧化还原反应(Au、Pt 除外),浓 H_2SO_4 一般被还原为 SO_2 $$Cu+2H_2SO_4(浓)\xrightarrow{\triangle} CuSO_4+SO_2\uparrow+2H_2O$$
与非金属碳反应	不反应	$$C+2H_2SO_4(浓)\xrightarrow{\triangle} CO_2\uparrow+2SO_2\uparrow+2H_2O$$

【辨析】酸的氧化性与氧化性酸

酸的氧化性是 H^+ 的性质,是酸的通性,所有的酸都具有此性质,H^+ 的氧化性较弱,它只能氧化活动性排在氢前面的金属。而氧化性酸是指酸根中显正价的元素表现出来的性质,如 HNO_3、$\overset{+6}{H_2SO_4}$、$\overset{+1}{HClO}$ 等,它们的氧化性非常强,不仅能氧化排在氢前面的金属,还能氧化排在氢后面的金属及非金属。

浓 H_2SO_4、浓 HNO_3、稀 HNO_3 都是氧化性酸。

③ 创新·思维拓展

5. 浓硫酸的特性

(1) 吸水性

浓 H_2SO_4 具有吸收水(如气体中、液体中的水分子,以及固体中的结晶水等)的性能,原因是 H_2SO_4 分子与水分子可形成一系列稳定的水合物。

利用它的吸水性,常用来干燥中性气体和酸性气体。如 H_2、O_2、CO_2、SO_2、Cl_2、HCl 等。但不能干燥碱性气体(NH_3)和常温下具有还原性(H_2S、HBr、HI)的气体。

因浓 H_2SO_4 有吸水性,故不可将其暴露于空气中,防止其吸收空气中的水蒸气。

(2) 脱水性

方案甲:试液 $\xrightarrow{BaCl_2溶液}$ 白色沉淀 $\xrightarrow{足量盐酸}$ 沉淀不溶解

方案乙:试液 $\xrightarrow{足量盐酸}$ 无沉淀 $\xrightarrow{BaCl_2溶液}$ 白色沉淀

试评价上述甲、乙两个方案是否严密?

【解析】对于方案甲,可以用反证法来论证,即假定溶液中不存在 SO_4^{2-},是否也会出现同样的现象。我们知道,当试液中有 Ag^+ 时,由于加入的 $BaCl_2$ 提供了 Cl^-,也会出现方案甲所述的现象,故方案甲不严密。

方案乙是先加入足量盐酸,没有沉淀,就排除了 Ag^+ 存在的可能;当加入 $BaCl_2$ 溶液时,如果产生白色沉淀,就只能是 Ba^{2+} 与试液中的 SO_4^{2-} 结合成 $BaSO_4$ 的缘故。也就是说,只有当试液中有 SO_4^{2-} 时,才会出现方案乙所述的现象,所以方案乙是严密的。

【答案】方案乙是严密的。

例题10 基础题

鉴别稀硫酸和浓硫酸最简单的方法是(　　)。

A. 加酚酞试液

B. 与铜片反应

C. 加 $BaCl_2$ 溶液和硝酸

D. 用玻璃棒各蘸一点滴在纸上

【解析】稀硫酸和浓硫酸都不能使酚酞试液变色,与 $BaCl_2$ 溶液和硝酸反应都生成白色沉淀,故 A、C 两项不正确;稀硫酸与铜片不反应,浓硫酸与铜片加热时可反应,但不符合"简单"的要求,故 B 项也不正确;用玻璃棒各蘸一点滴在纸上,稀硫酸无明显变化,浓硫酸很快使纸变黑,该法最简单,故 D 项正确。

【答案】D

例题11 中难题

实验证明,铜在低温下不能和 O_2 发生反应,和稀 H_2SO_4 共热也不能发生反应,但工业上却是将废铜屑倒入热的稀硫酸中,并不断地通入空气来制取 $CuSO_4$ 溶液的。铜屑在此状态下发生的一系列化学反应的化学方程式为：＿＿＿＿＿＿，＿＿＿＿＿＿。铜与浓 H_2SO_4 在加热条件下也能制备 $CuSO_4$ 溶液,其化学方程式为＿＿＿＿＿。以上两种方法前者好还是后者好?原因是什么?

【解析】用不同的方法制备同一种物质,其优缺点可以从节省原料,操作简便及有没有污染等方面考虑。

【答案】$2Cu+O_2\xrightarrow{\triangle}2CuO$　$CuO+H_2SO_4(稀)== CuSO_4+H_2O$　$Cu+2H_2SO_4(浓)\xrightarrow{\triangle}CuSO_4+SO_2\uparrow+2H_2O$　第一种方法好。原因是:①制得相同质量的产品,第一种方法消耗硫酸少;②第二种方法生成的 SO_2 气体会造成大气污染;③第一种方法节省能源。

浓 H_2SO_4 可将许多有机物(尤其是糖类,如:纤维素、蔗糖等)脱水。

反应时,浓 H_2SO_4 将有机物中的 H 原子和 O 原子按水的组成比(2:1)脱去。例如:浓 H_2SO_4 能使蓝色石蕊试纸先变红后再变黑,是由于其具有强酸性和脱水性;在蔗糖中滴入浓 H_2SO_4,蔗糖逐渐变黑,体积膨胀,形成疏松多孔的海绵状的炭,是利用浓 H_2SO_4 的脱水性和氧化性。反应可表示为:

①$C_{12}H_{22}O_{11} \xrightarrow{浓 H_2SO_4} 12C + 11H_2O$;

②$C + 2H_2SO_4(浓) \xlongequal{\triangle} CO_2\uparrow + 2SO_2\uparrow + 2H_2O$。

浓 H_2SO_4 可使许多有机物脱水而炭化。

【注意】浓硫酸脱水性与吸水性的对比

作用类型	吸水作用	脱水作用
作用对象	含有水分子或结晶水的物质	一般为含氢、氧元素的有机物,氢、氧原子按2:1脱去
变化类型	物理变化、化学变化	化学变化
能量变化	放热	放热
现象	一般无明显现象	蔗糖等有机物变为黑色固体
相互关系	一般同时发生,脱出来的水可以被吸收	

(3)强氧化性

浓 H_2SO_4 是一种强氧化性酸,加热时氧化性更强。它的氧化作用是由于 H_2SO_4 分子中 +6 价的硫元素产生的,其还原产物为 SO_2 而不是 H_2。

跟金属反应:加热时,大多数金属(Au 和 Pt 除外)可被浓硫酸氧化:

$Cu + 2H_2SO_4(浓) \xlongequal{\triangle} CuSO_4 + SO_2\uparrow + 2H_2O$。

6. 硝酸强氧化性的特殊表现

(1)浓硝酸能使紫色石蕊试液先变红,后褪色。

(2)与非金属单质 C、S、P 等在加热条件下反应,非金属元素生成酸性氧化物。

如浓 HNO_3 与木炭加热时的化学方程式为:

$C + 4HNO_3(浓) \xlongequal{\triangle} 2H_2O + 4NO_2\uparrow + CO_2\uparrow$。

(3)金属与 HNO_3 反应一般不生成 H_2,浓 HNO_3 一般被还原为 NO_2,稀 HNO_3 一般被还原为 NO,极稀 HNO_3 可被还原成 NH_3,生成 NH_4NO_3。

(4)在利用 HNO_3 的酸性时,要注意考虑它的强氧化性。如 FeO 与稀硝酸反应时的方程式应是 $3FeO + 10HNO_3(稀) \xlongequal{\quad} 3Fe(NO_3)_3 + NO\uparrow + 5H_2O$,而不是发生复分解反应生成 $Fe(NO_3)_2$。

(5)硝酸与铁反应时,产物符合以下规律

$$HNO_3 \begin{cases} Fe\ 过量 \rightarrow Fe(NO_3)_2 \\ Fe\ 与\ HNO_3\ 恰好反应 \rightarrow Fe(NO_3)_2\ 或\ Fe(NO_3)_3\ 或\ Fe(NO_3)_2\ 和\ Fe(NO_3)_3 \\ Fe\ 不足 \rightarrow Fe(NO_3)_3 \end{cases}$$

(6)浓 HNO_3 与过量 Cu 反应的情况

浓 $HNO_3 \xrightarrow{Cu}$ 稀 $HNO_3 \xrightarrow{Cu} Cu(NO_3)_2$

↓ NO_2 ↓ NO

可利用电子守恒和氮原子守恒求解有关 Cu、HNO_3 和混合气体之间的量的关系。

【特别提醒】NO_3^- 离子无氧化性,但在酸性条件下,NO_3^- 就表现出强氧化性。在判断离子共存时常要考虑这一因素。

例题12 2009·海南模拟

在如下图的实验装置中,实验开始一段时间后,对看到的现象叙述不正确的是( )。

A. 苹果块会干瘪

B. 胆矾晶体表面有"白斑"

C. 小试管内有晶体析出

D. pH 试纸变红

【解析】浓硫酸具有较强的吸水性、脱水性和强氧化性,因此将苹果块、胆矾晶体和饱和 KNO_3 溶液在如图所示装置中放置一段时间后,浓硫酸会吸收它们中的水,使苹果块干瘪、胆矾晶体变为白色的无水硫酸铜、饱和 KNO_3 溶液中析出晶体。D 项 pH 试纸在浓硫酸中应先变红后变黑,因浓硫酸有极强的氧化性和脱水性,能使 pH 试纸脱水炭化变黑。

【答案】D

例题13 难题——高考题改编

38.4 mg 铜跟适量的浓硝酸反应,铜全部反应后,共收集到气体 22.4 mL(标准状况),反应消耗的 HNO_3 的物质的量可能是( )。

A. 1.0×10^{-3} mol   B. 1.6×10^{-3} mol

C. 2.2×10^{-3} mol   D. 2.4×10^{-3} mol

【解析】$n(Cu) = \dfrac{38.4 \times 10^{-3}\ g}{64\ g \cdot mol^{-1}} = 6.0 \times 10^{-4}$ mol。

若 38.4 mg 铜全部与浓硝酸反应,则可求得参加反应的硝酸为:6.0×10^{-4} mol $\times 4 = 2.4 \times 10^{-3}$ mol。

若 38.4 mg 铜全部与稀硝酸反应,则可求得参加反应的硝酸为:6.0×10^{-4} mol $\times \dfrac{8}{3} = 1.6 \times 10^{-3}$ mol。

事实上铜先与浓硝酸反应,浓硝酸变稀后,又与稀硝酸反应。消耗的硝酸的物质的量应在 1.6×10^{-3} mol 和 2.4×10^{-3} mol 之间。

或者根据氮原子守恒求解如下:

$n(Cu) = n[Cu(NO_3)_2] = \dfrac{3.84 \times 10^{-2}\ g}{64\ g \cdot mol^{-1}} = 6 \times 10^{-4}$ mol。

$n(NO、NO_2) = \dfrac{22.4\ mL}{22\ 400\ mL \cdot mol^{-1}} = 1 \times 10^{-3}$ mol。

则反应消耗的 HNO_3 为 $2 \times 6 \times 10^{-4}$ mol $+ 1 \times 10^{-3}$ mol $= 2.2 \times 10^{-3}$ mol,C 项正确。

【答案】C

【点拨】要熟悉浓硝酸与 Cu 反应的过程中的情况。随着反应的进行,浓硝酸变稀,还原产物也由 NO_2 变为 NO。本题利用氮原子守恒可顺利解答。

▶ 整体训练方法

4 能力·题型设计

速效基础演练

☛ 1. 氨气和 H_2O 能形成喷泉现象,其主要原因是(　　)。
　A. 氨气比空气轻　　　　　　　　　　B. 氨气易液化
　C. 氨气的沸点低　　　　　　　　　　D. 氨气极易溶于水

☛ 2. 下列各组气体中,在通常情况下能共存,并都能用浓 H_2SO_4 干燥,也能用碱石灰干燥的是(　　)。
　A. NH_3、H_2、O_2　　B. N_2、H_2、O_2　　C. HCl、Cl_2、CO_2　　D. O_2、SO_2、NO

☛ 3. 对下列事实的解释中错误的是(　　)。
　A. 在蔗糖中加入浓硫酸后出现发黑现象,说明浓硫酸具有脱水性
　B. 浓硫酸和浓盐酸混合可制氯化氢,说明浓硫酸具有吸水性
　C. 常温下,浓硫酸可以用铝罐贮存,说明浓硫酸可使铝发生钝化
　D. 反应:$C + 2H_2SO_4(浓) \xrightarrow{\triangle} CO_2\uparrow + 2SO_2\uparrow + 2H_2O$ 中,H_2SO_4 既体现了酸性又体现了强氧化性

☛ 4. 铜片放置在稀硫酸中不会溶解,若加入下列物质后,能使铜片溶解的是(　　)。
　A. NH_3　　　　B. HCl　　　　C. KNO_3　　　　D. $FeCl_2$

☛ 5. 为了除去镀在铝表面的铜镀层,可选用的试剂是(　　)。
　A. 浓 H_2SO_4　　　B. 浓盐酸　　　C. 浓 HNO_3　　　D. 稀 HNO_3

☛ 6. 下列混合物中可用加热方法分离的是(　　)。
　A. 碘和氯化铵　　　　　　　　　　B. 硝酸钾和二氧化锰
　C. 硫酸钾和氯酸钾　　　　　　　　D. 氯化铵和氯化钡

☛ 7. 用右图装置制取、提纯并收集表中的四种气体(a、b、c 表示相应仪器中加入的试剂),其中可行的是(　　)。

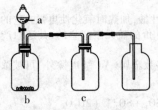

	气体	a	b	c
A	NO_2	浓硝酸	铜片	$NaOH$ 溶液
B	SO_2	浓硫酸	铜片	酸性高锰酸钾溶液
C	NH_3	浓氨水	生石灰	碱石灰
D	CO_2	稀盐酸	大理石	浓硫酸

☛ 8. 下列关于浓硝酸、浓硫酸和浓盐酸的叙述中,正确的是(　　)。
　A. 常温下都用铁或铝制容器贮存　　　B. 露置在空气中,容器内酸液的质量都减轻
　C. 常温下都能与铜较快反应　　　　　D. 露置在空气中,容器内酸液的浓度都降低

☛ 9. 下列各组离子中,能大量共存的是(　　)。
　A. K^+、Cl^-、CO_3^{2-}、Ca^{2+}　　　　　　B. H^+、Fe^{2+}、NO_3^-、Na^+
　C. NH_4^+、SO_4^{2-}、K^+、OH^-　　　　　D. Na^+、NH_4^+、Cl^-、NO_3^-

☛ 10. A、B、C、X 均为中学常见的物质,它们之间有如下转化关系(其他产物已略去):
$$A \xrightarrow[]{+X,\ 一定条件} B \xrightarrow[]{+X,\ 一定条件} C$$
则下列说法不正确的是(　　)。
　A. 若 A 是 NH_3,则 C 可能是氧化物
　B. 若 A 是非金属单质,则 C 与水反应的生成物一定是强酸
　C. 若 X 是金属单质,则 B、C 中 X 的化合价可能是 B > C
　D. 若 X 是强碱,则 B 可能是两性物质

☛ 11. 根据下列化学反应和事实,说明利用了硫酸的什么性质,填在各小题的横线上。
　A. 高沸点、低挥发性　B. 酸性(或强酸性)　C. 吸水性　D. 脱水性　E. 强氧化性
　(1)浓硫酸干燥 H_2、O_2、Cl_2、HCl 和 SO_2 等气体_____。
　(2)胆矾放在盛浓硫酸的干燥器中变成白色粉末_____。
　(3)用 $NaCl$ 固体和浓 H_2SO_4 在加热条件下制氯化氢气体_____。
　(4)$FeS + H_2SO_4(稀) == FeSO_4 + H_2S\uparrow$ _____。
　(5)$Zn + H_2SO_4(稀) == ZnSO_4 + H_2\uparrow$ _____。
　(6)$Cu + 2H_2SO_4(浓) \xrightarrow{\triangle} CuSO_4 + SO_2\uparrow + 2H_2O$ _____。
　(7)常温下可以用 Fe 和 Al 的容器贮存浓硫酸_____。
　(8)浓硫酸使湿润的蓝色石蕊试纸先变红后变黑_____。

☛ 12. 右图所示的是 A～E 五种含氮物质相互转化的关系图。其中 A、B、C、D 在常温下都是气体,且 B 为红棕色气体。
　(1)写出各物质的化学式:
　A_____;B_____;C_____;
　D_____;E_____。
　(2)写出各步反应的化学方程式(不必注明反应条件):
　①_____;
　②_____;
　③_____;
　④_____。

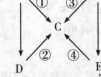

点击考例

◀ 测试要点 1 – 2

◀ 测试要点 5

◀ 测试要点 5

◀ 测试要点 6
◀ 测试要点 6

◀ 测试要点 2 – 1

◀ 测试要点 2
2012·浙江十名校
联合体

◀ 测试要点 2 – 1

◀ 测试要点 6

◀ 测试要点 1 – 4
2012·浙江十校
联合体

◀ 测试要点 2 – 1,5

◀ 测试要点 1 – 7,6

知能提升突破

1. 3.2 g Cu 与过量硝酸充分反应,HNO_3 的还原产物有 NO_2 和 NO,反应后溶液中所含的 H^+ 为 a mol,则此时溶液中所含的 NO_3^- 的物质的量为(   )。

A. a mol　　　　B. $(a+0.1)$ mol　　　　C. $(a+0.05)$ mol　　　　D. 无法计算

2. 同温同压下,两个等体积的干燥圆底烧瓶中分别充满①NH_3、②NO_2,进行喷泉实验,如图所示,经充分反应后,烧瓶内溶质的物质的量浓度为(   )。

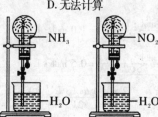

A. ①>②　　　　　　　　B. ①<②
C. ①=②　　　　　　　　D. 不能确定

3. 现有试剂:$NH_4Cl(s)$、$Ca(OH)_2(s)$、Na_2O_2、蒸馏水、碱石灰、浓氨水。请回答下列问题:

(1)根据上述所给试剂,从下图中选择实验室制备和收集氧气、氨气的装置(在所选装置对应的空格处打"√")。

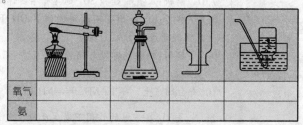

氧气				
氨	—			

(2)若用右图所示装置来收集氨气,则氨气应从装置的_____(填"A"或"B")端通入。

(3)当右图所示装置的瓶内盛有某液体(或溶液)时,可以作除杂装置。当盛有浓硫酸时,可以用来干燥_____(填"NH_3"或"O_2");当盛有氢氧化钠溶液时,还可以用来吸收_____(填序号)。

a. NH_3　　　　b. SO_2　　　　c. NO_2

4. 已知 A、B、C、D 均为化合物,B、C 常温常压下为气体,C 气体可使湿润的红色石蕊试纸变蓝;又知 1 mol A 在 200 ℃时分解仅得 1 mol B 和一定量的水两种产物,A 中含有 NO_3^-。A、B、C、D 间有如下关系:

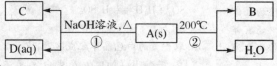

试回答下列问题:
(1)写出 A、C 的化学式:A _____;C _____。
(2)写出反应①的离子方程式:_____。
(3)写出反应②的化学方程式:_____。

5. 向 V mL 含 0.26 mol HNO_3 的硝酸溶液中加入 3.2 g Cu 粉,假设 HNO_3 的还原产物只有 NO_2 和 NO。反应结束后,将所得溶液加水稀释至 1 000 mL,测得 $c(NO_3^-)=0.20$ mol·L^{-1}。则:

(1)稀释后的溶液中 HNO_3 的物质的量浓度为_____。
(2)被还原的 HNO_3 得到的电子的物质的量为_____ mol。
(3)生成 NO 气体的体积为_____ mL(标准状况)。

点击考例
◀ 测试要点2
◀ 测试要点1-2
◀ 测试要点1-6
◀ 测试要点1、2
◀ 测试要点6

▶ 教材课后习题解答

习题

1.(1)酸性　(2)吸水性　(3)脱水性　(4)强氧化性　(5)强氧化性

2. B　3. C　4. B　5. A、B　6. A　7. C　8. D

9.(1)将一铜丝分别放到三支试管中,若其中有一试管中,溶液由无色慢慢变为蓝色,同时有无色气体逸出,该气体在试管口变为红棕色,则该试管中盛的液体为稀 HNO_3。

(2)在另两支试管中分别滴加少量的 $Ba(NO_3)_2$(或 $BaCl_2$)

溶液,其中的一支试管产生白色沉淀,该试管中盛的液体为稀 H_2SO_4;另一支试管无明显现象,则该试管中盛的液体为稀盐酸。

有关反应的化学方程式:
$3Cu+8HNO_3(稀)=3Cu(NO_3)_2+2NO\uparrow+4H_2O$,$O_2=2NO_2$,$H_2SO_4+BaCl_2=BaSO_4\downarrow+2HCl$。

10. 略。

11. 可根据被干燥气体具有酸性、碱性、中性还是还原性等因素选用干燥剂。SO_2、NO 可用浓 H_2SO_4、P_2O_5 或 $CaCl_2$ 干燥，NH_3 可用碱石灰干燥。

12.解:设 $CuSO_4$ 溶液、H_2SO_4 溶液的体积为 V。

(1)混合后:

$c(CuSO_4) = \dfrac{n(CuSO_4)}{V+V} = \dfrac{2.0 \; mol \cdot L^{-1} \times V}{2V} = 1.0 \; mol \cdot L^{-1}$,

$c(H_2SO_4) = \dfrac{n(H_2SO_4)}{V+V} = \dfrac{1.0 \; mol \cdot L^{-1} \times V}{2V} = 0.5 \; mol \cdot L^{-1}$;

(2) $c(H^+) = \dfrac{2n(H_2SO_4)}{2V} = \dfrac{2 \times 1.0 \; mol \cdot L^{-1} \times V}{2V} = 1.0 \; mol \cdot L^{-1}$,

$c(Cu^{2+}) = c(CuSO_4) = 1.0 \; mol \cdot L^{-1}$,

$c(SO_4^{2-}) = \dfrac{n(CuSO_4)+n(H_2SO_4)}{2V}$,

$\qquad = \dfrac{2.0 \; mol \cdot L^{-1} \times V + 1.0 \; mol \cdot L^{-1} \times V}{2V}$

$\qquad = 1.5 \; mol \cdot L^{-1}$;

(3)加足量铁粉发生的反应有:$Fe + CuSO_4 \Longrightarrow FeSO_4 + Cu$,$Fe + H_2SO_4 \Longrightarrow FeSO_4 + H_2 \uparrow$,即最终溶液中溶质为 $FeSO_4$,$c(Fe^{2+}) = c(SO_4^{2-}) = 1.5 \; mol \cdot L^{-1}$。

13.硫元素广泛存在于自然界中,海洋、大气和地壳中,乃至动植物体内,都含有硫元素。地层深处蕴藏着大量含有硫元素的物质,火山喷发时部分转化成硫化氢气体,部分转化成二氧化硫和三氧化硫气体进入大气中,还有部分硫溶解在地下水中,在地下裂缝中熔融态的硫跟含铁、砷、汞等元素物质反应形成矿物质。人类对煤、石油的开发利用使部分硫元素转化为二氧化硫也进入大气中,还有部分硫通过各种途径进入了生物圈,大气中的二氧化硫随雨水降到地面,进入土壤或水中。在土壤或水中含硫的物质部分被植物吸收,转化为蛋白质。动植物机体在自然界被细菌分解转化为 H_2S 又进入大气中,还有部分动植物机体被埋到深层地下,经过数万年的转化变为煤和石油。又开始硫在自然界中新的循环。

复习题

1.$MnO_2 + 4HCl(浓) \xrightarrow{\triangle} MnCl_2 + Cl_2 \uparrow + 2H_2O$ MnO_2 HCl 高锰酸钾

2.(1)N_2 N_2 的化学性质稳定

(2)NH_3 易液化,液化后再汽化带走热量

(3)NH_3 $H^+ + NH_3 \Longrightarrow NH_4^+$

(4)铵盐 $OH^- + NH_4^+ \Longrightarrow NH_3 \uparrow + H_2O$

3.(1)$2NaCl + 2H_2O \xrightarrow{电解} 2NaOH + H_2 \uparrow + Cl_2 \uparrow$

(2)$2Cl_2 + 2Ca(OH)_2 \Longrightarrow Ca(ClO)_2 + 2H_2O + CaCl_2$

漂白粉,用于杀菌消毒;$H_2 + Cl_2 \xrightarrow{点燃} 2HCl$,氯化氢,制盐酸。

$Cl_2 + 2NaOH \Longrightarrow NaCl + NaClO + H_2O$;$NaCl$ 是一种重要的工业原料,$NaClO$ 可作消毒剂,漂白剂。

4.C 解析:二氧化碳不属于首要污染物。

5.B 解析:Fe_2O_3 不属于酸性氧化物,CO_2 和 SO_3 都属于酸性氧化物但能溶于水。

6.D 解析:N_2 在空气中的含量为 78%,对人体无毒害作用。

7.D 解析:次氯酸盐和 SO_2 都具有漂白作用。

8.B 解析:Cl_2 和 SO_2 不能用固体 $NaOH$ 干燥,NH_3 不能用浓硫酸干燥。

9.D 解析:铜和锌都能与硝酸发生反应,而金不能与硝酸发生反应。

10.有白烟产生 $HCl + NH_3 \Longrightarrow NH_4Cl$

11.N_2 与 O_2 在雷电的作用下发生反应生成 NO:$N_2 + O_2 \xrightarrow{放电} 2NO$;$NO$ 与 O_2 反应生成 NO_2,NO_2 与 H_2O 反应生成 HNO_3:

$2NO + O_2 \Longrightarrow 2NO_2$,

$3NO_2 + H_2O \Longrightarrow 2HNO_3 + NO$,

HNO_3 随雨水降到地面,生成硝酸盐,成为氮肥。

12.煤中含有硫元素,在燃烧时生成 SO_2,SO_2 与 H_2O 反应生成 H_2SO_3,H_2SO_3 又被 O_2 氧化成 H_2SO_4。

$S + O_2 \xrightarrow{点燃} SO_2$

$SO_2 + H_2O \Longrightarrow H_2SO_3$

$2H_2SO_3 + O_2 \Longrightarrow 2H_2SO_4$

13.取少量的白色晶体配成溶液,少量溶液加盐酸无明显现象,若加 $Ba(NO_3)_2$ 产生白色沉淀,证明原晶体中含 SO_4^{2-};另取少量晶体加入 $NaOH$ 固体加热,若产生能使湿润的红色石蕊试纸变蓝的气体,则证明含 NH_4^+。

14.(1)6.0g (2)2.23 mol/L

15.$2Cu + O_2 \xrightarrow{\triangle} 2CuO$

$CuO + H_2SO_4(稀) \Longrightarrow CuSO_4 + H_2O$

▶ 最新5年高考名题诠释

考题1 **2011·上海高考**

浓硫酸有许多重要的性质,在与含有水分的蔗糖作用过程中不能显示的性质是( )。

A. 酸性 　　　　B.脱水性

C.强氧化性 　　　D.吸水性

【解析】浓硫酸具有吸水性、脱水性和强氧化性。在与含有水分的蔗糖作用过程中不会显示酸性。

【答案】A

考题2 **2011·江苏高考改编**

下列有关物质的性质和该性质的应用均正确的是( )。

A. 常温下浓硫酸能使铝发生钝化,可在常温下用铝制贮罐贮运浓硫酸

B. 二氧化硅不与任何酸反应,可用石英制造耐酸容器

C. 二氧化氯具有还原性,可用于自来水的杀菌消毒

D. 浓硫酸与亚硫酸钠反应制取 SO_2 时,浓硫酸表现出强氧化性

【解析】二氧化硅可与氢氟酸反应。二氧化氯中氯的化合价为+4价,不稳定,易转变为−1价,从而体现氧化性。实验室中是用浓硫酸与固体亚硫酸钠反应来制取二氧化硫的:在反应产物中硫元素处于相邻价态,根据氧化还原反应规律知,它们之间是不可能发生氧化还原反应的,应为复分解反应,其原理是用难挥发性酸制易挥发性酸,强酸制弱酸。因而在此反应中浓硫酸体现的是难挥发性和酸性。

【答案】A

考题3　2008·江苏高考

下列离子组一定能大量共存的是(　　)。

A. 甲基橙呈黄色的溶液中:I^-、Cl^-、NO_3^-、Na^+

B. 石蕊呈蓝色的溶液中:Na^+、AlO_2^-、NO_3^-、HCO_3^-

C. 含大量 Al^{3+} 的溶液中:K^+、NO_3^-、Na^+、ClO^-

D. 含大量 OH^- 的溶液中:CO_3^{2-}、Cl^-、F^-、K^+

(提示:Al^{3+} 与 ClO^- 发生双水解)

【解析】甲基橙呈黄色可能是酸性溶液,若是酸性溶液 I^-、NO_3^- 不能大量共存,A 不正确。石蕊呈蓝色为碱性溶液,$HCO_3^- + H^+ \!=\!\!=\! H_2O + CO_3^{2-}$,B 不正确。C 项中 Al^{3+} 与 ClO^- 不能共存。

【答案】D

考题4　2009·广东

下列各组气体在常温下能共存且能用向上排空气法收集的是(　　)。

A. NO 和 O_2　　　　　B. HCl 和 NH_3

C. H_2 和 CO　　　　　D. SO_2 和 CO_2

【解析】NO 与 O_2 反应生成 NO_2,不能共存,A 项错;HCl 与 NH_3 反应生成 NH_4Cl,故不能共存,B 项错;H_2 与 CO 用排水法收集,不能用向上排空气法收集,C 项错;SO_2 和 CO_2 的密度大于空气,故可用向上排空气法收集且 SO_2 和 CO_2 可以共存,D 项正确。

【答案】D

考题5　2008·广东

从绿色化学的理念出发,下列实验不宜用右图所示装置进行的是(　　)。

A. 不同浓度的硝酸与铜反应

B. 稀硫酸与纯碱或小苏打反应

C. 铝与氢氧化钠溶液或盐酸反应

D. H_2O_2 在不同催化剂作用下分解

【解析】绿色化学中最基本的一点是无污染,而图中没有消除污染的装置,A 项中产生的 NO_2 或 NO 直接排放到空气中,对环境产生污染,而 B、C、D 中分别生成 CO_2、H_2、O_2,三者均为无污染物质,可以不用考虑尾气的吸收。

【答案】A

考题6　2006·上海

将相同质量的铜分别和过量浓硝酸、稀硝酸反应,下列叙述正确的是(　　)。

A. 反应速率:两者相同

B. 消耗硝酸的物质的量:前者多,后者少

C. 反应生成气体的颜色:前者浅,后者深

D. 反应中转移的电子总数:前者多,后者少

【解析】一要仔细审题,"相同质量""过量"等很重要,二要准确掌握反应:

$$Cu + 4HNO_3(浓) =\!=\!= Cu(NO_3)_2 + 2NO_2\uparrow + 2H_2O$$

$$3Cu + 8HNO_3(稀) =\!=\!= 3Cu(NO_3)_2 + 2NO\uparrow + 4H_2O$$

硝酸越浓,反应速度越快。由于参加反应的 Cu 的质量相同,转移电子总数相同,浓 HNO_3 消耗物质的量多。

【答案】B

考题7　2006·北京

将 a L NH_3,通过灼热的装有铁触媒的硬质玻璃管后,气体体积变为 b L(气体体积均在同温同压下测定)该 b L 气体中 NH_3 的体积分数是(　　)。

A. $\dfrac{2a-b}{a}$　　B. $\dfrac{b-a}{b}$　　C. $\dfrac{2a-b}{b}$　　D. $\dfrac{b-a}{a}$

【解析】NH_3 通过灼热的装有铁触媒的硬质玻璃管生成 N_2 和 H_2。

由 $2NH_3 \overset{催化剂}{\underset{\triangle}{=\!=\!=\!=}} N_2 + 3H_2$　　ΔV

$\quad\quad\ 2\quad\quad\quad\quad\quad\quad\quad\quad 2$

$\quad\quad b-a\quad\quad\quad\quad\quad\quad b-a$

$V(NH_3)_剩 = a\,L - (b-a)\,L = (2a-b)\,L$,故 b L 气体中 NH_3 的体积分数为 $\dfrac{2a-b}{b}$。

【答案】C

单元知识梳理与能力整合

▶ 高考命题趋向

本章在高考命题中出现概率较大的考点是:(1)硅、二氧化硅、硅酸盐的性质和用途;(2)氯及其重要化合物的性质和用途;(3)硫及其重要化合物的性质和用途;(4)氮及其重要化合物的性质和用途;(5)硫、氮的氧化物对环境的影响;(6)以上各部分知识的综合应用。

▶ 归纳·总结·专题

一、氯及其化合物的转化关系

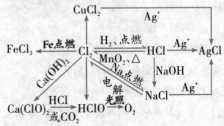

二、硅及其化合物的转化关系

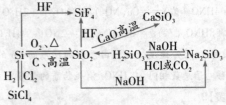

三、硫及其化合物的转化关系

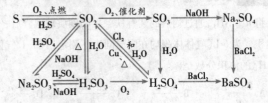

四、氮及其化合物的转化关系

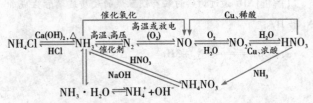

五、环境保护常识介绍

1. 常见的污染及防治措施

	污染物	防治措施
大气污染	颗粒物、硫、氮的化合物、碳的氧化物、碳氢化合物、含卤素化合物、放射性物质等	综合治理
水污染	金属、酸、碱、盐、耗氧物质、石油和难降解的有机物、洗涤剂等	污水经处理后再排放
土壤污染	城市污水、工业废水、生活垃圾、工矿企业废弃物、化肥、农药等	控制和减少污染物的排放

2. 全球面临的几大突出的污染问题。

(1)**酸雨** 空气中硫的氧化物和氮的氧化物随雨水降下就成为酸雨,其pH小于5.6,它主要是二氧化硫、二氧化氮在大气中转化为硫酸、硝酸所致。酸雨主要是人类活动产生的酸性物质SO_x造成的,它给陆地、水域、建筑物和植物等带来严重的危害。

(2)**光化学烟雾** 氮氧化物(NO_x)和碳氢化合物(通常指$C_1 \sim C_8$可挥发的所有烃类)在大气环境中受到强烈的太阳紫外线照射后,发生复杂的化学反应,主要是生成光化学氧化剂(主要是O_3)及其他多种复杂的化合物。这是一种新的二次污染物,统称光化学烟雾。这些气体主要来源于汽车行驶排出的废气,其中NO_2是底层大气中最重要的光吸收分子,光化学烟雾氧化性很强,能使橡胶开裂,并刺激眼睛和黏膜,使呼吸困难并诱发其他病症。

(3)**臭氧空洞** 空气中含有极少量的臭氧,它主要分布在距地$15 \sim 35km$的平流层上层,形成一层臭氧层。臭氧能吸收太阳光中对地球生物有伤害作用的紫外线辐射,使生物免受伤害。由于人类向空气中排放一些有害气体,如氮的氧化物、氟氯烃(氟利昂)等,扩散到平流层后,受太阳辐射发生光化学反应,产生氯原子,氯原子会对臭氧层产生长久而严重的破坏作用,使某些地区的臭氧层变薄甚至形成臭氧空洞。据预测,未来人类若不采取措施保护大气臭氧层,由于地面紫外线辐射增强的危害,皮肤病(癌)和其他疾病的发病率将急剧上升。

(4)**温室效应** 由于化石燃料(石油、煤、天然气)的大量使用和森林的大量砍伐,使大气层中的CO_2的含量增大,CO_2层就像温室的玻璃那样对地球表面起着保护作用,妨碍了热量的散失,从而使地球表面的温度逐渐升高,即温室效应,使全球不断变暖,导致极地冰川大量融化,海平面上升,从而影响全球的生态平衡系统和水土资源。产生温室效应的主要因素有:①大量燃烧煤等含碳燃料;②机动车辆;③森林火灾和大面积毁坏森林;④工业尾气。

(5)**白色污染** 白色污染指废弃塑料制品垃圾难以被生物降解,如使用一次性聚苯乙烯杯、盒等所带来的污染。此材料可破坏土壤结构,影响市容卫生,且焚烧时产生一级致癌物二噁英(Dioxins,二噁英包括多氯二苯并二噁英和多氯二苯并呋喃)。目前一次性塑料制品逐步被"绿色制品"——聚乳酸代替,聚乳酸60天可自行降解为CO_2和H_2O。

(6)**水体富营养化** 大量使用氮肥、磷肥、含磷洗涤剂,生活污水中常含有过量的N、P等营养物质。这些物质流入湖泊、海湾,使海水中富集N、P等植物营养物质,称为水体富营养化。水体富营养化引起藻类及其他浮游生物迅速繁殖。这些生物集中在水层表面进行光合作用释放氧气,使表面海水溶O_2达到饱和,从而阻止了大气中的O_2溶入海水。而大量死亡的海藻在分解时却要消耗水中的溶解氧,使水中溶氧急剧减少,致使鱼类死亡。死亡的藻类分解时会放出CH_4、H_2S等气体,使水体变得腥臭。这种情况在海洋中发生称"赤潮",

在淡水中发生称"水华"。

另外,汽油铅污染、重金属盐的水体污染、放射性污染、热污染、镉汞(Cd—Hg)电池污染等也是导致对环境污染的因素。保护环境,保护地球已成为人类共同的呼声,我们应当加强环境保护意识,自觉地保护自然环境,防治污染,创建美好家园。

▶ 新典型题分类剖析

类型一 硅及其化合物的相互转化

【例1】常见物质之间的转化如下:

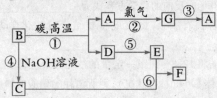

其中 B 是制芯片的主要成分,其对应的单质的结构与金刚石的结构是相似的。

(1)试推测:A. _____,C. _____,F. _____。(写化学式)

(2)试写出反应⑥的离子方程式:_____。

(3)在反应①中,碳的作用是_____,当生成 1mol A 时,转移电子的物质的量为_____。

【解析】(1)芯片的主要成分是 SiO_2,所以 B 是 SiO_2;SiO_2 在高温下与 C 反应得到 Si 与 CO,而其中只有 Si 可与氯气反应,所以 A 为 Si,D 为 CO,G 为 $SiCl_4$;SiO_2 与 NaOH 溶液反应,可得 Na_2SiO_3,所以 C 为 Na_2SiO_3;而 E 是由 CO 得到的,从反应过程看,应为 CO_2,所以 F 为 H_2SiO_3。

(3)在反应 $SiO_2+2C \xrightarrow{\text{高温}} Si+2CO\uparrow$ 中,C 是还原剂,当有 1mol Si 生成时,转移电子的物质的量为 4 mol。

【答案】(1)Si Na_2SiO_3 H_2SiO_3

(2)$SiO_3^{2-}+CO_2+H_2O === CO_3^{2-}+H_2SiO_3$(胶体)

(3)还原剂 4mol

【点拨】(1)硅及其化合物的转化往往与半导体、芯片技术相关联。高纯度硅的提炼工艺:$SiO_2 \xrightarrow[\text{高温}]{C} Si(\text{粗硅}) \xrightarrow{Cl_2}$ $SiCl_4 \xrightarrow{H_2} Si(\text{纯硅})$。

(2)要记住一些物质的主要化学成分:如石英晶体(水晶、玛瑙)、光导纤维、沙子主要成分为 SiO_2;半导体、计算机芯片、硅太阳能电池主要成分为 Si;砖瓦、陶瓷、玻璃等主要成分为硅酸盐。

类型二 氯及其化合物的相互转化

【例2】(2010·泰州联考)现有金属单质 A、B、C 和气体甲、乙、丙及物体 D、E、F、G、H,它们之间能发生如下反应(图中有些反应的产物和反应的条件没有全部标出);

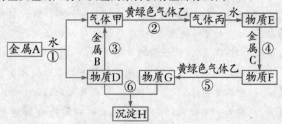

请根据以上信息回答下列问题:

(1)写出 A、B、C 的化学式和 E、H、乙的名称:

A. _____,B. _____,C _____,E _____,H _____,乙_____。

(2)写出反应①的离子方程式:_____,反应⑤的化学方程式:_____。

【解析】首先由"黄绿色气体乙"确定乙是 Cl_2,"金属 A 与 H_2O 反应→气体甲",可推出甲应为 H_2,则 A 为 Na。进而确定物质 D 为 NaOH,金属 B 是 Al。

气体甲(H_2)与气体乙(Cl_2)→气体丙(应为 HCl),则物质 E 为盐酸;物质 F 被 Cl_2 氧化为物质 G,说明 F、G 中均含 C 元素,即金属 C 是变价金属,故 C 应为 Fe,F 为 $FeCl_2$,G 为 $FeCl_3$,沉淀 H 是 $Fe(OH)_3$。

【答案】(1)Na Al Fe 盐酸 氢氧化铁 氯气

(2)$2Na+2H_2O === 2Na^++2OH^-+H_2\uparrow$ $2FeCl_2+Cl_2===2FeCl_3$

【点拨】(1)记住氯气的特征颜色——黄绿色。

(2)在氯元素转化过程中常用到 Cl_2 的强氧化性,Cl_2 与金属反应常生成高价态的金属氯化物。

类型三 SO_2 的有关性质实验

【例3】某化学探究性学习小组在学习了二氧化硫的性质后,配制了下表中的溶液,并把足量的 SO_2 分别通入溶液中,现象记录如下。请你帮他们分析,产生该现象体现了 H_2SO_3 的何种性质,如何验证或能得出什么结论,请完成下表。

溶液	现象	体现性质	验证方法或结论
胡萝卜素	褪色		
石蕊	变红		
溴水	褪色		
酸性 $KMnO_4$ 溶液	褪色		

【解析】H_2SO_3 能使某些有色溶液褪色,若加热恢复原来的颜色,则体现其漂白作用;若不能恢复原来的颜色,则往往体现其还原性(如与酸性 $KMnO_4$ 溶液、氯水、溴水、碘水等),从现象看,H_2SO_3 只能使石蕊等酸碱指示剂发生相应的颜色变化,而不能使其褪色。

【答案】

溶液	现象	体现性质	验证方法或结论
胡萝卜素	褪色	漂白作用	加热后恢复原来的颜色
石蕊	变红	酸性	加热后变紫色(H_2SO_3 加热分解,SO_2 逸出)
溴水	褪色	还原性	加热后不能恢复原来的颜色
酸性 $KMnO_4$ 溶液	褪色	还原性	加热后不能恢复原来的颜色

【点拨】还原性和漂白性是 SO_2 的重要性质,也是命题的热点,要会判断 SO_2 与酸性 $KMnO_4$ 溶液等氧化性物质反应,但不要求写出化学方程式。

类型四 铵盐的性质

【例4】某种常见的白色晶体A,与盐酸反应产生无刺激性气味的气体B,将B通入澄清石灰水中,石灰水变浑浊。若在A的水溶液中加入$Ba(OH)_2$溶液,则析出白色沉淀C和生成无色气体D,D可以使湿润的红色石蕊试纸变蓝。加热固体A,可生成水、B和D,而且B和D的物质的量之比为1∶1。根据以上事实,回答下列问题:

(1)A是_____,B是_____,C是_____。

(2)加热固体A生成B、D和水的化学方程式是_____。

【解析】使澄清石灰水变浑浊的无刺激性气味的气体一定是CO_2;而与盐酸反应产生CO_2的白色晶体A应为碳酸盐或酸式碳酸盐;使湿润的红色石蕊试纸变蓝的气体D应为NH_3,说明白色晶体A中含NH_4^+,A又是铵盐;所以A可能为$(NH_4)_2CO_3$或NH_4HCO_3。但$(NH_4)_2CO_3$的加热分解反应为:

$(NH_4)_2CO_3 \xrightarrow{\triangle} 2NH_3\uparrow + H_2O + CO_2\uparrow$,与题目中的B和D的物质的量之比为1∶1不符,因此晶体A只能是NH_4HCO_3,它与$Ba(OH)_2$溶液反应和它的加热分解反应方程式分别为:

$Ba(OH)_2 + NH_4HCO_3 == BaCO_3\downarrow + NH_3\uparrow + 2H_2O$

$NH_4HCO_3 \xrightarrow{\triangle} NH_3\uparrow + CO_2\uparrow + H_2O$

【答案】(1)NH_4HCO_3 CO_2 $BaCO_3$

(2)$NH_4HCO_3 \xrightarrow{\triangle} NH_3\uparrow + CO_2\uparrow + H_2O$

【点拨】一部分铵盐,如$(NH_4)_2CO_3$、NH_4HCO_3;Na_2SO_3、$NaHSO_3$;$(NH_4)_2S$、NH_4HS等符合下列转化关系:

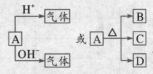

这部分铵盐实质上是易挥发性弱酸的铵盐。

类型五 氮气与氮氧化合物溶于水的计算

【例5】(2008·广东桂林高一考试)将10 mL充满NO_2和O_2的混合气体试管,倒置在水槽中,反应停止后试管内剩余2mL的无色气体,求原混合气中NO_2和O_2各多少毫升?

【解析】剩余2mL气体可能是NO或O_2,分两种情况讨论:

(1)剩余的是NO,可以看成先发生了反应:$4NO_2 + O_2 + 2H_2O == 4HNO_3$。剩余的$NO_2$又与水作用,最终有2mL NO产生。由反应$3NO_2 + H_2O == 2HNO_3 + NO$得剩余的$NO_2$体积为$2mL\times3 = 6mL$。则原有$O_2$体积为$(10mL-6mL)\times\frac{1}{4+1} = 0.8$ mL,NO_2体积为10 mL-0.8 mL$=9.2$ mL。

(2)剩余的是O_2,则有$10mL-2mL = 8mL$是NO_2和O_2的混合气体按反应:$4NO_2 + O_2 + 2H_2O == 4HNO_3$进行。所以$NO_2$的体积为$8$ mL$\times\frac{4}{1+4} = 6.4$ mL,O_2体积为10 mL-6.4 mL$=3.6$ mL。

【答案】(1)若剩余的是NO,则NO_2和O_2的体积分别为9.2 mL和0.8 mL。

(2)若剩余的是O_2,则NO_2和O_2的体积分别为6.4 mL

和3.6 mL。

【点拨】对于反应后剩余气体,分析剩余气体的成分,一般来说,两种反应物,首先判断过量,然后根据完全吸收的反应关系计算:

二氧化氮完全被水吸收:$4NO_2 + O_2 + 2H_2O == 4HNO_3$,

一氧化氮完全被水吸收:$4NO + 3O_2 + 2H_2O == 4HNO_3$。

类型六 金属与硝酸反应的计算

【例6】在浓硝酸中放入铜片:

(1)开始时反应的化学方程式为_____。

(2)若铜有剩余,则反应将要结束时的化学方程式为_____。

(3)若将12.8 g铜跟一定量的浓硝酸反应,铜消耗完时,共产生气体5.6L(标准状况),则所消耗的硝酸的物质的量是_____。

【解析】(1)开始时Cu与浓HNO_3发生反应:

$Cu + 4HNO_3(浓) == Cu(NO_3)_2 + 2NO_2\uparrow + 2H_2O$

(2)随着反应的进行,浓HNO_3逐渐变为稀HNO_3,反应将要结束时,Cu与稀HNO_3发生反应:

$3Cu + 8HNO_3(稀) == 3Cu(NO_3)_2 + 2NO\uparrow + 4H_2O$

(3)方法一:设反应生成的NO_2、NO的物质的量分别为x、y,则:

$$\begin{cases} x+y = \frac{5.6L}{22.4 L\cdot mol^{-1}}, \\ x+3y = \frac{12.8g}{64 g\cdot mol^{-1}}\times2, \end{cases} 解得 \begin{cases} x = 0.175\ mol, \\ y = 0.075\ mol。 \end{cases}$$

所消耗的$n(HNO_3) = 0.175\ mol\times\frac{4}{2} + 0.075\ mol\times\frac{8}{2} = 0.65$ mol。

方法二:被还原的$n(HNO_3) = \frac{5.6L}{22.4L\cdot mol^{-1}} = 0.25$ mol,显酸性用于形成$Cu(NO_3)_2$的$n(HNO_3) = \frac{12.8g}{64g\cdot mol^{-1}}\times2 = 0.4$ mol,所以消耗的HNO_3的总物质的量为0.25 mol $+0.4$ mol $= 0.65$ mol。

【答案】(1)$Cu + 4HNO_3(浓) == Cu(NO_3)_2 + 2NO_2\uparrow + 2H_2O$

(2)$3Cu + 8HNO_3(稀) == 3Cu(NO_3)_2 + 2NO\uparrow + 4H_2O$

(3)0.65 mol

【点拨】解决金属与硝酸反应的计算问题,常用到的方法:

(1)电子守恒:硝酸与金属反应属于氧化还原反应,N原子得到的电子数等于金属原子失去的电子数。

(2)原子守恒:硝酸与金属反应时,一部分以NO_3^-的形式存在,一部分转化为还原产物,这两部分中N的物质的量与反应消耗的HNO_3中N的物质的量相等。

(3)利用离子方程式计算:硝酸与H_2SO_4混合液跟金属的反应,当金属足量时,不能用HNO_3与金属反应的化学方程式计算,应用离子方程式计算,因为生成的硝酸盐的NO_3^-借助H^+仍能继续与金属反应。

知识与能力同步测控题

测试时限:90分钟 本卷满分:100分

第Ⅰ卷(选择题,共48分)

一、选择题(本大题共16小题,每小题3分,共48分。每小题只有一个选项符合题意)

1. 下列说法正确的是( )。
   A. 氯气无漂白作用,液氯有漂白作用
   B. 氯气与水作用生成的 $HClO$ 有漂白作用
   C. 次氯酸比次氯酸盐稳定
   D. 氯气跟纯净的熟石灰粉末能制得漂白粉

2. 下列反应中硝酸既能表现出酸性又表现出氧化性的是( )。
   A. 使石蕊试液变红
   B. 与铜反应放出 NO 气体,生成 $Cu(NO_3)_2$
   C. 与 Na_2CO_3 反应放出 CO_2 气体,生成 $NaNO_3$
   D. 与 S 单质混合共热时生成 H_2SO_4 和 NO_2

3. 试管中盛有少量白色固体,可能是铵盐,检验的方法是( )。
   A. 加水,将湿润的红色石蕊试纸放在试管口
   B. 加氢氧化钠溶液,加热,将湿润的红色石蕊试纸放在试管口
   C. 加氢氧化钠溶液,加热,滴入酚酞试液
   D. 加氢氧化钠溶液,加热,滴入石蕊试液

4. 下列离子方程式正确的是( )。
   A. 铁与稀 HNO_3 反应:$Fe + 2H^+ \!=\!\!=\!\!= Fe^{2+} + H_2\uparrow$
   B. 小苏打与氢氧化钠溶液混合:$HCO_3^- + OH^- \!=\!\!=\!\!= CO_2\uparrow + H_2O$
   C. 氯化钙与碳酸氢钾溶液混合:$Ca^{2+} + CO_3^{2-} \!=\!\!=\!\!= CaCO_3\downarrow$
   D. $CuSO_4$ 溶液与 $Ba(OH)_2$ 溶液混合:$Cu^{2+} + SO_4^{2-} + 2OH^- + Ba^{2+} \!=\!\!=\!\!= BaSO_4\downarrow + Cu(OH)_2\downarrow$

5. 下列装置所示的实验,能达到实验目的是( )。

A.分离碘酒中的碘和酒精 B.实验室制氨气 C.除去 Cl_2 中的 HCl D.排水集气法收集 NO

6. 氯化溴是由两种卤素互相结合而成的卤素化合物,其化学性质与 Cl_2 相似,能与金属和非金属反应生成卤化物,能与水反应:$BrCl + H_2O \!=\!\!=\!\!= HBrO + HCl$,下列有关 $BrCl$ 的性质的叙述中不正确的是( )。
   A. 是较强的氧化剂
   B. 是一种化合物
   C. 能使湿润的淀粉碘化钾试纸变蓝

D. $BrCl$ 与水反应中,$BrCl$ 既是氧化剂又是还原剂

7. 把铁与铜的混合物放入稀硝酸中,反应后过滤,把滤出的固体物质投入盐酸中无气体放出,则滤液中一定含有的金属盐是( )。
   A. $Cu(NO_3)_2$
   B. $Fe(NO_3)_3$
   C. $Fe(NO_3)_2$
   D. $Fe(NO_3)_2$ 和 $Cu(NO_3)_2$

8. 把 a L 含 $(NH_4)_2SO_4$、NH_4NO_3 的混合溶液分成两等份,一份用 b mol 烧碱刚好把 NH_3 全部赶出,另一份与 $BaCl_2$ 溶液完全反应消耗 c mol $BaCl_2$,则原溶液中 $c(NO_3^-)$ 为( )。
   A. $\dfrac{b-c}{a}$ mol·L^{-1}
   B. $\dfrac{2b-4c}{a}$ mol·L^{-1}
   C. $\dfrac{2b-c}{a}$ mol·L^{-1}
   D. $\dfrac{2c-4b}{a}$ mol·L^{-1}

9. SO_2 通入下列溶液中,溶液褪色或变浅,说明 SO_2 具有漂白作用的组合是( )。
   ①$KMnO_4(H^+, aq)$ ②溴水 ③碘水 ④氯水 ⑤$Fe^{3+}(aq)$
   A. ①⑤ B. ②③④ C. 全部 D. 都不是

10. 在氯化钡溶液中通入 SO_2,溶液仍澄清,若将氯化钡溶液分两支试管,一支加硝酸,一支加烧碱,然后再通过入 SO_2,结果两试管都有白色沉淀,由此得出下列结论合理的是( )。
    A. 氯化钡有两性
    B. SO_2 有还原性和酸性
    C. 两支试管中的白色沉淀均是亚硫酸钡
    D. 升高 pH 使 SO_2 水溶液中 SO_3^{2-} 浓度增大

11. 下列在酸性溶液中能大量共存的离子组是( )。
    A. Fe^{2+}、NO_3^-、Na^+、Cl^-
    B. K^+、Cl^-、SO_4^{2-}、Al^{3+}
    C. S^{2-}、Na^+、NH_4^+、NO_3^-
    D. SO_3^{2-}、K^+、NO_3^-、Cl^-

12. 常温下,下列物质不发生反应的一组是( )。
    ①硅与 $NaOH$ 溶液 ②硅与盐酸 ③硅与氢氟酸 ④二氧化硅与碳酸钠 ⑤二氧化硅与 $NaOH$ 溶液 ⑥二氧化硅与浓硝酸
    A. ①②④ B. ③④⑥ C. ②⑤⑥ D. ②④⑥

13. 将 3 mol 的 NO_2 气体依次通入下列三个分别装有足量①$NaHCO_3$ 饱和溶液 ②浓 H_2SO_4 ③Na_2O_2 的装置后,用排水法把残留气体收集起来,则收集到的气体是(同温、同压下测定)( )。
    A. 1 mol NO
    B. 1 mol NO_2 和 0.05 mol O_2
    C. 2 mol O_2
    D. 0.25 mol O_2

14. 某澄清溶液,可能含有 NH_4^+、Na^+、Cl^-、CO_3^{2-}、I^- 中的一种或几种,现做如下实验:①通入足量氯气,溶液变为棕黄色,滴加淀粉后溶液显蓝色 ②加入 $BaCl_2$ 有白色沉

淀生成,再加入足量浓盐酸后,沉淀完全溶解,并有气体生成　③用铂丝蘸取少量溶液置于无色酒精灯火焰中灼烧,火焰的颜色呈黄色　④加入NaOH溶液并加热,没有任何现象。下列关于该澄清溶液的说法中错误的是(　　)。

A.一定含有I^-　　　　　B.一定含有CO_3^{2-}

C.一定含有NH_4^+　　　D.一定含有Na^+

15.同温同压下,在3支相同体积的试管中分别充有等体积混合的2种气体,它们是:①NO 和 NO_2,②NO_2 和 O_2,③NH_3 和 N_2。现将3支试管均倒置于水槽中,充分反应后,试管中剩余气体的体积分别为V_1、V_2、V_3,则下列关系正确的是(　　)。

A.$V_1 > V_2 > V_3$　　　　B.$V_1 > V_3 > V_2$

C.$V_2 > V_3 > V_1$　　　　D.$V_3 > V_1 > V_2$

16.在 4 mol·L^{-1} 的硫酸和 2 mol·L^{-1} 的硝酸混合溶液 10 mL 中,加入 0.96g 铜粉,充分反应后最多可收集到标准状况下的气体的体积为(　　)。

A.89.6 mL　　B.112 mL　　C.168 mL　　D.224 mL

第Ⅱ卷(非选择题,共52分)

二、非选择题(本大题共6小题,共52分)

17.(6分)矿泉水一般由岩石风化后被地下水溶解其中可溶部分生成的,此处所指的风化作用是指矿物质与水和 CO_2 同时作用的过程。例如长石($KAlSi_3O_8$)风化生成黏土 $[Al_2(Si_2O_5)(OH)_4]$,此时反应的离子方程式为:

$2KAlSi_3O_8 + 2H_2CO_3 + 5H_2O = 2K^+ + 2HCO_3^- + 4H_2SiO_3 + Al_2(Si_2O_5)(OH)_4$

(1)将上述复杂硅酸盐改写成氧化物形式:

①$KAlSi_3O_8$:_____;

②$Al_2(Si_2O_5)(OH)_4$:_____。

(2)上述反应能够发生的原因是_____

18.(8分)在标准状况下,用以下气体做喷泉实验,请根据情况,填写烧瓶中溶液的物质的量浓度(假设烧瓶中溶质不能扩散出来)。

(1)用氯化氢气体做喷泉实验,喷泉结束后,水充满烧瓶,则溶液的物质的量浓度为_____;

(2)用 NH_3 做喷泉时,喷泉结束后,水充满烧瓶,则溶液的物质的量浓度为_____;

(3)用 NO_2 气体做喷泉实验,喷泉实验后,水充至烧瓶的2/3处,则溶液的物质的量浓度为_____;

(4)用 NO_2 和 O_2 按4:1体积比混合,喷泉结束后,水充满烧瓶,则溶液的物质的量浓度为_____。

19.(10分)(2012·北京西城)已知A、B、C、D为气体,其中A呈黄绿色,D极易溶于水,形成的溶液可使酚酞变红。它们之间的转化关系如下图所示:

(1)将B点燃,把导管伸入盛满A气体的集气瓶中,可以观察到的实验现象有(填序号)_____。

①放热　②黄绿色褪去　③瓶口有白烟　④瓶口有白雾
⑤安静燃烧,发出黄色火焰　⑥安静燃烧,发出苍白色火焰

(2)实验室制D的化学方程式为_____。

(3)实验室可用如图所示装置收集 D,下列叙述正确的_____(填序号)。

①D气体不能用排水法收集

②干燥管里盛有碱石灰

③右图中的 a 为浸有稀 H_2SO_4 的棉花

(4)工业生产D的化学方程式是_____。

(5)检验 E 中阳离子的方法是:取少量 E 于试管中,_____。

20.(8分)非金属单质 A 经如图所示的过程转化为含氧酸 D,已知 D 是强酸,请回答下列问题:

$$A \xrightarrow{O_2} B \xrightarrow{O_2} C \xrightarrow{H_2O} D$$

(1)若 A 在常温下为固体,B 是能使品红溶液褪色的有刺激性气味的无色气体。

①D 的化学式是_____;

②在工业生产中 B 气体的大量排放被雨水吸收后形成了_____而污染了环境。

(2)若 A 在常温下为气体,C 是红棕色的气体。

①A、C 的化学式分别是:A_____;C_____。

②D 的浓溶液在常温下可与铜反应并生成 C 气体,请写出该反应的化学方程式_____。该反应_____(填"属于"或"不属于")氧化还原反应。

21.(12分)(1)浓硫酸与木炭在加热条件下反应的化学方程式为_____。

(2)试用下表所列各装置设计一个实验,验证上述反应的各种产物。这些装置的连接顺序(按产物气流从左到右的方向)是_____→_____→_____→_____(填装置的编号)

装置	品红溶液	盐酸酸化KMnO₄溶液	品红溶液	棉花团		
编号	①	①	①	②	③	④

(3)实验时可观察到装置①中 A 瓶的溶液褪色,C 瓶的溶液不褪色。A 瓶溶液的作用是_____,B 瓶溶液的作用是_____,C 瓶溶液的作用是_____。

(4)装置②中所加的固体药品是_____,可验证的产物是_____,确定装置②在整套装置中位置的理由是_____。

(5)装置③中所盛的溶液是_____,可验证的产物是_____。

22.(8分)取 50.0 mL Na_2CO_3 和 Na_2SO_4 的混合溶液,加入过量的 $BaCl_2$ 溶液后得到 14.51 g 白色沉淀,用过量的稀硝酸处理后,沉淀质量减少到 4.66 g,并有气体放出。试计算:

(1)原混合液中 Na_2CO_3 和 Na_2SO_4 的物质的量浓度;

(2)产生的气体在标准状况下的体积。

答案与解析

第1章　从实验学化学

第1节　化学实验基本方法

能力题型设计

★速效基础演练

1. B　【解析】B中点燃酒精灯的方式易失火，可能引发安全事故。

2. D　【解析】浓硫酸属于腐蚀性试剂。

3. C

4. C　【解析】锌与$MgCl_2$溶液不反应，锌与$CuCl_2$溶液反应置换出铜单质：$Zn + CuCl_2 \!=\!=\! ZnCl_2 + Cu$。

5. C

6. C　【解析】①是两种互不相溶的液体，用分液法分离；②乙醇与水的沸点不同，用蒸馏法分离；③中的溴可用有机溶剂CCl_4萃取。

7. A

8. C　【解析】CCl_4的密度比水大，溴的CCl_4溶液在下层。

9. (1)冷凝器进、出水方向颠倒　(2)蒸馏烧瓶　冷凝器　(3)碎瓷片或沸石　防止液体暴沸　(4)没必要。

10. (1)⑥　(2)①　(3)④⑤　(4)③
(5)①②　【解析】(1)$Ca(HCO_3)_2 \xrightarrow{\triangle} CaCO_3 + H_2O + CO_2\uparrow$，可用加热分解法；也可用溶解后再过滤的方法。
(2)$CaCO_3$不溶于水，可用过滤的方法。
(3)碘易溶于有机溶剂，可用萃取分液法。(4)根据沸点差异可用蒸馏法。
(5)KNO_3和$NaCl$可根据溶解度受温度变化影响的差异用结晶、过滤的方法。

★知能提升突破

1. C

2. D　【解析】$CuCl_2$和$FeCl_2$都溶于水，无法用过滤方法分离。

3. B　【解析】此装置只能用于常温下固体和液体制备气体，固体应满足块、片或粒状且遇水不生成糊状。A中的MnO_2为粉末；D中碳酸钙虽为块状，但它与H_2SO_4反应生成的$CaSO_4$微

溶，附着在表面会阻止反应的进行；C中反应会生成有毒的H_2S气体，不满足实验的"无污染"前提条件。

4. (1)$CaCO_3$　(2)应向过滤得到的滤液中先加稀过量的盐酸，以除去Na_2CO_3，再蒸发结晶，得到纯净的$NaCl$晶体
【解析】滤液中存在过量的Na_2CO_3溶液。除去Na_2CO_3的试剂应选用盐酸，$Na_2CO_3 + 2HCl \!=\!=\! 2NaCl + H_2O + CO_2\uparrow$。稍过量的盐酸加热易挥发。

5. (1)块状固体不断溶解，有气泡产生　(2)$Ca(OH)_2$　③②①　(3)②④⑥⑦
(4)制作新的过滤器，重新过滤
【解析】(1)$CaCO_3$、$MgCO_3$与盐酸产生CO_2气体。(2)反应完毕后，混合溶液为$CaCl_2$和$MgCl_2$溶液，用$Ca(OH)_2$除去$MgCl_2$。(3)蒸发操作主要仪器为蒸发皿、酒精灯、玻璃棒，还有铁架台。(4)制作新的过滤器，重新过滤。

6. (1)过滤　蒸发　(2)B　(3)②加速样品溶解　③引流，防止液体溅到漏斗外　④使滤液均匀受热，防止飞溅
(4)①气泡　CO_3^{2-}　②白色沉淀　SO_4^{2-}　③白色沉淀　Cl^-

第2节　化学计量在实验中的应用

能力题型设计

★速效基础演练

1. D

2. B　【解析】弄清摩尔质量的单位。1 mol氧的说法不明确。

3. A

4. B　【解析】在一定条件下气体体积与分子数目成正比。

5. A　6. A

7. D　【解析】$m(NaOH) = 10 \text{ g} \times 10\% = 1$ g，$n = \dfrac{1}{40}$ mol，$c = \dfrac{n}{V} = \dfrac{1}{40}$ mol/0.05 L = 0.5 mol/L。

8. A　【解析】由同T、同p可得V_m相同，再由公式$n = \dfrac{V}{V_m}$可得两瓶内分子的物质的量相同，又N_2、O_2、NO都是双原子分子，所以原子的物质的量相同，由个数之比等于物质的量之比可得两瓶内分子所含原子数相同，A正确；由$\rho = \dfrac{m}{V}$，两瓶内分子物质的量相等，又$m = n \cdot M$，M不一定相等，m不一定相等，同时可得ρ不一定相等。

9. D

10. (1)量筒　容量瓶　温度计　(2)②③⑤　(3)往容量瓶中加入少量水，塞好瓶塞，用食指顶住瓶塞，另一只托住瓶底，将容量瓶倒立，观察是否漏水。如果不漏，再将瓶正立并将瓶塞旋转180°，重复上述操作

11. (1)②＞③＞①＞④　(2)②＞③④＞①　(3)②＞③＞①＞④
(4)①＞③＞④＞②

★知能提升突破

1. D　【解析】要求溶液的物质的量浓度，需知道溶液的体积和溶质的物质的量。
溶液体积$V = \dfrac{\dfrac{a \text{ L}}{22.4 \text{ L}\cdot\text{mol}^{-1}} \times 36.5 \text{ g}\cdot\text{mol}^{-1} + 1\,000 \text{ g}}{b \text{ g}\cdot\text{cm}^{-3}} \times \dfrac{1}{1\,000}$ L·mL^{-1}。溶质的物质的量：$n = \dfrac{a \text{ L}}{22.4 \text{ L}\cdot\text{mol}^{-1}}$。溶液的浓度：$c = \dfrac{n}{V} = \dfrac{1\,000ab}{22\,400 + 36.5a}$ mol·L^{-1}。故正确答案为D。

2. C　【解析】溶液稀释前后溶质的物质的量不变，V mL $Al_2(SO_4)_3$溶液中含Al^{3+} a g，即Al^{3+}的物质的量为$\dfrac{a \text{ g}}{27 \text{ g}\cdot\text{mol}^{-1}}$，所以$SO_4^{2-}$的物质的量为$Al^{3+}$的物质的量的1.5倍，即$SO_4^{2-}$物质的量为$\dfrac{a \text{ g}}{27 \text{ g}\cdot\text{mol}^{-1}} \times \dfrac{3}{2}$。取

$\frac{V}{4}$ mL溶液，则其中 SO_4^{2-} 的物质的量

为 $\frac{a\text{ g}}{27\text{ g}\cdot\text{mol}^{-1}}\times\frac{3}{2}\times\frac{1}{4}$，稀释到

$4V$ mL后，溶液中 SO_4^{2-} 的物质的量浓

度是 $\left(\frac{a\text{ g}}{27\text{ g}\cdot\text{mol}^{-1}}\times\frac{3}{2}\times\frac{1}{4}\right)\div(4V\times$

$10^{-3}\text{L})=\frac{125a}{36V}$ mol·L^{-1}。

【点拨】对于完全电离的物质，构成离

子间的浓度之比等于化学式组成之

比，如 $Al_2(SO_4)_3$ 溶液中 $c(Al^{3+})$:

$c(SO_4^{2-})=2:3$。

3.C

4.(1)A (2)玻璃棒 胶头滴管 500 mL

容量瓶 (3)B、D (4)0.024

5.(1)5.4 (2)10 mL 量筒 500 mL 容量

瓶 (3)向烧杯中加入一定量的水，再将

浓硫酸沿烧杯内壁慢慢倒入，并用玻璃

棒不断搅拌 (4)A、C (5)①未用玻璃

棒引流；②未采用 500 mL 容量瓶

【解析】求出所给浓硫酸物质的量浓度：

$c(H_2SO_4)=\frac{1\,000\times1.84\times98\%}{98}$ mol/L =

18.4 mol/L，则所需浓硫酸的体积：$V=$

$\frac{500\text{ mL}\times0.2\text{ mol}\cdot\text{L}^{-1}}{18.4\text{ mol}\cdot\text{L}^{-1}}=5.4$ mL。

6.(1)

50 g	20 g	20 g	10 g	5 g
↓↑	↓	↓↑	↓	↓↑

(2)5.3 g ②④③⑥⑤①⑦ (3)偏

高 【解析】$m(Na_2CO_3)=0.5$ L×

0.1 mol·L^{-1}×106 g·$\text{mol}^{-1}=5.3$ g，

量筒是"流出量式"的量器，残留液不

能洗出。若洗出转入容量瓶，会使配

制液浓度偏高。

知识与能力同步测控题

1.A 2.C

3.A 【解析】酒精与水互溶，不能用作萃

取剂，可以改为四氯化碳或苯等。

4.C 5.B 6.A 7.B 8.A

9.A 【解析】32 g O_2 是 1 mol，1 mol O_2

含有 2 mol 氧原子，氧原子的数目为

$2N_A$，故 A 错误；每摩水中含有 3 mol

的原子，0.5 mol 水中含有的原子数目

为 $1.5N_A$，B 正确；1 mol H_2O 含有的

H_2O 分子数目为 N_A，C 正确；0.5 N_A 个

氯气分子的物质的量是 0.5 mol，D

正确。

10.D 【解析】容量瓶是用来配制溶液

的；燃烧匙是用于少量固体或液体反

应的仪器；天平是用来称量物质质量

的仪器；胶头滴管是用来滴加少量液

体的仪器。

11.B 【解析】蒸发皿、坩埚和试管是直

接加热的仪器，烧杯、烧瓶和锥形瓶

需要垫石棉网加热。

12.C

13.D 【解析】A 不准确，可能试液中有

Ag^+；B 不准确，可能有 PO_4^{3-}；C 不准

确，可能有 SO_3^{2-}；D 正确。

14.D 【解析】两个容器的体积相等，容

器内气体的密度相等，因而容器内的

气体质量相等，物质的量一定不相

等，分子数也不相等；因为 O_2、O_3 的

物质的量不相等，所以两种气体的压

强不相等；O_2 中氧原子数目为 $\frac{m}{32}\times2$，

O_3 中氧原子数目为 $\frac{m}{48}\times3$，二者相等。

15.A 【解析】稀释过程中溶质的物质的

量不变，则有 18 mol·L^{-1}×

$\frac{100\text{ g}}{\rho\text{ g}\cdot\text{cm}^{-3}}=9$ mol·$\text{L}^{-1}\cdot V$，$V=\frac{200}{\rho}$mL，

溶液的体积还等于 $\frac{100\text{g}+m(\text{水})}{\rho_2}$（$\rho_2$

为稀释后的 H_2SO_4 溶液的密度），

$m(\text{水})=V(\text{水})$，$\frac{200}{\rho}=\frac{100+V(\text{水})}{\rho_2}$，

所以 $V(\text{水})=\frac{200\rho_2}{\rho}-100$，因为 $\rho_2<$

ρ，$\frac{\rho_2}{\rho}<1$，所以 $\frac{200\rho_2}{\rho}-100<100$，即

$V(\text{水})<100$ mL。

16.A 【解析】饱和溶液的溶质质量分数

为 $\frac{S}{100+S}\times100\%$，故 A 正确；B 项中

是利用公式 $c=\frac{1\,000\rho w}{M}$ 求物质的量浓度，

正确表达式为

$c=\frac{1\,000d\times\frac{a}{100+a}\times100\%}{101}$ mol/L

$=\frac{1\,000ad}{101(100+a)}$ mol·L^{-1}，

C 项显然错误；D 项中饱和溶液中

$m(KNO_3)=\left[(b-c)\times\frac{a}{100+a}\right]$g。

17.(1)c (2)f (3)h (4)a、d (5)

b、e (6)e、k、l 【解析】(1)过滤用

到烧杯、普通漏斗、玻璃棒等；(2)液

体药品一般盛放在细口玻璃瓶中；

(3)镁条燃烧时，用坩埚钳夹持；(4)

量取 10.0 mL 液体用量筒及胶头滴

管；(5)检验 H_2 纯度用试管和酒精

灯；(6)用蒸馏装置。

18.(1)11:7 11:7 7:11 (2)7:11 1:1

19.(1)C (2)蒸馏烧瓶、温度计、冷凝

管、牛角管、锥形瓶 向冷凝管内加冷

却水 使水从冷凝管的下口进，上口

出 (3)使蒸馏烧瓶内的支管口处保

持某一恒温 【解析】(1) CaO、

$Ca(OH)_2$ 是不溶于酒精、难挥发的固

体，酒精是易挥发的液体。因此，由蒸

馏的定义及适用情形，可知采用蒸馏

最佳。(2)蒸馏操作中的玻璃仪器，

不要答铁架台。在蒸馏操作中，为了

确保蒸馏出的蒸汽及时得到冷却，要先

向冷凝管内通冷却水，然后才能进行

加热。为了提高冷却效果，一般采取

逆流操作。(3)进行蒸馏操作时，要

根据组分沸点，使蒸馏烧瓶内的支管

口保持恒温。温度的显示靠温度计，

温度的调节可通过控制热源的强弱来

实现。

20.(1)20% (2)4.0 (3)4.3

【解析】(1)混合溶液的质量为:20.0 g+

30.0 g =50.0 g，

混合溶液中溶质的质量为:20.0 g×

14.0%+30.0 g×24.0%=10.0 g，

混合溶液中溶质的质量分数为 $\frac{10.0\text{ g}}{50.0\text{ g}}\times$

100% =20%。

(2)$n(NaCl)=\frac{10.0\text{ g}}{58.5\text{ g}\cdot\text{mol}^{-1}}$，

$V(\text{溶液})=\frac{50.0\text{ g}}{1.17\text{ g}\cdot\text{cm}^{-3}\times1\,000\text{ mL}\cdot\text{L}^{-1}}$，

$c(NaCl)=\frac{n(NaCl)}{V(\text{溶液})}=\frac{10.0\text{ g}}{58.5\text{ g}\cdot\text{mol}^{-1}}\times$

$\frac{1.17\text{ g}\cdot\text{cm}^{-3}\times1\,000\text{ mL}\cdot\text{L}^{-1}}{50.0\text{ g}}$=

4.0 mol·L^{-1}。

(3)$\frac{n(NaCl)\times58.5\text{ g}\cdot\text{mol}^{-1}}{1\,000\text{g}+n(NaCl)\times58.5\text{ g}\cdot\text{mol}^{-1}}\times$

100% =20%，$n(NaCl)=4.3$ mol。

21.(1)$Ba(OH)_2$ K_2CO_3 稀 HCl

(2)为了除尽 Mg^{2+}、SO_4^{2-}

$MgCl_2 + Ba(OH)_2 \rightleftharpoons BaCl_2 + Mg(OH)_2\downarrow$,

$MgSO_4 + Ba(OH)_2 \rightleftharpoons BaSO_4\downarrow + Mg(OH)_2\downarrow$

（3）为了除尽过量的Ba^{2+} $Ba(OH)_2 + K_2CO_3 \rightleftharpoons 2KOH + BaCO_3\downarrow$, $BaCl_2 + K_2CO_3 \rightleftharpoons BaCO_3\downarrow + 2KCl$

22.（1）①量筒 ②烧杯 ③玻璃棒 ④500 mL容量瓶 ⑤胶头滴管 （2）AEFDCB （3）①13.6 ②15 偏低 ③防暴沸、散热 偏低 ④冷却至室温 偏高 偏低 ⑤偏高 偏低

【解析】$V(浓H_2SO_4) = \dfrac{0.5\ L \times 0.5\ mol/L \times 98\ g/mol}{98\% \times 1.84\ g\cdot mL^{-1}} = 13.6\ mL$，

根据公式$c_B = \dfrac{n_B}{V}$分析误差。

第2章 化学物质及其变化

第1节 物质的分类

能力题型设计

★速效基础演练

1. D 2. C 3. B

4. B 【解析】Na_2CO_3从阳离子角度分类为钠盐，从阴离子角度分类为碳酸盐，从整体组成看为正盐。

5. A

6. A 【解析】SiO_2为酸性氧化物，常温下为固态，B错；Al_2O_3是两性氧化物，C错；NO、CO等既不与酸反应也不与碱反应。

7. D

8. D 【解析】石膏属于电解质，能使豆浆胶体沉降。

9.（1）丁达尔现象 胶体 （2）空气中含有直径大小介于1～100 nm之间的粒子

10.（1）从是否溶于水的角度分类 （2）$Ba(OH)_2 + H_2SO_4 \rightleftharpoons BaSO_4\downarrow + 2H_2O$ $2NaOH + H_2SO_4 \rightleftharpoons Na_2SO_4 + 2H_2O$ $CuO + H_2SO_4 \rightleftharpoons CuSO_4 + H_2O$（任选其一）

11.（1）② （2）陶土 氧化铁 因为在胶体中，陶土胶粒和氧化铁胶粒分别带负电荷和正电荷，带负电的陶土向正极移动，带正电荷的氧化铁向负极

移动 （3）C

★知能提升突破

1. B 【解析】淀粉是胶体，分散质不能透过半透膜。

2. D 【解析】相连环物质间能发生的反应分别为：黄与蓝、黑反应，绿与黑、红反应。选项A中，黄与蓝、黑能反应，但绿与黑即Ag与$CuSO_4$溶液不能发生反应。选项B中，黄与蓝即Al与Mg不能发生反应。选项C中，黄与蓝即稀H_2SO_4与O_2不能发生反应。因此，该题只能选D项。Fe与O_2是化合反应，Fe与稀H_2SO_4是置换反应，NaOH溶液与稀H_2SO_4是复分解反应，NaOH溶液与CO_2的反应也是复分解反应。

3. C 【解析】同一种物质由于分类标准不同，所属类别不同。

4. C 【解析】纯净物是由一种物质组成的，若是由分子构成的纯净物可以说是由一种分子构成的物质，如O_2、H_2O都是纯净物。A中的残留物是锰酸钾和二氧化锰的混合物，不是纯净物；B中的物质是氯化钠和水组成的混合物；C中的物质从外观上看状态不同，一种是液体，另一种是固体，但实际上冰和水都是由同一种分子——水分子构成的，所以是纯净物；硝酸铵是纯净物，有固定的组成，通过计算它的含氮量为35%，题中D项所给的数据为30%，所以D中所述的硝酸铵肯定含有杂质，是混合物。

5.（1）盐酸的盐溶液都能与硝酸银溶液反应生成不溶于硝酸的白色沉淀 氯化钡溶液中滴加硝酸银溶液也能产生不溶于硝酸的白色沉淀 （2）NaOH溶液、$Ca(OH)_2$溶液都能使无色酚酞试液变红 碱溶液能使无色酚酞试液变红 KOH溶液也能使无色酚酞试液变红 （3）Na_2SO_4溶液、K_2SO_4溶液与$BaCl_2$溶液反应都能生成不溶于硝酸的白色沉淀 硫酸盐溶液都能与$BaCl_2$溶液反应生成不溶于硝酸的白色沉淀 $ZnSO_4$溶液也能与$BaCl_2$溶液反应生成不溶于硝酸的白色沉淀 （4）Zn、Fe能置换出盐酸中的氢 活泼金属能置换出盐酸中的氢 Mg也能置换出盐酸中的氢

6.（1）①酸能跟某些金属氧化物反应 ②酸能跟某些盐反应 ③酸能跟多种活泼金属反应 ④酸不能跟所有金属反应（任选3条） （2）①盐酸可用于除铁锈 ②锌粒和稀盐酸反应常用于实验室制取H_2 ③$BaCl_2$溶液可用于检验SO_4^{2-}的存在 ④石灰石跟稀盐酸反应常用于实验室制取CO_2（任选3条）

7.（1）$3Fe + 2O_2 \xrightarrow{\text{点燃}} Fe_3O_4$；

$C + O_2 \xrightarrow{\text{点燃}} CO_2$；

$Fe + H_2SO_4(稀) \rightleftharpoons FeSO_4 + H_2\uparrow$；

$H_2SO_4 + Ba(OH)_2 \rightleftharpoons BaSO_4\downarrow + 2H_2O$；

$H_2SO_4 + Na_2CO_3 \rightleftharpoons Na_2SO_4 + CO_2\uparrow + H_2O$；

$Na_2CO_3 + Ba(OH)_2 \rightleftharpoons BaCO_3\downarrow + 2NaOH$

（2）①树状分类法分类：纯净物可分为：单质、化合物；单质可分为：金属(Fe)；非金属(C、O_2、H_2）；化合物可分为氧化物（CO_2、H_2O、Fe_3O_4）；酸（H_2SO_4）；碱[$Ba(OH)_2$、NaOH]；盐（$FeSO_4$、$BaSO_4$、Na_2CO_3、$BaCO_3$、Na_2SO_4）。

②交叉分类法分类：盐可以分为：硫酸盐、碳酸盐、钡盐、钠盐、铁盐。

第2节 离子反应

能力题型设计

★速效基础演练

1. C

2. A 【解析】纯碱为盐类，NaCl也属于盐。

3. C 【解析】A、C、D都属于电解质，其中液态H_2SO_4不导电，只有溶于水后才会发生电离。

4. C 【解析】A与C中和反应，B与C复分解反应，D与C反应生成CO_2和H_2O。

5. D 6. B 7. A 8. B

9.（1）$CaCl_2 \rightleftharpoons Ca^{2+} + 2Cl^-$

（2）$MgSO_4 \rightleftharpoons Mg^{2+} + SO_4^{2-}$

（3）$Ba(OH)_2 \rightleftharpoons Ba^{2+} + 2OH^-$

10.（1）④⑧ （2）①③⑤⑧ （3）②⑥⑦ （4）①②③⑤⑧ 【解析】SO_3溶于水生成H_2SO_4，其水溶液能导电，但不属电解质。

11.（1）$Ca^{2+} + 2OH^- + CO_2 \rightleftharpoons CaCO_3\downarrow + H_2O$

（2）$Fe + Cu^{2+} \rightleftharpoons Fe^{2+} + Cu$

（3）$Ba^{2+} + SO_4^{2-} \rightleftharpoons BaSO_4\downarrow$

【解析】$Ca(OH)_2$微溶物在反应物中且为澄清溶液，应写成离子形式。

12. (1) $BaCl_2 + Na_2SO_4 \xlongequal{} BaSO_4\downarrow + 2NaCl$
(2) $MgCl_2 + 2NaOH \xlongequal{} Mg(OH)_2\downarrow + 2NaCl$
(3) $Fe_2O_3 + 6HCl \xlongequal{} 2FeCl_3 + 3H_2O$

★知能提升突破

1. B 【解析】凡是有离子参与的反应都是离子反应。但这里的"离子"通常是指由电解质电离产生的自由移动的离子,故常见的离子反应为电解质在溶液中进行的反应。A、D是分子间的反应,C中 $KMnO_4$ 的分解属于分子内原子之间发生电子转移的反应,也不属于离子反应。故选B。

2. C、D 【解析】A中发生反应的离子方程式分别为 $CO_3^{2-} + 2CH_3COOH \xlongequal{} 2CH_3COO^- + CO_2\uparrow + H_2O$, $HCO_3^- + CH_3COOH \xlongequal{} CH_3COO^- + CO_2\uparrow + H_2O$;B中发生反应的离子方程式分别为 $Ba^{2+} + SO_4^{2-} \xlongequal{} BaSO_4\downarrow$, $Ba^{2+} + 2OH^- + SO_4^{2-} + 2NH_4^+ \xlongequal{} BaSO_4\downarrow + 2NH_3\cdot H_2O$;C中发生反应的离子方程式均为 $OH^- + H^+ \xlongequal{} H_2O$;D中发生反应的离子方程式均为 $CaCO_3 + 2H^+ \xlongequal{} Ca^{2+} + CO_2\uparrow + H_2O$。故选C、D。

3. B 【解析】根据离子共存的条件,八种离子分成甲、乙两组,即若甲:Ag^+、Ba^{2+}、Cu^{2+}、NO_3^-,则乙:Cl^-、SO_4^{2-}、OH^-、Na^+。

4. A 【解析】根据电荷守恒的原则,设 SO_4^{2-} 个数为 x。
$3\times1 + 3\times2 = 1 + 2x, x = 4$,
则 $N(Al^{3+}) : N(SO_4^{2-}) = 1 : 2$。

5. $Ba^{2+} + SO_4^{2-} \xlongequal{} BaSO_4\downarrow$
$Cu^{2+} + 2OH^- \xlongequal{} Cu(OH)_2\downarrow$
$Ba^{2+} + 2OH^- + Cu^{2+} + SO_4^{2-} \xlongequal{} BaSO_4\downarrow + Cu(OH)_2\downarrow$

6. (1) 加热 $2NaHCO_3 \xlongequal{\Delta} Na_2CO_3 + CO_2\uparrow + H_2O$
(2) 加适量 $NaOH$ $HCO_3^- + OH^- \xlongequal{} H_2O + CO_3^{2-}$
(3) 加入适量稀盐酸 $CO_3^{2-} + 2H^+ \xlongequal{} CO_2\uparrow + H_2O$
(4) 加入适量的 $Ba(OH)_2$ $Ba^{2+} + CO_3^{2-} \xlongequal{} BaCO_3\downarrow$ 【解析】(1)中固体 $NaHCO_3$ 受热分解不属于离子反应,只能写化学方程式。

7. (1) B (2) 工业废水 生活污水 生活垃圾 工业废渣(任选3个)
(3) 还原法 置换法 【解析】根据题图曲线分析,河流经过市区范围的bc段水污染程度最大,而在市区上游的ab段河水的污染程度最小,所以,答案应是B;由于该市为工业城市,故污染源应从工业废水、废渣及生活废水、垃圾等方面考虑;把铜离子变为单质铜回收可采用还原法、置换法。
方法一:还原法:$Cu^{2+} + 2OH^- \xlongequal{} Cu(OH)_2\downarrow$,$Cu(OH)_2 \xlongequal{\Delta} CuO + H_2O$,$2CuO + C \xlongequal{高温} 2Cu + CO_2\uparrow$;
方法二:置换法:$Fe + Cu^{2+} \xlongequal{} Fe^{2+} + Cu$。

第3节 氧化还原反应

能力题型设计

★速效基础演练

1. D

2. D 【解析】火炬燃烧有氧气参加,发生了氧化还原反应。

3. C 4. D 5. D 6. C 7. A 8. D

9. A

10. D 【解析】同种元素发生氧化还原反应时,化合价只是相邻变化不会交叉变化。

11. (1) C (2) 1~100 (3) $2Fe^{3+} + Cu \xlongequal{} 2Fe^{2+} + Cu^{2+}$

12. (1) $K_2Cr_2O_7$ HCl $CrCl_3$ 6

$$\overset{\text{得}2\times3e^-}{K_2Cr_2O_7 + 14HCl \xlongequal{} 2KCl + 2CrCl_3 + 3Cl_2\uparrow + 7H_2O}$$
$$\underset{\text{失}6\times e^-}{}$$

★知能提升突破

1. D 【解析】首先要读懂阴影部分的化学意义,即排除"化合反应""分解反应""置换反应"后的氧化还原反应。

2. D 【解析】氧化性:$PbO_2 > KMnO_4 > Cl_2 > FeCl_3 > Cu$,所以D项反应不可能发生,因为反应应是:强氧化剂与强还原剂反应,生成弱氧化剂与弱还原剂。
【点拨】氧化剂的氧化性 > 氧化产物的氧化性;还原剂的还原性 > 还原产物的还原性。

3. B 【解析】方法1:根据离子方程式两端电荷总数相等有:$n + 1\times2 = 1 + 1\times2, n = 1$。设元素R在 RO_3^- 中的化合价为 x,则 $x - 2\times3 = -1, x = +5$。方法2:设元素R在 RO_3^- 中的化合价为 x。根据氧化还原反应中,电子得失相等有:$(7-x)\times1 = [0-(-1)]\times2$,所以 $x = +5$。故正确答案为B。

4. (1) 是 (2) $Cr_2(SO_4)_3 \xlongequal{} 2Cr^{3+} + 3SO_4^{2-}$ $K_2Cr_2O_7 \xlongequal{} 2K^+ + Cr_2O_7^{2-}$
(3) 是 铬元素在反应中从+6价变为+3价,化合价降低了,碳元素的化合价升高了 (4) 能;该反应前后有颜色变化,遇酒精发生反应,颜色由橙色变为绿色。

5. (1) 置换反应 (2) 氯化镁 氧化镁(或氢氧化镁、碳酸镁)
(3) $MgO + 2HCl \xlongequal{} MgCl_2 + H_2O$ [或 $Mg(OH)_2 + 2HCl \xlongequal{} MgCl_2 + 2H_2O$ 或 $MgCO_3 + 2HCl \xlongequal{} MgCl_2 + H_2O + CO_2\uparrow$ 或 $MgSO_4 + BaCl_2 \xlongequal{} MgCl_2 + BaSO_4\downarrow$]

知识与能力同步测控题

1. D

2. B 【解析】化合物不全是电解质,也有非电解质,所以A项错误;电解质和电解质都必须是化合物,B项正确;SO_3 溶于水发生反应:$SO_3 + H_2O \xlongequal{} H_2SO_4$,$H_2SO_4 \xlongequal{} 2H^+ + SO_4^{2-}$,所以 H_2SO_4 是电解质而 SO_3 是非电解质,C项错误;$NaCl$ 在水溶液或熔融状态下均电离,能导电,所以是电解质,D项正确。

3. D 4. B

5. C 【解析】同种元素之间的氧化还原反应。

6. D 【解析】酿制米酒要通过发酵过程。

7. D 【解析】需要加氧化剂,则本身在反应中作还原剂。

8. B 【解析】元素以其最高价态参与氧化还原反应时,只能表现出氧化性;元素以其最低价态参与氧化还原反应时,只能表现出还原性。本题要求找出哪组的物质均可作氧化剂。在A中 F^-、I^-、S^{2-},C中的Mg,D中的Al都各自是这些元素的最低价态,若参与氧化还原反应时,只能用作还原剂。A、C、D不是本题答案,B中 +3价的Fe,+7价的Mn,+5价的N都分别是这些元素的最高价态,故B为正确答案。

9. D 【解析】化合反应的定义是两种或两种以上的物质生成一种新物质的反

应。氧化还原反应的特征是有电子转移或偏移的反应,以上5个反应符合化合反应的只有①⑤,①和⑤恰好又是氧化还原反应,故D项符合题意。

10. A 【解析】B中Ba^{2+}与CO_3^{2-}反应;C中Ag^+与Cl^-反应;D中Fe^{3+}与OH^-反应。

11. B 【解析】$NH_4^+ + OH^- \xrightarrow{\triangle} NH_3\uparrow + H_2O$;$HCO_3^- + OH^- == CO_3^{2-} + H_2O$;$Ca^{2+} + CO_3^{2-} == CaCO_3\downarrow$

12. C 【解析】A为$H^+ + OH^- == H_2O$;B为$Cu^{2+} + 2OH^- == Cu(OH)_2\downarrow$;D为$Fe + 2H^+ == Fe^{2+} + H_2\uparrow$

13. D 【解析】甲和乙不可能为澄清溶液,甲会反应产生$BaSO_4$沉淀,乙会产生$BaCO_3$沉淀;丙H^+与CO_3^{2-}反应产生CO_2气体,该组溶液不可能存在。

14. B 【解析】由A项反应方程式可得还原性$SO_2 > Fe^{2+}$,与已知相符合,A项反应能发生;由B项反应方程式可得还原性:$H_2O_2 > SO_2$,与已知不符,该反应不能发生;由C项反应方程式可得还原性:$SO_2 > I^-$,与已知条件不符,该反应能发生;由D项反应方程式可得还原性:$I^- > Fe^{2+}$,与已知相符,该反应能发生。

15. D 【解析】$1\ mol\ H\overset{+5}{N}O_3 \longrightarrow 1\ mol\ \overset{+2}{N}O$,电子转移为3 mol。

16. C 【解析】$\overset{+4}{Pb}O_2 \longrightarrow \overset{+2}{Pb}^{2+}$ 得$2e^-$,$2H\overset{-1}{Cl} \longrightarrow \overset{0}{Cl_2}$ 失$e^- \times 2$。根据得失电子守恒,得:$n(PbO_2) \times 2 = 0.1\ mol \times 2$,$n(PbO_2) = 0.1\ mol$。

17. (1) B
(2) HNO_3、KOH、$BaSO_4$、SO_2(其他合理答案均可)
(3) $2KOH + SO_2 == K_2SO_3 + H_2O$

18. (1) ①锥形瓶 ②长颈漏斗
(2) 吸水(或干燥H_2) (3) D
(4) 白色固体变蓝 黑色粉末逐渐变红
(5) 2

19. (1) ①③④ ②⑤⑥
(2) 甲 乙
(3) $\overset{+3}{Fe_2O_3} + 3\overset{+2}{C}O \xrightarrow{\text{高温}} 2\overset{0}{Fe} + 3\overset{+4}{C}O_2$
失$3 \times 2e^-$
得$2 \times 3e^-$

20. $BaCl_2 + CuSO_4 == BaSO_4\downarrow + CuCl_2$
$Ag^+ + Cl^- == AgCl\downarrow$

21. (1) 化合物 ② (2) 能 分解

22. (1) 该反应属于氧化还原反应 氧化剂 MnO_2 还原剂 HCl
(2) 设被氧化的HCl的物质的量为x
$MnO_2 + 4HCl(浓) \xrightarrow{\triangle} MnCl_2 + Cl_2\uparrow + 2H_2O$
$\quad\quad\quad 2(被氧化)\quad\quad\quad\quad 1$
$\quad\quad\quad x \quad\quad\quad\quad\quad\quad\quad 0.5\ mol$
$x = 1\ mol$

第3章 金属及其化合物

第1节 金属的化学性质

能力题型设计

★速效基础演练

1. B

2. B 【解析】导电、导热、延展性是金属的通性。

3. D 【解析】铝是活泼金属,常温下与O_2作用形成致密的氧化膜,该氧化膜对内层金属有保护作用。

4. C 【解析】NaOH溶液与铝反应,与镁不反应。

5. C 【解析】与Al反应产生H_2的溶液,可能是强酸溶液也可能是强碱溶液。

6. C 【解析】A、B中电荷不守恒,D不符合反应事实。铁与稀硫酸反应生成Fe^{2+}。

7. B 【解析】$2Al + 6HCl == 2AlCl_3 + 3H_2\uparrow$;$2Al + 2NaOH + 2H_2O == 2NaAlO_2 + 3H_2\uparrow$;从方程式不难看出生成的$H_2$为1:2,则两份铝的质量比也为1:2。

8. D

9. C 【解析】本题重点考查活泼金属与酸的反应及过量计算,酸不足,钠还能继续与水反应。易错点:A,没考虑到酸不足;D,没考虑到钠还能继续与水反应。

10. A 【解析】根据金属与酸反应产生H_2的关系式 $M \longrightarrow \dfrac{n}{2}H_2$ 代入计算。

11. D 【解析】A、B、C产生的H_2量相等,D中铝还会与产物 NaOH 溶液反

应生成H_2。

12. (1) Na_2O $2Na + O_2 \xrightarrow{\triangle} Na_2O_2$
(2) CO_2 $2CO + O_2 \xrightarrow{\text{点燃}} 2CO_2$
【解析】因为A为金属,C是由A与O_2反应生成的淡黄色物质,由此可推断C为Na_2O_2,A为Na。

★知能提升突破

1. C 【解析】Fe与$FeSO_4$不反应,A项不符合题意;Fe与H_2SO_4反应有气体放出,B项也不符合题意;Fe与$Fe_2(SO_4)_3$反应生成$FeSO_4$,铁片溶解,质量减少,而且没有气体产生,故C项符合题意;Fe与$AgNO_3$反应置换出单质Ag,导致铁片质量增加,D项不符合题意。

2. C 【解析】
$Na \longrightarrow \dfrac{1}{2}H_2$
$23 \quad\quad\quad 1$
$23g \quad\quad\quad m_1 = 1\ g$
$a = (23 + m - 1)g = (22 + m)g$。
$Mg \longrightarrow H_2$
$24 \quad\quad\quad 2$
$24\ g \quad\quad\quad m_2 = 2\ g$
$b = (24 + m - 2)g = (22 + m)g$。

3. 铁粉 作水蒸气的发生器 防止倒吸(或用作安全瓶) 肥皂泡燃烧(或有轻微爆鸣声)

4. 第一种情况:H^+ K^+、Mg^{2+}、Cl^-
第二种情况:OH^- K^+ Cl^- NO_3^-、CO_3^{2-}
【解析】铝既能与酸反应放出H_2,也能跟强碱溶液放出H_2,只要分析在有大量H^+存在时可能共存的离子和有大量OH^-存在时可能共存的离子,并要求含有该离子溶液无色即可。

5. (1) 钠与水反应剧烈,放出的热量大,易发生爆炸 (2) C (3) 小球上升 钠反应生成NaOH,溶液的密度增大,小球受到浮力增大 (4) $2Na + 2H_2O == 2Na^+ + 2OH^- + H_2\uparrow$

6. (1) 0.62 g (2) 8.8%
【解析】有关反应为$2Na + 2H_2O == 2NaOH + H_2\uparrow$,$Na_2O + H_2O == 2NaOH$,生成0.2 g H_2,则反应的钠为4.6g,生成的NaOH为8 g,所以$m(Na_2O) = 5.22$

/139

g -4.6 g $=0.62$ g,Na_2O 与水反应生成 NaOH 0.8 g;反应后的溶液中 $m(NaOH)$ $=$ 8 g $+0.8$ g $=8.8$ g,m(溶液)$=5.22$ g $+$ 94.88 g -0.2 g $=99.9$ g。

第2节 几种重要的金属化合物

能力题型设计
★速效基础演练

1．D　2．B　3．C

4．D 【解析】Fe^{3+}、Al^{3+} 在水中转化为 $Fe(OH)_3$ 胶体和 $Al(OH)_3$ 胶体,能作净水剂。

5．A　6．C　7．A　8．A

9．C 【解析】A、B、C 三组离子,加氨水都会生成沉淀,但加过量的 NaOH 溶液仍有不溶物存在。

10．A 【解析】A 中电荷不守恒。

11．(1)$2Na_2O_2+2H_2O$ === $4NaOH+O_2\uparrow$
(2)反应有氧气生成　放热反应
(3)①水柱向右移动或往右掉下
②酚酞溶液

12．

Fe	$Fe+2Fe^{3+}$ === $3Fe^{2+}$
Cl_2	$2Fe^{2+}+Cl_2$ === $2Fe^{3+}+2Cl^-$
Fe	$Fe+Cu^{2+}$ === $Cu+Fe^{2+}$

★知能提升突破

1．C 【解析】验证溶液中不含 Fe^{3+},应加 KSCN 溶液,若不变为红色,证明无 Fe^{3+},要证明含 Fe^{2+},可在加入 KSCN 溶液后,再滴加氯水,氯水把 Fe^{2+} 氧化为 Fe^{3+},使 KSCN 溶液变红,不能加 $KMnO_4$ 氧化 Fe^{2+},是因为 $KMnO_4$ 溶液的颜色为紫色,不易观察溶液颜色的变化。

2．A、C 【解析】$NH_4^+ + OH^-$ $\xrightarrow{\triangle}$ $NH_3\uparrow + H_2O$,Fe^{2+} 在加热并搅拌过程转化成 Fe^{3+}。

3．B 【解析】此题要求熟练掌握钠、氧化钠、过氧化钠和水的反应。甲:$2Na+2H_2O$ === $2NaOH+H_2\uparrow$;乙:Na_2O+H_2O === $2NaOH$;丙:$2Na_2O_2+2H_2O$ === $4NaOH+O_2\uparrow$。
甲:
$$\frac{0.1\ mol\times 40\ g\cdot mol^{-1}}{0.1mol\times 23\ g\cdot mol^{-1}+100\ g-0.05\ mol\times 2\ g\cdot mol^{-1}}$$
$$=\frac{4}{102.2},$$

乙:
$$\frac{0.2\ mol\times 40\ g\cdot mol^{-1}}{0.1\ mol\times 62\ g\cdot mol^{-1}+100\ g}=\frac{8}{106.2},$$

丙:
$$\frac{0.2\ mol\times 40\ g\cdot mol^{-1}}{0.1\ mol\times 78\ g\cdot mol^{-1}+100\ g-0.05\ mol\times 32\ g\cdot mol^{-1}}$$
$$=\frac{8}{106.2},$$

丁:
$$\frac{0.1\ mol\times 40\ g\cdot mol^{-1}}{0.1\ mol\times 40\ g\cdot mol^{-1}+100\ g}=\frac{4}{104}。$$

说明:本题也可以用原子守恒来判断,如 $2Na_2O_2$ $\longrightarrow$ $O_2\uparrow$,相当于 $2Na_2O$ 与水反应,因此乙 $=$ 丙。然后利用 $2Na+2H_2O$ === $H_2\uparrow+2NaOH$ 消耗水,甲 $\ne$ 乙,排除法即得答案。

4．(1)$\underset{\overset{\displaystyle|}{\displaystyle 2e^-}}{}$ $2Na+2H_2O$ === $2NaOH+H_2\uparrow$
(2)$CO_3^{2-}+2H^+$ === $CO_2\uparrow+H_2O$
(3)NaOH　通入 CO_2 不足　$NaHCO_3$　通入 CO_2 过量

【解析】E 为淡黄色粉末,可推知 E 为 Na_2O_2,则 A 为 Na,进一步推知 B 为 NaOH,D 为 NaCl。再综合分析 C 与 F 的转化关系可知 C 为 Na_2CO_3,F 为 $NaHCO_3$。

5．(1)加入 15 mL NaOH 溶液时,Al^{3+} 全部转化为 $Al(OH)_3$ 沉淀,质量为 0.78 g
(2)加入 20 mL 时 NaOH 溶液时,$Al(OH)_3$ 完全溶解
(3)$Al^{3+}+4OH^-$ === $AlO_2^-+2H_2O$
(4)7.5 mL 或 17.5 mL
【解析】(4)第一种情况:生成 0.78 g 沉淀需 NaOH 溶液 15 mL,则生成 0.39 沉淀需 NaOH 溶液体积为 $\frac{1}{2}\times 15$ mL $=$ 7.5 mL。第二种情况:当沉淀量达最大值 0.78 g 后,又溶解 0.39 g,溶液 0.39 g $Al(OH)_3$ 需 NaOH 溶液体积为 $\frac{1}{2}\times$ 5 mL $=2.5$ mL,则总需 NaOH 溶液体积为 15 mL $+2.5$ mL $=17.5$ mL。

第3节 用途广泛的金属材料

能力题型设计
★速效基础演练

1．B　2．A　3．D　4．D

5．A、D 【解析】不锈钢是含有镍、铬元素的铁合金,主要成分还是铁。不锈钢本身无腐蚀性,耐腐蚀性也很强,但不锈钢也并不是绝对不能被腐蚀的。

6．B 【解析】合金钢是在碳素钢中加入铬、锰、钨、硅等不同元素而形成,合金钢中也含有非金属元素,所以 A 错,B 对;碳素钢是由铁和碳熔合而成的合金,属于混合物,C、D 都不正确。

7．B 【解析】纯度为 $\frac{14}{24}\times 100\%=58\%$。

8．D 【解析】稀土金属在我国含量丰富且品种多;稀土金属可单独使用,也可用生产合金。钛不属于稀土金属。

9．A 【解析】仔细审题,从字里行间挖掘出对解题有用的信息。由于钛和钛的合金密度小、可塑性好,因此可用于航天领域,B 正确;由于钛和钛的合金与人体器官具有很好的生物相容性,和人体的组织相容,不引起排异反应,可以用于制作人造骨,C 正确;由于其密度小、可塑性好、易于加工,用于家庭装修,做钛合金装饰门,推拉轻便,D 正确;只有 A 错误;由于其熔点高,因此不适合做保险丝。

10．A B C A D E B F A

★知能提升突破

1．C 【解析】合金的熔点要低于各成分金属的熔点。

2．C 【解析】原来的镁铝合金经过一系列转化后全部转化为固体氧化镁。由题意得氧化镁中氧元素的质量和铝元素的质量相等。故原混合物中镁元素的质量百分含量为 Mg% $=24/(24+16)\times 100\%=60\%$。

3．(1)置换　不符合　(2)液态　气态
(3)不行　因为 900 ℃时钠已是气体
【解析】因为 K 的沸点比钠的低,加热到 850 ℃时,钠为液态而钾已转化成气态,若反应温度到 900 ℃,钾和钠都为气态。

4．(1)$Fe+CuSO_4$ === $FeSO_4+Cu$
(2)在干燥的空气中保存　(3)铜的化学性质比较稳定,不易被腐蚀,且铜的熔点较低,易铸造成型

5．(1)①$Mg+2H^+$ === $Mg^{2+}+H_2\uparrow$
$2Al+6H^+$ === $2Al^{3+}+3H_2\uparrow$
②H^++OH^- === H_2O
$Mg^{2+}+2OH^-$ === $Mg(OH)_2\downarrow$
③OH^-+CO_2 === HCO_3^-
④$2Al(OH)_3$ $\xrightarrow{\triangle}$ $Al_2O_3+3H_2O$
(2)$\frac{27b}{51a}\times 100\%$　(3)B　A　A

【解析】从实验设计过程可知:Al_2O_3 的质量为 b g,则铝的质量分数:

$$\frac{2 \times 27b}{(2 \times 27 + 3 \times 16)a} \times 100\% = \frac{27b}{51a} \times 100\%。$$

6.(1)由题意可知,当合金的质量分别为 0.702 g 与 0.936 g 时,放出的气体体积均为 672 mL,说明合金均已过量,盐酸已反应完,从放出的氢气体积,就可计算盐酸的物质的量浓度:(0.672/ 22.4)×2÷0.1 = 0.6(mol·L⁻¹)。

(2)合金质量为 0.390 g 时,气体体积只有 448 mL,说明此时盐酸是过量的。设合金中含镁 x mol,含铝 y mol,根据反应的化学方程式:$Mg + 2HCl =\!=\!= MgCl_2 + H_2\uparrow,2Al + 6HCl =\!=\!= 2AlCl_3 + 3H_2\uparrow$。

则有 $24x + 27y = 0.390$,①

$x + \dfrac{3}{2}y = \dfrac{0.448}{22.4}$,②

解①②得,$x = 0.005,y = 0.01$,所以镁和铝的物质的量之比为 1:2。

(3)若要使生成的沉淀最少,说明只得到 $Mg(OH)_2$ 沉淀,而此时铝元素以 AlO_2^- 的形式存在,根据电荷守恒,可列式如下:

$n(Na^+) \times 1 = n(Cl^-) \times 1 + n(AlO_2^-) \times 1$,

得 $n(Na^+) = 0.07$ mol。

所加的 NaOH 溶液体积为 $\dfrac{0.07}{0.2}$ L = 350 mL。

知识与能力同步测控题

1.C 【解析】Al 活泼易与空气中氧气形成致密的氧化膜。

2.B 【解析】钠露置于空气中的变化过程是:$Na \rightarrow Na_2O \rightarrow NaOH \rightarrow Na_2CO_3 \cdot 10H_2O \rightarrow Na_2CO_3$。钠首先表面变暗,转化为 Na_2O,由于 Na_2O 与水结合的能力比与 CO_2 结合的能力强,所以应生成 NaOH,而不是 Na_2CO_3。NaOH 在空气中易潮解,潮解后的 NaOH 再吸收空气中的 CO_2 形成 $Na_2CO_3 \cdot 10H_2O$ 晶体,最后 $Na_2CO_3 \cdot 10H_2O$ 风化,形成无水 Na_2CO_3 粉末。

3.C 【解析】这四项实验都涉及 $2Na + 2H_2O =\!=\!= 2NaOH + H_2\uparrow$,放热而消耗 H_2O,由于 $Mg(OH)_2$ 难溶于水,所以在 A 项中还有化学反应:$Mg^{2+} + 2OH^- =\!=\!= Mg(OH)_2\downarrow$,B 项中的

$Ca(OH)_2$ 溶液已是饱和的,反应又消耗水(溶剂),必有 $Ca(OH)_2$ 固体析出。$CuSO_4$ 溶液中会出现 $Cu(OH)_2$ 固体。

4.A

5.B 【解析】Fe^{3+} 棕黄色。

6.D 【解析】$Al(OH)_3$ 不溶于 $NH_3 \cdot H_2O$。

7.D 【解析】HCO_3^-、CO_3^{2-} 在酸性条件下不能大量共存,SCN^- 与 Fe^{3+} 反应。

8.B 【解析】不论 $NaHCO_3$ 是直接与酸反应,还是受热分解后的固体再与酸反应,其中的 Na^+ 均转化为 NaCl,因 Na^+ 的含量一定,则需 Cl^- 的量一定,即需 HCl 的量一定,所以由守恒式可直接判断出答案。

9.C 【解析】C 选项中电荷不守恒。

10.B 【解析】因为小鼠吸氧呼出 CO_2 气体,且 CO_2 气体又被 NaOH 吸收,故烧瓶内的气体越来越少,压强变小,而 b 端仍是一个大气压,所以 a 端上升,b 端下降。

11.D 【解析】Na、Na_2O、Na_2O_2 溶于水后溶质不再为 b g。

12.C 【解析】反应后剩余的固体能被磁铁吸引,说明铁过量。从反应规律讲,铁先与氯化铁反应生成的阳离子是亚铁离子;然后与氯化铜反应,生成的阳离子也是亚铁离子,铜离子被还原为单质铜;最后与盐酸反应,生成的阳离子还是亚铁离子,氢离子被还原为氢气。所以溶液中最多的阳离子是 Fe^{2+}。

13.C 【解析】A 项中应加的是 Fe;B 项中还要再加 Cl_2;D 项中应加的是 H_2SO_4 溶液。

14.C 【解析】$Cu + 2Fe^{3+} =\!=\!= Cu^{2+} + 2Fe^{2+}$。

15.A 【解析】Na 与 O_2 在不同条件下可生成 Na_2O 或 Na_2O_2;CO_2 与 NaOH 反应因量的不同可产生 Na_2CO_3 或 $NaHCO_3$;C 与 O_2 反应因量不同可产生 CO 或 CO_2。

16.C 【解析】Na 与水反应放出 H_2,并且生成 NaOH,铝能与氢氧化钠溶液反应,也生成 H_2,故最终收集到的气体是这两部分 H_2 的总和,显然要比 Na 单独与水反应生成的 H_2 要多。

$$\underset{2}{2Na} + \underset{2}{2H_2O} =\!=\!= 2NaOH + \underset{1}{H_2\uparrow}$$

$$\begin{array}{cccc} 0.1\ mol & & 0.1\ mol & 0.05\ mol \\ 2Al & +2NaOH & +2H_2O =\!=\!= 2NaAlO_2 & +3H_2\uparrow \\ 2 & & & 3 \\ 0.1\ mol & & & 0.15\,mol \end{array}$$

若铝箔足量,则理论上共生成 H_2:

0.05 mol + 0.15 mol = 0.2 mol。

若铝箔不足,则理论上共生成 H_2:

0.05 mol $< n(H_2) <$ 0.2 mol。

综合以上两种情况:

0.05 mol $< n(H_2) \leq$ 0.2 mol,

即 1.12 L $< V(H_2) <$ 4.48 L。

17.不合理 除去水垢后盐酸与铝反应

(1)$CaCO_3 + 2HCl =\!=\!= CaCl_2 + H_2O + CO_2\uparrow$

(2)$Mg(OH)_2 + 2HCl =\!=\!= MgCl_2 + 2H_2O$

(3)$2Al + 6HCl =\!=\!= 2AlCl_3 + 3H_2\uparrow$

(4)$Al_2O_3 + 6HCl =\!=\!= 2AlCl_3 + 3H_2O$

18.(1)O_2

(2)$2Na_2O_2 + 2H_2O =\!=\!= 4NaOH + O_2\uparrow$

(3)H_2O_2 催化剂

(4)浓硫酸 除去 O_2 中的水蒸气 向上排空气

【解析】无色、无味且不燃烧的气体主要有 O_2、N_2、稀有气体,而能使带火星的木条复燃的气体只能是氧气。可用淡黄色固体(Na_2O_2)与液体(H_2O)反应制得 O_2,也可由黑色固体(MnO_2)和液体(H_2O_2)作用制得。由于上述方法制得的氧气都是在水溶液中制得的,所以要得到纯净的 O_2 则应通过干燥后再进行收集。

19.(1)Fe Fe_3O_4 $FeCl_2$ $FeCl_3$ $Fe(OH)_2$ $Fe(OH)_3$

(2)⑧的化学方程式:$4Fe(OH)_2 + O_2 + 2H_2O =\!=\!= 4Fe(OH)_3$

④的离子方程式:$2Fe^{2+} + Cl_2 =\!=\!= 2Fe^{3+} + 2Cl^-$

⑤的离子方程式:$Fe + 2Fe^{3+} =\!=\!= 3Fe^{2+}$

【解析】本题考查同学们对铁及其化合物的综合应用能力,同时考查同学们的分析判断与逻辑推理能力。从最初条件看,框图很模糊,不能得出结论,但找到"题眼"——"红褐色固体F",就可迅速判断出 F 是 $Fe(OH)_3$。从而得出 A 为 Fe,"黑色晶体B"为 Fe_3O_4,继而推出 C 为

FeCl$_2$，D 为 FeCl$_3$，E 为 Fe(OH)$_2$。

20.3Fe + 4H$_2$O(g) $\xrightarrow{\text{高温}}$ Fe$_3$O$_4$ + 4H$_2$

(1) 排水　(2) 拔下尖嘴上的木棍，点燃气体，在火焰上罩一干燥的小烧杯，杯壁有水珠出现(其他合理答案也可)　(3) 取少量黑色固体加入稀盐酸，无气泡生成

21.(1) 由题意可知，因碳酸钠与盐酸反应放出 CO$_2$ 气体，导致溶液质量减小，所以减小的质量为 CO$_2$ 气体的质量，即 2.2 g，以此可以求算碳酸钠的质量：(2.2/44)×106＝5.3(g)，因样品总质量为 13.3 g，故 NaOH 的质量为 8 g。

(2) 新生成的溶质为 NaCl，可由 Na$_2$CO$_3$ 的质量及 NaOH 的质量求得其物质的量，即(2.2/44)×2＋8/40＝0.3(mol)，而溶液的体积可由图中看出为 200 mL，虽然反应后有 CO$_2$ 气体逸出，但因逸出的气体质量仅 5.3 g，故可粗略认为溶液体积仍为 200 mL，所以其浓度为：0.3 mol/0.2 L＝1.5 mol/L。

第4章　非金属及其化合物

第1节　无机非金属材料的主角——硅

能力题型设计

★速效基础演练

1．A　2．B

3．C　【解析】根据二氧化硅的化学性质，二氧化硅不与水反应，也不与除氢氟酸外的酸反应，它可与碱性氧化物和强碱反应，高温时可以被焦炭还原成单质硅。

4．C、D　【解析】因二氧化碳、二氧化硅均为酸性氧化物，故都可以与强碱反应生成相应的盐，如：SiO$_2$ + 2NaOH ══ Na$_2$SiO$_3$ + H$_2$O，CO$_2$ + 2NaOH ══ Na$_2$CO$_3$ + H$_2$O。这两种氧化物均可与木炭发生反应；C + CO$_2$ $\xrightarrow{\text{高温}}$ 2CO，2C + SiO$_2$ $\xrightarrow{\text{高温}}$ Si + 2CO↑，二氧化硅与高温下的碳酸钠固体反应，而与碳酸钠溶液不反应，故正确答案为 C、D。

5．D　【解析】SiO$_2$ 不溶于水，不与水反应。

6．A　【解析】将化学方程式改写成：

失去4e$^-$

SiO$_2$ + C + 2C ══ SiC + 2CO↑

得到4e$^-$

可知氧化剂、还原剂的物质的量之比为1:2。

7．D　【解析】CaO、CaCO$_3$ 与 SiO$_2$ 在物理性质和化学性质上都有区别，利用性质差异，可解决问题。SiO$_2$ 不溶于盐酸但可溶于 NaOH 溶液，CaCO$_3$ 不溶于水但可溶于盐酸且可放出 CO$_2$ 气体，所以，在生石灰样品中加入足量盐酸产生气泡可证明含有石灰石(CaCO$_3$)，反应后有不溶物剩余，将该不溶物投入 NaOH 溶液中，不溶物溶解，可证明生石灰样品中含有 SiO$_2$，故选 D。

8．C　【解析】A 项强酸制弱酸适用于常温水溶液里的复分解反应，不适应于高温非水体系的反应；SiO$_2$ 与 HF 酸产生 SiF$_4$ 气体，SiF$_4$ 不是盐，因此 SiO$_2$ 不是两性氧化物，另外，SiO$_2$ 除氢氟酸之外与其他强酸(H$_2$SO$_4$、HNO$_3$ 等)均不反应。D 项 NaOH、Na$_2$SiO$_3$ 可盛放在玻璃瓶中，但不能用玻璃塞，应用橡皮塞。

9．C　【解析】SiO$_2$ 不溶于水，可溶于氢氟酸和氢氧化钠溶液；H$_2$SiO$_3$ 不溶于水，也不溶于氢氟酸，但可溶于氢氧化钠溶液且加热时可分解为二氧化硅和水。

10．D　【解析】只有很简单的硅酸盐中的阴离子才是 SiO$_3^{2-}$，A 项错；简单的硅酸盐可溶于水，B 项错；用氧化物的形式表示硅酸盐的组成是为了简化、直观，并不是说硅酸盐就是由各种氧化物组成的，C 项错。

11．2MgO · 3SiO$_2$ · nH$_2$O

2MgO · 3SiO$_2$ · nH$_2$O + 4HCl ══ 2MgCl$_2$ + 3SiO$_2$ + (n + 2) H$_2$O

【解析】用氧化物的形式表示硅酸盐的时候，应注意书写原则；第二问若直接写三硅酸镁与盐酸反应，许多同学会感到无从下手，所以应从氧化物形式书写。碱性氧化物(MgO)能与盐酸反应，而 SiO$_2$ 不能与盐酸反应可当成杂质，最后写出正确的方程式。本题主要考查硅酸盐的书写方式和性质，其氧化物形式的书写关键在于化合价，该物质中 Mg 为 +2 价，Si 为 +4 价，其氧化物化学式为 2MgO · 3SiO$_2$ · nH$_2$O，与盐酸反应

的方程式(只有 MgO 能反应)为：

2MgO · 3SiO$_2$ · nH$_2$O + 4HCl ══ 2MgCl$_2$ + 3SiO$_2$ + (n + 2) H$_2$O。

12.

样品	所用试剂	主要操作	化学方程式
盐酸			CaCO$_3$ + 2HCl ══ CaCl$_2$ + H$_2$O + CO$_2$↑
NaOH 溶液		过滤	2NaOH + SiO$_2$ ══ Na$_2$SiO$_3$ + H$_2$O
氧气		加热	Si + O$_2$ $\xrightarrow{\triangle}$ SiO$_2$
——		加热	H$_2$SiO$_3$ $\xrightarrow{\triangle}$ SiO$_2$ + H$_2$O

13.①C　②D　③B　④E　⑤A

【解析】本题较全面考查 SiO$_2$ 的性质，将所给选项结合实际一一对应查找，A 用来雕刻玻璃，应有氢氟酸(HF)参与反应，B 中氧化性是指反应中 SiO$_2$ 中 Si 得电子，化合价降低，D 中挥发性的酸酐，应为 CO$_2$ 而不是 CO，表现酸性氧化物通性是 SiO$_2$ 与碱的反应。

【点拨】本题易错点是 SiC 中元素化合价标错，SiC 中碳元素为 −4 价，硅元素为 +4 价，即活泼的非金属元素显负价，较不活泼的非金属元素显正价。

★知能提升突破

1．C　【解析】根据价态守恒，可求出 x＝6。

2．B　【解析】小苏打的化学式为 NaHCO$_3$，与盐酸反应离子方程式为：HCO$_3^-$ + H$^+$ ══ H$_2$O + CO$_2$↑。

3．(1)①焰色反应法：焰色反应为黄色的是 Na$_2$CO$_3$，无焰色反应的为 SiO$_2$

②酸液产气法：分别取少许待测粉末，滴加稀盐酸，能够产生气体的是 Na$_2$CO$_3$；不反应的是 SiO$_2$。化学方程式：Na$_2$CO$_3$ + 2HCl ══ 2NaCl + H$_2$O + CO$_2$↑　③将少量粉末置于水中，溶解的是 Na$_2$CO$_3$，不溶解的是 SiO$_2$

(2)①焰色反应法：焰色反应为砖红色的是 CaCO$_3$，为黄色的是 Na$_2$SiO$_3$

②酸液产气法：分别取少许待测粉末，滴加稀盐酸，能够产生气体的是 CaCO$_3$，产生白色沉淀的为 Na$_2$SiO$_3$。化学方程式：CaCO$_3$ + 2HCl ══ CaCl$_2$ + H$_2$O + CO$_2$↑，Na$_2$SiO$_3$ + 2HCl ══ 2NaCl + H$_2$SiO$_3$(胶体)(答案只要合理即可)

4. (1)平衡分液漏斗与锥形瓶内的压强,使稀硫酸顺利流下 (2)使滴定管内液面与左侧干燥管内液面相平,视线与滴定管液面最低处水平

$$(3)\dfrac{m-\dfrac{2\times27\times V\times10^{-3}}{3\times22.4}}{m}\times100\%$$

【解析】(3)合金中 Al 与硫酸反应产生 H_2,关系式为:

$$2Al \quad\sim\quad 3H_2$$
$$2\times27g \quad 3\times22.4L$$
$$m(Al) \quad V\times10^{-3}L$$

解得 $m(Al)=\dfrac{2\times27\times V\times10^{-3}}{3\times22.4}$g,进一步求出 Si 的质量分数为$\dfrac{m-\dfrac{2\times27\times V\times10^{-3}}{3\times22.4}}{m}\times100\%$。

5. (1)由 C 还原 SiO_2 得到的单质 Si 中,杂质含量过高,将它用 HCl、Cl_2 处理得到低沸点的 $SiHCl_3$,便于蒸馏提纯,然后再还原得到高纯硅 (2)① $Mg_2Si+4HCl$ ══ $2MgCl_2+SiH_4\uparrow$ ② $SiH_4\xrightarrow{\triangle}Si+2H_2$

【解析】(1)根据方法一的生产流程,可得如下反应式:$SiO_2+2C\xrightarrow{\text{高温}}Si(粗硅)+2CO\uparrow$,所得的粗硅中含有大量的其他杂质(如 C、$SiO_2$ 等),没有实际应用价值,将粗硅用 HCl、Cl_2 处理转化为沸点低的 $SiHCl_3$,反应方程式为 $Si+Cl_2+HCl\xrightarrow{\text{高温}}SiHCl_3$,低沸点的 $SiHCl_3$ 通过蒸馏极易将其分离提纯,然后将纯的 $SiHCl_3$ 在高温下用 H_2 还原即可得到纯度高的 Si 蒸气,$SiHCl_3+H_2\xrightarrow{\text{高温}}Si+3HCl$,再进行气相沉淀即可制得高纯度的硅,从而得到单晶硅。

(2)Mg_2Si 与盐酸作用制得 SiH_4,根据原子守恒可知另一种生成物为 $MgCl_2$,其反应方程式为:$Mg_2Si+4HCl$ ══ $2MgCl_2+SiH_4\uparrow$;再将 SiH_4 进行热分解即可得到高纯硅和 H_2,其反应方程式为:$SiH_4\xrightarrow{\triangle}Si+2H_2$。

第2节 富集在海水中的元素——氯

能力题型设计
★速效基础演练

1. B 2. A 3. B

4. C 【解析】卤素单质熔、沸点逐渐升高,F_2、Cl_2 常温下为气态,Br_2 为液态,

I_2 为固态,A 错;卤素单质与 H_2 反应越来越难,B 错;单质氧化性逐渐减弱,例 Cl_2+2KI ══ $2KCl+I_2$,D 错。

5. A 【解析】$Cl_2+2NaBr$ ══ $2NaCl+Br_2$,Cl_2+2KI ══ $2KCl+I_2$,在加热情况下 Br_2 挥发,I_2 升华,剩下固体为 NaCl 和 KCl。

6. C 【解析】液氯中不含 Cl^-,A 错;氯气与液氯中均不含 HClO,不能使有色布条褪色,B 错;氯水中含有 HCl,故盐酸和氯水中都含有 Cl^-,C 对;盐酸不具有漂白性,D 错。

7. D

8. B 【解析】增加的质量 7.1 g 为氯元素。$n(Cl)=\dfrac{7.1\ g}{35.5\ g\cdot mol^{-1}}=0.2$ mol,则反应的某单质与氯元素物质的量之比为 1:2。

9. D 【解析】Ag^++Cl^- ══ $AgCl\downarrow$,AgCl 沉淀不溶于稀 HNO_3。

10. D 【解析】用氯气来消毒的自来水,相当是"低浓度的氯水",成分复杂,有 Cl^-、HCl、HClO、Cl_2 等。

11. ① B ② A ③ C 【解析】① 中 Cl_2 完全被 NaOH 溶液吸收,生成两种可溶性盐,故气体、溶液均显无色;② 中 Cl_2 跟水作用生成 HCl,再跟 $AgNO_3$ 充分作用,生成白色难溶盐 AgCl,故气体显无色,溶液中出现白色浑浊;③ 中少量 Cl_2 溶于水形成氯水,故气体和溶液均呈浅黄绿色。

12. (1)Cl_2 Cl_2+2Fe^{2+} ══ $2Fe^{3+}+2Cl^-$
(2)Cl^- Ag^++Cl^- ══ $AgCl\downarrow$
(3)H^+ HClO

【解析】考查氯水成分的多样性,要从氯水所含的微粒种类(Cl_2、HClO、H^+、Cl^-)来考虑。

13. (1)溶液变血红色 $Fe^{3+}+3SCN^-$ ══ $Fe(SCN)_3$
(2)吸收未反应的 Cl_2,以防污染空气
(3)取玻璃管内少量固体于试管中,用适量的蒸馏水溶解后,加入酸性 $KMnO_4$ 溶液,若紫红色溶液褪去,则证明含有 Fe^{2+}
(4)通入 KSCN 溶液导管口径太小,

易发生堵塞(或易发生倒吸现象)

★知能提升突破

1. D 【解析】$2KClO_3\xrightarrow[\triangle]{MnO_2}2KCl+3O_2\uparrow$,首先在催化剂作用下,$KClO_3$ 转化为 KCl,然后再用过滤方法分离 MnO_2 和 KCl。最后检验 Cl^- 的存在。

2. B 【解析】关闭旋塞 B 时,氯气通过 D 瓶进入试管 C 中,如果 D 瓶中是氢氧化钠溶液,氯气会与氢氧化钠反应,氯气被吸收,则 C 瓶中有色布条不褪色;如果 D 瓶中装有水、稀 H_2SO_4 或饱和食盐水,氯气在这三种物质中的溶解度不大,会逸出,逸出的氯气是带有水蒸气的,能使有色布条褪色。

3. (1)1.5 g (2)干燥氯气
(3)$Cl_2+2NaOH$ ══ $NaCl+NaClO+H_2O$
(4)除去 Cl_2 中的 HCl 气体
(5)不合理;实验进行中 Cl_2 与湿润红色纸条中的水反应生成 HClO 使湿润的红色纸条褪色,干燥部分没有 HClO,所以纸条不褪色。放置一段时间,由于水分子运动会导致整个纸条湿润而褪色
取一塑料板将干燥的红色纸条和湿润的红色纸条分别贴在塑料板两侧,将该装置放入装置 D 中。或将氯气先通入装有干燥的红色纸条的试管,再通入装有湿润红色纸条的试管中
(6)0.5

4. (1)Cl_2 $CaCO_3$
(2)使 Ca^{2+} 完全沉淀 除去附着在 $CaCO_3$ 上的 Na^+、Cl^-、CO_3^{2-},减小误差
(3)$\dfrac{111C}{100A}\times100\%$ (4)$\dfrac{206(A-B)}{89A}\times100\%$

【解析】$CaCl_2\longrightarrow CaCO_3$
$$111 \qquad 100$$
$$m \qquad C$$
$$m=\dfrac{111C}{100},$$
$$\therefore w(CaCl_2)=\dfrac{111C}{100A}\times100\%$$

设原混合物中 NaCl、NaBr 的质量分别为 x、y。

$$x+y=A-\dfrac{111C}{100},\qquad ①$$

$NaBr\xrightarrow{Cl_2}NaCl$
$$103 \qquad 58.5$$

$$y \qquad \frac{58.5y}{103}$$

$$x + \frac{58.5y}{103} = B - \frac{111C}{100}, \qquad ②$$

由①②求得 $y = \frac{206(A-B)}{89}$，

所以 $w(NaBr) = \frac{206(A-B)}{89A} \times 100\%$。

第3节 硫和氮的氧化物

能力题型设计

★速效基础演练

1．D　2．C　3．C　4．B　5．C　6．D　7．B
8．A

9．B、C　【解析】是红棕色气体，那么一定有二氧化氮的存在，与水反应后生成一氧化氮，所以没有充满试管，继续通入氧气，最终充满试管，则A肯定错误；如果有少量的氧气，大量的二氧化氮时B选项可以成立；C项中通入足量的氧气，NO也可以全部被吸收。

10．C　【解析】CO_2 不与 $NaHCO_3$ 溶液反应，$SO_2 + 2NaHCO_3 = Na_2SO_3 + 2CO_2\uparrow + H_2O$。

11．A　【解析】SO_2 有还原性，$FeCl_3$ 和 $KMnO_4$ 有氧化性，SO_2 能与两者发生氧化还原反应。

12．(1) $N_2 + O_2 \xrightarrow{放电} 2NO$　$2NO + O_2 = 2NO_2$　$3NO_2 + H_2O = 2HNO_3 + NO$
(2)氮的固定　(3)5.6
破坏农作物、森林、草原，使土壤、湖泊酸化，还会腐蚀建筑物、桥梁、工业设备、运输工具及通信电缆
(4) $SO_2 + H_2O \rightleftharpoons H_2SO_3$

13．(1) $Na_2SO_3 + H_2SO_4 = Na_2SO_4 + H_2O + SO_2\uparrow$　(2)变红　酸性
(3)褪色　漂白性　(4)有淡黄色沉淀生成　氧化　(5)$KMnO_4$ 溶液褪色
还原　(6)吸收 SO_2，防止 SO_2 污染环境　$SO_2 + 2NaOH = Na_2SO_3 + H_2O$

【解析】SO_2 中的 $\overset{+4}{S}$ 处于中间价态，既有还原性，又有氧化性。

★知能提升突破

1．C　【解析】根据质量守恒反应前后恒有 a mol N，$(a+2b)$ mol O。

2．C　【解析】根据化学方程式 $4NO + 3O_2 + 2H_2O = 4HNO_3$，设 NO 和 O_2

都为4体积。则剩余1体积 O_2，很显然选择C。

3．A、B　【解析】该混合气体无色，则不可能含有 Cl_2（黄绿色）、NO_2（红棕色）；能使品红溶液褪色，则说明必含有 SO_2；剩余气体排入空气中很快变红棕色，这是由于发生了反应：$2NO + O_2 = 2NO_2$，说明原混合气体中必含有 NO，则同时也排除了 O_2 的存在。

4．(1)E　酸性　还原性
(2)溶液由无色变为红色
(3)$Cl_2 + 2OH^- = Cl^- + ClO^- + H_2O$
$SO_2 + 2OH^- = SO_3^{2-} + H_2O$
(4)$Cl_2 + SO_2 + 2H_2O = H_2SO_4 + 2HCl$

5．(1)Na_2SO_3　NaOH　(2)$Cl_2 + SO_3^{2-} + H_2O = SO_4^{2-} + 2H^+ + 2Cl^-$　$H^+ + OH^- = H_2O$　(3)240　【解析】该废水处理需满足两个需求：一是除去 Cl_2；二是调为中性。因为 Cl_2 跟 SO_3^{2-} 与水反应可能生成 H^+，所以除去 H^+ 应在该反应之后进行。每 1 m^3 的废水中含 Cl_2：$n(Cl_2) = 1\,000\,L \times 0.012\,mol\cdot L^{-1} = 12$ mol。由化学方程式：$Cl_2 + Na_2SO_3 + H_2O = Na_2SO_4 + 2HCl$ 可知，消耗 Na_2SO_3 的物质的量 $n(Na_2SO_3) = 12$ mol，所以 $V(Na_2SO_3) = \frac{12\ mol}{0.05\ mol\cdot L^{-1}} = 240$ L。

第4节 氨 硝酸 硫酸

能力题型设计

★速效基础演练

1．D

2．B　【解析】NH_3 与浓 H_2SO_4 反应，HCl 与碱石灰可以反应，A、C 不能用浓 H_2SO_4、碱石灰干燥，D 项中 NO 与 O_2 不能共存。

3．D　【解析】浓 H_2SO_4 中的 S 元素化合价都发生了变化，只显氧化性。

4．C　【解析】加入 KNO_3，相当于铜与稀 HNO_3 反应。

5．C　【解析】浓 HNO_3 常温下能溶解铜，却能使铝钝化。

6．D　7．D

8．D　【解析】浓硝酸、浓盐酸易挥发，溶质减少，浓度降低；浓硫酸易吸水，溶

剂增加，浓度降低。

9．D　【解析】CO_3^{2-} 与 Ca^{2+} 作用产生 $CaCO_3$ 沉淀，A 错；酸性条件下 Fe^{2+} 易被 NO_3^- 氧化，B 错；NH_4^+ 与 OH^- 反应生成 $NH_3\cdot H_2O$，C 错。

10．B

11．(1)C　(2)C　(3)A　(4)B　(5)B
(6)B、E　(7)E　(8)B、D

12．(1)N_2　NO_2　NO　NH_3　HNO_3
(2)① $N_2 + O_2 \xrightarrow{} 2NO$
② $4NH_3 + 5O_2 \xrightarrow{} 4NO + 6H_2O$
③ $3NO_2 + H_2O = 2HNO_3 + NO$
④ $3Cu + 8HNO_3(稀) = 3Cu(NO_3)_2 + 2NO\uparrow + 4H_2O$

★知能提升突破

1．B　【解析】反应后溶液中含有 a mol H^+，说明过量的 HNO_3 为 a mol。溶液中还含有 $Cu(NO_3)_2$，因为 $n(Cu^{2+}) = \frac{3.2\ g}{6.4\ g\cdot mol^{-1}} = 0.05$ mol，则与 Cu^{2+} 结合的 NO_3^- 物质的量为 $0.05\ mol \times 2 = 0.1$ mol，所以溶液中 $n(NO_3^-) = (0.1 + a)$ mol。

2．C　【解析】设烧瓶的容积为 V L。V L NH_3 全部溶于水，形成 $NH_3\cdot H_2O$ 溶液的体积为 V L。V L NO_2 溶于水发生化学反应 $3NO_2 + H_2O = 2HNO_3 + NO$，$\frac{2V}{3}$ 气体转化为 HNO_3，HNO_3 溶液的体积是 $\frac{2V}{3}$ L。
综合上述可知：$c(NH_3\cdot H_2O) = c(HNO_3)$。
【点拨】正确建立 $n(NO_2)$ 与 $n(HNO_3)$ 的关系、$n(HNO_3)$ 与 V（硝酸溶液）的关系，是解题的关键。

3．(1)

×	√	×	√
√	—	√	×

(2)B　(3)O_2　b、c

4．(1)NH_4NO_3　NH_3
(2)$NH_4^+ + OH^- \xrightarrow{\triangle} NH_3\uparrow + H_2O$
(3)$NH_4NO_3 \xrightarrow{200\ ℃} N_2O + 2H_2O$

5．(1)0.1 $mol\cdot L^{-1}$　(2)0.1　(3)448
【解析】(1) $n(Cu) = \frac{3.2\ g}{64\ g\cdot mol^{-1}} = 0.05$ mol，所以溶液中 $n[Cu(NO_3)_2]$

0.05 mol，则 $c(HNO_3) = 0.2$ mol·L^{-1} — $\dfrac{2 \times 0.05 \text{ mol}}{1L} = 0.1$ mol·L^{-1}。

(2) HNO_3 被还原得电子数等于 Cu 失电子数，所以

$n(e^-) = 0.05$ mol $\times 2 = 0.1$ mol。

(3) 设 NO、NO_2 的物质的量分别为 x mol、y mol，因为被还原的 HNO_3 为 0.26 mol − 0.2 mol = 0.06 mol，

$$\begin{cases} x + y = 0.06, \\ 3x + y = 0.1, \\ x = 0.02。 \end{cases}$$

故 $V(NO) = 0.02$ mol $\times 22\,400$ mL·mol^{-1} = 448 mL。

知识与能力同步测控题

1. B 【解析】有关用途的问题往往与物质的性质有关，两者结合考虑，易得出答案。氯气本身并无漂白作用，液氯也没有，Cl_2、漂白粉用于漂白是由于它们在水溶液中发生反应生成了 HClO。HClO 不稳定，故常制成较稳定的次氯酸盐。Cl_2 和 $Ca(OH)_2$ 在溶液中反应。

2. B 【解析】在上述反应 A、C 项中 HNO_3 均表现出酸性。在 B、D 项中 HNO_3 中氮元素的化合价均降低，表现出氧化性，并且在 B 项中又有 $Cu(NO_3)_2$ 和水生成，说明此反应中 HNO_3 还表现出酸性。

3. B 【解析】向固体中加入 NaOH 溶液，加热发生反应：$NH_4^+ + OH^- \xrightarrow{\triangle} NH_3\uparrow + H_2O$，产生的气体若能将湿润的红色石蕊试纸变蓝（或用蘸有浓盐酸的玻璃棒检验，冒白烟），则证明该白色固体是铵盐。

4. D 【解析】A 中，稀硝酸具有较强的氧化性，可将单质铁氧化为 Fe^{3+}，同时生成 NO，而非氢气；B 中，小苏打与氢氧化钠溶液混合，发生离子反应：$HCO_3^- + OH^- = CO_3^{2-} + H_2O$；C 中，氯化钙与碳酸氢钾溶液混合后，二者不发生离子反应。

5. D 【解析】A 中，由于碘与酒精互溶，无法分离；B 中，NH_4Cl 分解产生的 NH_3 和 HCl 又会在试管口化合生成 NH_4Cl 晶体，从而无法得到 NH_3；C 中，

Cl_2 也可与 NaOH 溶液反应：$Cl_2 + 2NaOH = NaCl + NaClO + H_2O$，不能用 NaOH 溶液除杂。

6. D 【解析】由题目信息"化学性质与 Cl_2 相似"，可知 A、C 正确。对于 BrCl 与 H_2O 的反应中，反应前后无元素化合价变化（BrCl 中，Br 为 +1 价，Cl 为 −1 价），则该反应为非氧化还原反应。

7. C 【解析】Fe、Cu 能与稀 HNO_3 反应，反应后有固体剩余，则溶液中有 $Fe(NO_3)_2$，无 $Fe(NO_3)_3$，因为 Fe^{3+} 氧化 Fe 或 Cu。由于滤出的固体物质投入盐酸中无气体放出，说明该固体只有 Cu 没有 Fe，所以滤液一定有 $Fe(NO_3)_2$，可能有 $Cu(NO_3)_2$。

8. B 【解析】本题结合铵盐与碱反应产生 NH_3 以及 SO_4^{2-} 与 Ba^{2+} 的沉淀反应考查有关的计算。

9. D 【解析】SO_2 能使 $KMnO_4(H^+, aq)$ 褪色，是由于 $KMnO_4(H^+, aq)$ 将 SO_2 氧化为 H_2SO_4，本身被原为无色 Mn^{2+} 的缘故：$2KMnO_4 + 5SO_2 + 2H_2O = K_2SO_4 + 2MnSO_4 + 2H_2SO_4$。$SO_2$ 能使卤水褪色，是由于 X_2（不包括 F_2）将 SO_2 氧化为 H_2SO_4，本身被还原为无色 X^- 的缘故：$SO_2 + X_2 + 2H_2O = H_2SO_4 + 2HX$。$SO_2$ 能使棕黄色 $Fe^{3+}(aq)$ 颜色变浅，是由于 Fe^{3+} 把 SO_2 氧化为 H_2SO_4，本身被原为浅绿色 Fe^{2+} 的缘故：$SO_2 + 2H_2O + 2Fe^{3+} = 2Fe^{2+} + 4H^+ + SO_4^{2-}$。$SO_2$ 的漂白作用是 SO_2 与有色物质的化合反应，不是氧化反应，且被 SO_2 漂白的物质受热后能恢复原来的颜色，而以上反应后溶液受热不能恢复为原来的颜色，故都不是 SO_2 的漂白作用。

10. B 【解析】发生反应分别是硝酸氧化 SO_2 水溶液，产生 $BaSO_4$ 沉淀；另一支试管通入 SO_2 生成 Na_2SO_3，而后和 $BaCl_2$ 反应生成 $BaSO_3$ 沉淀。所以分别体现 SO_2 的还原性和酸性。

11. B 【解析】A 中 NO_3^- 在酸性条件下与 Fe^{2+} 因发生氧化还原反应而不能大量共存；C 中 S^{2-} 在酸性条件下与 NO_3^- 也不能大量共存；D 中 SO_3^{2-} 在酸性条件

下与 NO_3^- 不能大量共存，故选 B。

12. D 【解析】硅在常温下只能与 F_2、氢氟酸、NaOH 溶液发生反应；二氧化硅与碳酸钠在高温下能反应；二氧化硅是酸性氧化物，能与 NaOH 溶液反应，但不能与 HNO_3 反应，故 D 选项符合题意。

13. D 【解析】$3NO_2 + H_2O = 2HNO_3 + NO$ 由此可知有 1 mol NO 产生，有 2 mol HNO_3 生成，根据 $HNO_3 + NaHCO_3 = NaNO_3 + H_2O + CO_2\uparrow$ 可知，2 mol HNO_3 与足量 $NaHCO_3$ 反应有 2 mol CO_2 产生。$2CO_2 + 2Na_2O_2 = 2NaCO_3 + O_2$，由此可知有 1 mol O_2 产生，∴ 此时剩余气体为 1 mol NO 和 1 mol O_2。用排水法收集时，发生如下反应：$4NO + 3O_2 + 2H_2O = 4HNO_3$。由此可知最后剩余 0.25 mol O_2，故选 D。

14. C 【解析】由①的实验现象，确定溶液中含有 I^-；由②确定一定含有 CO_3^{2-}；由③确定一定含有 Na^+；由④知一定不含 NH_4^+。

15. B 【解析】①NO 不与 H_2O 反应，设原有 NO、NO_2 各 3 体积，则由反应：$3NO_2 + H_2O = 2HNO_3 + NO$ 知，3 体积的 NO_2 与 H_2O 反应后，变为 1 体积 NO，此时剩余 NO 的总体积与原来气体的体积比为 4:6。②由反应：$4NO_2 + O_2 + 2H_2O = 4HNO_3$ 可知，等体积的 NO_2 与 O_2 混合溶于水时，O_2 过量，若二者皆为 4 体积，则剩余 3 体积氧气，与原来总体积的比为 3:8。③N_2 不与水反应，NH_3 被 H_2O 完全吸收，气体剩余体积为原来的一半，显然有 $V_1 > V_3 > V_2$。故正确答案为 B。

16. D 【解析】混合溶液中 $n(H_2SO_4) = 4$ mol/L $\times 0.01$ L = 0.04 mol，$n(HNO_3) = 2$ mol/L $\times 0.01$ L = 0.02 mol，所以 $n(H^+) = 0.04$ mol $\times 2 + 0.02$ mol = 0.1 mol，$n(NO_3^-) = 0.02$ mol，而 $n(Cu) = \dfrac{0.96 \text{ g}}{64 \text{ g·mol}^{-1}} = 0.015$ mol。根据 Cu 和稀硝酸反应的离子方程式 $3Cu + 2NO_3^- + 8H^+ = 3Cu^{2+} + 2NO\uparrow + 4H_2O$，0.96 g Cu 即 0.015 mol Cu 完全反应需 $n(H^+) = 0.04$ mol，$n(NO_3^-) = 0.01$ mol，而此时溶液中有 0.1 mol H^+

（足量）,0.02 mol NO_3^-（足量）,因此用 Cu 的物质的量进行计算。

$$3Cu \quad \sim \quad 2NO\uparrow$$
$$3mol \qquad 2\times22.4\ L$$
$$0.015\ mol \qquad V(NO)$$

所以 $V(NO)=\dfrac{2\times22.4\ L\times0.015\ mol}{3\ mol}=$

$0.224\ L=224\ mL$。

17. (1)①$K_2O\cdot Al_2O_3\cdot 6SiO_2$
②$Al_2O_3\cdot 2SiO_2\cdot 2H_2O$
(2)H_2CO_3 的酸性比 H_2SiO_3 的酸性强,由较强的酸可制得较弱的酸

【解析】(1)将复杂硅酸盐化学式改写成氧化物时,需将除 O 以外所有的元素写出其常见氧化物,并用"·"将它们合起来,但需注意各种原子个数比符合原来的组成,并在某种(或几种)氧化物前加合适的化学计量数。
①$K_2O\cdot Al_2O_3\cdot 6SiO_2$
②$Al_2O_3\cdot 2SiO_2\cdot 2H_2O$ (2)分析反应前后物质的种类,可知属于酸与盐发生的复分解反应,由于 H_2CO_3 酸性强于 H_2SiO_3,发生了"较强的酸制较弱的酸"的反应。

18. (1)0.045 mol·L^{-1} (2)0.045 mol·L^{-1}
(3)0.045 mol·L^{-1} (4)0.036 mol·L^{-1}
【解析】(1)由于 HCl 气体极易溶于水,最终所得溶液的体积和原 HCl 气体的体积相等,即相当于 V L 溶液中溶解了 V L 的 HCl 气体:$\dfrac{V}{22.4}$ mol(设烧瓶体积为 V L),溶液的物质的量浓

度为:$\dfrac{\frac{V}{22.4}\ mol}{V\ L}=\dfrac{1}{22.4}$ mol·$L^{-1}=$

0.045 mol·L^{-1}。

(2)由于 NH_3 也极易溶于水,最终所得溶液的体积和原 NH_3 的体积是相等的。故所得溶液的物质的量浓度也为

$\dfrac{1}{22.4}$mol·L^{-1},约为 0.045 mol·L^{-1}。

(3)由反应方程式 $3NO_2+H_2O=$
$2HNO_3+NO$ 知,NO_2 气体有 2/3 被氧化成 HNO_3,喷泉实验结束后所得溶液的体积亦为原 NO_2 气体体积的2/3,故该溶液

的物质的量浓度为$\dfrac{1}{22.4}$mol·L^{-1},约为

0.045 mol·L^{-1}。

(4)由反应方程式 $4NO_2+O_2+2H_2O=$
$4HNO_3$ 知,NO_2 与 HNO_3 的物质的量相等,NO_2 的体积占混合气体总体积的$\dfrac{4}{5}$,即相当于 1 L 溶液中溶有的 HNO_3 为:

$\dfrac{1}{22.4}\times\dfrac{4}{5}=\dfrac{1}{28}$ mol,约为 0.036 mol,其

$c(HNO_3)=0.036$ mol·L^{-1}。

19. (1)①②④⑥
(2)$Ca(OH)_2+2NH_4Cl\xlongequal{\triangle}CaCl_2+$
$2NH_3\uparrow+2H_2O$
(3)①②
(4)$N_2+3H_2\xrightleftharpoons[催化剂]{高温、高压}2NH_3$
(5)加入浓 NaOH 溶液,加热,生成无色有刺激性气味的气体,用湿润的红色石蕊试纸检验,试纸变为蓝色,证明 E 中有 NH_4^+

20. (1)①H_2SO_4 ②酸雨 (2)①NH_3 或 N_2 NO_2 ②$Cu+4HNO_3$(浓)$=$
$Cu(NO_3)_2+2NO_2\uparrow+2H_2O$ 属于
【解析】根据图示中的"连续氧化"转化关系和"D 为含氧酸,强酸"可确定 D 为 H_2SO_4 或 HNO_3。

21. (1)$C+2H_2SO_4$(浓)$\xlongequal{\triangle}2SO_2\uparrow+$
$CO_2\uparrow+2H_2O$ (2)④ ② ① ③
(3)验证产物气流中有 SO_2 将 SO_2 全部氧化吸收 确定产物中 SO_2 已被 B 瓶溶液全部氧化 (4)无水 $CuSO_4$(或变色硅胶) 水蒸气 由于产物气流通过①、③时会带出水蒸气,所以①必须放在①、③之前 (5)澄清石灰水 CO_2
【解析】木炭粉与浓硫酸加热反应,生成 CO_2 和 SO_2。CO_2 和 SO_2 在化学性质上有相似点:都是酸性氧化物,都跟澄清石灰水中的 $Ca(OH)_2$ 反应,使澄清石灰水变浑浊,彼此干扰鉴别。CO_2 和 SO_2 在化学性质上也有明显的不同点:SO_2 有漂白性,CO_2 则没有;SO_2 有较强的还

原性;CO_2 则没有。在 SO_2、CO_2 的混合气体中,首先用品红溶液检验 SO_2 的存在,然后将 SO_2 氧化除去,再用澄清石灰水检验 CO_2 的存在,这是一种确认 SO_2 和 CO_2 共存的好方案。

"反应的各种产物"还包括 H_2O。由于对 CO_2、SO_2 的确认都是在水溶液中进行的,所以应在确认 CO_2 和 SO_2 之前确认 H_2O 的存在。与 H_2O 发生作用并伴有明显现象的物质,中学生应该熟知的是 $CuSO_4$。白色的 $CuSO_4$ 与 H_2O 反应生成蓝色的 $CuSO_4\cdot 5H_2O$,而且 $CuSO_4$ 与 CO_2 和 SO_2 都不发生任何作用。

22. (1)1.0 mol·L^{-1} 0.4 mol·L^{-1}
(2)1.12 L
【解析】(1)由题中分析可知加入过量 $BaCl_2$ 溶液后得到的沉淀是 $BaSO_4$ 和 $BaCO_3$,用过量的稀硝酸处理后,剩下的沉淀为 $BaSO_4$。

故 $m(BaSO_4)=4.66$ g,
$m(BaCO_3)=14.51$ g-4.66 g$=9.85$ g,
$n(Na_2SO_4)=n(BaSO_4)$

$=\dfrac{4.66\ g}{233\ g\cdot mol^{-1}}=0.02$ mol,

$n(Na_2CO_3)=n(BaCO_3)$

$=\dfrac{9.85\ g}{197\ g\cdot mol^{-1}}=0.05$ mol。

故原混合溶液中 Na_2CO_3 和 Na_2SO_4 的物质的量浓度分别为:$c(Na_2CO_3)=$

$\dfrac{0.05\ mol}{0.05\ L}=1.0$ mol·L^{-1}。

$c(Na_2SO_4)=\dfrac{0.02\ mol}{0.05\ L}=0.4$ mol·L^{-1}。

(2)设产生的气体在标准状况下的体积为 x。

$$BaCO_3+2HNO_3=Ba(NO_3)_2+H_2O+CO_2\uparrow$$
$$1\ mol \qquad\qquad\qquad\qquad 22.4\ L$$
$$0.05\ mol \qquad\qquad\qquad\qquad x$$

$\dfrac{1\ mol}{0.05\ mol}=\dfrac{22.4\ L}{x}$,

解得 $x=1.12$ L。
即产生的气体在标准状况下的体积为 1.12 L。

（京）新登字083号

图书在版编目（CIP）数据

教材完全解读：人教版.高中化学.1：必修/王后雄主编.
—6版.—北京：中国青年出版社，2011
ISBN 978-7-5006-6387-4

Ⅰ.教... Ⅱ.王... Ⅲ.化学课—高中—教学参考资料 Ⅳ.G634

中国版本图书馆CIP数据核字（2007）第085320号

总 策 划：熊 辉
责任编辑：李 扬
封面设计：木头羊

教材完全解读
高中化学
必修1

中国青年出版社 出版发行

社址：北京东四12条21号 邮政编码：100708
网址：www.cyp.com.cn
编辑部电话：（010）64034328
读者服务热线：4006-980-700
荆州市今印印务有限公司印制 新华书店经销
889 × 1194 1/16 9.75 印张 257 千字
2011 年 6 月北京第 6 版 2013 年 5 月湖北第 9 次印刷
印数：58001 — 63000 册
定价：17.70 元
本书如有任何印装质量问题，请与承印厂联系调换
联系电话：（027）61883355